Auszeiten

Luxus und Moderne

Die Ambivalenz des Überflüssigen in Kulturkonzeptionen
der Literatur und Ästhetik seit dem 18. Jahrhundert

Herausgegeben von
Christine Weder und Hans-Georg von Arburg

Band 1

Auszeiten

Temporale Ökonomien des Luxus
in Literatur und Kultur der Moderne

Herausgegeben von
Christine Weder, Ruth Signer und Peter Wittemann

DE GRUYTER

Publiziert mit Unterstützung der Universität Genf

ISBN 978-3-11-135690-7
e-ISBN (PDF) 978-3-11-067422-4
e-ISBN (EPUB) 978-3-11-067434-7

Library of Congress Control Number: 2021942346

Bibliografische Information der Deutschen Nationalbibliothek
Die Deutsche Nationalbibliothek verzeichnet diese Publikation in der Deutschen Nationalbibliografie; detaillierte bibliografische Daten sind im Internet über http://dnb.dnb.de abrufbar.

© 2023 Walter de Gruyter GmbH, Berlin/Boston
Dieser Band ist text- und seitenidentisch mit der 2022 erschienenen gebundenen Ausgabe.
Coverabbildung: Jean-Étienne Liotard: Ritratto di Maria Adelaide di Francia vestita alla turca (1753). Galleria degli Uffizi, Florenz. Public domain via Wikimedia Commons.
Druck und Bindung: CPI books GmbH, Leck

www.degruyter.com

Vorab

19. März 2020: Der Tag, an dem die Genfer Tagung zur Thematik dieses Bandes ursprünglich hätte beginnen sollen, war einer der sonnigsten im Frühling der Corona-Krise – und für die meisten einer der ruhigsten. Die Agenden sind voller Absagen: Sitzungen, Vorträge, Zahnarzttermine, Sportanlässe, Konzerte, Lesungen, Festivitäten. Gereist wird kaum mehr: Nur noch wenige Flugzeuge heben ab, Züge verkehren nach reduziertem Fahrplan. Wie in vielen Ländern Europas sind die Schulen in der Schweiz seit drei Tagen und für unbestimmte Zeit geschlossen, ungefähr gleichzeitig, mit kantonalen Variationen, auch alle Museen, Bibliotheken, Restaurants und ein Großteil der Geschäfte. Sonst belebteste Einkaufsstraßen sind ausgestorben und bieten noch nie geschossene Bilder des Stillstands am helllichten Tag. Hektik herrscht hingegen in den Spitälern (und in der digitalen Welt: wegen zeitweilig überlasteter Netze gibt es Aufrufe zu sparsamem Medienkonsum).

„Restez à la maison!", „Bleiben Sie zu Hause!" ruft der Bundesrat in offiziellen Mitteilungen über Radio und Fernsehen der Bevölkerung zu, um die Weitergabe des Virus zu verhindern bzw. zu verlangsamen. Eine Ausgangssperre, wie sie in vielen Ländern bereits eingeführt ist, wird auch in der Schweiz diskutiert (es bleibt bei der Diskussion). Der Ausnahmezustand ist eine angeordnete Auszeit. Jedenfalls für manche und in mancher Hinsicht, denn etwa der Unterricht an Universitäten wie Schulen wird virtuell weitergeführt, und bei der allgemeinen Verkündigung von *homeoffice* liegt die Betonung nicht weniger auf *office* als auf *home*. Die Universität Genf ist stolz, dass kein einziger Kurs ausfallen muss im nahtlosen Übergang von den realen Örtlichkeiten in die simulierten Räume ihres eilig erworbenen Videokonferenzprogramms. Doch in den ihrerseits betriebsamen Medien wird viel geschrieben und geredet von ‚Verlangsamen', ‚Entschleunigen', ‚Reduzieren', ‚Herunterfahren'.

Bei der einstigen Planung hätten wir uns nicht träumen lassen, dass und wie das Thema der Tagung anstatt der Tagung Wirklichkeit werden könnte. Die Krise kreist in vielen materiellen, aber auch zeitlichen Dimensionen um schwierige Fragen der Abgrenzung und graduellen Abstufung von Luxus und Notwendigkeit. Weshalb und wann sind welche Verbote durch den Staat nötig, und wie motiviert er seine Bürger*innen, für deren Mehrheit die Virusinfektion mild verläuft, auch die weicheren Empfehlungen nicht für überflüssig, sondern sich solidarisch daran zu halten?

Aus der „obersten Priorität der Gesundheit der Bevölkerung",[1] d. h. der Minimierung der unmittelbar vom Virus verursachten Todesfälle und schweren Krankheitsverläufe, ist die Notwendigkeit namentlich weitgehender wirtschaftlicher Einschränkungen zu begründen, die indes mittelbar nicht nur einen ökonomischen Preis haben, so dass es um keine einfache Alternative von Geld oder Leben geht. Und dabei ist Zeit Geld: Jeder Tag, jede Stunde der Auszeit kostet astronomische Summen. Privilegierte Länder können sich einen (längeren) *Lockdown* ganz anders leisten, wie überhaupt die Pandemie entgegen ihrem Begriff keineswegs alle gleich trifft, weder gesundheitlich noch finanziell. Nur dort, wo genügend Beatmungsmaschinen – oder eher: mehr als genügend (denn: was heißt genügend mit Blick auf den zu erwartenden Mehrbedarf?) – vorhanden sind oder beschafft werden können, sind keine fatalen Entscheidungen nötig, bei wem sich die Beatmung noch ‚lohnt'; Entscheidungen, die sich auch, jedoch auf ganz andere Weise erübrigen, wo es solche Maschinen gar nicht gibt.

Welche Geschäfte, welche Berufstätigkeiten sind – mit dem schönen neuen Wort des Corona-Frühlings – systemrelevant, welche hingegen – mit dem daraus ableitbaren Synonym für ‚luxuriös' – systemirrelevant (so wie wir)? Wenn in Genf, diesen Frühling ohne prestigeträchtige Karossen-Messe (*salon de l'automobile*), kein Luxus-Laden offen ist, fallen für einmal alle unter dieses Label außer Lebensmittelgeschäfte und Apotheken, die Händler mit Artikeln des Grundbedarfs. *En detail* ist die Abgrenzung freilich kompliziert: Weil, zum Beispiel, die Läden für Unnötiges per Dekret geschlossen sind, müssen in der ‚gerechten' Schweiz die Großverteiler ihr Sortiment entsprechend beschränken, konkret: absperren (vgl. Abb. S. VII). So trennen Plastikbänder und Kartonabdeckungen die unverkäuflichen, da überflüssigen Schönheitsprodukte und Geburtstagsutensilien von den lebensnotwendigen Pflegespülungen (zur Bändigung der wegen Coiffeur-Verbots verwilderten Haare), Druckerpapierstößen (fürs *homeoffice*), Leselupen und Linealen (für Durchblick, Geradlinigkeit und Maßhalten).

Hier ergibt sich *en miniature* auf nicht-existenziellen Nebenschauplätzen die Chance – vielleicht eine der vielbeschworenen Chancen der Krise – praktisch und räumlich zu erfahren, wie relativ und zumindest graduell willkürlich Definitionen von Luxus und Notwendigkeit sind. Auch die historische Beweglichkeit der Abgrenzung lässt sich im Zeitraffer der Krise von Tag zu Tag verfolgen: Viele, für die das Militär zuvor überflüssig gewesen ist, melden sich jetzt, da die Truppen zur Unterstützung des Gesundheitswesens systemrelevant werden, freiwillig zum nun

---

[1] Erklärung des Schweizerischen Bundesamts für Gesundheit: https://www.bag.admin.ch/bag/de/home/krankheiten/ausbrueche-epidemien-pandemien/aktuelle-ausbrueche-epidemien/novel-cov/situation-schweiz-und-international.html (Stand: 19. März 2020).

Abb. 1: Die rot-weiße Grenze zwischen Lebensnotwendigem und Überflüssigem: Deodorant versus Lippenstift, Geo-Dreieck versus Geburtstagskarte (Fotos: C. Weder, 19. März 2020).

notwendigen Dienst. Vom Wäschereigeschäft, das vor einigen Tagen als luxuriöser Dienstleister im *Lockdown light*, wie die schweizerisch gemäßigte Variante heißt, schließen musste, erhält man eine Nachricht per SMS: „NEU fallen Textilreinigungen unter den täglichen Bedarf und dürfen offen bleiben." In diesem Fall geschäftlich erfreulich: Der Luxusstatus ist so rasch zerronnen wie gewonnen. Umgekehrt wird propere Bekleidung unter der Gürtellinie, in gewöhnlichen Zeiten essenziell, plötzlich überflüssig, weil man über die digitalen Kacheln der Öffentlichkeit höchstens noch als Brustbild unter die Augen tritt.

Eine Veranstaltung wie die geplante Tagung im Rahmen des vom Schweizerischen Nationalfonds geförderten Forschungsprojekts *Luxus und Moderne. Die Ambivalenz des Überflüssigen in Kulturkonzeptionen der Literatur und Ästhetik seit dem 18. Jahrhundert* ist im März 2020 innert einer Woche nicht nur völlig unnötig, sondern auch unmöglich geworden. Am Verschiebungstermin (29.–31. Oktober) war sie dies weiterhin – oder genauer: erneut, einen Tag nach der bundesrätlichen Anordnung eines zweiten Teil-*Lockdowns*. Denn die herbstliche ‚zweite Welle' hat sich im Timing so genau ans Ausweichdatum gehalten wie die erste an den ursprünglichen Termin. So ist zusätzlich ein Ausweichort bzw. eine Vielzahl von deutsch-amerikanisch-schweizerischen Orten gefunden worden, und der Austausch fand für diesmal wirklich international, nämlich *online* statt.

In diesem Sinne danken wir den Teilnehmenden der Tagung für die wendige Anpassung an die Umstände und die – trotz ‚distanzierter' Form – engagierten Diskussionen. Unser Dank gilt ebenso dem Lausanner Teil der Projektgruppe, Hans-Georg von Arburg, Maria Magnin und Raphael Müller, für die Moderation, Florence Gamboni und Fanny Audeoud für die organisatorische und redaktionelle Unterstützung sowie Marcus Böhm für die so umsichtige wie enthusiastische Betreuung des Bandes, den die Universität Genf mitfinanziert hat.

Genf, im November 2020   Christine Weder

Inhalt

Christine Weder, Ruth Signer, Peter Wittemann
Zeitökonomien des Luxus. Einleitung —— 1

I Sozialhistorische Bezüge

Anja Lemke
Müßiggang als ästhetische Ressource: Zur Refiguration von Kunst und Arbeit im achtzehnten Jahrhundert —— 25

Robert Krause
„[A]lles darbieten, was auch der ausschweifendste Luxus verlangen kann": Zur Kulturgeschichte des Pariser Palais Royal zwischen *Ancien Régime* und industriellem Zeitalter —— 41

Luisa Banki
Leseluxus: Weibliche Lektüre und bürgerliche Zeitökonomie um 1800 —— 57

Gabriela Muri
Die Auszeit zwischen Regulativ und Luxus: Zur Dialektik von Zeitfreiheit und Zeitzwang —— 73

II Philosophische und ästhetische Reflexionen

Yashar Mohagheghi
Von der Zeitverschwendung zur Muße: Luxuskritik und Zeitdiätetik bei Rousseau —— 91

Christine Weder
Ein Feuerwerk verpuffender Augenblicke: Moderne Flüchtigkeit als Luxus und Kunst (Schoen / Adorno – Goethe) —— 113

Ruth Signer
Unbedingte Zeit: Der temporale Luxus des Bohemiens und die Ökonomisierung der freien Zeit (Adorno, Bourdieu) —— 131

Hartmut Böhme
Natur und Evolution: Zu einer anderen Ökonomie und Ästhetik von Luxus —— 145

Lambert Wiesing
Luxus und Zeit —— 177

III Perspektiven der Literatur

Christopher Meid
Tugend, Zeit und Müßiggang: Zum Luxus-Motiv in Christoph Martin Wielands *Dialogen des Diogenes von Sinope* **(1770)** —— 193

Matt Erlin
Luxus und Beschleunigung um 1800 (Lichtenberg, Goethe, E.T.A. Hoffmann) —— 211

Maximilian Bergengruen
Energieumwandlung: Ökonomisch-literarische Bewertungen des Müßiggangs in Gottfried Kellers *Die Leute von Seldwyla* —— 225

Peter Utz
Auszeiten in der Zeitung: Zur Zeitökonomie im literarischen Feuilleton —— 247

Antonia Eder
Luxus des Lassens: Müdigkeit als Auszeit in Philosophie und Literatur (vom französischen Materialismus über Rousseau und Musil bis zur Gegenwart) —— 267

Kurzbiographien —— 289

Register —— 293

Christine Weder, Ruth Signer, Peter Wittemann
Zeitökonomien des Luxus. Einleitung

> Gesetzt, daß Tausende das Gold der Zeit verschwenden
>
> J. C. Gottsched, *Vom Mißbrauch der Zeit*

I Luxus und Zeit

Es gibt eine Uhr mit nur einem Zeiger, die als Luxusuhr verkauft wird. Nicht etwa, weil die Einzeigeruhr besonders teuer oder aufwändig in der Herstellung wäre, sondern weil sie eine entschleunigende und ermächtigende Wirkung verspricht. Denn „Zeit [zu] haben und Herr über seine Zeit zu sein" sei „heute absoluter Luxus".[1]

Obwohl eine Uhr die Zeit bekanntlich nicht beeinflusst, sondern misst und anzeigt, wird sie auf der Website des Herstellers als Entschleunigerin angepriesen. Weder rast auf der Einzeigeruhr ein Sekundenzeiger, noch lässt sich die Uhrzeit durch den Minutenzeiger genau bestimmen. Lediglich der gemächlichste von allen, der Stundenzeiger, zieht seine Halbtagesrunden – oder Tagesrunden. Denn bei manchen dieser Uhren ist das Zifferblatt nicht in 12, sondern in 24 Segmente geteilt. Dann bewegt sich der Stundenzeiger nur halb so schnell, doppelt so langsam. Diese Langsamkeit der Bewegung und die Verminderung der Information stellt das Verkaufslabel der Rastlosigkeit unserer Zeit gegenüber und bewirbt die Uhr namens UNO mit einem zwingenden Argument: „In einer Welt, die ständig schneller und unübersichtlicher wird und dem Einzelnen stetig mehr abverlangt, wird die Einzeigeruhr UNO mit jedem Tag zeitgemäßer! Denn die Einzeigeruhr gibt dem Träger die Freiheit zurück, die ihm die Uhr einst versprochen hatte: Zeit intuitiv zu erfassen und Zeiträume zu begreifen." So finde man „zu einem gelasseneren Umgang mit Zeit zurück".[2]

Ein gelassener Umgang mit der Zeit gilt heute als der wahre Luxus. Zumindest legt ein Blick in Magazine, Ratgeberliteratur und Umfrageergebnisse nahe, dass dies in der Formel ‚Zeit ist Luxus' zu einem Topos der Gegenwart geworden ist[3] (für

---

1 So in einem Artikel des Online-Magazins *Zeitjung:* „Entschleunigung: Wie Designer-Uhren dein Leben vereinfachen können". https://www.zeitjung.de/armbanduhr-zeit-luxus-klaus-botta/ (25. März 2021).
2 https://www.botta-design.de/collections/uno (25. März 2021).
3 Dabei wirkt der Wunsch nach Zeit und Entschleunigung durchaus „selektiv": Die Transportmittel sollen schneller sein, damit man mehr Zeit in der ‚Entschleunigungsoase' verbrin-

https://doi.org/10.1515/9783110674224-002

eine kritische Analyse der Aussage vgl. den Beitrag von LAMBERT WIESING in diesem Band). In der heutigen Hektik sei „die Auszeit [...] das neue Statussymbol" – so titelte beispielsweise einmal die *Neue Zürcher Zeitung*[4] (zumal die Schweiz in einer Statistik der beruflichen Auszeiten als europäische Spitzenreiterin erscheint); in der *Süddeutschen Zeitung* wird die Pause bzw. das Sabbatical zum „neuen Luxus" gerechnet, der die Bedeutung ‚klassischer', materieller Statussymbole schwinden lasse.[5]

Wenn Zeit zu haben und Herr über die eigene Zeit zu sein als Luxus bestimmt werden, verkehrt sich eine traditionelle Verknüpfung von Luxus und Verfeinerung. Denn während Verfeinerung gemeinhin eine Komplexitätssteigerung – in der Herstellung, in den Materialien, in den Bedürfnissen – meint und darüber Luxus mit Kultivierung enggeführt wird, sollen Dinge wie die Einzeigeruhr Komplexität reduzieren und helfen, sich auf das Wesentliche zu konzentrieren: „Wir haben uns an das Komplizierte gewöhnt – und das Einfache verlernt", so der Hersteller.[6] Slow-Food, Yoga, Wellnessoasen: „Verzicht muss man sich leisten können", verkündet das *Zeitmagazin* im Jahr 2020 und diagnostiziert, der neue Minimalismus sei „zu einem Hobby für Reiche geworden, die nun bei jeder Gelegenheit mit ihrer Genügsamkeit prahlen".[7]

---

gen kann. Die Wartezeiten in den Schlangen sollen verkürzt werden, an der Kasse soll schneller gearbeitet werden, damit man mehr *Qualitytime* mit der Familie verbringen kann. Vgl. Hartmut Rosa: *Beschleunigung. Die Veränderungen der Zeitstrukturen in der Moderne.* Frankfurt / M. 2004, S. 148.

4 Silke Wichert: Die Auszeit ist das neue Statussymbol. In: *Neue Zürcher Zeitung* (19. August 2018). https://www.nzz.ch/gesellschaft/die-auszeit-ist-das-neue-statussymbol-ld.1411626 (25. März 2021). Vgl. etwa auch den auf einer Umfrage basierenden Artikel von Axel Weber: Mehrheit der Deutschen ist sich einig: Zeit ist Luxus. In: *Cigar Journal. Magazin für besondere Zigarrenliebhaber* vom 25. Oktober 2018, mit der Feststellung, die Befragten „hätten [...] gerne jemanden, der für sie stellvertretend Schlange steht". – Die Reihe ließe sich beliebig fortführen.

5 Max Scharnigg: Der neue Luxus. In: *Süddeutsche Zeitung* (31. März/1./2. April. 2018), S. 57. Die NZZ publizierte 2018 Ergebnisse einer Umfrage, nach der sich zwei Drittel der „reichen" Schweizer lieber „eine Auszeit" als materielle Güter leisten wollten – etwas mehr als in den USA oder Deutschland und anders als in China, wo ein materiell geprägtes Luxusverständnis vorherrsche. Jürg Meier: Die Freizeit wird zum wichtigsten Luxusgut für die Schweizer. In: *Neue Zürcher Zeitung am Sonntag* (17. November 2018). https://nzzas.nzz.ch/wirtschaft/freizeit-wird-zum-wichtigsten-luxusgut-fuer-schweizer-ld.1437431?reduced=true (25. März 2021). Vgl. auch die Stimmen in Julie Rambal: Et pour vous, qu'est-ce que le luxe? In: *Le Temps* (8. Dezember 2017). https://www.letemps.ch/societe/questce-luxe (25. März 2021).

6 https://www.botta-design.de/collections/uno (25. März 2021).

7 Caroline Rosales: Minimalismus. Verzicht muss man sich leisten können. In: *Die Zeit* (30. Januar 2020). https://www.zeit.de/zeit-magazin/leben/2020-01/minimalismus-marie-kondo-aesthetik-selbstinszenierung-snobismus (25. März 2021).

Schon 1996 prophezeite etwa Hans Magnus Enzensberger in einem Artikel unter der Überschrift *Reminiszenzen an den Überfluß*, dass „die Zukunft des Luxus nicht wie bisher in der Vermehrung, sondern in der Verminderung, nicht in der Anhäufung, sondern in der Vermeidung" liegen werde.[8] Dabei verschiebe sich der Luxus zur Immaterialität und strebe paradoxerweise nach dem Notwendigen, von dem zu befürchten sei, dass es nur noch den wenigsten zu Gebote stehen werde. Vor Aufmerksamkeit, Raum, Ruhe, Umweltbedingungen wie saubere Luft oder trinkbares Wasser und Sicherheit steht auf dem ersten Platz seiner Liste des neuen Luxus die Zeit. Enzensbergers gleichzeitiger Verweis auf die privilegierte (materielle) Situation, die Voraussetzung einer solchen Einschätzung von Zeit als Luxus ist, trifft namentlich auf die Auszeit zu.

‚Auszeit' ist als Begriff etwa seit Mitte des zwanzigsten Jahrhunderts gebräuchlich; dem englischen Time-out nachgebildet, entstammt er dem Bereich des Sports.[9] Die zumal umgangssprachlich häufig anzutreffende[10] Verbindung mit Luxus geht er erst in übertragener Bedeutung ein: als Ausscheren aus dem rasanten Tempo einer bestimmten Lebenswelt. Wenn man, analog zum sportlichen Time-out etwa fürs Überdenken der Spieltaktik, oftmals Erholung als Zweck suggeriert, die hernach wieder oder sogar mehr Leistung erlaubt, dann schwingt im aktuellen Luxus der Auszeit scheinbar widersprüchlich zugleich Notwendigkeit bzw. Nützlichkeit mit.

Luxus – verstanden als relative, historisch bewegliche und stets neu auszuhandelnde Kategorie des Überflüssigen, Überschüssigen oder Übermäßigen – hat jedoch auch in zeitlicher Dimension eine lange Geschichte der Diskussionen und Imaginationen, die mit so unterschiedlichen Stichworten wie Müßiggang oder Muße, Langeweile bzw. *Ennui* oder Flanerie, aber ebenso, im Licht gegenwärtiger Entschleunigungsassoziationen überraschend, mit Flüchtigkeit und Beschleunigung verknüpft sind (vgl. dazu die Beiträge von CHRISTINE WEDER und MATT ERLIN). Umso mehr lohnt sich die Aufmerksamkeit für temporale Aspekte von Luxus, die weit seltener im Fokus stehen als materielle.

---

8 Hans Magnus Enzensberger: Reminiszenzen an den Überfluß. In: *Der Spiegel* (16. Dezember 1996), S. 118.
9 Der *Online Etymology Dictionary* weist „time-out" seit 1896 nach (https://www.etymonline.com/word/time-out#etymonline_v_39206 [25. März 2021]); „Auszeit" laut dem *Digitalen Wörterbuch der deutschen Sprache* ab den 1950er Jahren (https://www.dwds.de/wb/Auszeit [25. März 2021]).
10 Jenseits von Zeitungsartikeln und Werbeprospekten zeigt dies auch ein Blick ins Lebenshilfe- oder Ratgeberliteratur-Regal der Buchhandlung: Stellvertretend für viele vgl. Teresa Hofmann: *Mein Luxus-Auszeit-Jahr. Eine Reise zu mir*. Hamburg 2019.

Der vorliegende Band geht der vielschichtigen Beziehung von Luxus und Zeit unter den modernen Bedingungen einer markant erhöhten Ambivalenz des Luxus seit seiner ökonomischen und anthropologischen Aufwertung zur ‚chose très nécessaire' (Voltaire) im achtzehnten Jahrhundert nach.[11] Bis dahin wird der Begriff dominant abwertend verwendet. In Mittelalter und Früher Neuzeit bezeichnet ‚luxuria' Formen körperlicher und geistiger Ausschweifung, die primär theologisch und moralphilosophisch behandelt, als eine der sieben Hauptsünden geächtet ist. Das geschieht teilweise im Anschluss an Autoren der klassischen Antike, die unter diesem Begriff – nicht selten misogyne und fremdenfeindliche – Topoi der Verweichlichung und Effemination des Einzelnen wie des Gemeinwesens zusammenfassen. Um 1700 erfährt ‚Luxus' zunächst eine ökonomische Aufwertung, indem Überfluss und Überschuss verstärkt als Triebfeder von Waren- und Geldzirkulation, von technischem Fortschritt und erhöhter Beschäftigung veranschlagt werden (bes. etwa bei Bernard Mandeville oder James Steuart). Hinzu tritt das anthropologische Interesse an Luxusphänomenen, denen – exemplarisch in Unternehmen wie dem *Journal des Luxus und der Moden* (1786 bzw. 1787 ff.) – eine kultivierende Wirkung (‚Verfeinerung') zugeschrieben wird. So erscheinen Kultur und Luxus eng liiert, freilich nicht einsinnig positiv; vielmehr potenziert sich die Ambivalenz in den Diskussionen und Präsentationen des Luxus in der Moderne.[12]

Im Folgenden werden schlaglichtartig einige zentrale Stationen des modernen Verhältnisses von Luxus und Zeit beleuchtet (II.) und die Rollen skizziert, die Kunst bzw. Literatur dabei spielen (III.).

II Ambivalenter ‚Zeitluxus'

Das moderne Verständnis von Luxus zwischen persönlichem Laster und ökonomischer Notwendigkeit formiert sich im achtzehnten Jahrhundert und ist als *Querelle du luxe* bzw. *Great Luxury Debate* prägendes Element vor allem der *Lu-*

---

11 Zur Aufwertung vgl. bereits John Sekora: *Luxury. The Concept in Western Thought, Eden to Smollet*. Baltimore und London 1977 sowie Christopher J. Berry: *The Idea of Luxury. A Conceptual and Historical Investigation*. Cambridge 1994. Zur Ambivalenz vgl. bes. Christine Weder und Maximilian Bergengruen: Moderner Luxus. Einleitung. In: *Luxus. Die Ambivalenz des Überflüssigen in der Moderne*. Hg. Dies. Göttingen 2011, S. 7–31; Matt Erlin: *Necessary Luxuries. Books, Literature, and the Culture of Consumption in Germany, 1770–1815*. Ithaca, 2014. Für einen Überblick vgl. Joseph Vogl: Art. „Luxus". In: *Ästhetische Grundbegriffe*, Bd. 3. Hg. Karlheinz Barck. Stuttgart und Weimar 2001, S. 694–708.
12 Vgl. Weder und Bergengruen, Moderner Luxus 2011, bes. S. 11f.

mières und des *Enlightenment*. Zugleich treten die ihrerseits ambivalenten Bewertungen, mit denen Arbeit und Muße in antiker und christlicher Tradition verbunden sind (Arbeit als göttliche Strafe oder produktive Weltaneignung, Muße als ‚eigentliches' Menschsein oder sündhafter Müßiggang) in ein komplexes Verhältnis mit sozialen Veränderungen (Wachstum der Ballungszentren, Bedeutung der bürgerlichen Ideologie) und technisch-wirtschaftlichen Neuerungen (Agrarrevolution, Arbeitsteilung), wie es der Beitrag von ANJA LEMKE näher beschreibt.

Umso zweischneidiger ist die Allianz von Luxus und Zeit seit der Aufklärung. Dies gilt für Zeit als Luxusgut ebenso wie für die Zeitlichkeit des Luxuskonsums: für Formen von Zeit-Verbringen, die als luxuriös (dis-)qualifiziert werden, wie für Zeitaspekte von materiellem Luxus.

Seitens der Kritik kennzeichnen insbesondere zwei Punkte die Diskussionen des achtzehnten Jahrhunderts. Geurteilt wird zum einen aus privilegierter Warte; zum anderen wird das Verdikt ins bürgerliche Selbstbild übernommen (wie bei umgekehrter Wertung auch adliger zu bürgerlichem Müßiggang ‚umfunktioniert' werden kann; vgl. ROBERT KRAUSES Beitrag zum Beispiel des Pariser Palais Royal). Ein Tenor der aufklärerischen Stimmen warnt davor, zu lange wach zu bleiben, zu trinken, zu spielen oder zu lesen, weil der (unaufgeklärte) Mensch bei zu viel ungerichteter Tätigkeit die soziale Ordnung gefährde. Dabei handelt es sich um eine Kritik ‚von oben nach unten' – keine Kritik derer, die arbeiten müssen, an denen, die nicht arbeiten müssen; vielmehr derer, die Zeit haben, Kritik zu üben, an denen, die ihrer Meinung nach arbeiten sollten.[13] Gleichzeitig ist die Skepsis gegenüber Freizeit, Luxus und der Verbindung von beidem auch eine Komponente des bürgerlichen Selbstverständnisses – ein Aspekt, den Max Weber unter dem Begriff des protestantischen Arbeitsethos untersucht hat.

Resistent gegenüber einer Aufwertung erscheinen luxuriöse Verausgabungen von Zeit oft noch dort, wo materieller Luxus positiv gewertet wird. In den ersten Analysen des Luxus als Wirtschaftsfaktor, prominent in Bernard Mandevilles *Fable of the Bees* (1705–1732), wird Luxuskonsum der unproduktiven Oberschicht zur Bedingung der Möglichkeit der Produktivität aller anderen. Diese Konstellation gilt zudem als Voraussetzung des materiellen Fortschritts der gesamten Gesellschaft, bei dem vormalige Luxusgüter (etwa Gläser oder Bettwäsche aus Leinen) zum Allgemeingut werden. Voraussetzung für weiteren Fortschritt sei freilich, dass die Möglichkeit unproduktiv verbrachter Zeit ein Privileg der Oberschicht bleibe – und aus der prinzipiell erreichten Stufe subsistenzieller Sättigung

---

13 Vgl. dazu Helena Rosenblatt: Art. „Luxury". In: *Encyclopedia of the Enlightenment*, Bd. 2. Hg. Charles Kors. Oxford 2003, S. 440–445.

der Gesamtgesellschaft nicht die Untätigkeit der Unterschicht resultiere. Jener Untätigkeit soll wiederum das Streben nach materiellen Luxusgütern entgegenwirken. In Mandevilles (je nach Perspektive zynischer oder schonungslos ehrlicher) Beschreibung frühkapitalistischer Sozialmechanismen geht die progressive Nobilitierung des materiellen Luxus mit einer klassistischen Skepsis gegenüber autonom bestimmter Zeit einher. Das lässt schon der Titel der Erstausgabe seines Buches, *The Grumbling Hive* im Sinne des vor Geschäftigkeit brummenden Bienenstocks, vermuten. *Idleness* und vor allem *content* der produktiven Unterschicht sind aus ökonomischer Sicht fatal für den Staat. Wenn dadurch, dass man mit dem Luxus der anderen konfrontiert ist, der eigenen zurücklehnenden Zufriedenheit *(content)* und Faulheit *(idleness)*[14] vorgebeugt wird, verhindert materieller Überfluss zeitliche Verschwendung: Das Streben nach Luxus ist bei Mandeville die nimmermüde Triebfeder menschlichen Handelns und garantiert allgemeinen Wohlstand, obschon nur den wenigsten die Zeit bleibt, ihn zu genießen.[15]

Auf diese Genießenden, die bei Mandeville die ‚eigentliche' Gesellschaft ausmachen, richtet sich dann auch eine Kritik an dessen Theorie – namentlich bei Jean-Jacques Rousseau (zu seiner Luxuskritik und Zeitdiätetik vgl. den Beitrag von YASHAR MOHAGHEGHI). Weshalb solche Leute überhaupt bewundert werden, „qui osent nourrir leur oisiveté de la sueur, du sang et des travaux d'un million de malheureux" [die es wagen, ihren Müßiggang mit dem Schweiß, dem Blut und der Arbeit einer Million Unglücklicher zu nähren],[16] fragt sich Rousseau etwa in seiner *Dernière Réponse à M. Bordes* (1752). Nicht nur die Künste, sondern ebenso die Wissenschaften – „[n]ées dans l'oisiveté" [aus dem Müßiggang geboren] – assoziiert er mit Luxus und bezichtigt sie der Verschwendung von Zeit und Geld: Sie

---

14 Zur Ambivalenz dieser Bezeichnung vgl. Monika Fludernik: Muße als soziale Distinktion. In: *Muße und Gesellschaft*. Hg. Gregor Dobler und Peter Philipp Riedl. Tübingen 2017, S. 163–177, hier S. 163, die auf Samuel Johnsons Zeitschrift *The Idler* als Beispiel einer positiven Verwendung des Lexems verweist.
15 Über seinen eigenen Tagesablauf (zu dem keine anderen Quellen vorliegen) lässt der Arzt Mandeville seinen „spokesman" (Kaye) Philopirio sagen: „I can, and do heartily admire at those publick-spirited People that can slave at an Employment from early in the Morning, 'till late at Night, and sacrifice every Inch of themselves to their Callings; but I could never have had the Power to imitate them: Not that I love to be idle; but I want to be employed to my own liking; and if a Man gives away to others two thirds of the Time he is awake, I think he deserves to have the rest for himself" (Bernard Mandeville: *A Treatise of the Hypochondriack*, zitiert nach: Frederick Benjamin Kaye: Introduction. In: Ders.: *Mandeville's Fable of the Bees*, Bd. 1. Oxford 1924, S. xxviii).
16 Jean-Jacques Rousseau: Dernière Réponse à M. Bordes (1752). In: Ders.: *Œuvres complètes*, Hg. Bernard Gagnebin und Marcel Raymond. Bd. 3. Paris 1964, S. 71–96, hier S. 82.

würden nämlich der Gesellschaft einen entscheidenden Schaden zufügen; „la perte irréparable du tems [sic]" [der unwiederbringliche Verlust an Zeit].[17]

Henry Fielding, der sich Mandevilles Aufwertung des ökonomischen Luxus (zwar etwas widerstrebend) zu eigen gemacht hat, behält die Skepsis gegenüber luxuriöser Freizeit der unteren Bevölkerungsschichten bei. Im Gegensatz zu Mandeville weist er jene freie Zeit aber als eine direkte Folge des allgemeinen Luxus aus und sieht sie weniger als ökonomische denn als soziale Gefahr im Sinne des bereits erwähnten Arguments. In seiner *Inquiry into the Causes of the late Increase in Robbers, etc.* (1751) erörtert er ausführlich drei Konsequenzen des Luxus unter den Armen („Consequences of Luxury among the Vulgar"): zu häufige Unterhaltung (*diversions*), Trunkenheit und Spielsucht.[18] Voraussetzung der drei (Un-)Tätigkeiten ist ‚Luxus' insofern, als erst materielle und vor allem zeitliche Freiheiten sie ermöglichen. Der durch Handel gehobene nationale Wohlstand gewähre den *Vulgar* ein Maß an Freizeit, das sich jeglichen Kontrollinstanzen entziehe und so die soziale Ordnung bedrohe. Denn die durch Alkohol-, Spiel- oder Vergnügungssucht ruinierten Existenzen seien für die konstatierte ‚Zunahme an Räubern' verantwortlich. Fieldings Argumentation ist beispielhaft für das Verdikt, die ‚unteren Klassen' wüssten mit freier Zeit nicht sinnvoll umzugehen – ein für das achtzehnte Jahrhundert topisches und erstaunlich langlebiges Vorurteil.

Ungefähr gleichzeitig wird auch die ökonomische Problematisierung von untätig verbrachter Zeit auf eine spezielle Spitze getrieben. Vor dem Hintergrund seines berühmten Diktums, dass Zeit Geld sei, argumentiert Benjamin Franklin 1748, unproduktive Zeit bedeute ‚weggeworfenes' Geld. In einer später von Weber zitierten Passage schreibt er:

> He that can earn Ten Shillings a Day by his Labour, and goes abroad, or sits idle one half of that Day, tho' he spends but Sixpence during his Diversion or Idleness, ought not to reckon That the only Expence; he has really spent or rather thrown away Five Shillings besides.[19]

---

17 Jean-Jacques Rousseau: *Discours sur les sciences et les arts / Abhandlung über die Wissenschaften und Künste* (1750). Französisch / Deutsch. Übers. Doris Butz-Striebel in Zusammenarbeit mit Marie-Line Petrequin. Hg. Béatrice Durand. Stuttgart 2012, S. 48 f.
18 Henry Fielding: An Enquiry Into the Causes of the late Increase of Robbers, &c. with some Proposals for Remedying this Growing Evil. In which The Present Reigning Vices are impartially exposed; and the Laws that relate to the Provision for the Poor, and to the Punishment of Felons are largely and freely examined. London 1751. In: Ders.: *The Wesleyan Edition of the Works of Henry Fielding*. Hg. Malvin R. Zirker. Bd. 7. Oxford 1988, S. 61–173.
19 Benjamin Franklin: Advice to a Young Tradesman. In: George Fisher: *The American Instructor: or Young Man's Best Companion*. Philadelphia 1748, S. 375–377, hier S. 376. Max Webers Übersetzung: „[W]er täglich zehn Schillinge durch seine Arbeit erwerben könnte und den halben

Die Kalkulation suggeriert direkte Umrechenbarkeit von zeitlichem in materiellen Aufwand und wertet Zeitverschwendung wie Geldvergeudung. Anders gesagt: Zeit muss permanent kapitalisiert werden – so lautet das ‚Ethos', das Weber darin erkennt. Zeiten der Untätigkeit sind vernichtetes Kapital – und, vom Seelenheil einmal abgesehen, schädlich für die Kreditwürdigkeit. Wer seinen fleißigen Hammer schon am frühen Morgen oder am späten Abend hören lasse, so Franklin in seinem *Advice to a Young Tradesman*, vermöge seinen Gläubiger leicht für ein weiteres halbes Jahr zu beruhigen. „But if he sees you at a Billiard Table, or hears your Voice in a Tavern, when you should be at Work, he sends for his Money the next Day."[20]

Im puritanischen Ethos ist „Zeitvergeudung [...] die erste und prinzipiell schwerste aller Sünden" – zumindest in der Beschreibung Webers. Zeitvergeudung avanciere zur Kardinalsünde, weil die „unendlich kurz[e] und kostbar[e]" Lebenszeit der eigenen „Berufung" gewidmet werden müsse. „Zeitverlust durch Geselligkeit, ‚faules Gerede', Luxus, selbst durch mehr als der Gesundheit nötigen Schlaf" gälten entsprechend als „sittlich absolut verwerflich".[21] Im protestantischen Raum der Frühindustrialisierung zeigt die lebhafte Debatte darüber, welche Menge an Schlaf den produktiven Menschen – vorrangig: den Bürgern und Bürgerinnen sowie den Dienstboten – angemessen sei, Misstrauen gegenüber der Art und Weise, wie diese ihre freie Zeit verbringen. Dabei gilt die Sorge der Verfasser namentlich denjenigen, die abends zu lange wach bleiben oder morgens zu lange im Bett liegen, und deren unkontrollierbaren Tätigkeiten während solcher übermäßigen ‚Auszeiten' (zur betreffenden Sozialgeschichte vgl. den Beitrag von GABRIELA MURI).

Dieses (verinnerlichte) Arbeitsethos verdirbt im letzten Drittel des achtzehnten Jahrhunderts weithin den Genuss von unproduktiver Zeit. So jedenfalls diagnostiziert es einer der bekanntesten Nichtproduzenten der Literaturgeschichte: Die meisten Menschen „verarbeiten den größten Teil der Zeit, um zu leben, und das bißchen, was ihnen von Freiheit übrig bleibt, ängstigt sie so, daß

Tag spazieren geht, oder auf seinem Zimmer faulenzt, der darf, auch wenn er nur sechs Pence für sein Vergnügen ausgibt, nicht dies allein berechnen, er hat nebendem noch fünf Schillinge ausgegeben oder vielmehr weggeworfen." (Max Weber: Die protestantische Ethik und der Geist des Kapitalismus. In: Ders.: *Max Weber Gesamtausgabe*. Hg. Horst Baier u. a. Bd. I/9. Asketischer Protestantismus und Kapitalismus. Schriften und Reden 1904–1911. Hg. Wolfgang Schluchter, in Zus.arb. Ursula Bube. Tübingen 2014, S. 123–425, hier S. 142f.) Vgl. hierzu Ruth Signer: Zeit: Luxus. In: *Avenue. Das Magazin für Wissenskultur* 8 (2020), S. 28f.
20 Franklin, Advice 1748, S. 377.
21 Weber, Die protestantische Ethik 2014, S. 371f. Die Obergrenze liege bei „6 bis höchstens 8 Stunden" (S. 372).

sie alle Mittel aufsuchen, um es los zu werden".[22] In Werthers Klage deutet sich eine Umkehrung von Franklins Kritik an: Untätigkeit als Emanzipation vom Utilitätsprinzip, freie Zeit als Vorbedingung wahren Menschseins. Als Gegenmodell zur ‚Verarbeitung' des Lebens kommt in der Folge nicht nur der Müßiggang, sondern mehr noch sinnvolle, zumal künstlerische Tätigkeit infrage.

Dass die hier anklingende Sozialutopie mit den Ideen der liberalen Wirtschaftstheorie bis in die 1950er Jahre durchaus vereinbar war, hat unlängst Rutger Bregman in seinem populärphilosophischen Verkaufsschlager *Utopia for Realists* in Erinnerung gerufen.[23] Denn das ökonomische Wachstum selbst hatte keineswegs nur Leistungsideale entfesselt, sondern auch Utopien zunehmender Freizeit denkbar gemacht. Von John Stuart Mill bis Herbert Marcuse wird auf den technischen Fortschritt und den wachsenden Wohlstand gesetzt, den man sich für die Vergrößerung der hedonistischen oder libidinös besetzten Zeit zunutze machen könnte, wenn alles fürs gute Leben Notwendige etwa dank Automation in immer kürzerer menschlicher Arbeitszeit vollbracht wäre.[24] Die Planstelle der Armen in den proto-kapitalistischen Überlegungen Mandevilles ist hier also durch Maschinen ersetzt. Paul Lafargue fordert in seiner kämpferischen Schrift *Le droit à la paresse* 1880 die Arbeiterklasse auf, die ‚Faulheitsrechte' auszurufen.[25] Arbeit

---

22 Johann Wolfgang von Goethe: *Die Leiden des jungen Werthers* (1774), Brief vom 17. Mai 1771.
23 Rutger Bregman: *Utopia for Realists, and how we can get there*. Übers. Elizabeth Manon. London und New York 2018 [2014], S. 127–150.
24 Mill malt aus: „There would be as much scope as ever for all kinds of mental culture, and moral and social progress; as much room for improving the Art of Living, and much more likelihood of its being improved, when minds ceased to be engrossed by the art of getting on." (John Stuart Mill: Of the Stationary State (Book IV, Chapter VI). In: Ders.: *Principles of Political Economy*. Bd. II. Boston 1848, S. 306–312, hier S. 311f.) Vgl. dazu Rutger Bregman, *Utopia for Realists* 2018, S. 129. – Bei Marcuse heißt es: „Die fortgeschrittene Industriegesellschaft nähert sich dem Stadium, wo weiterer Fortschritt den radikalen Umsturz der herrschenden Richtung und Organisation des Fortschritts erfordern würde. Dieses Stadium wäre erreicht, wenn die materielle Produktion (einschließlich der notwendigen Dienstleistungen) dermaßen automatisiert wird, daß alle Lebensbedürfnisse befriedigt werden und sich die notwendige Arbeitszeit zu einem Bruchteil der Gesamtzeit verringert. Von diesem Punkt an würde der technische Fortschritt das Reich der Notwendigkeit transzendieren, in dem er als Herrschafts- und Ausbeutungsinstrument diente, was wiederum seine Rationalität eingeschränkt hat; die Technik würde dem freien Spiel der Anlagen im Kampf um die Befriedigung von Natur und Gesellschaft unterworfen." Herbert Marcuse: Der eindimensionale Mensch. Zur Studie der fortgeschrittenen Industriegesellschaft. Übers. Alfred Schmidt. In: Ders.: *Schriften*, Bd. 7. Frankfurt / M. 1989, S. 36.
25 „[I]l faut que le Prolétariat foule aux pieds les préjugés de la morale chrétienne, économique, libre penseuse; il faut qu'il retourne à ses instincts naturels, qu'il proclame les *Droits de la paresse*". (Paul Lafargue: Le droit à la paresse [1880]. In: Ders.: *Pamphlets socialistes*. Paris 1900, S. 9–58, hier S. 28.)

sei – so entgegnet Lafargue seinem Schwiegervater Karl Marx – „le plus terrible fléau" [die schrecklichste Geißel]. Lediglich als Würze der Faulheit habe sie Berechtigung.[26] Sie sei nicht nur Ursache „de toute dégénérescence intellectuelle, de toute déformation organique" [geistigen Verkommens und körperlicher Verunstaltung],[27] sondern ebenso Grund einer verderblichen Überproduktion.[28] Was Lafargue von der Arbeiterklasse einfordert – nämlich radikale Reduktion der Arbeitszeit von 12 bzw. 14 Stunden Fabrikarbeit auf drei Stunden pro Tag „à fainéanter et bombancer le reste de la journée et de la nuit"[29] [um den Rest des Tages und der Nacht müßig zu gehen und flott zu leben] – sagt John Maynard Keynes ein halbes Jahrhundert später als Perspektive für das Jahr 2030 voraus: Dann werde die 15-Stunden-Woche die Regel sein.[30] Die Visionen dieses „gospel of leisure"[31] haben sich freilich nicht verwirklicht.

Indem freie Zeit vielmehr ein knappes Gut blieb, konnte neben den moralischen, anthropologischen und ökonomischen Dimensionen ein weiterer Aspekt umso virulenter werden: die Zurschaustellung von *leisure* als soziales Distinktionsmittel, der (vor-)gelebte Luxus zeitlicher Verausgabung als Statussymbol, wie es Thorstein Veblen in seiner *Theory of the Leisure Class* (1899) analysiert. Veblen prägt nicht nur den wirkmächtigen Begriff der *conspicuous consumption* (Geltungskonsum), sondern spricht mindestens so eingehend von *conspicuous leisure*, zur Schau gestellter Freizeit.[32] Die *leisure class*, die Klasse der *feinen Leute* – so die

---

26 Ebd. „[Q]ue le travail ne deviendra un condiment des plaisirs de la paresse".
27 Ebd., S. 10.
28 Eine Überproduktion, die der aufsteigenden bürgerlichen Schicht, in den aristokratischen Exzessen ungeübt, nun die Überkonsumption und Untätigkeit abverlangt – bei tief verwurzelter Leistungsidee ein anstrengender Lernprozess; dies beobachtet Lafargue mit beißender Ironie: Die Bourgeoisie müsse sich die ihr seit zwei Jahrhunderten zur Gewohnheit gewordene Arbeitsamkeit erst abgewöhnen und lernen, sich dem „luxe effréné" [zügellosen Luxus], namentlich dem Sich-Vollstopfen mit Trüffeln und syphilitischen Ausschweifungen, hinzugeben. Vgl. ebd., S. 34.
29 Ebd., S. 28.
30 In einer 1930 gehaltenen Rede unter dem Titel „Economic Possibilities for our Grandchildren", die zwei Jahre später publiziert wurde in: John Maynard Keynes: *Essays in Persuasion*. New York 1932, S. 358–373.
31 „In opposition to the ‚gospel of work', I would assert the gospel of leisure, and maintain that human beings *cannot* rise to the finer attributes of their nature compatibly with a life filled with labor." Anonym (John Stuart Mill): The Negro Question. In: *Fraser's Magazine for Town and Country* 41 (1850), S. 25–31, hier S. 28.
32 „It has already been remarked that the term ‚leisure', as here used, does not connote indolence or quiescence. What it connotes is non-productive consumption of time. Time is consumed non-productively (1) from a sense of the unworthiness of productive work, and (2) as an evidence of pecuniary ability to afford a life of idleness." Thorstein Veblen: *The Theory of the Leisure Class: An Economic Study of Institutions*. New York 1912, S. 43. „From the foregoing survey of the growth

gängige, aber den Zeitaspekt unterschlagende Übersetzung –, zeichne sich neben dem Geltungskonsum dadurch aus, dass sie von der ‚nützlichen' Beschäftigung weitgehend ausgenommen sei. Die ‚unteren Klassen' („lower classes") hielten den Wert der Tüchtigkeit hoch, weil sie zur Arbeit gezwungen seien, sie nicht ‚vermeiden' („avoid") könnten.[33] Die *leisure class* hingegen grenze sich davon ab: Nicht Arbeit, sondern „a life of leisure is the readiest and most conclusive evidence of pecuniary strength",[34] schreibt er in kritischer Perspektive, die sowohl auf Rousseau zurück- wie auf Bourdieu vorausweist.

Viele der skizzierten Aspekte und Spannungsfelder in den Diskussionen um zeitliche Formen und Dimensionen von Luxus seit dem achtzehnten Jahrhundert kehren im zwanzigsten unter veränderten Bedingungen wieder und bestimmen insbesondere die Debatten um bzw. seit 1968.

So klingt denn Marcuses Utopie der freien Zeit bis heute verlockend: Im „Reich der Freiheit" könnte das Individuum von „fremden Bedürfnissen und Möglichkeiten befreit, die die Arbeitswelt ihm auferlegt", autonom über sein Leben bestimmen, das dann wirklich „sein eigenes wäre".[35] Dies, wie angetönt, dank technischem Fortschritt: Sobald die Technik der Verminderung der Arbeitszeit diene, werde sie dem Menschen unterworfen, anstatt ihrerseits Abhängigkeiten zu erzeugen. Die „[v]ollständige Automation [...] würde die Dimension freier Zeit als diejenige eröffnen, in der das private *und* gesellschaftliche Dasein sich ausbilden würde. Das wäre die geschichtliche Transzendenz zu einer neuen Zivilisation."[36] Die freie Zeit wird dabei ganz analog zur Kunst bestimmt, denn sie gehört für Marcuse zur Sphäre jener von Triebunterdrückung verschonten, spielerischen Phantasie, die gegen das durch Arbeit und Leistung geprägte ‚herrschende Realitätsprinzip' auf eine bessere Gesellschaft verweist.[37] In dieser Zukunftsvision löst sich auch die distinguierende Wirkung der Kunst auf: Ihre

---

of conspicuous leisure and consumption, it appears that the utility of both alike for the purposes of reputability lies in the element of waste that is common to both. In the one case it is a waste of time and effort, in the other it is a waste of goods. Both are methods of demonstrating the possession of wealth" (ebd., S. 85).

33 „These lower classes can in any case not avoid labour, and the imputation of labour is therefore not greatly derogatory to them, at least not within their class. Rather, since labour is their recognised and accepted mode of life, they take some emulative pride in a reputation for efficiency in their work, this being often the only line of emulation that is open to them." (Ebd., S. 35.)

34 Ebd., S. 38.

35 Herbert Marcuse, Der eindimensionale Mensch 1989, S. 22. Vgl. auch die bereits zitierte Passage (ebd., S. 36).

36 Ebd., S. 57.

37 Herbert Marcuse: Triebstruktur und Gesellschaft. Ein philosophischer Beitrag zu Sigmund Freud. Übers. Marianne von Eckhardt-Jaffe. In: Ders.: *Schriften*, Bd. 5. Frankfurt / M. 1979.

„transzendierenden Wahrheiten" wären nicht länger nur „wenigen Wohlhabenden und Gebildeten zugänglich", sondern für alle Wirklichkeit geworden.[38]

Eine Analogie zwischen der Bestimmung von Luxus und Kunst zeigt sich auch bei Theodor W. Adorno.[39] In seinem Essay über Veblen führt er einen dialektischen Begriff des Luxus ein, der ambivalent gewertet wird und dessen Potenzial wie Gefahr denen der Kunst entsprechen: Wie Kunst kann Luxus einerseits „veraltete Verhältnisse aufrecht[]erhalten", hat aber gemäß seinem „Doppelcharakter" andererseits das Potenzial, das ganz Andere zu sein, das von der Nützlichkeit Ausgenommene im positiven Sinn.[40] Die einer Nutzenrechnung entzogene Zeitverschwendung – so lässt sich die Argumentation auf luxuriöses Verhalten übertragen – dient nicht nur zur Ostentation und Befestigung bestehender gesellschaftlicher Verhältnisse; sie kann zugleich Autonomie verleihen und zur Emanzipation von diesen Verhältnissen beitragen. Darin zeichnet sich ein emphatischer Begriff von Zeitverschwendung als Zweckbefreiung ab.

Der Soziologe Pierre Bourdieu betont hingegen die erste Seite dieses Doppelcharakters: Luxus, begriffen als (demonstrierte) Distanz zur Sphäre des Notwendigen [„le luxe comme attestation de la distance à la nécessité"[41]], reproduziert gesellschaftliche Ungleichheit. Bereits Veblen hatte festgehalten, dass die „pecuniary ability to afford a life of idleness" in der ostentativen Verschwendung von Zeit nicht nur ausgestellt, sondern auch vorausgesetzt wird.[42] Ähnlich bestimmt Bourdieu 1979 in *La distinction* (dt. *Die feinen Unterschiede*) die von ihm mit Luxus verbundene „freie Zeit":

> Mais le temps libre et la disposition à le défendre par le renoncement à ce qu'il permettrait d'obtenir supposent et le capital (hérité) qui est nécessaire pour rendre possible (c'est-à-dire vivable) le renoncement et la disposition, hautement aristocratique, à ce renoncement.[43]
>
> [Freie Zeit jedoch und die Disposition, sie zu verteidigen durch Verzicht auf das, wogegen sie eintauschbar wäre, setzen ihrerseits sowohl ein (ererbtes) Kapital voraus, das diesen Verzicht

---

[38] Herbert Marcuse, Der eindimensionale Mensch 1989, S. 84.
[39] Vgl. dazu Lambert Wiesing: *Luxus*. Berlin 2015, S. 184–189.
[40] Theodor W. Adorno: Veblens Angriff auf die Kultur. In: Ders.: *Kulturkritik und Gesellschaft I Prismen. Ohne Leitbild*. Frankfurt / M. 1996, S. 73–96, hier S. 86.
[41] Pierre Bourdieu: *La distinction. Critique sociale du jugement*. Paris 1979, S. 284. Vgl. Pierre Bourdieu: *Die feinen Unterschiede. Kritik der gesellschaftlichen Urteilskraft*. Übers. Bernd Schwibs und Achim Russer. Frankfurt / M. 1987, S. 396: „Luxus als Demonstration der Distanz zur Sphäre des Notwendigen".
[42] Thorstein Veblen: *The Theory of the Leisure Class*. New York 2001, S. 30.
[43] Bourdieu, *La distinction* 1979, S. 336.

erst möglich (d. h. materiell erträglich) macht, als auch den sehr aristokratischen Willen zu diesem Verzicht.]⁴⁴

Das Verbringen von „temps libre" erfordert genügend Kapital, um sich diese (scheinbar) nichtkapitalisierte Zeit zu leisten, sowie eine habituelle Disposition, den „aristokratischen Willen" zur Verausgabung von müßiger Zeit (vgl. hierzu den Beitrag von RUTH SIGNER). In der untätig verbrachten Zeit manifestiert sich für Bourdieu der „Luxusgeschmack" [„les goûts de luxe (ou de liberté)"] der herrschenden Klasse, den er dem „Notwendigkeitsgeschmack" [„les goûts de nécessité"] gegenüberstellt, indem letzterer an körperliche Notwendigkeit und Nützlichkeitsüberlegungen gebunden bleibt.⁴⁵ Ebenso ist die „ästhetische Einstellung",⁴⁶ die Kunst primär als zweckfrei, interesselos betrachtet, eine Bekräftigung der eigenen Distanz zur Notwendigkeit und damit Ausdruck des Luxusgeschmacks. Weil sich aber die Urteilenden durch ihren Luxusgeschmack am Nichtnützlichen und Interesselosen – sei es bei der Verausgabung von Zeit oder der Rezeption eines Kunstwerks – distinguieren und so das vermeintlich Selbstzweckhafte wiederum verzwecklichen, ist mit Bourdieu im Luxus letztlich keine Befreiung von der Utilität denkbar.

III Temporaler Luxus und Literatur

Kunst und Luxus teilen nicht nur sie beide analog betreffende Fragen wie diejenige nach ihrem Autonomiepotenzial. Gerade unter dem Zeitaspekt werden Kunst und besonders Literatur auch immer wieder *als* Luxus diskutiert. Von hier aus lässt sich dann umso ergiebiger für den literaturwissenschaftlichen Schwerpunkt dieses Bandes nach zeitlich akzentuiertem Luxus *in* der Literatur fragen: danach, wie Auszeiten in literarischen Texten thematisiert und inszeniert werden, ebenso wie nach luxuriösen Verfahren in rhetorischer, narrativer und poetologischer Hinsicht.

---

44 Bourdieu, *Die feinen Unterschiede* 1987, S. 461 f.
45 Bourdieu, *La distinction* 1979, S. 198; Bourdieu, *Die feinen Unterschiede* 1987, S. 289.
46 Bourdieu, *Die feinen Unterschiede* 1987, S. 104.

1 Literatur als zeitlicher Luxus

‚Schöne' Literatur wird schon vor ihrer Massenproduktion nicht nur in materieller, sondern auch – oder sogar mehr noch – über die temporale Dimension mit Luxus assoziiert, handelt es sich doch um eine in der Produktion wie Rezeption zeitaufwändige Kunst. Dies geschieht zentral in den Debatten des achtzehnten Jahrhunderts bzw. in der Zeit um 1800; in variablen Formen ist die Verbindung bis heute aktuell.

Mit Blick auf die *Produktion* werden solche Aspekte in der (Früh-)Aufklärung von Barthold Heinrich Brockes über Johann Christian Günther bis Johann Christoph Gottsched etwa unter dem verschieden gewerteten Begriff der ‚Nebenstunden'-Poesie verhandelt, der das Dichten als Muße-Beschäftigung den ‚eigentlichen' Tätigkeiten – einschließlich ‚ernsthafter' Schreibarbeiten – in den Hauptstunden des Tages gegenüberstellt. In diesem Sinn betont Gottsched in der Vorrede zur ersten Auflage seines *Versuchs einer critischen Dichtkunst* (1730):

> Da ich übrigens die Poesie allezeit vor eine Brodtlose Kunst gehalten, so habe ich sie auch nur als ein Neben-Werck getrieben, und nicht mehr Zeit dar auf gewandt, als ich von andern ernsthafftern Verrichtungen erübern können. Sollte ich künftig noch eben so viel Muße behalten: so dencke ich noch eine neue Ausgabe der Wercke Virgilii zu Stande zu bringen, und zwar auf eine bisher ungewöhnliche Art.[47]

Im Kontext des *Sturm und Drang* zur Alternative von Schreiben und Handeln radikalisiert, findet sich diese Argumentationslinie beispielsweise in Goethes *Götz von Berlichingen* (1773), wenn der Protagonist, von seiner Frau Elisabeth zur Fortsetzung seiner angefangenen Autobiographie ermuntert („schreib doch deine Geschichte aus"), klagt: „Ach! Schreiben ist geschäftiger Müßiggang, es kommt mir sauer an. Indem ich schreibe, ärgere ich mich über den Verlust der Zeit, in der ich etwas tun könnte."[48] Die Alternative erscheint jedoch zugleich ironisiert, zumal ihm, wie dem historischen Götz, dieser geschäftige Müßiggang ja durchaus das „Andencken eines braven Mannes" sichert – und das Verfassen des Stücks Goethe „einen wahren Zeitvertreib" beschert hat.[49]

---

47 Johann Christoph Gottsched: *Ausgewählte Werke*. Bd. 6.2. Hg. Joachim Birke und Brigitte Birke. Berlin und New York 1973, S. 403.
48 Johann Wolfgang von Goethe: Götz von Berlichingen mit der eisernen Hand. Ein Schauspiel (1773). In: Ders.: *Sämtliche Werke. Briefe, Tagebücher und Gespräche*. 1. Abt., Bd. 4. Hg. Dieter Borchmeyer. Frankfurt / M. 1985, S. 279–389, hier S. 367.
49 Goethe an Salzmann, 28. November 1771. In: *Sämtliche Werke. Briefe, Tagebücher und Gespräche*. 2. Abt., Bd. 1. Hg. Wilhelm Große. Frankfurt / M. 1997, S. 247 f., Zitat S. 247.

Noch ganz anders und ernster betrifft der Rechtfertigungsdruck für solchen Zeitvertreib die Frauen jener Zeit. So wird etwa Sophie von La Roche in Wielands Vorwort zu ihrer *Geschichte des Fräuleins von Sternheim* (1771) mit den versichernden Worten zitiert, sie habe nur „einige Nebenstunden, die [ihr] von der Erfüllung wesentlicher Pflichten übrig blieben, dieser Gemüts-Erholung" gewidmet.⁵⁰ Eine wie Götz' Ehefrau hätte selbstverständlich nicht einmal das getan; bei Goethe sitzt sie in der besagten häuslichen Szene auf Burg Jaxthausen nicht zufällig „mit der Arbeit", sprich: Handarbeit, bei ihrem Mann am (Schreib-)Tisch.⁵¹

Auf der anderen Seite können jedoch das Dichten und Phantasieren unter jene Tätigkeiten eingereiht werden, die gerade als zeitliche Verausgabung für Nicht-Wesentliches, Unnötiges das Wesen des Menschen ausmachen. Dies ist etwa in Friedrich Schillers berühmten Diktum vom spielenden Menschen mitzuhören.⁵² Nicht nur für ihn, der seine Anthropologie in den Briefen über die *Ästhetische Erziehung* (1795) auf solchen tätigen „Ueberfluß" jenseits von „Bedürfniß" gründet,⁵³ stellt sich die Frage, ob das überflüssige Tun eine Spezialität des Menschen sei – oder auch ein Prinzip der Natur (vgl. dazu den Beitrag von HARTMUT BÖHME). Schon Schiller sieht im Gebrüll des satten Löwen, in der Melodie des Singvogels und selbst „in der unbeseelten Natur" den „Luxus der Kräfte" am Werk, den er freilich in qualitative Differenz zur menschlichen Bedürfnisbefreiung stellt.⁵⁴ Ähnliche Verbindungslinien vom natürlichen zum kulturellen, namentlich zum künstlerischen Überfluss bzw. Überflüssigen werden hernach immer wieder gezogen⁵⁵ – im Kontrast zu jener Entgegensetzung von ‚natürlichem Maß' oder ‚Naturnotwendigkeit' einerseits und ‚Luxus der Kultur' andererseits, wie sie etwa bei physiokratisch inspirierten Ideen oder dann in (populär-)darwinistischen Perspektiven gängig ist. Luxus wird dabei mit zeitlichem Akzent als Verhalten oder Tätigkeit perspektiviert, nicht als Hab und Gut; dies umso deutlicher, wenn das im achtzehnten Jahrhundert noch gebräuchlichere Verb ‚luxurieren' bei

---

50 Sophie von La Roche: *Die Geschichte des Fräuleins von Sternheim* (1771). Stuttgart 1997, S. 9.
51 Goethe, Götz 1773, S. 367.
52 „[D]er Mensch spielt nur, wo er in voller Bedeutung des Worts Mensch ist, und *er ist nur da ganz Mensch, wo er spielt.*" Im Anschluss ist auch vom *„Müßiggang"* die Rede. Friedrich Schiller: Über die ästhetische Erziehung des Menschen in einer Reihe von Briefen (1795). In: Ders.: *Werke*, Nationalausgabe. Begr. Gerhard Fricke. Hg. Norbert Oellers. Bd. 20. Hg. Benno von Wiese. Weimar 1962, S. 309–412, hier S. 359 (15. Brief).
53 Ebd., z. B. S. 405 (27. Brief).
54 Ebd., S. 406.
55 Etwa in Conrad Ferdinand Meyers Gedicht *Fülle* (1882), das die refrainartig wiederkehrende Losung „Genug ist nicht genug!" gleichermaßen als Grundbedingung der Natur wie der Dichtung ausmacht. In: Conrad Ferdinand Meyer: *Sämtliche Werke*, historisch-kritische Ausgabe. Besorgt von Hans Zeller und Alfred Zäch. Bd. 1. Bern 1963, S. 21.

Schiller oder etwa auch bei E.T.A. Hoffmann bezüglich des erfinderischen Überbordens der menschlichen Einbildungskraft, mithin anthropologisch-poetologisch verwendet wird.[56] An die Anthropologie des Luxus um 1800 knüpft im zwanzigsten Jahrhundert insbesondere Hans Blumenberg an, seinerseits mit einer Vorliebe für die Verbform. Er imaginiert die Genealogie des Menschen als „Übergang aus der Selbstgenügsamkeit des Naturzustandes in das Luxurieren des Erfinderischen", charakterisiert das (Sprach-)Verhalten des ‚Mängelwesens' Mensch von Anfang an – nicht erst, wenn das Lebensnotwendige getan ist – zugleich durch das ‚Prinzip der Überflüssigkeit' und entwickelt eine entsprechend luxusaffine Metaphorologie.[57]

Mit Blick auf die *Rezeption* von Literatur spielt die Affinität zu temporalem Luxus in der ‚Lesesucht'-Diskussion mit Schwerpunkt um 1800 eine wichtige Rolle, wobei die Frauen besonders im Fokus stehen (vgl. den Beitrag von LUISA BANKI). Wie beim produktionsästhetischen Begriff der ‚Nebenstunden'-Poesie geht es generell um die zeitliche Integration von Literatur in eine gelingende bürgerliche Lebensordnung. Klingen in der frühen Lesesucht-Debatte jene moralisch-politischen Besorgnisse an, die später etwa in der Sentenz des puritanischen Gefängniswächters Paulet aus Schillers *Maria Stuart* (1800) zum Ausdruck kommen: „In müß'ger Weile schafft der böse Geist",[58] so zeigt sich bereits zu Beginn auch ein ökonomischer Blickwinkel. Den Zeitverlust durch die müßige Lektüre wertet zum Beispiel der seinerseits puritanische Pfarrer Richard Baxter – auf den sich dann Weber in der Kapitalismusstudie beziehen sollte – schon im siebzehnten Jahrhundert als zeitökonomische Sünde („dangerous time-wasting sin"), wenn er sie – neben Schlafexzessen, Pomp oder dem Feiern von Festen – auf

---

56 Schiller spricht im 6. Brief von der „luxurierende[n] Einbildungskraft" (Ästhetische Erziehung, S. 323). In der Rahmenhandlung von Hoffmanns *Die Serapions-Brüder* (1819–1821) beteuert Lothar nach Vorlesen seines Märchens *Nussknacker und Mausekönig* ironisch-reumütig, künftig weniger „in fantastischem Übermut zu luxurieren" (Ernst Theodor Amadeus Hoffmann: *Sämtliche Werke*. Hg. Wulf Segebrecht und Hartmut Steinecke. Bd. IV. Hg. Wulf Segebrecht. Frankfurt / M. 2001, S. 306–309, hier S. 308). Vgl. dazu Weder und Bergengruen, Moderner Luxus 2011, S. 7–31, hier S. 25 f.
57 Hans Blumenberg: Lebenswelt und Technisierung unter Aspekten der Phänomenologie. In: Ders.: *Wirklichkeiten, in denen wir leben. Aufsätze und eine Rede*. Stuttgart 1981, S. 7–54, hier S. 15. Vgl. Christine Weder: „Genug ist nicht genug!" Zu Blumenbergs Metaphorologie und Anthropologie des Luxus. In: *Blumenbergs Verfahren*. Hg. Eva Geulen und Hannes Bajohr. Göttingen (im Erscheinen). – Eine andere Linie ließe sich zur Freud'schen Theorie ziehen, in der das (dichterische) Phantasieren als Surrogat des kindlichen Spiels und der Tagträumerei mit temporalem Luxus verbunden ist, indem es sich – so v. a. in Marcuses Rezeption – einer Leistungs- und Zeitökonomie verweigert.
58 Friedrich Schiller: Maria Stuart. Trauerspiel in fünf Aufzügen. In: Ders.: *Werke*, Nationalausgabe. Begr. Gerhard Fricke. Hg. Norbert Oellers. Bd. 9.1. Hg. Nikolas Immer. Weimar 2010, hier V. 13.

seiner Liste der bedeutendsten ‚Zeitdiebe' führt.⁵⁹ Dieser Vorwurf trifft vor allem die Literatur im engeren Sinne, nämlich „vain books, play-books, romances, and feigned histories": „You think the reading of such things is lawful; but is it lawful to lose your precious time? [...] Art is long and life is short".⁶⁰

Gut hundert Jahre später thematisiert Johann Rudolph Gottlieb Beyer, ebenfalls protestantischer Pfarrer, die zeitintensive Lektüre explizit als Luxus. Das zentrale Anliegen seines Vortrags vor der Mainzer Akademie der nützlichen Wissenschaften unter dem Titel *Das Bücherlesen, in so fern es zum Luxus unsrer Zeiten gehört* (1796) ist die Beherrschung der politischen Folgen von Lektüre im Zeichen der Französischen Revolution.⁶¹ Seine im Gegensatz zu Baxter eher auf Formung denn auf Unterdrückung des ‚Lesetriebs' angelegte Argumentation ist jedoch durchgängig ökonomisch geprägt. Er wählt nicht zufällig den ambivalenten Begriff des Luxus, um positives und negatives Potenzial der Verausgabung von Lektüre-Zeit gegeneinander abzuwägen: Nachhaltige Bildung und Zeitverschwendung, Aufklärung und Verblendung. So bedeutet es denn kein simples Verdikt, wenn der Theologe Lektüre buchstäblich als temporalen Luxusartikel bezeichnet: „Berechnet man, was leselustige Leute, die ihre bestimmten Berufsarbeiten haben, über dem Lesen versäumen, und was sie während der Zeit hätten verdienen können: so macht beydes, das *lucrum cessans* und das *damnum emergens*, das Lesen immer zu einem sehr beträchtlichen Artikel des Luxus"⁶² – eine kunstvoll berechnete rhetorische Periode, in der sowohl Götz' Klage als auch Franklins Addition nachzuhallen scheinen.

Umso effizienter konnte und kann der Luxus des Lesens den (adligen) Nicht-Arbeitenden zur Distinktion gereichen. Darauf scheint das Gemälde des Genfer Malers Jean-Étienne Liotard abzuheben, das den Umschlag des vorliegenden Bandes ziert. *Ritratto di Maria Adelaide di Francia vestita alla turca* (1753) zeigt die in ein Buch vertiefte Dauphine Marie Adélaïde von Savoyen in aufwändiger Kleidung türkischen Stils. Was sie liest, wissen wir nicht; aber, obwohl das Bild nur einen Augenblick darstellt, vermitteln Gesichtsausdruck und Körperhaltung in der bequemen Position auf dem Sofa den Eindruck einer sehr langen Weile,

---

59 Richard Baxter: A Christian Directory (1673). In: Ders.: *The Practical Works*. Bd. 1. London 1838, S. 242–245. Ebd. nennt er etwa die müßige Rede („idle talk") sowie ‚eitle, unregierte' Gedanken sündhafte Zeitvergeudungen. – Vgl. Weber, Die protestantische Ethik 2014, S. 401, 403.
60 Richard Baxter, A Christian Directory 1838, S. 245.
61 Johann Rudolph Gottlieb Beyer: Über das Bücherlesen, in so fern es zum Luxus unserer Zeit gehört. In: *Acta Academiae Electoralis Moguntiae Scientiarum Utilium Quae Erfurti est*. Erfurt 1796, S. 1–34 *(Commentatio Philosophico-Moralis)*.
62 Ebd., S. 7.

einer Überfülle an Dauer. Im Ensemble mit der prächtigen Ausstaffierung der Szenerie wirkt die exzessive Verausgabung von Zeit ihrerseits ostentativ luxuriös.

Solchen Distinktionsmöglichkeiten entsprechend lässt sich über lange Zeit in der Geschichte damit angeben, dicke Bücher wie z. B. Marcel Prousts *Recherche* gelesen zu haben – so schildert es jedenfalls etwa Rüdiger Safranski auch autobiographisch, sieht jedoch die Zeit derartiger Optionen von Prestigegewinn mit ‚1968' enden: Im Zuge der Studentenbewegung sei solch exzessive Lektüre im Gegenteil zum moralischen Problem geworden.[63] Sie kann nun als selbstgefällig und politisch bedenklich kritisiert werden; als ‚bürgerlich' im Sinne einer vom aktuellen Tagesgeschehen distanzierten Rezeption jenseits der Forderungen nach gesellschaftspolitischer Relevanz. Wenn diese ‚interesselose' Rezeption zugleich dem Demonstrationszweck eigener Privilegien dient, wie kritisiert wird (und von Bourdieu später detailliert analysiert wird), kann Distinktion unter den politisierten Studierenden genau umgekehrt funktionieren: nicht über die gelesenen, sondern über die nicht-gelesenen Bücher. „Einige meiner Genossen brüsteten sich damit, seit der Schulzeit keinen einzigen Roman mehr gelesen zu haben", erzählt der Schriftsteller und damalige Aktivist Gaston Salvatore.[64]

‚Bürgerliche' Lektüre gilt in diesem Milieu primär als „Luxus" im negativen Sinn; auf diesen Begriff greifen sowohl Safranski als auch Salvatore zurück. Hierbei tritt die Frage nach der nützlich verbrachten Zeit erneut, aber unter historisch veränderten Vorzeichen in ihrer politisch-moralischen Brisanz hervor: „Die Literatur steht wieder unter Anklage", schreibt der Literat Dieter Wellershoff in einem Essay von 1969: „Ihr wird vorgeworfen, daß sie gesellschaftlich nutzlos sei oder gar als Ersatz versäumter politischer Praxis diene."[65] Denn man könnte ja mit der Zeit der Proust-Lektüre etwas ganz anderes anfangen: Marx lesen, Flugblätter schreiben, auf die Straße gehen… „Wer zugab, daß er Gedichte las, die sich nicht zu Kampfliedern umfunktionieren ließen, war praktisch geliefert", so Salvatore.[66]

---

[63] Interview mit Rüdiger Safranski. In: *Was war links? Kunst und Klassenkampf*, Sendemanuskript. Ein Film in 4 Teilen von Andreas Christoph Schmidt. Produziert von Schmidt & Paetzel Fernsehfilme im Auftrag von SWR und SFB. Zitiert nach: www.waswarlinks.de/folge4/kommentar4.html (25. März 2021).
[64] Gaston Salvatore: Vom Luxus der Freundschaft. In: *Der Zorn altert, die Ironie ist unsterblich. Über Hans Magnus Enzensberger*. Hg. Rainer Wieland. Frankfurt / M. 1999, S. 130 – 136, hier S. 132.
[65] Dieter Wellershoff: *Literatur und Veränderung. Versuche zu einer Metakritik der Literatur*. Köln 1969, S. 9.
[66] Gaston Salvatore: Vom Luxus der Freundschaft 1999, S. 132.

2 Zeitlicher Luxus in der Literatur

Als Kampflieder verwertbare Gedichte wären demnach kein Luxus (in abschätzigem oder lobendem Sinn)? Unter den skizzierten Perspektiven lohnt sich der Blick auf die Motive und Verfahrensweisen der Literatur, die auf eigene und vielfältige Weise an der Verhandlung von temporalen Luxus-Aspekten und -Formen beteiligt ist.

Auf der Ebene der *Sujets* können literarische Texte die zeitlichen Dimensionen von materiellem Luxus auserzählen, etwa mit Schilderungen von pompösen Festen, opulenten Mahlen oder märchenhaften Geld- und Goldbädern. Sie imaginieren ihrerseits Auszeiten wie Muße,[67] Müßiggang (vgl. die Beiträge von CHRISTOPHER MEID und MAXIMILIAN BERGENGRUEN) oder Müdigkeit (dazu ANTONIA EDER), Langeweile oder Phasen von Rückzug und Reflexion – oft überblendet mit Schreibszenen. Literatur kann Nichtsnutze und Taugenichtse, Schlendriane und Schlaraffen, Nichtstuerinnen und Faulpelze, aber auch Schnelllebige und Fahrlässig-Flüchtige zu luxurierenden (Anti-)Helden und Heroinen ihrer Zeit-Geschichten machen. Eine besondere Galionsfigur zeitökonomisch dubioser Gestalten ist der Flaneur mit seiner entschleunigten Optik auf die beschleunigte Stadt. An ihn lehnen sich etwa die Feuilletonisten um 1900 gerne an, während sie sich zumal als Spaziergänger an ‚Auszeit-Orten' wie dem Berliner Tiergarten zugleich von ihm abheben (vgl. dazu den Beitrag von PETER UTZ). Aus Protest gegen die hektische „Betriebsamkeit" habe sich der Flaneur in den Pariser Passagen von einer mitgeführten Schildkröte das Tempo vorgeben lassen – so stellt es uns bekanntlich Walter Benjamin in seiner Baudelaire-Studie vor.[68] Obgleich unbewusst, lehnt er sich gegen die von außen vorgegebene Taktung auf, wobei seine Zeitverschwendung weit weniger der *conspicuous leisure* als der Ökonomiekritik dient: Die „Gelassenheit" des Flaneurs „wäre hiernach nichts anderes als ein unbewußter Protest gegen das Tempo des Produktionsprozesses".[69]

Hinsichtlich der *Verfahren* von Literatur lässt sich in unterschiedlichem Sinn – am besten in der Tätigkeitsform – von ‚Luxurieren' sprechen. Die temporale

---

67 Vgl. auch bes. die Publikationen des Sonderforschungsbereichs 1015 „Muße" der Albert-Ludwigs-Universität Freiburg.
68 Walter Benjamin: Das Paris des Second Empire bei Baudelaire. In: Ders.: *Gesammelte Schriften*. Bd. 1. Unter Mitwirkung von Theodor W. Adorno und Gershom Scholem. Hg. Rolf Tiedemann und Hermann Schweppenhäuser. Frankfurt / M. 1974, S. 556.
69 Walter Benjamin: Das Passagen-Werk. In: Ders.: *Gesammelte Schriften*. Bd. 5. Unter Mitwirkung von Theodor W. Adorno und Gershom Scholem. Hg. Rolf Tiedemann und Hermann Schweppenhäuser. Frankfurt / M. 1982, S. 426.

Dimension einer Poetik der überschäumenden Fabulierlust, der potenziell zerstörerischen Phantasie, wie sie Schiller und Hoffmann konkret mit diesem Begriff verknüpfen, ist bereits erwähnt worden.

Auch stilistisch-rhetorischer Luxus kann zeitlich perspektiviert werden: Die in den traditionellen Lehrbüchern der Rhetorik zumeist abschätzige Rede von ‚stylus luxurians' oder ‚stylus luxuriosus' bezieht sich auf eine „Schreib-Art, so in Tropis, Figuren, zuvörderst aber Synonymien, Exergasien, und dergleichen, keine Maasse hält",[70] mithin eine immer wieder zu weiteren Verbildlichungen, Reformulierungen und Variationsformen ausholende Schreibweise im Kontrast zu jedem zeitsparenden ‚Kurz-und-knapp-Gesagt'.

Für den hier interessierenden Aspekt kommen außerdem bestimmte narrative Verfahren und deren Verbrauch an Erzählzeit infrage. Seinen berühmten Wirklichkeitseffekt *(effet de réel)* macht Roland Barthes in den (scheinbar) nicht-funktionalen, überflüssigen Momenten einer Erzählung aus – dort, wo die Narration „verschwenderisch" ist – und spricht vom „Luxus der Erzählung".[71] Was er in seiner *Einführung in die strukturale Analyse von Erzählungen* ‚Katalyse' nennt, scheint eine Art narrative Auszeit zu sein: Im Gegensatz zur ‚Kardinalfunktion', die im Wechselspiel mit ihr für die jeweilige Spannungsökonomie der Erzählung verantwortlich ist, weist die Katalyse keine oder kaum logische Funktionalität für den Fortgang der Handlung auf, bestimmt jedoch das Tempo der Erzählung maßgeblich mit. Insofern sind Katalysen „Sicherheitszonen, Ruhepausen, Luxus".[72]

Weitere Verfahren – wie etwa das Aufzählen als performatives Pendant zu thematisiertem Luxus der Beschleunigung oder Flüchtigkeit – kommen in den Beiträgen dieses Bandes zur Sprache. Speziellen Gewinn verspricht dabei die Frage nach dem Verhältnis von Sujet und Schreibweise, ergibt sich doch beispielsweise aus der Verbindung von kritischer Thematisierung des Luxus mit luxurierendem Erzählen im Sinne schwelgerischen Schilderns unter rhetorischer

---

[70] Johann Heinrich Zedler: *Großes vollständiges Universal-Lexicon* (1731–1754). Bd. 40, Leipzig und Halle 1744, Sp. 1474; vgl. etwa auch Lessing im *Laokoon* (1766) gegen das ‚Luxurieren der neueren Dichter' (Gotthold Ephraim Lessing: *Werke*. Hg. Herbert G. Göpfert. Bd. 6. München 1974, S. 129 f.). Ausführlicher dazu vgl. Weder und Bergengruen, Moderner Luxus 2011, S. 23.
[71] Roland Barthes: Der Wirklichkeitseffekt. In: Ders.: *Das Rauschen der Sprache*. Übers. Dieter Hornig. Frankfurt / M. 2006, S. 164–172, hier S. 165.
[72] Roland Barthes: Einführung in die strukturale Analyse von Erzählungen. In: Ders.: *Das semiologische Abenteuer*. Übers. Dieter Hornig. Frankfurt / M. 1988, S. 102–143, hier S. 113.

Ausschweifung und exzessiver Verausgabung von Erzählzeit eine zentrale Form der Ambivalenz.

Zu Beginn des einundzwanzigsten Jahrhunderts wird Wilhelm Genazinos gemächlicher Flaneur und Ich-Erzähler in *Ein Regenschirm für diesen Tag* (2001) ökonomisch erfinderisch. Er macht seinen luxuriösen Zeitverbrauch zum Beruf: Auf stundenlangen Spaziergängen testet er den Tragekomfort von Luxusschuhen – für 200 Mark pro Paar. Aus der Optik der (Luxus-)Industrie bedeutet dies zunächst: Der Flaneur lässt sich nun selbst bestens betrieblich verwerten. Nachdem aber dann sein Honorar – bei neuer Entschädigung, die darin besteht, die teuren Schuhe jeweils behalten zu dürfen – auf 50 Mark gekürzt worden ist („wir haben mächtig Konkurrenz bekommen; der Luxus prosperiert, das merken auch andere"[73]), beschließt der Ich-Erzähler, seinen Müßiggang, der zugleich seine Arbeit ist, zu minimieren, die Schuhe zu verkaufen und „in Zukunft nur noch phantasierte Berichte ab[zu]liefern".[74] Der Flaneur phantasiert, luxuriert, um nicht mehr Flanieren zu müssen, denn das Flanieren ist zur rationalisierten Arbeit geworden. Durch seine erfundenen Testberichte, die ohne empirische Grundlage für die Industrie natürlich nutzlos sind, entzieht sich der Müßiggänger, um eine historische Schraubendrehung weiter, erneut jener Ökonomie, freilich ohne auf seine Bezahlung verzichten zu müssen.

Später – unter dem Eindruck einer Laser-Show („Susanne und ich plaudern über unsere Verwunderung, daß die zeitgenössischen Vergnügungen und die zeitgenössischen Menschen immer so gut zusammenpassen"[75]) – erinnert den Ich-Erzähler ein Junge, der jenseits des Spektakels auf einem Balkon eine Höhle baut, an die Möglichkeit des Ausstiegs aus „den Verwirrungen von Arbeit und Zeit": Der Junge „macht mich entrinnbar inmitten eines unentrinnbaren Geschehens".[76]

Um solche Verfahren des Entrinnens geht es im Folgenden. Dass dafür jedenfalls mehr als das „Statement"[77] jener eingangs erwähnten – käuflichen – Einzeigeruhr nötig ist, zeigt der Blick auf das Verhältnis von Zeit und Luxus in der Moderne.

---

73 Wilhelm Genazino: *Ein Regenschirm für diesen Tag*. München 2003, S. 83.
74 Ebd., S. 146.
75 Ebd., S. 170.
76 Ebd., S. 172.
77 https://www.botta-design.de/collections/uno (25. März 2021).

I Sozialhistorische Bezüge

Anja Lemke
Müßiggang als ästhetische Ressource:
Zur Refiguration von Kunst und Arbeit im achtzehnten Jahrhundert

> [W]ir lassen alle Uhren zerschlagen, alle Kalender verbieten, und zählen Stunden und Monden nur nach der Blumenuhr, nur nach Blüte und Frucht. [...] [U]nd es wird ein Dekret erlassen, daß [...] jeder, der sich rühmt, sein Brot im Schweiße seines Angesichts zu essen, für verrückt und der menschlichen Gesellschaft gefährlich erklärt wird; und dann legen wir uns in den Schatten und bitten Gott um Makkaroni, Melonen und Feigen, um musikalische Kehlen, klassische Leiber und eine kommode Religion![1]

Die berühmte Schlusssequenz aus Büchners *Leonce und Lena* koppelt die utopische Paradiesvorstellung wahren Müßiggangs an das Ende der technischen Zeitmessung, ohne die die Entwicklung des modernen Industriekapitalismus nicht vorstellbar wäre. Erst die Uhren und Kalender ermöglichen die Ausbildung eines geregelten Arbeitsrhythmus und die Optimierung von arbeitsteiligen Produktionsprozessen, durch die Arbeit und Muße in der Moderne in die Opposition von zeitlich disziplinierter Lohnarbeit auf der einen und „Frei-Zeit" auf der anderen Seite geraten.

Die folgenden Überlegungen gehen der Frage nach der temporalen Ökonomie des Luxus im Rahmen der Herausbildung dieser Opposition nach. Im Zentrum soll dabei die Entwicklung um 1800 stehen, da sich hier die Umcodierung, die das Begriffspaar Arbeit und Muße mit Beginn der Neuzeit erfährt, radikalisiert und gleichzeitig Kunst und Literatur bzw. die Diskurse über Kunst und Literatur in diesen Umcodierungsprozess mit eingreifen. Nicht zuletzt durch diesen Eingriff erfährt das Verhältnis einen Komplexitätszuwachs, der die vermeintlich eindeutige Opposition bereits zum Zeitpunkt ihrer neuzeitlichen Refiguration unterläuft und es schwer macht, präzise zu bestimmen, worin ‚Auszeiten' in modernen Arbeitsgesellschaften eigentlich bestehen und wie sich die unterschiedlichen Charakteristika temporalen Luxus im Spannungsfeld von Arbeit und Muße situieren lassen. Wenn der Luxus der Zeit z. B. darin besteht, diese selbstbestimmt gestalten zu können, dann ist das ab dem achtzehnten Jahrhundert nicht mehr primär eine Definition für Muße als vielmehr für unentfremdete Arbeit, zu deren Ideal in den ästhetischen Diskursen der Zeit die Künstlerfigur in ihrem autonomen Schaffen stilisiert wird. Der Luxus einer selbstbestimmten Zeit wird damit gerade nicht in

---

[1] Georg Büchner: Leonce und Lena. In: Ders.: *Sämtliche Werke, Briefe und Dokumente.* Hg. Henri Poschmann. Bd. 1, Frankfurt / M. 2006, S. 91–142, hier S. 128 f.

den Bereich der ‚Auszeit' verschoben, sondern wird zum Inbegriff gelingender Arbeit. Umgekehrt bleibt das Moment des Überschusses, das dem Luxus anhaftet, in den vielfältigen ästhetischen Diskussion um die Einbildungskraft als negatives Element präsent, etwa im Kontext der zeitgenössischen Lesesucht-Debatte, die nicht müde wird, die Gefahren einer umherschweifenden Phantasie heraufzubeschwören, die ihren Ursprung in der Lektüre als Zeitvertreib hat. Die negativen Konnotationen des Begriffs Luxus entfalten sich hier also in Verbindung mit der Idee des Müßiggehens, temporaler Luxus wird auf der Seite der Nicht-Arbeit angesiedelt. Die Romantik wiederum stellt dann eben dieses Moment des imaginären Überschusses, die überbordende Produktion der Einbildungskraft ins Zentrum ihrer Ästhetik und erhebt das Nicht-Maßvolle, Nicht-Nützliche und Nicht-Sinnvolle zum Programm einer Formkunst, die in der Arabeske Momente des temporalen Luxus und des Müßiggangs produktiv werden lässt. Zeitlicher Luxus vermag sich um 1800 sowohl auf der Seite der Arbeit als auch auf der Seite des Müßiggangs zu situieren, und es ist insbesondere die neue Rolle von Kunst und Literatur, die als eine Art *shifter* das binäre Gefüge in Bewegung setzt.[2]

Diese Bewegung soll im Folgenden an Schillers Briefen *Über die Ästhetische Erziehung des Menschen* und Schlegels *Idylle über den Müßiggang* aus der *Lucinde* nachgezeichnet werden, wobei zunächst einige Aspekte der antiken und mittelalterlichen Diskurse über Arbeit und Muße schlaglichtartig in Erinnerung gerufen werden, um den Hintergrund zu skizzieren, vor dem die Radikalität des Wandels, den das Verhältnis von Arbeit und Nichts-Tun im achtzehnten Jahrhundert erfährt, allererst deutlich werden kann.

I Muße und Arbeit in der Antike und im Mittelalter

Was den Arbeitsbegriff in der Antike betrifft, ist zunächst daran zu erinnern, dass die Antike zwischen der Muße auf der einen Seite und verschiedenen Handlungsformen auf der anderen Seite unterscheidet, wobei der Muße ein deutlich

---

[2] Für die Ambivalenz von Arbeit und Nichtarbeit und die Rolle der Ästhetik im neunzehnten und zwanzigsten Jahrhundert vgl. grundlegend Martin Jörg Schäfer: *Die Gewalt der Muße. Wechselverhältnis von Arbeit, Nichtarbeit, Ästhetik*. Zürich und Berlin 2013. Zur Geschichte dieser Entwicklung vom achtzehnten Jahrhundert bis zur Gegenwart vgl. Anja Lemke, Alexander Weinstock (Hg.): *Kunst und Arbeit. Zum Verhältnis von Ästhetik und Arbeitsanthropologie vom 18. Jahrhundert bis zur Gegenwart*. München 2014 und für die Gegenwart den Band des Autorenkollektivs „Kunst und Arbeit" (Sabeth Buchmann, Jörn Etzold, Kai van Eikels, Karin Gludovatz, Alexandra Kleihues, Anja Lemke, Martin Jörg Schäfer): *art works. Ästhetik des Postfordismus*. Berlin 2015.

höherer Stellenwert zukommt. Sie bildet den Rahmen für den *bios theoretikos*, denn nur in der Muße kann Wissen durch Anschauung gewonnen werden. Demgegenüber steht die Arbeit auf der Seite der Tätigkeiten ganz unten in der Wertehierarchie. Während das Handeln im Sinne der politischen Praxis seinen Zweck gänzlich in sich selbst hat und das Herstellen, die *poiesis*, Dinge von einer gewissen Dauerhaftigkeit erzeugt, bezeichnet Arbeit körperliche Tätigkeiten, die allein der Erhaltung des Lebens dienen, die sich also auf die Produktion von Gütern erstrecken, die lediglich für den Konsum gedacht sind. Diese Sphäre der Lebenserhaltung teilt der Mensch mit anderen Lebewesen, hier unterscheidet er sich nicht vom ‚unfreien Tier'. Seiner Freiheit vergewissert sich der freie Mann, und nur um diesen ging es, dagegen dadurch, dass er sich der Muße widmet. Anstatt als „Freizeit" einen Bereich der *re-creation* als Gegenstück zur Arbeit zu bilden, ist Muße als *scholé* und *ocio* die positiv besetzte und mit Sinn aufgeladene Lebensform, Arbeit hingegen lediglich der privative Bereich der Nicht-Muße, des *neg-ocio*.[3]

Entsprechend gliedert sich auch die Hierarchie der Künste in der Antike nach ihrer Nähe und Ferne zur Muße und zur Arbeit und diese Hierarchisierung wird auch im Mittelalter beibehalten. Je näher eine Kunst an den *artes liberales*, den sieben freien Künsten war, desto höher war die Wertschätzung, die ihr entgegengebracht wurde, je näher sie an den *artes mechanicae*, den handwerklichen Tätigkeiten war, desto niedriger wurde sie verortet. Eine Logik, die bis in die Neuzeit hinein die Dichtung durch ihre Nähe zur Rhetorik gegenüber der Malerei und insbesondere der Bildhauerei ausgezeichnet hat. Vor allen Dingen letztere stand in dem Ruf, der ‚Arbeit' als körperliche, schweißtreibende und freiheitsraubende Tätigkeit besonders nahe zu stehen.

Die Auszeichnung der Muße bleibt auch im christlichen Kontext bestehen. Das mittelalterliche religiöse Leben richtet sich weitgehend am Ideal der *vita contemplativa* aus, Tätigsein kann zwar gedacht werden als Akt der Nächstenliebe, ist aber im Kern der Muße nachgeordnet. Mit dem im Mittelalter geläufigen Hinweis auf den „Sühne- und Läuterungswert"[4] der Arbeit als Folge des Sündenfalls bleibt die körperliche Arbeit des Menschen *labor* und *molestia*: „Im

---

[3] Vgl. zu diesen grundlegenden, auf Aristoteles zurückgehenden Unterscheidungen von Arbeiten, Herstellen und Handeln sowie deren Verhältnis zum *bios theoretikos* in der Antike Hannah Arendt: *Vita activa oder Vom tätigen Leben*. München und Zürich 1981, S. 18 – 23 sowie einführend Werner Conze: Art. „Arbeit". In: *Geschichtliche Grundbegriffe. Historisches Lexikon zur politisch-sozialen Sprache in Deutschland*, Bd. 1. Hg. Otto Brunner, Werner Conze, Reinhart Koselleck. Stuttgart 2004, S. 155–158.
[4] Hans Joachim Krüger: Art. „Arbeit". In: *Historisches Wörterbuch der Philosophie*, Bd. 1. Hg. Joachim Ritter, Karlfried Gründer und Gottfried Gabriel. Basel u. a. 1971, S. 481.

Schweiße deines Angesichts sollst du dein Brot essen, bis daß du wieder zu Erde werdest, davon du genommen bist."[5] Arbeit ist eine Gottesstrafe, eine mühsame und qualvolle Notwendigkeit, die dem Menschen von Gott auferlegt wurde, sie ist Stigma der Vertreibung aus dem Paradies.

Parallel zu diesem negativen Arbeitsbegriff bildet sich im Christentum eine Vorstellung von Arbeit aus, die Arbeit nicht als *molestia* begreift, sondern aus der Idee des Schöpfens, des Herstellens aus dem Nichts ableitet. Dieser Arbeitsbegriff legitimiert sich durch Rekurs auf den göttlichen Schöpfungsakt, demzufolge Gott den Menschen „zu seinem Bilde"[6] „aus einem Erdenkloß [machte] und [...] ihm [...] den lebendigen Odem in seine Nase [einblies]".[7] Durch diese Inanspruchnahme des Schöpfungsmythos vollzieht sich eine grundlegende Aufwertung der Arbeit, die die Fundamente für die moderne Arbeitsanthropologie legt. Menschliche Arbeit, und zwar geistige wie handwerkliche, leitet sich im Rahmen dieser Tradition insgesamt aus der ersten Arbeit Gottes ab und gewinnt aus ihr ihre Dignität. Der tätige schöpferische Mensch wird zum Ebenbild Gottes.

Damit öffnet sich eine Traditionslinie, die auch den Künstler und seine Tätigkeit erstmals nicht mehr von der Arbeit abzurücken versucht, um ihn in Abgrenzung zum tätigen Leben auf der Seite der Muße, der Kontemplation und des Wissens zu situieren. Stattdessen wird er jetzt gerade zum Repräsentanten gelingender Arbeit, denn der Künstler, so die Argumentation, vollzieht in seiner schöpferischen Tätigkeit eben jenen ersten Akt, durch den Gott die Welt und vor allen Dingen den Menschen selbst geschaffen hat. Damit beginnt auch eine Reorganisation in der Hierarchie der Künste. Die bislang durch ihre Nähe zur Arbeit stigmatisierten Bildhauer beziehen sich jetzt vermehrt auf ihre ausgezeichnete Nähe zu diesem Schöpfungsprozess und werten ihre eigene Kunst auf diese Weise gegenüber der Malerei und der Dichtung auf. Umgekehrt beginnen Malerei und Dichtung allmählich ihre Selbstbegründungsdiskurse ebenfalls auf diese Figur der Schöpfung abzustellen. Eine Entwicklung, die dann im achtzehnten Jahrhundert im Geniediskurs kulminiert, in dem zwar der Mythos von Prometheus gegenüber dem christlichen Schöpfungsparadigma dominant wird, in der Sache aber genau diese Idee der lebensformenden Kreativität weiterentwickelt wird.[8]

---

5 1. Mose 3,19.
6 1. Mose 1,27.
7 1. Mose 2,7.
8 Und es gehört zu den ironischen Wendungen in der Diskursgeschichte dieser Figur, dass das Christentum, gerade dadurch, dass es ständig darauf hingewiesen hat, dass der Schöpfergott als *deus artifex* nicht mit dem Prometheus-Mythos zu verwechseln sei, dafür gesorgt hat, dass die Figur des Prometheus immer im Schöpfungsdiskurs präsent geblieben ist.

II Arbeitsanthropologie. Paradigmenwechsel in der Neuzeit

Endgültig kehrt sich das Verhältnis von Arbeit und Muße im Verlauf des siebzehnten und achtzehnten Jahrhunderts um, was nicht zuletzt in einer fundamentalen Umstrukturierung dessen, was in der Neuzeit als Wissen gilt, begründet ist. Mit dem neuzeitlichen Aufstieg der Experimentalwissenschaften wird Wissen nicht mehr durch eine passive Schau generiert, sondern gilt als etwas, das erarbeitet werden muss. Wissen entsteht, Bacons *Novum Organum* setzt hier das deutlichste Signal, nicht länger durch die Anschauung von Welt, sondern allein durch ihre produktive Durchdringung. Das sich im achtzehnten Jahrhundert herausbildende Ideal der bürgerlichen Arbeitsgesellschaft in Abgrenzung zur adeligen Muße, durch das Arbeit zur entscheidenden anthropologischen Größe wird, entsteht auf Basis dieser grundlegenden epistemologischen Verschiebung von der Muße zur Arbeit im Rahmen der modernen Wissensgeschichte im siebzehnten Jahrhundert. Damit einher geht eine deutliche Verschiebung der Bewertung des Nichtstuns von der Muße als Bedingung der Möglichkeit der Erkenntnis hin zum Müßiggang, der, wie der Bürger ja bis heute weiß, ‚aller Laster Anfang ist'. Das, was im Mittelalter religiös konnotiert die *acedia* war, die „Trägheit des Herzens",[9] mit der der Mittagsdämon den christlichen Einsiedler vom Gebet abhielt und ihn auf sündhafte Abwege führte, wird jetzt dem Müßiggang zugeschrieben. Müßiggang als Zeitverschwendung öffnet Spielräume, in denen sich nur allzu gern eine ‚luxurierende Einbildungskraft' breit macht. Erotische Phantasien und Abschweifungen sind nicht weit, wo die Hände müßig in den Schoß gelegt werden: die Lesesucht- und die mit ihr verbundene Onanie-Debatte legen davon beredtes Zeugnis ab.[10]

Doch nicht nur das Nichtstun wird jetzt zunehmend umcodiert, auch der Arbeitsbegriff wird ein anderer, indem das im christlichen Diskurs des Schöpfergottes angelegte Moment des Schaffens paradigmatisch für die Arbeit insgesamt wird. Arbeit wird nicht mehr in erster Linie verstanden als *molestia* und *labor*, sondern als *opera* und *opus*.[11] Und sie ist auch nicht mehr primär eine lästige Notwendigkeit, die das Überleben sichert, sondern das Zentrum dieses

---

9 Walter Benjamin: Ursprung des deutschen Trauerspiels. In: Ders.: *Gesammelte Schriften*. Hg. Rolf Tiedemann und Hermann Schweppenhäuser, Bd. I.1. Frankfurt / M. 1974, S. 203–428, hier S. 332.
10 Vgl. Albrecht Koschorke: Körperströme und Schriftverkehr. Mediologie des 18. Jahrhunderts, München 2003.
11 Vgl. zur Ausdifferenzierung der Begriffe Werner Conze: Art. „Arbeit" 2004, S. 154–215.

Lebens selbst. Nicht die Ruhe der Kontemplation, sondern der produktive Umgang mit den Gegenständen, die mich umgeben, die Macht, durch Arbeit die Welt aktiv zu gestalten und ihr auf diese Weise meinen Stempel aufzudrücken, macht mich eigentlich erst zum Menschen. Noch vor Marx formuliert John Locke in seinen *Two Treatisies of Government* von 1689 diese „Urszene der Arbeitsanthropologie",[12] wenn er schreibt: „Though the Earth and all inferior Creatures be common to all men, yet every Man has a Property in his own Person. This no Body has any Right to but himself. The Labour of his Body, and the Work of his Hands, we may say, are properly his. [...] for this Labour being the unquestionable Property of the Labourer, no Man but he can have a right to what that is once joined to".[13] Der Kollektivbesitz Natur wird durch meiner Hände Arbeit von meiner Person angeeignet, er wird zu einem Teil von mir, bekommt meinen ‚eigentümlichen' Stempel aufgedrückt und wird auf diese Weise zu einem Teil meiner Person. Diese neue Form der Arbeit wird jetzt erstmals zu einer identitätsstiftenden Größe, sie ist eine Kulturleistung, in der der Mensch sein Wesen in Abgrenzung zur Natur als autonom umreißt.

Wir erleben im Verlauf des späten siebzehnten und des achtzehnten Jahrhunderts also auf der einen Seite eine enorme theoretische Aufwertung der Arbeit, indem sie zu einem Schlüsselbegriff der Anthropologie wird. Auf der anderen Seite entsteht dieser neue Arbeitsbegriff im Rahmen von wirtschaftlichen und gesellschaftlichen Veränderungen, die dieses Ideal zwar hervorbringen, es jedoch gleichzeitig ad absurdum führen, denn de facto ist das achtzehnte Jahrhundert das Jahrhundert, in dem immer mehr arbeitsteilige Produktionsformen entstehen. Die Gesellschaft beginnt sich stärker als bislang auszudifferenzieren, ständische Stratifikation und die mit ihr verbundenen geschlossenen Lebenswelten werden aufgebrochen und das moderne Individuum findet sich in einer Vielzahl unterschiedlichster Funktionszusammenhänge wieder, die zunehmend als entfremdend wahrgenommen werden. Das heißt, das Ideal der Arbeit kollidiert bereits am Beginn seiner Entstehung mit den gesellschaftlichen, sozialen und wirtschaftlichen Gegebenheiten, die es hervorbringen.

Dies hat zur Folge, dass Arbeit und Nichtstun in der Werteskala des achtzehnten Jahrhunderts nicht einfach die Plätze tauschen, vielmehr ist festzustellen, dass die Tätigkeit des Arbeitens, in dem Moment, wo sie zur allumfassenden epistemologischen, ökonomischen, politischen und anthropologischen Größe wird, immer auch schon eine Geschichte des Scheiterns erzählt: je zentraler sie für die humanen Diskurse wird, desto deutlicher tritt hervor, dass die Realität von

---

[12] Schäfer, *Die Gewalt der Muße* 2013, S. 79.
[13] John Locke: *The Two Treatises of Government*. Hg. Peter Laslett. Cambridge 1988, S. 287 f.

diesen Diskursen abweicht und Arbeit statt der ersehnten Erfüllung des eigenen Ichs Momente der Selbstentfremdung produziert. Diskurse über Arbeit werden im Verlauf des achtzehnten Jahrhunderts deshalb gleichzeitig zu Diskursen über Arbeit als Erfüllung des menschlichen Wesens und über individuelle und kollektive Entfremdungserfahrungen in einer zunehmend arbeitsteiligen Gesellschaft. Folglich kann man beobachten, wie sich das Verhältnis von Arbeit und Nicht-Arbeit ausdifferenziert zu einem Spiel mit vier Positionen, die sich teilweise berühren. Es wird unterschieden zwischen ‚guter' und ‚schlechter' Arbeit im Sinne von unentfremdeter und entfremdeter Arbeit ebenso wie zwischen ‚guten' und ‚schlechten' Formen des Nichtstun, nämlich Muße und Müßiggang. Interessant für unseren Zusammenhang ist dabei, dass Kunst und Literatur in diesem Viereck eine bewegliche Position einnehmen, indem die Diskurse über die Kunst dieser sowohl die Position gelingender, unentfremdeter Arbeit als auch die Position der Muße und des Müßiggangs als Gegenposition zur Arbeit zuschreiben.

III Schillers Briefe *Über die ästhetische Erziehung des Menschen* (1795)

Schillers 1795 erschienene Briefe *Über die ästhetische Erziehung des Menschen*[14] setzen ein mit einer umfassenden, alle gesellschaftlichen Bereiche betreffenden Zeitkritik, in deren Zentrum die Diagnose einer nachhaltigen Deformation der „sinnlich-vernünftigen Natur"[15] des Menschen durch die einsetzende Arbeitsteilung steht. Sie ist aus der Perspektive der Briefe maßgeblich dafür verantwortlich, dass es zu einer beruflichen und wissenschaftlichen Spezialisierung kommt, dass sich das Wissen von der Person zu lösen beginnt und das Handeln des Einzelnen einzig dem Primat der Nützlichkeit unterworfen wird. Die daraus resultierende Entfremdungserfahrung bestimmt für Schiller sowohl das Individuum als auch alle gesellschaftlichen Bereiche. An die Stelle eines am Ideal der griechischen Polis orientierten organischen Ganzen sieht er eine ausdifferenzierte funktionale Gesellschaft treten, an Stelle der harmonischen Ausbildung aller seiner Kräfte

---

14 Die folgenden Ausführungen zu Schiller sind ein gekürzter Auszug aus dem Artikel „Ästhetische Erziehung als Arbeit am Selbst. Schillers Bildungsprogramm aus der Perspektive postfordistischer Kontrollgesellschaften". In: *Experimentalanordnungen der Bildung. Exteriorität – Theatralität – Literarizität.* Hg. Bettine Menke und Thomas Glaser. Paderborn 2014, S. 131–145.
15 Friedrich Schiller: Über die ästhetische Erziehung des Menschen in einer Reihe von Briefen (1795). In: Ders.: *Sämtliche Werke in 5 Bänden.* Hg. Gerhard Fricke und Herbert G. Göpfert. Bd. 5. Stuttgart 1980, S. 570–669, hier Brief 11, S. 603.

„bildet sich der Mensch selbst nur als Bruchstück aus"[16] und „wir sehen nicht bloß einzelne Subjekte, sondern ganze Klassen von Menschen nur einen Teil ihrer Anlagen entfalten, während daß die übrigen, wie bei verkrüppelten Gewächsen, kaum mit matter Spur angedeutet sind."[17] Entsprechend fordert Schillers ästhetisches Erziehungsprogramm die Wiederherstellung der Ganzheitlichkeit, wobei er zunächst beim Individuum ansetzt, indem die ästhetische Erfahrung dessen „vernünftig-sinnliche Natur" wieder in ihr ursprüngliches Gleichgewicht bringen soll. Ein solches Gleichgewicht ist nun für Schiller nicht einfach Stillstand, sondern ein ästhetisches Spiel, in dem Verstand und Sinnlichkeit gleichermaßen angesprochen werden und zum Austrag kommen. Der Mensch wird im ästhetischen Zustand für Schiller „*Null*",[18] weil ihm die Fülle seiner Möglichkeiten zurückerstattet wird. Er ist vollkommene Bestimmbarkeit, reine Potenz und insofern noch völlig frei. Interessant für unseren Kontext ist dabei, dass dieser ästhetische Zustand und die Kunst, die ihn erzeugen soll, auf ganz eigentümliche Weise zwischen Arbeit und Muße changieren.

Auf der einen Seite, und darauf hat insbesondere Rancière in seiner Schiller-Lektüre hingewiesen, ist die Kunsterfahrung, die Schiller zufolge den ästhetischen Zustand erzeugen soll, primär durch das Moment der müßigen Anschauung gekennzeichnet, durch die der Mensch dem Ideal göttlicher Muße möglichst nah kommen soll.[19] Die Idee des auf Null gestellten Menschen, dem die Fülle seiner Möglichkeiten zurückerstattet wird, lehnt sich deutlich an das antike Paradigma der kontemplativen Muße an. So etwa, wenn Schiller schreibt, dass die antiken Künstler, „den Ernst und die Arbeit welche die Wangen der Sterblichen furchen, [...] aus der Stirn der seeligen Götter verschwinden" ließen, dass sie „die ewig Zufriedenen von den Fesseln jedes Zwecks, jeder Pflicht, jeder Sorge freigaben und den Müßiggang und die Gleichgültigkeit zum beneideten Lose des Götterstandes"[20] machten.

Schillers Beispiel für dieses Ideal ist in den Briefen die antike Statue Juno Ludovisi, deren Passivität den Beobachter in die Lage versetzen soll, nichts zu tun und nichts zu wollen und sich gänzlich der reinen sinnlichen Erfahrung zu öffnen.

> In sich selbst ruhet und wohnt die ganze Gestalt, eine völlig geschlossene Schöpfung [...]; da ist keine Kraft, die mit Kräften kämpfte, keine Blöße, wo die Zeitlichkeit einbrechen könnte.

---

16 Ebd., 6. Brief, S. 584.
17 Ebd., S. 582f.
18 Ebd., 21. Brief, S. 635.
19 Jacques Rancière: „Was bringt die Klassik auf die Bühne?". In: *Spieltrieb. Was bringt die Klassik auf die Bühne? Schillers Ästhetik heute*. Hg. Felix Ensslin. Berlin 2006, S. 23–38.
20 Schiller, Über die ästhetische Erziehung 1980, 15. Brief, S. 618.

> Durch jenes unwiderstehlich ergriffen und angezogen, durch dieses in der Ferne gehalten, befinden wir uns zugleich in dem Zustand höchster Ruhe und der höchsten Bewegung.[21]

Schiller formuliert mit dieser Beschreibung der antiken Statue nicht nur geradezu mustergültig das klassische Ideal einer an Ganzheitlichkeit und Geschlossenheit ausgerichteten Ästhetik, er weist auch den Rezeptionsprozess als am antiken Ideal passiver *contemplatio* orientiert aus. Es scheint daher zunächst so, als versuche Schiller in seiner Ästhetik das Ideal der Muße zusammen mit dem Ideal der an der Plastik gewonnen Idee der körperlichen Ganzheitlichkeit den Entfremdungsphänomenen der arbeitsteiligen Gesellschaft entgegen zu stellen.

Doch Schillers ästhetisches Programm bleibt bei dieser Beschreibung der passiven Rezeption nicht stehen, findet sich doch im aktiven Künstler eine Figur, deren Arbeit am Stoff nicht Recht zum Hohelied der passiven Muße passen will. Denn hier ist die Rede von der bedenkenlosen Gewalt, mit der der Stoff der Form unterworfen wird und diesen „*vertilgt*".[22] Eine Arbeit der Disziplinierung, die Schiller bei aller Differenz durchaus als vorbildlich für die Arbeit des „pädagogischen und politischen Künstler[s]"[23] versteht und es ist zu fragen, wie diese beiden Elemente von künstlerischer Formung auf der einen und rezeptiver Passivität auf der anderen Seite zusammenzudenken sind. Die Forschung hat sich bislang häufig entweder für eine Betonung der Muße entschieden, wie dies etwa in Rancières Lektüre zu finden ist, oder aber sie hat die gewaltsame Tätigkeit des Künstlers betont und entsprechend das Schiller'sche Erziehungsmodell im Sinne Foucaults als verkappte Form der Disziplinarmacht gelesen.[24] Ich möchte dagegen vorschlagen, beide Elemente nicht voneinander zu trennen. Mein Eindruck ist, dass Schiller, indem er Muße und künstlerische Arbeit miteinander verschränkt, einem neuen Arbeitsparadigma Vorschub leistet, das eine Art Vorgängermodell zu der uns heute vertrauten Forderung nach unausgesetzter Selbstoptimierung darstellt.

Zunächst ist auffällig, dass Schiller auch die Arbeit des bildenden und erziehenden Künstlers im Bereich des Müßiggangs einsetzen lässt. Der Künstler wird Schiller zufolge umsonst die „Maximen" seiner Zeitgenossen „bestürmen, ihre Taten umsonst verdammen, aber an ihrem Müßiggange kannst Du deine

---

21 Ebd., S. 618f.
22 Ebd., 22. Brief, S. 639.
23 Ebd., 4. Brief, S. 578.
24 Vgl. Michael Gamper: *Masse lesen, Masse schreiben. Eine Diskurs- und Imaginationsgeschichte der Menschenmenge 1765–1930*. München 2007, S. 77–101.

bildende Hand versuchen".[25] Während am Beispiel der Juno Ludovisi gerade die Passivität des Müßiggangs gegenüber der Aktivität des bildenden Verstandes hervorgehoben wurde, ist es jetzt umgekehrt die „bildende Hand des Künstlers", die hier den passiven, müßiggehenden Menschen zu formen beginnt. Die Figur des Künstlers greift damit aktiv in den Zustand des Müßiggangs ein und erinnert so daran, dass auch der in der ästhetischen Erfahrung geschilderte Zustand der Freiheit den Menschen zwar zunächst in einer Art *tabula rasa* wieder ‚auf null setzt', ihn aber gleichzeitig nachdrücklich zur Handlung und Ausbildung seiner Fähigkeiten aufruft. Der ästhetische Zustand als Freiheit im Sinne völliger Bestimmbarkeit soll sich nämlich durchaus von der völligen Bestimmungslosigkeit des Naturzustandes unterscheiden. Zwar kehrt der Mensch im ästhetischen Zustand

> auf gewisse Weise zu jenem negativen Zustand der bloßen Bestimmungslosigkeit zurück [...], in welchem er sich befand, ehe noch irgend etwas auf seinen Sinn einen Eindruck machte. Jener Zustand aber war an Inhalt völlig leer, und jetzt kommt es darauf an, eine gleiche Bestimmungslosigkeit und eine gleich unbegrenzte Bestimmbarkeit mit dem größtmöglichen Gehalt zu vereinbaren, weil unmittelbar aus diesem Zustand etwas Positives erfolgen soll.[26]

Hier verschränkt sich Schillers ästhetischer Zustand der Passivität mit seiner Auffassung von der Entwicklung des Menschen vom sinnlichen Trieb zur vernünftigen Freiheit. Sowohl für die Ontogenese als auch für die Phylogenese wissen wir, so Schiller, dass der Mensch „anfängt mit bloßem Leben, um zu endigen mit Form"[27] und es ist eben dieses Formprinzip, das in Freiheit anzuwenden der Mensch im ästhetischen Zustand erlernen soll. Damit wird aber der Künstler und seine Tätigkeit als Formung der Materie zum entscheidenden Bindeglied zwischen der ästhetischen Erfahrung auf der einen Seite und deren Wirkung im außerästhetischen Bereich auf der anderen Seite. Es ist die Arbeit des Künstlers als Prozess des Formens, die zeigt, wie der ästhetische Zustand die Entwicklung des Menschen in die richtige Richtung lenken kann, so dass die Möglichkeiten nicht nur Möglichkeiten bleiben, sondern in Werk und Handlung überführt wer-

---

25 Schiller, Über die ästhetische Erziehung des Menschen 1980, 9. Brief, S. 596. Wie zentral dieser Passus im Kontext der Briefe zu werten ist, zeigt die Tatsache, dass der Text an dieser Stelle ein einziges Mal zur direkten Anrede in der zweiten Person greift. Der „junge Künstler", der hier direkt angesprochen ist, kann als geheimer Adressat der Briefe gelten. An ihn richtet sich das Bildungsprogramm, er ist gleichermaßen ‚Vollstrecker' wie ‚Gegenstand' des Bildungsprozesses.
26 Ebd., 20. Brief, S. 633.
27 Ebd., S. 632.

den, die Passivität der müßigen Betrachtung in die Aktivität des Arbeitens umschlägt.

Der am Kunstwerk geschulte Rezipient wird so zum Künstler seiner selbst. Der Betrachter macht sich in und durch die ästhetische Erfahrung gleichzeitig zum Material und zur Aufgabe, ist passiver Stoff und aktiver Künstler, dessen Ziel die Steigerung und Entfaltung all seiner Kräfte ist. Auf diese Weise soll im Rezeptionsprozess die Einbindung und Harmonisierung aller im Menschen wirksamen Kräfte und Triebe eingeübt werden, alle Anlagen können zur Entfaltung kommen, allerdings so harmonisiert und aufeinander abgestimmt, dass diese Entfaltung niemals Gefahr läuft, außer Kontrolle zu geraten. Eben diese Kontrolle sichert die Arbeit des Künstlers, der zwar am Müßiggang ansetzt und für die Bewältigung seiner Aufgabe auch des Müßiggangs bedarf, diesen aber gleichzeitig auch kontrollieren und steuern muss. Die Nähe zu Foucaults Definition der Disziplinarmacht ist hier evident. Die Arbeit am eigenen Selbst im Sinne der künstlerischen Tätigkeit setzt nicht länger auf eine Unterdrückung der Sinnlichkeit, sondern auf deren kontrollierte Stimulierung. Das ästhetische Spiel – und hierin liegt die entscheidende Differenz zur antiken Auffassung der *scholé* und zum mittelalterlichen Konzept der *vita contemplativa* – ist gerade kein Zustand der Kontemplation, sondern muss aktiv hergestellt und kontrolliert werden. Im ästhetischen Zustand verschränken sich die Freiheit der Muße und die Freiheit der künstlerischen Tätigkeit, ästhetische Wahrnehmung und ästhetisches Schöpfungsideal, um auf diese Weise einen Begriff von Arbeit, Produktion und Herstellung zu entwickeln, der sich den Entfremdungsphänomenen der arbeitsteiligen Gesellschaft um 1800 entgegensetzen lässt, aber gleichzeitig das Moment der Kontrolle über den Freiraum, der im Müßiggang entsteht, durch die Forderung nach der „Arbeit am eigenen Selbst" aufrecht erhält. Schillers Lob auf den Müßiggang ist keine Wiederaufnahme des vormodernen Paradigmas von Muße und Arbeit, sondern eine Art kontrollierte Muße durch die und in der ästhetischen Arbeit.

IV Schlegels *Idylle über den Müßiggang* (1799)

Friedrich Schlegels *Idylle über den Müßiggang* ist ein Textstück aus dem Romanfragment *Lucinde*, mit dem Schlegel 1799 das romantische Projekt einer progressiven Universalpoesie in Romanform ausbuchstabiert hat. Anders als Schiller geht es Schlegel nicht darum, antike Formen der Muße in eine Ästhetik der künstlerischen Arbeit einzufügen und auf diese Weise die Passivität für die kreative Selbstschöpfung produktiv zu machen. Vielmehr zielt Schlegel darauf, die Aufteilung von positiv konnotierter Muße und verwerflichem Müßiggang sowie kreativer selbstbestimmter und entfremdeter Arbeit generell in Frage zu stellen, indem er die dieser Trennung zugrundeliegenden erkenntnistheoretischen Prämissen in ein arabeskes poetisches Spiel der Form überführt.[28] Die *Idylle über den Müßiggang* zeigt dies schon durch ihren Titel an. Zum einen wird die Idylle als eine Gattung, die bereits seit der Antike aufs engste mit der Muße als positivem Gegenmodell zur Arbeit verbunden ist,[29] hier ausdrücklich mit dem Müßiggang verbunden. Zum anderen wird durch die nicht zum Substantiv passende Präposition ‚über' einer literarischen Gattung der anschaulich-kontemplativen Beschreibung der Charakter einer Abhandlung zugewiesen. In eben diesem Spannungsfeld von Dichtung und Reflexion entfaltet sich der ganze Text, der ständig zwischen bildlicher Darstellung und theoretischer Reflexion alterniert.

Gleich zu Beginn des Textes entfaltet Schlegel die im Titel implizit vorgenommene Engführung von Müßiggang und Muße, indem er mit einem eindeutigen Lob auf den Müßiggang einsetzt, diesen dann aber mit Paradiesvorstellungen des Nichtarbeitens verbindet, die in der christlichen Tradition der Muße zukommen. Julius, der Protagonist des Romans, der in der *Idylle über den Müßiggang* in einem Selbstgespräch die Bilder beschreibt und kommentiert, die seine Einbildungskraft vor seinem inneren Auge auftauchen lässt, spricht von der „gottähnlichen Kunst der Faulheit"[30] und singt das Hohelied auf den Müßiggang, jenes „einzige[] Fragment von Gottähnlichkeit, das uns noch aus dem Paradies blieb".[31] Und es ist, ganz im Sinne der christlichen Überlieferung, die Arbeit, die den Menschen dauerhaft von der Paradieserfahrung trennt: „[D]enn der Fleiß und der Nutzen sind die Todesengel mit dem feurigen Schwert, welche dem Menschen die Rückkehr ins Paradies verwehren."[32] In einem nächsten Schritt wird diese

---

28 Dass Schlegel in diesem kurzen Text nicht lediglich die moderne Dichotomie von „Arbeit" und „Nichtarbeit" aufruft, sondern deren theoretische Grundlagen hinterfragt, steht auch im Mittelpunkt von Martin J. Schäfers Ausführungen zu Friedrich Schlegel in: *Die Gewalt der Muße* 2013, S. 35–54. Seine Lektüre stellt dabei die Theaterszene ins Zentrum. Im Theater als „Bewusstseinsbühne" (S. 43) komme die Kantische Arbeit des Wissens zur Darstellung. Hier zeige sich, wie aus der in der Muße der *theoria* gewonnenen Erkenntnis bei Kant eine mediale Apparatur von Raum und Zeit geworden ist, die die sinnlichen Erscheinungen präfiguriert, ohne selbst einsehbar zu werden.
29 Vgl. zum Verhältnis von Arbeit und Muße in der Gattung der Idylle Renate Böschenstein-Schäfer: „Arbeit und Muße in der Idyllendichtung des 18. Jahrhunderts". In: *Goethezeit. Studien zur Erkenntnis und Rezeption Goethes und seiner Zeitgenossen. Festschrift für Stuart Atkins.* Hg. Gerhart Hoffmeister, Bern und München 1981, S. 9–30.
30 Friedrich Schlegel: Lucinde (1799). In: Ders.: *Kritische Friedrich-Schlegel-Ausgabe.* Hg. Ernst Behler. Bd. 5. Bearb. Hans Eichner. München, Paderborn und Wien 1962, S. 1–96, hier S. 25.
31 Ebd., S. 25.
32 Ebd., S. 27.

christliche Paradiesvorstellung mit der Muße als Bedingung der Möglichkeit kontemplativer Erkenntnis verbunden: „Nur mit Gelassenheit und Sanftmut, in der heiligen Stille der echten Passivität kann man sich an sein ganzes Ich erinnern, und die Welt und das Leben anschauen."[33] Diese kontemplative Anschauung des *bios theoretikos* wird aber von Schlegel nun gerade nicht vom Müßiggang getrennt. Im Gegenteil, der Müßiggang, der in der bürgerlichen Arbeitsethik ‚aller Laster Anfang ist', wird zur Bedingung nicht nur der höchsten Lust, sondern auch des höchsten Wissens. Julius imaginiert die unendliche Umarmung der Liebenden in eins mit der Schau der Ideen: „Gleich einem Weisen des Orients war ich ganz versunken in ein heiliges Hinbrüten und ruhiges Anschauen der ewigen Substanzen, vorzüglich der deinigen und der meinigen."[34]

Ähnlich wie mit der Muße und dem Müßiggang verfährt Schlegel auch mit der Trennung von ‚guter' kreativer schöpferischer Arbeit des Künstlers und der ‚schlechten' entfremdeten Arbeit der bürgerlichen Gesellschaft. Auch dafür greift er auf tradierte Vorstellungen und Mythen zurück, wenn er im Schlussteil des Textes Herkules und Prometheus einander gegenüberstellt. Herkules, den die Götter bekanntlich nach seinem Tod in den Olymp erhoben haben, wird ausdrücklich nicht durch seine zwölf Taten definiert, sondern wird ausgezeichnet aufgrund seines Strebens nach göttlicher Muße: „Er hat auch gearbeitet und viel grimmige Untiere erwürgt, aber das Ziel seiner Laufbahn war doch immer ein edler Müßiggang, und darum ist er auch in den Olymp gekommen." Und der Text fährt fort:

> Nicht so dieser Prometheus, der Erfinder der Erziehung und Aufklärung. Von ihm habt ihr es, dass ihr nie ruhig seyn könnt und euch immer so treibt, daher kommt das, daß ihr, wenn ihr sonst gar nichts zu thun habt, auf eine alberne Weise sogar nach Charakter streben müßt, oder euch einer den anderen beobachten und ergründen wollt.[35]

Prometheus, seit dem Sturm und Drang Ikone des schöpferischen Geniekultes, wird in Schlegels *Idylle* zur Symbolfigur der unfreien Arbeit, wobei diese Arbeit ganz ausdrücklich das Moment der künstlerischen Schöpfung mit einbezieht. Wir sehen Prometheus auf einer Bühne, auf der er, angekettet wie ein Sklave, Menschen aus Ton formt, die er nach Fertigstellung unmittelbar unter die Zuschauer wirft, die sein Tun auf der Bühne beobachten. Die Herstellung des Menschen stellt hier keinen kreativen gottgleichen Akt mehr dar, der sich von der Arbeit als Mühsal und Gottesstrafe abhebt, sondern ist Teil des unfreien, entfremdenden

---

33 Ebd.
34 Ebd., S. 26.
35 Ebd., S. 29.

Arbeitsparadigmas: „Prometheus aber, weil er die Menschen zur Arbeit verführt hat, so muß er nun auch arbeiten, er mag wollen oder nicht. Er wird noch Langeweile genug haben, und nie von seinen Fesseln frei werden."[36]

Statt das künstlerische Tun als ausgezeichnete schöpferische Tätigkeit aus dem Arbeitsparadigma herauszulösen oder den Müßiggang selbst als Ort der Kunstproduktion auszuweisen, zielt Schlegels Poetik darauf, das antike Paradigma der Muße als genuine Erkenntnisform für die Dichtung zu reaktualisieren bzw. den Gedanken einer Epistemologie der Betrachtung poetologisch zu wenden. Die *Idylle über den Müßiggang* zeigt, dass romantische Dichtung für Schlegel als Transzendentalpoesie immer zugleich Dichtung und Reflexion auf die Bedingung der Möglichkeit ihrer Produktion ist; sie ist Kunst und Wissen in einem, wobei das Wissen nicht dem neuzeitlichen Paradigma des arbeitenden Aneignens und Durchdringens von Welt folgt, sondern an die antike und mittelalterliche Idee der *contemplatio* anschließt. Im *Brief über den Roman* aus dem *Gespräch über die Poesie* heißt es, dass eine Theorie des Romans „im ursprünglichen Sinne des Wortes eine Theorie" sein müsste,

> eine geistige Anschauung des Gegenstandes mit ruhigem, heitern ganzen Gemüt, wie es sich ziemt, das bedeutende Spiel göttlicher Bilder in festlicher Freude zu schauen. Eine solche Theorie des Romans würde selbst ein Roman sein müssen, der jeden ewigen Ton der Fantasie fantastisch wiedergäbe, und das Chaos der Ritterwelt noch einmal verwirrte. [...] Das wären wahre Arabesken".[37]

Muße ist nicht länger allein die Voraussetzung zur Generierung poetischen Wissens, sie ist ihrerseits als Teil der Transzendentalpoesie auch etwas, das allererst im Vollzug des Textes entsteht und Gegenstand der ironischen Reflexion ist.

Während Schillers Ästhetik darauf zielt, den Menschen in der Muße der ästhetischen Erfahrung so umzubilden, dass ihm die Fülle seiner Möglichkeiten zurückerstattet wird, damit er diese in einer kontinuierlichen Arbeit am eigenen Selbst zur Entfaltung bringt, geht es Schlegel darum, die antike Wissensform der Muße als genuin poetisch auszuweisen. Die Passivität, die mit der Muße gegeben ist, dient in diesem Kontext nicht mehr in erster Linie dazu, den Menschen im Schiller'schen Sinne erneut ins Gleichgewicht zu bringen, sondern löst ihn vielmehr auf in das arabeske Formspiel einer Poetik, die im Text durch die Metaphorik

---

36 Ebd.
37 Friedrich Schlegel: Gespräch über die Poesie (1800). In: *Kritische Friedrich-Schlegel-Ausgabe*. Hg. Ernst Behler. Bd. 2. Bearb. Hans Eichner. München, Paderborn und Wien 1967, S. 284–351, hier S. 337.

des Pflanzlichen bestimmt wird.³⁸ „[J]e göttlicher ein Mensch oder ein Werk des Menschen ist, je ähnlicher werden sie der Pflanze; diese ist unter allen Formen der Natur die sittlichste, und die schönste. Und also wäre ja das höchste vollendetste Leben nichts als ein *reines Vegetieren.*"³⁹ Es ist nicht länger der vom Künstler prometheisch geformte Menschenkörper, der im Zentrum der ästhetischen Erziehung steht, sondern die im Müßiggang sich vollziehende Auflösung in die reine Form ohne Inhalt, ohne Semantik, ohne Sinn. Freie Schönheit im Sinne Kants, für die in der *Kritik der Urteilskraft* die arabeske Form des „Laubwerk[s] zu Einfassungen oder auf Papiertapeten"⁴⁰ als Beispiel dienen, womit Kant auf die zeitgenössischen Debatten um das ornamentale Dekor von Inneneinrichtungen zurückgreift, wie sie nicht zuletzt im *Journal des Luxus und der Moden* ausführlich diskutiert worden sind. Während aber für Kant die ornamentale Form des schönen, kognitiv nicht zu bewältigenden Gegenstandes die Gemütsvermögen im freien Spiel in Bewegung setzt und wir auf diese Weise Form als Bedingung der Möglichkeit der eigenen Vermögensaktivitäten erfahren, wird Schlegel die Idee der Form transzendental, weil sie es ihm erlaubt, den Vollzug der Formierung des Werks beobachtbar zu machen und in der Reflexion zu potenzieren.⁴¹ Eine solche reflexive Dynamisierung der Konzeption der Arabeske ist möglich, weil Schlegel das Ornamentale weniger vom Modell des Raumes als von der Zeit her denkt. Zwar spielt die Frage von Rahmen und Bildmitte, die die Arabeske kunsthistorisch bestimmt, für die romantische Kunst durchaus eine Rolle,⁴² aber anders als etwa in Goethes Modell der Arabeske als „subordinierter Kunst"⁴³ geht es Schlegel im Kern um die Überführung der Form in Bewegung. Ein Element, das in der ornamentalen Formkunst des arabischen Mäanders bereits von zentraler Bedeutung

---

38 In diesem Sinne liest auch Heide Volkening in ihrem instruktiven Beitrag die *Idylle über den Müßiggang* als kritische Auseinandersetzung mit dem modernen Bildungsparadigma der gelingenden Selbstschöpfung. Vgl. Heide Volkening: „Über europäische Arbeit und die orientalische Kunst der Passivität. Friedrich Schlegels ‚Idylle über den Müßiggang'". In: *Arbeit und Müßiggang in der Romantik*. Hg. Claudia Lillge, Thorsten Unger und Björn Weyand. München 2017, S. 113–128.
39 Schlegel, Lucinde 1962, S. 27; Herv. i. O.
40 Immanuel Kant: *KdU*. In: AA V, § 16, S. 229.
41 Zu den Bezügen zwischen der Formästhetik bei Kant, Schiller und Schlegel vgl. Anja Lemke: „Figurationen der Form. Überlegungen zur Ästhetik bei Kant, Schiller und Schlegel". In: *figurationen* 22.1 (2021), S. 63–84.
42 Man denke hier etwa an Philipp Otto Runges berühmtes Gemälde *Der kleine Morgen* (1808). Vgl. zur kunsthistorischen Bedeutung der Arabeske Werner Busch: *Die notwendige Arabeske. Wirklichkeitsaneignung und Stilisierung in der deutschen Kunst des 19. Jahrhunderts*. Berlin 1985 und Ders. (Hg.): *Verwandlung der Welt. Die romantische Arabeske*. Petersberg 2013.
43 Vgl. Johann Wolfgang Goethe: Von Arabesken (1789). In: Ders.: *Werke. Berliner Ausgabe*. Hg. Siegrid Seidel. Bd. 19. Berlin und Weimar, S. 83–86, hier S. 85.

war und das jetzt von Schlegel konsequent mit dem Element der Schrift, der Textualität und der Intertextualität verbunden wird.[44] Die Arabeske erlaubt die Darstellung einer unabschließbaren Bewegung eines sich unendlich potenzierenden Formprozesses, der an bereits vorhandene arabeske Formen anschließt, sich reflexiv auf diese Formen zurückwendet und so aus der Fülle des möglichen Formreservoirs neue Konfigurationen schöpft, um diese als Formprozess selbstreflexiv beobachtbar zu machen. Auf diese Weise wird der Roman zum Ort eines neuen *bios theoretikos*, an dem sich Sinnlichkeit und Ornamentik, körperliche Lust und arabeske Textualität verschränken und potenzieren. „Und frey wie es entsprossen ist, dacht' ich, soll es auch üppig wachsen und verwildern, und nie will ich aus niedriger Ordnungsliebe und Sparsamkeit die lebendige Fülle von überflüssigen Blättern und Ranken beschneiden."[45]

---

[44] Vgl. Kerstin Behnke: „Romantische Arabesken. Literatur ohne Figur und Grund zwischen Ornament-Schrift und (Text)Gewebe". In: *Schrift*. Hg. Hans Ulrich Gumbrecht und Karl Ludwig Pfeiffer. München 1993, S. 101–123.
[45] Schlegel, Lucinde 1962, S. 26.

Robert Krause
„[A]lles darbieten, was auch der ausschweifendste Luxus verlangen kann": Zur Kulturgeschichte des Pariser Palais Royal zwischen *Ancien Régime* und industriellem Zeitalter

„Im Raume lesen wir die Zeit".[1] Diese programmatische Einsicht aus Karl Schlögels gleichnamiger historiographischer Studie gilt nicht nur für die Lektüre von Landkarten, Stadtplänen und Grundrissen, sondern auch für die Wahrnehmung und Deutung gebauter Städte, Häuser und Passagen. Letztere boten bereits Walter Benjamin in Paris Inspiration, Verbindung mit der Vergangenheit und Zugang zur Urgeschichte der Moderne.[2] Vorläufer dieser Passagen war die Galerie de Bois, errichtet 1786 im Palais Royal,[3] das anschaulich die Allianz von luxuriösen Zuständen und müßigem Zeitvertreib sowie deren changierende Bewertungen zeigt; denn der im Zentrum von Paris gelegene ehemalige Herrschersitz und Erinnerungsort der Französischen Revolution ist selbst als Passage zwischen feudalem und industriellem Luxus zu verstehen.

Mein Beitrag, der an Quellenfunde und Einsichten aktueller Forschungen zu Muße und Müßiggang im ‚langen' neunzehnten Jahrhundert anschließt,[4] gliedert sich in drei Teile: Das Palais Royal wird zuerst als Ort aristokratischer Muße und luxuriöser Architektur im *Ancien Régime* (I), sodann als libertärer und revolutionärer Treffpunkt im späten achtzehnten Jahrhundert (II) und schließlich als Schauplatz des industriellen Luxus im frühen neunzehnten Jahrhundert fokus-

---
[1] Karl Schlögel: *Im Raume lesen wir die Zeit. Über Zivilisationsgeschichte und Geopolitik.* Frankfurt / M. 2006.
[2] Vgl. ebd., S. 128–136, zu Benjamins Weg durch die Pariser Passagen in die Bibliothèque Nationale. Benjamins 1928 begonnene und bis 1940 fortgeführte fragmentarische Passagenarbeiten sind enthalten in: Ders.: *Gesammelte Schriften*. Hg. Rolf Tiedemann und Hermann Schweppenhäuser. Bd. V.2: *Das Passagen-Werk*. Hg. Rolf Tiedemann. Frankfurt / M. 1982.
[3] Vgl. Johann Friedrich Geist: *Passagen. Ein Bautyp des 19. Jahrhunderts.* München 1978, S. 253–259, und Abb. 188–195.
[4] Vgl. Robert Krause: *Muße und Müßiggang im Zeitalter der Arbeit. Zu einer Problemkonstellation der deutschen und französischen Literatur, Kultur und Gesellschaft im ‚langen' 19. Jahrhundert.* Stuttgart 2021, insbes. Kap. 2 („Von der aristokratischen Muße zum bürgerlichen Müßiggang. Vorspiel im Palais Royal"). Einige der dortigen Befunde werden im Folgenden aufgegriffen und durch stärkere Berücksichtigung des Luxus-Aspekts ergänzt oder umperspektiviert.

siert (III). Auf diese Weise sind exemplarisch einige intrikate und soziopolitisch brisante Verbindungen von müßigem Zeitvertreib und ausschweifendem Luxus um 1800 aufzuweisen und womöglich Antworten zu finden auf die Frage nach der Rolle des Luxus in der epochalen Umbruchsituation zwischen Adelsherrschaft und sich ausdifferenzierender bürgerlicher Gesellschaft.[5]

I Luxus-Architektur: Das Palais Royal im *Ancien Régime*

Der Luxus, verstanden als „Ablehnung zweckrationaler Orientierung des Verbrauchs", sei für die feudale Herrschaftsschicht „nichts ‚Überflüssiges', sondern eher ein Mittel ihrer sozialen Selbstbehauptung", argumentiert Max Weber in *Wirtschaft und Gesellschaft*.[6] Norbert Elias hat diesen „Problemansatz" explizit aufgegriffen und ‚Luxus', Weber zustimmend, zu den notwendigen „Prestige- und Repräsentationsaufgaben gehobener Schichten" gezählt.[7] An einer Stelle seiner zitierten klassischen Untersuchung der höfischen Gesellschaft erwähnt Elias beiläufig auch das Palais Royal,[8] das indes mehr Aufmerksamkeit verdient.

Als Stadtpalais Kardinal Richelieus ursprünglich Palais Cardinal genannt, grenzt das Palais Royal in nördlicher Richtung direkt an einen der wichtigsten Sitze der französischen Könige, den Louvre, an. Größter und zweitgrößter Palast von Paris liegen also einander gegenüber, an beiden war der Architekt Jacques Le Mercier beteiligt. Unter seiner Aufsicht entstand zwischen 1624–1639 das Stadtpalais, das 1643, nach Richelieus Tod, an Ludwig XIII. vererbt wurde und damit in

---

5 Vgl. diesbezüglich die Ausgangshypothese des SNF-Projekts Luxus und Moderne: Die Ambivalenz des Überflüssigen in Kulturkonzeptionen der Literatur und Ästhetik seit dem 18. Jahrhundert. Abstract. http://p3.snf.ch/Project-173369 (30. November 2020). Dessen Fokus in Teilprojekt 1 gilt „speziell den Umbruchsmomenten innerhalb einer sich ausdifferenzierenden bürgerlichen Gesellschaft, die als Phänomene eines ‚verbürgerlichten' Luxus zunächst und v. a. in der Sphäre der Ökonomie – als einem zentralen Ausdifferenzierungsmotor – augenfällig [werden]" (Auszug aus dem Forschungsplan von Christine Weder und Hans-Georg von Arburg. https://www.unige.ch/lettres/alman/files/7214/9182/4718/Teilprojekt_I.pdf [30. November 2020]). – Zum Luxusbegriff um 1800 und seiner Verwendung in soziopolitischen und -ökonomischen, kulturphilosophischen und -kritischen Diskursen vgl. Horst Mühlmann: *Luxus und Komfort. Wortgeschichte und Wortvergleich*. Bonn 1975, S. 46–115.
6 Max Weber: *Wirtschaft und Gesellschaft*. Tübingen 1922, S. 750.
7 Norbert Elias: *Die höfische Gesellschaft. Untersuchungen zur Soziologie des Königtums und der höfischen Aristokratie mit einer Einleitung: Soziologie und Geschichtswissenschaft*. Frankfurt / M. 1992, S. 98; vgl. auch ebd., S. 63 f.
8 Ebd., S. 298.

den königlichen Besitz überging. Fortan trägt es den Namen Palais Royal. Bedenkt man, dass Ludwigs Frau, Anna von Österreich, aus dem Louvre hierherzog, damit ihre beiden Söhne, der bereits als Vierjähriger zum König ernannte Ludwig XIV. und sein Bruder Philippe I., im großen geometrischen Garten spielen können, erscheint das Palais Royal von Anfang an als Ort der aristokratischen Muße.[9]

Doch die Ruhe der Königsfamilie wurde bald durch die Fronde-Unruhen gestört; aufständische Adlige drangen bis in die Schlafgemächer des Palais vor. Nach dieser traumatischen Erfahrung distanzierte sich Ludwig XIV. zunehmend von Paris und wählte stattdessen in den 1680er Jahren Versailles, wo er den aufmüpfigen Adel besser kontrollieren konnte, zum neuen Wohn- und Regierungssitz. Dort agierte er unangefochten als absolutistischer Herrscher, der zudem als guter Reiter, charmanter Erzähler und großer Liebhaber galt. Anspielungen auf den legendären Sonnenkönig und die Zeit des *Ancien Régime* durchziehen die Literatur, auch die deutschsprachige, wie Heinrich Heines publizistische Texte belegen.[10]

Ludwig XIV. überließ 1661 das Palais Royal seinem Bruder Philippe I., der von der Politik ferngehalten wurde, sich als müßiger Sammler betätigte und selbst ein sexuell ausschweifendes Leben führte, das im zeitgenössischen Verständnis als *luxuria*, als sündiger Luxus galt.[11] Er finanzierte seine großen Kollektionen mit

---

9 Zum Muße-Begriff vgl. einführend Norbert Martin: Muße. In: *Historisches Wörterbuch der Philosophie*, Bd. 6. Hg. Joachim Ritter und Karlfried Gründer. Basel 1984, Sp. 257–260. – Hans-Joachim Gehrke und Martin Heimgartner: Muße. In: *Der Neue Pauly. Enzyklopädie der Antike*, Bd. 8. Hg. Hubert Cancik und Helmuth Schneider. Stuttgart und Weimar 2000, Sp. 554–557. – Karin Schlapbach: Muße. In: *Reallexikon für Antike und Christentum. Sachwörterbuch zur Auseinandersetzung des Christentums mit der antiken Welt*, Bd. XXV. Hg. Georg Schöllgen, Heinzgerd Brakmann, Sible de Blaauw, Therese Fuhrer, Hartmut Leppin, Winrich Löhr und Wolfgang Speyer. Stuttgart 2013, Sp. 357–369. – Albert Schirrmeister: Muße. In: *Enzyklopädie der Neuzeit*, Bd. 8. Hg. Friedrich Jaeger. Darmstadt 2008, Sp. 977–979.
10 Vgl. Christoph auf der Horst: *Heinrich Heine und die Geschichte Frankreichs*. Stuttgart und Weimar 2000, S. 82 f.
11 Wie Joseph Vogl konstatiert, umfasst „Luxus neben ‚Prunk' und ‚Pracht' vor allem die Bedeutungskomponente von Ausschweifung, Verschwendung, übermäßigem Aufwand und sexueller Zügellosigkeit […] und [ist] in diesem Sinne seiner Ableitung luxuria (Üppigkeit, Wollust, Mutwille) beigeordnet" (Vogl: Luxus. In: *Wörterbuch Ästhetischer Grundbegriffe*, Bd. 3. Hg. v. Karlheinz Barck u. a., Stuttgart und Weimar 2001, S. 694–708, hier S. 694). – Christine Weder und Maximilian Bergengruen ergänzen, dass luxus, als luxuria, bis ins achtzehnte Jahrhundert insbesondere Formen der „körperlichen, sprich: sexuellen Ausschweifung [bezeichnete], die unter die sieben Hauptsünden („peccata […] capitalia") fallen und gleichermaßen gegen stoische Gebote der Selbstbeschränkung wie auch gegen die – im Zentrum der protestantischen Tugendlehre stehenden – Zehn Gebote verstoßen" (Christine Weder und Maximilian Bergengruen: Moderner

Hilfe verschiedener Erbschaften und versammelte außergewöhnliche Edelsteine, 750 Gemälde, über 100 Spiegel und 50 Teppiche.[12] Seit 1692 offiziell im Besitz der Bourbonen, bewohnte fortan die Herzogsfamilie das Palais Royal, das durch Versailles an politischer und kultureller Bedeutung verlor, bis der Sohn des Bruders, Philippe II. von Orléans, auf den Plan trat. 1715, nach dem Tod Ludwigs XIV., übernahm der Herzog, ebenfalls ein großer Sammler,[13] vorübergehend für den minderjährigen Ludwig XV. die Regentschaft und führte in diesen acht Jahren das Palais Royal „erneut zu einem unerwarteten Ruhm", so der Journalist und Kunstkritiker Bernard Champigneulle.[14] Um der am Hof von Versailles herrschenden Intrige und Langeweile zu entgehen, kehrte der Regent nach Paris zurück, wo sich im achtzehnten Jahrhundert die Stadtbevölkerung verdoppelte und die Bau- und Luxusausgaben kontinuierlich anstiegen: Königshof, Adel sowie das aufstrebende und zunehmend selbstbewusste Großbürgertum verlangten nach weiteren Palästen, Tapisserien, Statuen, Gemälden, Prunkschränken, Porzellan u. a.m.[15] Im Palais Royal, dessen östlicher Flügel nun erweitert wurde und dessen Interieur der Innenarchitekt Gilles-Marie Oppenordt und der Maler Antoine Coypel mit rotem Damast und Goldverzierungen, Spiegeln und Kristalllüstern opulent ausgestalteten,[16] suchte und fand Philippe II. von Orléans die Gelegenheit zur selbstbestimmten Existenz in „völliger Zwanglosigkeit".[17] Dort konnte der Regent als umtriebiger Politiker agieren, aber nach vollendetem Tagewerk auch als müßiger Liebhaber der Wissenschaften, Künste und Künstlerinnen auftreten, zumal das Operngebäude direkt an das Palais angrenzt. Arbeits- und Muße-Stunden können somit einander abwechseln und ergänzen.

Luxus. Einleitung. In: *Luxus. Die Ambivalenz des Überflüssigen in der Moderne.* Hg. Dies. Göttingen 2011, S. 7–31, hier S. 8).
12 Zu den Vermögensverhältnissen von Philippe I. und ihren Hintergründen vgl. Jacques Bernot: *La fortune disparue du roi Louis-Philippe.* Paris 2008, S. 17–27.
13 Über den Besitz an Gemälden, Uhren, Porzellan, Vasen und Schreibutensilien von Philippe II. vgl. ebd., S. 29–32.
14 Bernard Champigneulle: *Paris – ein Führer.* München ²1982, S. 241f.
15 Vgl. allerdings ohne Berücksichtigung des Palais Royal, Ulrich-Christian Pallach: *Materielle Kultur und Mentalitäten im 18. Jahrhundert. Wirtschaftliche Entwicklung und politisch-sozialer Funktionswandel des Luxus in Frankreich und im Alten Reich am Ende des Ancien Régime.* München 1987, insbes. S. 172f.
16 Zur Umgestaltung des Palais Royal vgl. den 2009 online publizierten Aufsatz von Jean-François Bédard: Political Renewal and Architectural Revival during the French Regency. Oppenord's Palais-Royal. http://surface.syr.edu/cgi/viewcontent.cgi?article=1002&context=arc (30. November 2020); zu Antoine Coypel die Monographie von Nicole Garnier: *Antoine Coypel 1661–1722.* Paris 1989.
17 Champigneulle, *Paris – ein Führer* 1982, S. 241.

Zum architektonischen Ensemble des Palais Royal gehört auch ein großer Garten, der sich schon im achtzehnten Jahrhundert wachsender ständeübergreifender Beliebtheit erfreute und als Schwellenraum anzusehen ist. Während nämlich die „Öffentlichkeit [...] jenen Spazierpark als rechtmäßige Erholungsmöglichkeit für jedermann betrachtete",[18] war er doch bis zur Revolution von 1789 weiten Teilen der arbeitenden Bevölkerung verwehrt.[19] Garantiert wurde somit eine soziale Exklusivität, die beträchtlich zur Anziehungskraft des Gartens beigetragen haben dürfte; bot die dortige Allee d'Argenson, benannt nach einer Mätresse Philippes von Orléans, doch bekanntermaßen Raum für amouröse Begegnungen, etwa für Denis Diderots Treffen mit Sophie Volland,[20] oder für heimliche Zusammenkünfte von Freiern mit den weiblichen Mitgliedern des Opernensembles. „Fast konnte man den Park des Palais-Royal als den schönsten Ballsaal von Europa betrachten", sinniert Champigneulle.[21]

Mitverantwortlich für die Umgestaltung und Öffnung des Palais war Louis Philippe II. Joseph, durch geschickte Heiratspolitik einer der reichsten Männer Frankreichs, aber auch reger Oppositioneller am Königshof von Versailles, von wo er 1771/72 wegen seiner liberalen Ideen verwiesen und, wie bereits der Bruder des Sonnenkönigs, zu politischer Passivität genötigt wurde. Diese aufoktroyierte Untätigkeit brachte den Herzog von Orléans auf modische Vergnügungen, zu Pferderennen mit Jockeys nach englischem Vorbild.[22] Aus dem verhinderten Politiker wurde somit ein müßiger Lebemann. Doch der launige Herzog von Orléans lebte über seine immensen monetären Verhältnisse, machte dem dritten Stand Geschenke und öffnete seine Gartenanlagen für die Volksmassen. Auf seine Initiative erhielt der Jardin du Palais Royal 1781–1786 durch Victor Louis eine neue

---

18 Ebd.
19 Vgl. Laure Amar: *Parks und Plätze in Paris. Eine sozialpsychologische Analyse städtischer Freiraumqualitäten*. München 1986, S. 40.
20 Vgl. Un classique : Denis Diderot au Café de la Régence. http://lecafedelaregence.blogspot.de/2012/02/un-classique-denis-diderot-au-cafe-de.html (30. November 2020). – Diderots Dialogerzählung *Le Neveu de Rameau*, begonnen 1762, fertiggestellt 1774 und 1804/5 von Johann Wolfgang von Goethe übersetzt, spielt größtenteils im Palais Royal und macht das Leben in den dortigen Gärten und Cafés so anschaulich wie kaum eine andere literarische Quelle. – Vgl. dazu Krause, *Muße und Müßiggang im Zeitalter der Arbeit* 2021, Kap. 2.2 („‚Freiheiten eines müßigen, beschaulich humoristischen Lebens'. Diderots Dialog *Le Neveu de Rameau* und Goethes Übersetzung").
21 Champigneulle, *Paris – ein Führer* 1982, S. 241.
22 Im Jahr 1769 hatte Louis-Philippe die überaus vermögende Prinzessin Louise Marie Adélaïde de Bourbon-Penthièvre, Tochter eines französischen Großadmirals, geheiratet. Über seine oppositionelle Politik und den Hofverweis informiert: *Die französischen Könige und Kaiser der Neuzeit. Von Ludwig XII. bis Napoleon III. 1498–1870*. Hg. Peter C. Hartmann. München 2006, insbes. S. 404.

„architektonische Fassung", „ein großes U von Häusern mit innen gesetzten Arkaden und Läden im Erdgeschoß", deren Baugeschichte Johann Friedrich Geist rekonstruiert hat.[23] Bald gab es hier sogar „Lesekabinette, Buchhändler", „Restaurants aller Kategorien, Cafés, Spielsäle, eine Börse", ebenso „Bordelle für jede Neigung und zahllose mietbare Wohnungen und Mansarden".[24] Mit Hilfe dieser großflächigen Vermietung des Palais Royal wollte der Herzog seine „durch Spekulation, Spielschulden und verschwenderischen Lebenswandel angegriffenen Finanzen [...] sanieren", so Rainer Michael Schaper.[25]

Die beschriebene Ökonomisierung und Kapitalisierung des Palais Royal brachte nicht nur Einnahmen, sondern auch politische und gesellschaftliche Veränderungen mit sich. Als Privatbesitz des Herzogs dem direkten polizeilichen Zugriff entzogen, fungierte das Palais als Versammlungsort freigeistiger Zusammenkünfte und politischer ‚Clubs'.[26] Ausgerechnet im ehemaligen Herrscherpalast brach sich die revolutionäre Veränderung der Gesellschaft Bahn.[27]

II Libertärer und revolutionärer Treffpunkt: Das Palais Royal um 1800

Zwischen Revolution und Gegenrevolution, 1789/90 – 1794, kam es zu einer Politisierung und „Polarisierung des Luxusbegriffs",[28] die verschiedentlich artikulierten Meinungen und Forderungen reichten von Reformen bis zur Abschaffung des Luxus.[29] Dass dieser als Phänomen indes fortbestand, zeigt beispielsweise

---

23 Geist, *Passagen* 1978, S. 254.
24 Ebd., S. 258.
25 Rainer Michael Schaper: *Der gläserne Himmel. Die Passagen des 19. Jahrhunderts als Sujet der Literatur.* Frankfurt / M. 1988, S. 46 f.
26 Vgl. Roger Perrinjaquet, Laure Admar: Natürlicher als die Natur. Die Stadtgärten von Paris, eine Sozialgeschichte. In: *Werk, Bauen + Wohnen* 72 (1985), H. 5: Grüner als Grün. Gärten in der Stadt, S. 22–27, hier S. 24. – Geist, *Passagen* 1978, S. 87.
27 „Zur Soziogenese der Revolution" vgl. das gleichnamige Kapitel (IX) in Elias, *Die höfische Gesellschaft* 1992, S. 394–404; außerdem Wolfgang Schmales kritische „Anmerkungen zur ‚Soziogenese der Revolution'". In: *Höfische Gesellschaft und Zivilisationsprozess. Norbert Elias' Werk in kulturwissenschaftlicher Perspektive.* Hg. Claudia Opitz-Belakhal. Köln, Weimar und Wien 2005, S. 167–180.
28 Ulrich Christian Pallach: Art. „Luxe". In: *Handbuch politisch-sozialer Grundbegriffe in Frankreich 1680–1820, H. 19–20: Humanité. Laboureur, Paysan. Luxe. Réforme. Subsistances.* Hg. Rolf Reichhardt und Hans-Jürgen Lüsebrink. München 2000, S. 89–113, hier S. 105.
29 Vgl. die Quellen und Literaturhinweise ebd., S. 105–109.

Marie-Antoinettes verschwenderischer Lebensstil in Versailles oder Louis-Philippes Versuch einer Demokratisierung des Luxus.[30]

Louis-Philippe gehörte zu demjenigen Teil des Adels, der sich bereits im Vorfeld der Französischen Revolution mit dem dritten Stand vereinigte. Just im *Cour intérieure* des Palais Royal wurde am 14. Juli 1789 zum Sturm auf die Bastille aufgerufen. Daran erinnert u. a. ein Bild von Horace Vernet, das „Camille Desmoulins [zeigt], der im Garten des Palais-royal auf eine Bank steigt und das Volk haranguirt", wie Heine retrospektiv in seinem Bericht des Salons von Sommer 1831 schreibt.[31] Welche Interessen Louis-Philippe, den manche Zeitgenossen gerne als konstitutionellen König gesehen hätten und der sich ab 1792 Philippe Égalité nennen wird, während der Französischen Revolution genau verfolgte, ist nach wie vor unklar.[32] Vielfach dokumentiert ist indes die Anziehungskraft seines umgestalteten Palais. Der so nur hier anzutreffende „unmittelbare Zusammenhang von Geschäft und Konsum mit dem Amüsement, mit der Politik und der Information in vom Verkehr und der Witterung geschützten Räumen, die unmittelbare Erreichbarkeit so heterogener Funktionen erklärt, warum das Palais-Royal in der Revolution von 1789 eine so große Rolle spielt und warum es für einige Jahrzehnte Träger des öffentlichen Lebens wird", konstatiert Geist.[33]

Als Charles Fourier, der libertäre französische Frühsozialist, 1789/90 erstmals Paris aufsuchte, berichtete er seiner Mutter begeistert: „moi, qui ne m'étonne pas aisément, j'ai été émerveillé de voir le Palais-Royal. La première fois qu'on le voit, on croit entrer dans un palais de fée." Einem Feenpalast gleich, sei dort alles Wünschenswerte zu finden: „spectacles, bâtiments magnifiques, promenades, modes, enfin tout ce qu'on peut désirer".[34] Die erwähnten weiten Perspektiven, die monumentale Architektur und die neoklassizistische Ästhetik der Monumente finden sich Jahre später in Fouriers Konzeption der *Phalanstère* wieder, seiner Utopie einer harmonischen Lebens-, Wohn-, Arbeits- und Liebesgemeinschaft, deren „architektonischen Kanon" die Passagen bildeten, wie Benjamin meinte.[35]

---

30 Bernot, *La fortune disparue* 2008, S. 41–54 (Kap. „La fortune au service de l'idée démocratique [1785–1793]").
31 Heinrich Heine: Französische Maler. Gemäldeausstellung in Paris 1831. In: Ders.: *Historisch-kritische Gesamtausgabe der Werke*. In Verb. mit dem Heinrich-Heine-Institut. Hg. Manfred Windfuhr im Auftrag der Landeshauptstadt Düsseldorf. Bd. 12/1: Französische Maler, Französische Zustände, Über die französische Bühne. Hamburg 1984, S. 9–62, hier S. 19.
32 Vgl. Edna Hindie Lemay: *Dictionnaire des Constituants*, Bd. II. Oxford und Paris 1991, S. 722.
33 Geist, *Passagen* 1978, S. 258 f.
34 Zitiert nach Charles Pellarin: *Charles Fourier, sa vie et sa théorie*. Paris 1843, S. 175.
35 Benjamin, GS, Bd. V.1, S. 47. – Vgl. Bruno Verlet: Fourier et l'architecture. In: *Cahiers Charles Fourier* 9 (1998), S. 15–22. – Simone Debout-Oleszkienwicz: Voluptés interchangeables ou charmes composés entre Walter Benjamin, Charles Fourier, Sade, Pierre Klossowski. In: *Cahiers*

In seinen Passagenarbeiten zitiert Benjamin u. a. eine Quelle, die bezeugt, dass Fourier gegen Ende seines Lebens sogar ein *Phalanstère* begründen wollte, das von 12 000 Kindern bewohnt werden sollte, darunter „Kinder, denen der Geschmack für Eleganz und Luxus angeboren ist [...], um durch sie den Luxus für die *Phalange* zu erhalten" und „große Gesangs-Künstler" heranzuziehen.[36]

Realistischer blickt der Jurist und radikal-demokratische Publizist Georg Friedrich Rebmann auf das postrevolutionäre Paris, laut seinem Reisebericht aus dem Jahr 1796 führte ihn gleich sein „erster Weg in den ehemaligen Palais Royal oder nunmehrigen Gleichheitspalast".[37] Mit dieser doppelten Angabe verweist Rebmann bereits auf die bewegte Geschichte seines Zielorts, der während der Französischen Revolution gerade den Jakobinern als Forum diente und der im November 1793, wie weitere Besitztümer des exilierten Philippe Égalité, vom Wohlfahrtsausschuss konfisziert wurde. Als solcher Jakobiner wurde auch Rebmann in Deutschland verdächtigt, hatte er doch 1793 eine Rede Robespierres übersetzt, sodann die revolutionäre Zeitschrift *Das neue graue Ungeheuer*, die „Zensur- und Preßzwang, Militär-Despotismus, Elend mit Luxus verkleistert, Mätressenherrschaft und Pfaffenkabal" anprangerte, herausgegeben und vermutlich auch die pseudonym erschienene Kampfschrift *Der politische Tierkreis oder die Zeichen unsrer Zeit* verfasst.[38] Dazu passt, dass Rebmann seinen zitierten Brief, der Teil einer größeren Reisebeschreibung aus Holland und Frankreich ist, nach dem französischen Revolutionskalender datiert: Die Angabe „Paris, den 30. Fruktidor 1796" bezeichnet den 12. Monat, also den 18. August bis 17. September.[39] Zu diesem Zeitpunkt ist Rebmann nach eigener Auskunft „bereits vier Wochen hier" in Paris, wo er jede Minute eine „ungeheure Menge von neuen Eindrücken"

Charles Fourier 21 (2010), S. 64–79. – Maurizio Gribaldi: Passages et Phalanstère. In: Ebd., S. 121–130, insbes. S. 122.

36 Sigmund Engländer: *Geschichte der französischen Arbeiter-Associationen*. Bd. I. Hamburg 1864, S. 242f. Zitiert nach Benjamin, GS, Bd. V.2, S. 766, im Digitalisat der Bayerischen Staatsbibliothek (https://reader.digitale-sammlungen.de/de/fs1/object/display/bsb10417351_00255.html [01. Dezember 20]) nicht a.a.O.

37 Georg Friedrich Rebmann: *Holland und Frankreich in Briefen geschrieben auf einer Reise von Niederelbe nach Paris im Jahr 1796 und dem fünften der französischen Republik*, 1. Teil. Hg. Hedwig Voegt. Berlin 1981, S. 144–162 („Eilferter Brief. Gleichheitspalast. Louvre, Tuilerien, Revolutionsplatz"), hier S. 145. – Im Folgenden wird nach dieser Ausgabe zitiert, die zwar von der Schreibweise her teilweise modernisiert, aber mit einem Nachwort (ebd., S. 299–320) und Anmerkungen (vgl. ebd., S. 344–349) versehen ist.

38 Vgl. den Art. zu Rebmann von Walter Grab. In: *Literatur Lexikon. Autoren und Werke deutscher Sprache*, Bd. 9. Hg. Walter Killy. München 1991, S. 321f., insbes. S. 321 – Außerdem ders.: *Ein Volk muß seine Freiheit selbst erobern. Zur Geschichte der deutschen Jakobiner*. Frankfurt / M. 1984.

39 Rebmann, *Gleichheitspalast. Louvre, Tuilerien, Revolutionsplatz* 1981, S. 144.

empfange, die so gedrängt seien, dass er „einen über den andren vergesse und am Abend müde und überwältigt in [s]ein Zimmer zurückkehre".[40] Wegen dieser Reizüberflutung und Erschöpfung sei es ihm bislang nicht gelungen, seine „Briefe abzugeben und [s]eine ersten und notwendigsten Geschäfte zu besorgen, viel weniger irgendeine zusammenhängende Arbeit zu unternehmen".[41] Ohne Ruhe erscheint kohärentes Arbeiten unmöglich, doch selbige war im postrevolutionären Paris kaum zu finden, so viel gab es hier offenbar mitzuerleben, was die Tätigkeit eines Auslandskorrespondenten und Publizisten einerseits begünstigte, andererseits erschwerte. Die berichtenswerten Neuigkeiten nahmen überhand, zugleich fehlte die konzentrierte Arbeitszeit.

Rebmanns Bericht gibt einen anschaulichen Einblick in das Palais Royal, eine veritable „Stadt im kleinen", bestehend „aus zwei Seitenflügeln und zwei Höfen [...], welche zusammen ein längliches Viereck bilden" und „eine vierfache Reihe von Kaufmannsgewölben [enthalten]".[42] Im Inneren „ein so großes und prächtiges Gebäude" vorzufinden, überraschte Rebmann insofern, als die Palastfassade noch „ganz und gar verbaut" war.[43] Er konzentrierte sich erklärtermaßen auf „allgemeine Beobachtungen", um „ein Gemälde der jetzigen Welt zu geben, welche man in diesem Palast antrifft".[44] Das Palais erscheint demnach als Zielpunkt, die Seitenflügel würden „alles darbieten, was auch der ausschweifendste Luxus verlangen kann", so Rebmann, der diesen Superlativ durch ein hypothetisches Szenario veranschaulicht: „Wer nackt und bloß, nur mit guten Louisdors versehen, in den Gleichheitspalast einträte, könnte in weniger als einer Stunde mit allem versehen sein, was zum Überfluß und wollüstigen Genusse des Lebens von den erfahrensten Schwelgern gerechnet werden mag."[45] Dass hier von Nacktheit die Rede ist, lässt aufhorchen, ist sie doch jedem Besucher natürlich gegeben, anders als die ebenfalls erwähnten Louisdors, bis 1803 gängige Goldmünzen, die ein Vermögen bedeuteten und insofern ein gesellschaftliches Distinktionsmerkmal waren. Der luxuriöse Gleichheitspalast ist mithin keineswegs so egalitär, wie sein Name nahelegt, als elitärer und freizügiger Ort steht das Palais vielmehr in der Tradition des *Ancien Régime*. Diese Traditionslinie bemerkte auch Rebmann, wie der Fortgang seiner Beschreibung zeigt: „Die obern Stockwerke sind teils von Restaurateurs, teils von Freudemädchen bewohnt, welche seit Robespierrens Sturz ihre Geschäfte wieder so öffentlich und unge-

---

40 Ebd.
41 Ebd.
42 Ebd., S. 145.
43 Ebd.
44 Ebd.
45 Ebd., S. 145f.

hindert treiben als unter der alten Regierung."[46] Mit der Nennung Robespierres wird an einen erklärten Gegner des Luxus erinnert, den Georg Büchner in seiner historiographisch fundierten Tragödie *Dantons Tod* bekanntlich als tugendhaften Fanatiker dar- und dem der Prostitution zugeneigten Titelhelden gegenüberstellt.[47] Die realen Ausmaße der Prostitution im Palais Royal dokumentieren Johann Friedrich Benzenbergs *Briefe geschrieben auf einer Reise nach Paris*.[48] Benzenberg geht von „etwa 10 000" sogenannten „femmes perdues" im Jahr seiner Reise, 1806, aus und ergänzt: „vor der Revolution fanden sich bei einer Zählung der Polizei 28 000". Seine Schilderungen und Angaben finden sich in Benjamins *Passagenarbeiten* wieder, wo ein Konvolut den Themen Prostitution und Spiel gewidmet ist, also zwei Bereichen, die im Palais Royal mit seinen zahlreichen Bordellen und Spielkasinos eng zusammenlagen und zum müßigen Treiben um 1800 gehörten.[49]

Dieses müßige Leben im sogenannten „Gleichheitspalast" war nach wie vor nur wenigen vorbehalten und hob sich deutlich vom Pariser Alltag ab, wie Rebmann als aufmerksamer Beobachter und Zeitungsleser wusste: „Es ist ein wahrer Kontrast, die Beschreibung des allgemeinen Elends in den Zeitungen zu lesen und damit den ausschweifendsten Luxus zu vergleichen, der hier herrscht."[50] Rebmanns Fokus ist eindeutig, ihn interessieren weniger die florierende Prostitution und das müßige Leben als die soziopolitischen Ereignisse, die sich im Palais Royal anbahnen: „Dieser Palais, in welchem bekanntlich die Revolution ihren Ausbruch nahm, ist noch immer eine Art von Barometer, woran man sehr leicht merken kann, ob es in Paris ruhig oder stürmisch ist."[51] Rebmanns Reisebericht belegt, dass sich nach der Französischen Revolution sowohl vergnügungssuchende Bürger als auch politische Oppositionelle im Palais Royal trafen. Dessen Luxus erscheint kontrovers und wird epochentypisch im Spannungsfeld zwischen „monarchischer Verschwendung" und „republikanischer Repräsentation" diskutiert.[52]

---

46 Ebd., S. 146.
47 Vgl. Georg Büchner: Dantons Tod. In: Ders.: *Sämtliche Werke, Briefe und Dokumente in zwei Bänden*, Bd. 1: Dichtungen, Hg. Henri Poschmann unter Mitarbeit von Rosemarie Poschmann. Frankfurt / M. 2006, S. 11–90.
48 Johann Friedrich Benzenberg: *Briefe geschrieben auf einer Reise nach Paris*. Bd. I. Dortmund 1805, S. 261 und S. 263.
49 Vgl. Benjamin: GS, Bd. V.1, S. 93f. und S. 620.
50 Rebmann, *Gleichheitspalast. Louvre, Tuilerien, Revolutionsplatz* 1981, S. 155.
51 Ebd., S. 149f.
52 Pallach, *Luxe* 2000, S. 109.

Friedrich Johann Lorenz Meyer, ebenfalls Jakobiner und Reiseschriftsteller, berichtet in seinen *Fragmenten aus Paris* von 1797, dass der frühere Polizei- und amtierende Justizminister, Philippe-Antoine Merli, vorschlug, „diesen Pallast des Luxus und jedes wollüstigen Genusses, in *Kasernen* umzuschaffen, und so jener schändlichen Menschenrace ihren Vereinigungsort zu verschließen".[53] Tatsächlich änderte sich das Publikum: Das Palais Royal sei zwar nach wie vor „eine der größten und vortrefflichsten Anlagen", aber „schon seit geraumer Zeit den Parisern altmodisch geworden", urteilte Christian August Gottlieb Goede nach einer Reise in den Jahren 1802/3.[54] „Die elegante Pariser Welt" dürfte man also im Palais Royal „nicht suchen", „das Publikum, welches sich jetzt unter seinen schönen Arcaden versammelt, besteht nur noch aus neugierigen Fremden, einigen jungen Militärs, und den Mädchen, die dort ihre Residenz aufgeschlagen haben".[55] Laut seiner Beschreibung fungierte das Palais Royal um 1800 zwar noch als Referenz für das europäische Vergnügungs- und Nachtleben, wurde jedoch zusehends von der fulminanten Beleuchtung in London überstrahlt.[56]

III Schauplatz des industriellen Luxus: Das Palais Royal im frühen neunzehnten Jahrhundert

Die künstliche Helligkeit erscheint für den Prozess der Urbanisierung und für Luxusinszenierungen im neunzehnten Jahrhundert gleichermaßen zentral.[57] Die Metropolenkultur, so Werner Sombart in seiner Studie zu *Luxus und Kapitalismus* (1922), „überträgt die Feste, die bis dahin die Höflinge im Schosse des Fürsten allein gefeiert hatten, auf breite Schichten der Bevölkerung", Urbanität schaffe „ganz neue Möglichkeiten heiterer und üppiger Lebensführung und damit neue Formen des Luxus".[58] Teil dieser neuen urbanen Festlichkeit sind abendliche

---

53 Friedrich Johann Lorenz Meyer: *Fragmente aus Paris im IVten Jahr der Französischen Republik.*, Bd. I. Hamburg 1797, S. 24. Zitiert bei Benjamin: GS, Bd. V.1, S. 619.
54 Christian August Gottlieb Goede: *England, Wales, Irland und Schottland. Erinnerungen an Natur und Kunst aus einer Reise in den Jahren 1802 und 1803*, Bd. I. Dresden 1806, S. 86.
55 Ebd.
56 Vgl. ebd.
57 Vgl. Wolfgang Schivelbusch: *Lichtblicke. Zur Geschichte der künstlichen Helligkeit im 19. Jahrhundert* [1983]. Frankfurt / M. 1986.
58 Werner Sombart: *Liebe, Luxus und Kapitalismus*. München 1967, S. 143 [Zuerst 1922 u.d.T. „Luxus und Kapitalismus" erschienen]. – Sombarts Fokus liegt auf Mätressen und Prostitution, kapitalistischer Luxuskultur und sozialer Distinktionsfunktion von Luxusgütern. So verstanden

Besuche von Cafés, Kneipen und Restaurants, aber auch der Einkaufsbummel durch die Stadt. Um potenzielle Kunden schon auf der Straße anzulocken, hatte sich in der vornehmen europäischen Geschäftswelt das Schaufenster etabliert, das im frühen neunzehnten Jahrhundert noch aus mehreren, miteinander verbundenen Glasscheiben bestand, aber bereits als repräsentativer eigenständiger Ladenteil fungierte.[59] Als „verglaste[.] Bühne, auf der die Waren werbend inszeniert wurden", so Schivelbusch,[60] gehört das Schaufenster wesentlich zur modernen Warenästhetik der westlichen Welt.[61] Doch was als demokratisches Vergnügen erscheinen mag, bleibt in Wirklichkeit ein Nischenphänomen: „Abendleben – und Nachtleben erst recht – ist Luxus, ist das Privileg von wenigen", konstatiert Joachim Schlör.[62] Für andere, weniger Privilegierte bedeutete die künstliche Helligkeit hingegen nächtliche Arbeitszeiten: kaum einen Kilometer entfernt vom Palais Royal befanden sich *Les Halles;* „der Weg vom Ort der eleganten Lust zum Ort der Arbeit und des roheren Vergnügens" war also kurz.[63] Zumal das müßige Flanieren, gerade bei schlechterem Wetter und in der dunkleren Jahreszeit, seit dem frühen neunzehnten Jahrhundert durch weitere Passagen und Gasbeleuchtungen erleichtert wurde.

Beide Entwicklungen gingen in Paris vom Palais Royal aus, um das herum zwischen 1806 und 1826 berühmte, teilweise bis heute erhaltene Luxus-Galerien eröffneten: etwa die angrenzende, mit mythologischen Darstellungen reich verzierte und für das dortige Angebot an Druckgraphiken Daumiers und Gavarnis bekannte Galerie Véro-Dodat oder die Galerie Vivienne samt Lesekabinett und Rotunde mit einer Merkur-Statue im Zentrum, deren kommerzieller Erfolg zur Errichtung der benachbarten Galerie Colbert führte, ihrer sogenannten „sœur ennemie", die ihre direkte Konkurrentin mit Größe und ostentativem Luxus

---

erscheint Luxus „wieder als relative Zügellosigkeit in der Befriedigung sinnlicher Bedürfnisse" (Art. „Luxus". In: *Historisches Wörterbuch der Philosophie*, Bd. 5, Hg. Joachim Ritter 1971–2007, Sp. 565–569, hier Sp. 568).
59 Vgl. Schivelbusch, *Lichtblicke* [1983] 1986, S. 138–148 (Kap. „Das Schaufenster"), insbes. S. 140f.
60 Ebd., S. 140.
61 Zu Begriff und Phänomen vgl.: *Warenästhetik: Beiträge zur Diskussion, Weiterentwicklung und Vermittlung ihrer Kritik.* Hg. Wolfgang Fritz Haug. Frankfurt / M. 1975. – Ders.: *Kritik der Warenästhetik. Überarbeitete Neuausgabe. Gefolgt von Warenästhetik im High-Tech-Kapitalismus.* Frankfurt / M. 2009; außerdem *Warenästhetik. Neue Perspektiven auf Konsum, Kultur und Kunst.* Hg. Heinz Drügh. Frankfurt / M. 2011. – Die genannten Studien konzentrieren sich indes auf das zwanzigste und frühe einundzwanzigste Jahrhundert.
62 Joachim Schlör: *Nachts in der großen Stadt. Paris, Berlin, London 1840–1930.* München und Zürich 1991, S. 41.
63 Ebd.

übertrumpfen sollte.⁶⁴ Unter freiem Himmel erstrahlten nach dem Palais Royal auch Place du Carousel, Place Vendôme, Rue de Rivoli und Rue de la Paix im Gaslicht, weitere Pariser Straßen und Plätze folgten bald. In den 1840er Jahren hatte das Gas die „confiance du public" gewonnen, berichtet Henri Besnard.⁶⁵ Der Gasometer wurde zu „einem der mächtigsten Industriesymbole des 19. Jahrhunderts", so Schivelbusch.⁶⁶

Als hellsichtiger Beobachter dieser Entwicklung ist Heine noch zu entdecken. Er hat die Passagen als Flaneur aufgesucht und die Ausbreitung der künstlichen Beleuchtung aus nächster Nähe miterlebt; seine Reportagen aus London und aus Paris dokumentieren, dass die Beleuchtung wesentlich zur Warenästhetik gehört.⁶⁷ Zudem interessierte sich Heine ebenfalls unverhohlen für luxuriöse Ausschweifungen, besonders für die kaum bekleideten Damen, die „beautés décolletées du Palais-Royal".⁶⁸ Genüsslich gedenkt er in seinen *Geständnissen* der „buntgeputzten Courtisanen des Palais-Royal, die in netten Schaaren" den Besuchern folgten, als dort „noch die Galerie de bois [existierte]".⁶⁹ Heine kam zu spät nach Paris, um die erwähnte, 1828 abgerissene Galerie de Bois aufzusuchen,⁷⁰ doch gerade noch rechtzeitig, um die Fortsetzung des müßigen Treibens in der Galerie d'Orléans und „die letzte Blütezeit des Palais-Royal" mitzuerleben; sein Antipode Ludwig Börne hatte die „sonnenhelle Gasbeleuchtung" und den „Glashimmel" der Passage schon Mitte September 1830 abends bewundert.⁷¹ Dort konnte auch Heine „noch an Hunderten Geschäften aller Art, an Auslagen mit Luxusartikeln, an Buchhandlungen und Schmuckläden vorbeischlendern, und im

---

64 Vgl. die Abbildungen und Hinweise in: Guy Lambert: *Paris et ses passages couverts* [2002]. Paris 2010, S. 37–43.
65 Henri Besnard: *L'Industrie du gaz à Paris depuis ses origines*. Paris 1942, S. 36 – Dazu Schivelbusch, *Lichtblicke* [1983] 1986, S. 37f.
66 Ebd.
67 Vgl. Krause, *Muße und Müßiggang im Zeitalter der Arbeit* 2021, Kap. 3.3 („Müßiggehen: Heines Flaneur-Figuren zwischen Warenästhetik und Arbeitskritik").
68 Heine: Aveux de l'auteur. In: Ders.: *DHA 15*, S. 121–165, hier S. 127.
69 Zu „Geständnisse". In: *DHA 15*, S. 168.
70 Genauer beschrieben hat das müßige Treiben und die Warenästhetik in dieser Galerie der französische Romancier Honoré de Balzac in seinen 1839 erschienenen *Illusions Perdues*. Vgl. dazu Krause, *Muße und Müßiggang im Zeitalter der Arbeit* 2021, Kap. 2.3.3. – Außerdem zur *Comédie humaine* als „Theater des luxuriösen Lebens" Bernd Blaschke: Luxus als Leidenschaft bei Honoré de Balzac. In: *Luxus*. Hg. Weder und Bergengruen 2011, S. 192–216, hier S. 205–214, insbes. S. 206–209 (zu Luciens Korrumpierung durch den Pariser Luxus).
71 Ludwig Börne: Briefe aus Paris, Brief vom 17. September 1830. In: Ders.: *Sämtliche Schriften*. 5 Bde, Bd. 3. Hg. Inge und Peter Rippmann. Düsseldorf 1964, S. 23f.

Inneren war die Auswahl noch einmal so groß", berichten seine Biographen Gerhard Höhn und Christian Liedtke.[72]

„Wenn für uns heute Gasbeleuchtung manchmal eher einen trübenden beklemmenden Eindruck macht, so stellte sie in jenem Zeitalter den Höhepunkt des Luxus und der Feierlichkeit dar", schreibt Benjamin Ende der 1920er Jahre.[73] Zudem erinnert er daran, dass man um 1800, zuerst in Paris und bald auch in anderen europäischen Großstädten, es „gewohnt [war], Gas und Gußeisen vereinigt in jenen eleganten Etablissements zu begegnen, die damals eben aufkamen: den Passagen".[74] In einem weiteren Entwurf aus der ersten Phase von Benjamins Passagenarbeiten ist davon die Rede, dass „[o]rganische und anorganische Welt, niedrige Notdurft und frecher Luxus" in der „Landschaft einer Passage" eine höchst paradoxe „Verbindung" eingehen; die Konsumartikel erscheinen in dieser traumähnlichen Szene lebendig und sexualisiert, die Passage daraufhin als „geile Straße des Handels, nur angetan, die Begierden zu wecken", und als Tummelplatz der Prostituierten, die selbst Warencharakter bekommen.[75]

Das anfängliche surrealistische Vokabular sowie Bilderrepertoire und die Zeit des „unbekümmert archaischen, naturbefangenen Philosophierens" von Benjamin weichen in den 1930er Jahren erst marxistisch-materialistischen Einschlägen, dann einer stärkeren kulturhistorischen Fundierung und schließlich einer geschichtsphilosophischen Öffnung seines Projekts.[76] Die Passagen werden im von Benjamin zitierten *illustrierten Pariser Führer* (1852) als „eine neuere Erfindung des industriellen Luxus" bezeichnet und anschaulich beschrieben als

> glasgedeckte, marmorgetäfelte Gänge durch ganze Häusermassen, deren Besitzer sich zu solchen Spekulationen vereinigt haben. Zu beiden Seiten dieser Gänge, die ihr Licht von oben erhalten, laufen die elegantesten Warenläden hin, so daß eine solche Passage eine Stadt, eine Welt im Kleinen ist.[77]

---

72 Gerhard Höhn und Christian Liedtke: *Auf der Spitze der Welt. Mit Heine durch Paris.* Hamburg 2010, S. 39 und S. 41. – Zur „Ästhetik und Politik des Luxus bei Heinrich Heine" vgl. den gleichnamigen Artikel von Michael Gamper in: *Luxus*, Hg. Weder und Bergengruen 2011, S. 175–191.
73 Benjamin: Der Saturnring oder Etwas vom Eisenbau. In: Ders.: GS, Bd. V.2, S. 1060–1063, hier S. 1060. – Zur Datierung vgl. die Anmerkungen Tiedemanns (ebd., S. 1350).
74 Ebd., S. 1061.
75 Benjamin: Pariser Passagen I. In: Ders.: GS, Bd, V.2, S. 993–1038, hier S. 993.
76 Vgl. die Zeugnisse zur Entstehungsgeschichte von Benjamins Passagenarbeiten: ebd., S. 1081–1205, hier S. 1082.
77 Guide illustré. Paris 1852. Im französischen Original (ohne Seitenangabe) zitiert in: Benjamin: Paris, Capitale du XIXème siècle. In: Ders.: GS, Bd. V.1, S. 60–77, hier S. 62; in deutscher Übersetzung in Benjamin: Das Paris des Second Empire bei Baudelaire. In: Ders.: GS, Bd. I.2, Hg. Rolf

Benjamin ergänzt daraufhin in seinen Baudelaire- und Passagenarbeiten: „In dieser Welt ist der Flaneur zuhause".[78] Bedenkt man, dass die Passagen als „ein Mittelding zwischen Straße und Interieur" definiert werden,[79] erschließt sich auch die folgende enigmatische Notiz zur „Dialektik der Flanerie: das Interieur als Straße (Luxus), die Straße als Interieur (Elend)".[80] Die Passage verbindet eben nicht nur Straßenzüge, sondern auch diametral entgegengesetzte sozioökonomische Lebenswelten miteinander – nämlich einerseits die luxuriöse Sphäre glitzernder Waren, vornehmer Damen und kaufkräftiger Dandys und andererseits die soziale Misere von Prostituierten, Bettlern und Obdachlosen, denen die Straße notgedrungen die eigene Wohnung ersetzt.[81] Dieses Janusgesicht der urbanen Moderne gehört wesentlich mit zur Physiognomie von Paris, die im Palais Royal ein historisches Zentrum und kulturgeschichtlich beredtes Zeugnis hat.

Tiedemann und Hermann Schweppenhäuser. Frankfurt / M. 1974, S. 511– 604, hier S. 538. – Ders.: Exposé I: Fourier oder die Passagen. In: GS, Bd. V.1, S. 45– 47, hier S. 45.
78 Ebd. – Dass Benjamin „die Signatur des 19. Jh.s u. a. in einer Verbindung von Massenproduktion und Luxus gesehen hat, wie sie sich mit der Inszenierung der Warenkultur und Industrie- und Weltausstellungen, in den *grands magasins* und Passagen als ‚Zentren des Handels in Luxuswaren' niederschlug", hat bereits Joseph Vogl (Art. „Luxus" 2001, S. 706) bemerkt.
79 Benjamin, *Das Paris des Second Empire bei Baudelaire* 1974, S. 539.
80 Benjamin: GS, Bd. V.2, S. 1215.
81 Dazu in sozialkritischer Perspektive Susan Buck-Morss: The Flaneur, the Sandwichman and the Whore. The Politics of Loitering. In: *New German Critique* 39 (1986), S. 99 –140. – Dies.: *Dialektik des Sehens. Walter Benjamin und das Passagen-Werk.* Übersetzt v. Joachim Schulte. Frankfurt / M. 1993.

Luisa Banki
Leseluxus: Weibliche Lektüre und bürgerliche Zeitökonomie um 1800

Der kolorierte Stich, der im Januar 1801 das *Journal des Luxus und der Moden* als Titelkupfer eröffnet, stellt einem modisch gekleideten Paar aus dem Jahr 1701 eines aus dem Jahr 1801 gegenüber (Abb. 1). Eine fünfseitige *Erklärung der Kupfertafeln* benennt die augenfälligen Unterschiede von Coiffure, Kleiderschnitt und Körperidealen.[1] Für die Frage nach dem Verhältnis von weiblicher Lektüre und bürgerlicher Zeitökonomie ist indes vor allem eine aus dem Bild allein kaum ersichtliche Verbindung von Mode, Luxus und Lektüre interessant, die erst der erläuternde Text herstellt. Mit Blick auf die Accessoires der modernen Dame nämlich erklärt der Text:

> Sie ist so ganz von allem Irdischen befreyt, da sie durchaus die schöne *Contoure des Halbnackten* durch keine angehängte *Tasche* unterbrechen will, daß sie gar nichts von den Taschenbedürfnissen der alten Zeit bey sich führt, sondern ihr *Schnupftuch* beständig in der einen Hand, und ein halb Dutzend der *65 neuesten Almanache* und *Taschenbücher*, womit das neue Jahrhundert Teutschland beschenkte, in einem eleganten *Ridicule*, in der andern trägt.[2]

Von ihrem Begleiter, dessen Jugend besonders betont wird, lesen wir: „Da er von vieler Anstrengung der Augen kurzsichtig geworden ist, so trägt er gewöhnlich eine *Doppel=Lorgnette* auf seinem *Crochet* oder *Ecoutez* geschraubt in der Hand".[3] Angespielt wird hier in der Beschreibung der beiden überaus modischen Figuren auf die Mode der „Vielleserey",[4] die „Mode-Lektüre", wie es anderer Stelle im *Journal* heißt.[5] Die sogenannte Lesesucht, die zumeist Frauen und jugendlichen Männern diagnostiziert wurde, nahm zum einen als Modeerscheinung einen

---

1 Anonym: Erklärung der Kupfertafeln. In: *Journal des Luxus und der Moden* 16 (1801), S. 57–61.
2 Ebd., S. 60; Herv. hier und im Folgenden i. O.
3 Ebd., S. 61.
4 Vgl. bspw. Friedrich Burchard Beneken: Vielleserey. In: Ders.: *Weltklugheit und Lebensgenuß; oder praktische Beiträge zur Philosophie des Lebens*. Hannover 1806, S. 247–259.
5 Vgl. Friedrich Justin Bertuch: Zusatz der Herausgeber [zu: Karl August Ragotzky: Über Mode-Epoken in der Teutschen Lektüre]. In: *Journal des Luxus und der Moden* 7 (1792), S. 557f., hier S. 557. – Vgl. die ähnliche Beobachtung in anderem Argumentationszusammenhang in Julia A. Schmidt-Funke: Kommerz, Kultur und die ‚gebildeten Stände'. Konsum um 1800. http://www.goethezeitportal.de/db/wiss/epoche/Schmidt-Funke_Konsum.pdf. Weblog 2012– (12. Oktober 2020), S. 9.

https://doi.org/10.1515/9783110674224-005

Abb. 1: Anonym. Titelkupfer [Damen- und Herrenkleidermoden der Jahre 1701 und 1801], 1801, Kupferstich koloriert. In: *Journal des Luxus und der Moden* 16 (1801).

eigenen Platz im Reich des Luxus ein, zum anderen standen die ihr zugehörigen (im Bild nicht sichtbaren) Bücher in einer Reihe mit den ansonsten detailliert beschriebenen Konsumgütern und Luxusgegenständen.

Das Zusammenspiel von bildlicher Darstellung und weit darüberhinausgehender textlicher Erläuterung verdeutlicht ein für die historische Leseforschung zentrales epistemologisches Problem: Den zahlreichen bildlichen Darstellungen von Leserinnen und Lesern, die gerade im achtzehnten Jahrhundert Konjunktur hatten, nicht ungeachtet, entzieht sich der eigentliche Prozess des Lesens der Sichtbarkeit,[6] ist also – anders als ein bestimmter modischer Kleiderschnitt oder auch noch die Pose einer lesenden Figur – nicht eindeutig darstellbar. Die Bildbeschreibung der *Erklärung der Kupfertafeln* stellt der Unsichtbarkeit der Bücher im Titelkupfer die Behauptung der unrealistischen Büchermenge im Ridicule der Dame gegenüber und legt außerdem nahe, die Kurzsichtigkeit des Mannes sei eine Folge exzessiven Leseverhaltens. Die Gegenstände und Spuren des Lesens werden also vom Text gewissermaßen in das Bild hineinprojiziert, um den Diskurs über modische Vielleserei und luxuriöse Lesesucht mit einer suggestiven Bildbeschreibung aufzurufen.

I Leseluxus

Warum ist Lesen Luxus? Das betrachtete Titelkupfer gibt einen ersten Aufschluss: Die übertriebene Anzahl der im verschwindend kleinen, im Bild kaum sichtbaren Ridicule der Dame angeblich befindlichen Almanache und Taschenbücher verweist auf eine mit dem Buchkonsum – im doppelten, materiellen und ideellen Sinne – verbundene Exzessivität. Luxuriös erscheint so der massenhafte Besitz von Büchern als Konsumgütern und luxuriös erscheint das modische Verhalten der Vielleserei. Übermäßiges Leseverhalten legt auch die negative gesundheitliche Folge der Kurzsichtigkeit des Mannes nahe. Die schiere Menge der bereits 1801 im noch sehr jungen neuen Jahrhundert erschienenen neuesten Almanache und Taschenbücher, d. h. vor allem unterhaltender, gefälliger Literatur,[7] verweist auf den florierenden Buchmarkt, der die enorme Nachfrage der lesefreudigen Konsumentinnen und Konsumenten derart erfolgreich befriedigt, dass – wie etwa Georg Friedrich Rebmann in seinen *Kosmopolitische[n] Wanderungen durch einen*

---

6 Vgl. Brian Tucker: „The Invisible Movement That Reading Is". Metaphors of Motion in the Reading Debates around 1800. In: *Colloquia Germanica* 47.4 (2014), S. 309–328.

7 Zur Bedeutung von Almanachen als „Modeerscheinung" vgl. York-Gothart Mix: *Die deutschen Musenalmanache des 18. Jahrhunderts*. München 1987, S. 38–42. – Zum Verhältnis von Almanachen und Taschenbüchern vgl. ebd., S. 126–134.

Teil Deutschlands kulturpessimistisch resümiert – „sogar die Früchte des Genies […] bei uns nur ein Modeartikel, eine Kaufmannsware [sind]."[8]

Das Lesen wird, so kann also eine erste Annäherung lauten, um 1800 über seine Kommodifizierung mit Luxus assoziiert und zum Luxus erklärt, weil es auf eine Weise betrieben wird, die exzessiv erscheint. Gradmesser der Beurteilung, wann maßvolles in übermäßiges Konsumieren von Büchern oder anderen Konsumgütern umschlägt, ist eine in den zeitgenössischen Debatten um das Lesen und den Luxus vieldiskutierte Frage. Diesen Debatten ist – hierauf wurde bereits mehrfach verwiesen[9] – eine strukturelle Parallelität eigen: Lesen und Luxus erscheinen als analoge Phänomene, die ambivalent bewertet werden. Diese Ambivalenz unauflöslicher Für- und Widerargumente verdankt sich einem Konzept von Nutz- oder Zweckmäßigkeit, das im Kern der Lese- und Luxusdebatten steht und den Maßstab ihrer Beurteilung bildet.

So findet sich etwa in Krünitz' *Oeconomischer Encylopädie* 1801 folgende „von dem Sprachgebrauche ausgehen[de]" Begriffsbestimmung:

> Wo eine zweckmäßige Befriedigung wahrer vernünftiger Lebensbedürfnisse eintritt, wo man Reinlichkeit und einfachen Geschmack in der Kleidung anwendet, wo man anständiges Vergnügen als Erholung nach der Arbeit genießt, da wird wohl niemand den Luxus suchen. Allein wo unnöthige, erkünstelte und übermengte Lebensbedürfnisse sich finden, wo statt der bloßen Reinlichkeit, Ordnung und einfachen Geschmacks in der Kleidung, unnöthige, übermengte und außerdem kostbare Kleidungsstücke, und überdieß ein zweckloser Wechsel sich zeigen, da findet Jeder den Luxus. Eben so mit den Vergnügungsarten, welche ich mit den Bequemlichkeiten zur Lebensverschönerung rechne. Wo in allen diesen nicht blos ein einfacher, edler und feiner Geschmack beobachtet, sondern nur auf zwecklose Erkünstelung und Menge gesehen wird, da ist Luxus.[10]

---

8 Georg Friedrich Rebmann: *Kosmopolitische Wanderungen durch einen Teil Deutschlands*. Leipzig 1793, zitiert nach: *Gelehrsamkeit ein Handwerk? Bücherschreiben ein Gewerbe? Dokumente zum Verhältnis von Schriftsteller und Verleger im 18. Jahrhundert in Deutschland*. Hg. Evi Rietzschel. Leipzig 1982, S. 106–109, hier S. 107.
9 Vgl. Maxine Berg und Elizabeth Eger: The Rise and Fall of the Luxury Debates. In: *Luxury in the Eighteenth Century. Debates, Desires and Delectable Goods*. Hg. Dies. Basingstoke und New York 2003, S. 7–27. – Christine Weder und Maximilian Bergengruen: Moderner Luxus. Einleitung. In: *Luxus. Die Ambivalenz des Überflüssigen in der Moderne*. Hg. Dies. Göttingen 2011, S. 7–31. – Matt Erlin: *Necessary Luxuries. Books, Literature, and the Culture of Consumption in Germany, 1770–1815*. Ithaca 2014.
10 Anonym: Luxus. In: *Oeconomische Encyclopädie oder allgemeines System der Land-, Haus- und Staats-Wirthschaft in alphabetischer Ordnung*. Begründet von Johann Georg Krünitz. Bd. 82. Berlin 1773–1858 [1801], S. 41 f.

Wenn hier zweckmäßige, wahre, vernünftige und anständige Bedürfnisbefriedigung unnötigem, erkünsteltem, übermengtem, d. h. übermäßigem, und zwecklosem Luxus gegenübergestellt wird, so bedient sich Definition zeitgenössisch gängigen Erklärungsmustern, die Luxus durch Konzepte des Unnötigen, Nutzlosen oder Überflüssigen beschreiben,[11] wodurch er freilich auf das Nötige und Nützliche gerade als dessen Überschreitung bezogen bleibt. Als Überschreitung oder Überschuss kann Luxus dann entweder positiv (etwa als wirtschaftlicher Ansporn oder als Wohlleben) oder negativ (als Protz oder als Zeitverschwendung) beurteilt werden.

Ebendiese Argumentationsmuster und ebendiese Ambivalenz finden sich auch in den Lesedebatten um 1800. Die jüngste Lesegeschichte fasst 1786 ein Beitrag im *Hildesheimischen Magazin* mit dem Titel *Ueber das Lesen guter Schriften in Bürgerfamilien* zusammen. Der Text beginnt mit einem zeithistorischen Kommentar, der das Potenzial des Lesens in Hinblick auf die Volksaufklärung betont: „Ohnstreitig haben sich unter andern auch darin die Zeiten geändert, daß man das Lesen guter Bücher nicht mehr bloß für eine Sache der Gelehrten, sondern für Jedermanns Nutzen und Vergnügen zuträglich hält."[12] Es wird beschrieben, wie aufklärerische Lesewerbung und Lesegewöhnung vor allem über das Lesen Moralischer Wochenschriften zu einem neuen bürgerlichen Leseverhalten geführt haben, in dem „Junge und Alte an dem Lesen nützlicher Bücher ein solches Vergnügen [fanden], welches sich so belohnte, daß immer neuer Durst darnach entstand."[13] Die wiederholten Formulierungen vom „Nutzen" und „Vergnügen" legitimieren nach dem tradierten Muster des *prodesse et delectare* einerseits die aufklärerische Lesewerbung und Rekrutierung neuer Gruppen von Lesenden sowie die Verbreitung neuer Lesestoffe; andererseits deuten sie auch auf ein zunehmend prekäres Verhältnis hin, bei dem Nutzen und Vergnügen stets neu kalibriert werden müssen – sonst droht „immer neuer Durst" nach Lesevergnügen den Nutzen in den Schatten zu stellen.

Obgleich der Beitrag im *Hildesheimischen Magazin* seinen affirmativen Ton beibehält, deutet sich doch hier an, dass und warum zur gleichen Zeit bereits die Positiva sich verbreiternder Lektüregewöhnung mit ihren Negativa abgewogen wurden. So spricht auch der zitierte Beitrag die „nicht unerheblichen Zweifel und Bedenklichkeiten" an, „wornach es schwer hält, bey Abwägung des Nutzens der ausgebreiteten Lektüre auf der einen, und des unleugbaren Schadens auf der

---

[11] Vgl. Joseph Vogl: Luxus. In: *Ästhetische Grundbegriffe*. Hg. Karlheinz Barck. Bd. 3. Stuttgart 2010, S. 699–708, hier S. 698.
[12] Anonym: Ueber das Lesen guter Schriften in Bürgersfamilien. In: *Hildesheimisches Magazin* 33 und 34 (11. und 14. Oktober 1786), S. 257–272, hier S. 257.
[13] Ebd., S. 258.

andern Seite im voraus zu bestimmen, welche Wagschale den Ausschlag geben möchte."[14] Der schlichte Ersatz von ‚Nutzen und Vergnügen' durch ‚Nutzen und Schaden' deutet die Kompromittierung des Vergnügens an, die als Kehrseite der Überbetonung der Nützlichkeit die ausgewogene Einheit des *prodesse et delectare* seit den 1770er Jahren zertrennt.[15] „[S]ich durch Bücherlesen zu vergnügen" wird schließlich bei Campe in seinem *Wörterbuch der deutschen Sprache* 1809 zum entscheidenden Charakteristikum von „Lesesucht".[16]

II Lektüre und Geschlecht

Die aufklärerische Diskussion über das Lesen differenzierte nach der sozialen Bedeutung des Lesens und fragt danach, „wer was wann und wie lesen solle."[17] Die Kategorie Geschlecht spielte hierbei eine zentrale Rolle, denn die Beobachtung und Bewertung der Gegenstände und Akteure des expandierenden Literatursystems wurde in explizit geschlechtsspezifischen Begriffen verhandelt.[18] Wenn die neuen Formen des Leseverhaltens in den letzten beiden Jahrzehnten des achtzehnten Jahrhunderts unter den Schlagworten ‚Lesewut' und ‚Lesesucht' kritisch debattiert wurden, stand neben dem jugendlichen insbesondere das weibliche Lesepublikum im Fokus der Aufmerksamkeit. Galt das Lesen zunächst als Mittel der Aufklärung auch und gerade von Frauen, attestierte man Leserinnen zunehmend eine gefährliche Neigung zum Exzess, die zu stimulieren man insbesondere Romanen nachsagte.[19]

---

14 Ebd., S. 262.
15 Vgl. Dominik von König: Lesesucht und Lesewut. In: *Buch und Leser*. Hg. Herbert G. Göpfert. Hamburg 1977, S. 89–113, hier S. 96.
16 Joachim Heinrich Campe: *Wörterbuch der deutschen Sprache*, Bd. 3. Braunschweig 1809, S. 107. – Vgl. Erich Schön: *Der Verlust der Sinnlichkeit oder die Verwandlung des Lesers. Mentalitätswandel um 1800*. Stuttgart 1987, S. 263.
17 Erich Schön: Zur Archäologie der modernen Lesepropädeutik im 18. Jahrhundert. In: *Die Zeitalter werden besichtigt. Aktuelle Tendenzen in der Kinder- und Jugendliteraturforschung. Festschrift für Otto Brunken*. Hg. Gabriele von Glasenapp, Andre Kagelmann und Felix Giesa. Frankfurt / M. 2015, S. 27–50, hier S. 28.
18 Vgl. *Lektüre und Geschlecht im 18. Jahrhundert. Zur Situativität des Lesens zwischen Einsamkeit und Geselligkeit*. Hg. Luisa Banki und Kathrin Wittler. Göttingen 2020.
19 Vgl. Erich Schön: Weibliches Lesen. Romanleserinnen im späten 18. Jahrhundert. In: *Untersuchungen zum Roman von Frauen um 1800*. Hg. Helga Gallas und Magdalene Heuser. Tübingen 1990, S. 20–40 sowie den Beitrag von Yashar Mohagheghi (Von der Zeitverschwendung zur Muße: Luxuskritik und Zeitdiätetik bei Rousseau) in diesem Band.

Die Frage, ob, was, wann und wie Frauen lesen sollen oder dürfen, traf ins Herz der zeitgenössischen Diskussionen um ‚natürliche' Geschlechtlichkeit und soziale Geschlechterrollen, denn hier stand nicht allein individuelle Bildung, sondern die Organisation des Gemeinwesens überhaupt zur Debatte. Ab dem letzten Drittel des achtzehnten Jahrhunderts beherrschte die Vorstellung gegensätzlicher und komplementärer ‚Geschlechtscharaktere' die politischen, philosophischen und literarischen Diskurse. Die in Deutschland stark durch die Rezeption von Jean-Jacques Rousseaus *Émile ou de l'éducation* beeinflusste Debatte führte zu einer Polarisierung der jetzt als naturgegeben gedachten, doch durch Erziehung zu vervollkommnenden ‚Charaktere' von Frauen und Männern. Die Pole dieses sowohl naturalisierten als auch ideologisierten Geschlechterdualismus wurden mit den immer wiederkehrenden Zuordnungen von Öffentlichkeit vs. Privatraum, Produktion vs. Reproduktion, Aktivität vs. Passivität und Rationalität vs. Emotionalität beschrieben.[20]

Die Polarität von Aktivität und Passivität erstreckte sich auch auf das Verhältnis zur Zeit: Linearität, Fortschritt und ein Bezug auf die historische Zukunft waren männlich codiert; Weiblichkeit hingegen war mit Passivität, einem Bezug auf die Gegenwart oder die jenseitige, nicht-historische Zukunft verbunden.[21] Weibliche Identität erschien entsprechend bestimmt von zyklischer Wiederholung und vor allem vom Warten, insbesondere natürlich vom Warten auf die Eheschließung, das Joachim Heinrich Campe in seinem *Väterlichen Rath* an seine eigene Tochter und alle bürgerlichen Töchter mit einer expliziten und lapidaren Objektivierung beschrieb: „denn gleich einer Waare, die nicht ausgeboten werden darf, mußt du warten, bis sich jemand findet, dem du anstehen wirst".[22] Dass und warum dieses Warten sowohl notwendig als auch gut sei, setzte Campe seinen töchterlichen Leserinnen mit der ebenso bündigen wie erschöpfenden Beschreibung ihrer weiblichen ‚Bestimmung' auseinander: „[I]hr seid [...] geschaffen [...] um *beglückende Gattinnen, bildende Mütter* und *weise Vorsteherinnen des innern Hauswesens* zu werden".[23]

Die Festlegung der Frauen auf den häuslichen Bereich ist Ausdruck eines komplementären Geschlechterrollendenkens, in dem sich die Dissoziation von

---

20 Vgl. Karin Hausen: Die Polarisierung der ‚Geschlechtscharaktere' – Eine Spiegelung der Dissoziation von Erwerbs- und Familienleben. In: *Sozialgeschichte der Familie in der Neuzeit Europas. Neue Forschungen*. Hg. Werner Conze. Stuttgart 1976, S. 363–393, hier S. 367.
21 Vgl. Martina Kessel: *Langeweile. Zum Umgang mit Zeit und Gefühlen in Deutschland vom späten 18. bis zum frühen 20. Jahrhundert*. Göttingen 2001, S. 98.
22 Joachim Heinrich Campe: *Väterlicher Rath für meine Tochter. Ein Gegenstück zum Theophron. Der erwachsenern weiblichen Jugend gewidmet*. Frankfurt / M. 1790, S. 37.
23 Ebd., S. 19.

Erwerbs- und Familienleben zeigt.[24] Das Familienleben in der patriarchalisch organisierten Kleinfamilie bezeichnet die Sphäre der Berufstätigkeit der Frauen des entstehenden Bürgertums als Gattinnen, Hausfrauen und Mütter, für die sie naturgemäß bestimmt seien. Dieser perfekte Zirkelschluss kennzeichnet die Ideologisierung von Weiblichkeit: Die Beschäftigung wird als Erfüllung der Bestimmung und also als Ausdruck des naturgegebenen Wesens gedacht und eben nicht als Eintritt in eine öffentliche Sphäre, in der zwischen Ausbildung und Beruf, Tätigkeit und Anerkennung, Arbeitskraft und Bezahlung ein ökonomisches Verhältnis besteht.

Wie unmittelbar diese zeitökonomische ‚Polarisierung der Geschlechtscharaktere' mit weiblichem Lesen verbunden ist, zeigt sich beispielsweise in Johann Georg Heinzmanns *Einleitung und Entwurf zu einer Damenbibliothek*, die 1780 als Anhang zu seinem „Lesebuch" *Die Feyerstunden der Grazien* erschien. Indem dieses Buch bereits mit seinem Titel die programmatische Trennung von Arbeits- und Frei- oder Feierstunden auch für Grazien, d. h. Frauen deklariert, erhebt es die im Krünitz'schen Luxus-Artikel genannten „Vergnügungsarten" zu seinem Gegenstand, die „zur Lebensverschönerung" gerechnet werden, also zwischen Arbeit und Luxus angesiedelt sind.[25] Heinzmann schließt seine Diskussion der Möglichkeiten und Grenzen weiblicher Lektüre unmittelbar an die Bestimmung von Weiblichkeit an: „Würdige Töchter zu seyn, glückliche Gattinnen und treue Mütter zu werden, dieß ist ihre Bestimmung, meine Damen, und dieser wünsch' ich auch Ihre Lektür unterzuordnen".[26] Entscheidend ist ihm: „Man kann es in unsern Zeiten nicht oft genug sagen: daß das Lesen der Frauenzimmer keine Beschäftigung sondern eine unschuldige Erholung in Ruhestunden seyn soll."[27]

Die Gegenüberstellung von „Beschäftigung" und „Erholung", wie sie Heinzmann hier vornimmt, entspricht der sich im achtzehnten Jahrhundert herausbildenden Differenzierung von Arbeits- und Freizeit,[28] in deren Zuge die nicht-professionelle Lektüre ihre Zeit innerhalb der Freizeit zugewiesen bekommt.[29] Die Bestimmung der ‚richtigen' Zeit des Lesens nimmt in den Lesedebatten großen Raum ein; infrage steht dabei sowohl, welche Tages- oder Nachtzeit für welche

---

24 Vgl. Hausen, Die Polarisierung der ‚Geschlechtscharaktere' 1976, bes. S. 370–374.
25 Anonym: Luxus 1801, S. 41.
26 Johann Georg Heinzmann: Einleitung und Entwurf zu einer Damenbibliothek. In: Ders.: *Die Feyerstunden der Grazien. Lesebuch*. Bern 1780, S. 401–412, hier S. 402.
27 Ebd., S. 405.
28 Vgl. beispielhaft Gerhard Tanzer: *Spectacle müssen seyn. Die Freizeit der Wiener im 18. Jahrhundert*. Wien 1992.
29 Vgl. Schön, *Der Verlust der Sinnlichkeit* 1987, S. 236 sowie S. 242–249.

Lesestoffe und Lesenden geeignet sei als auch das Verhältnis von Arbeits- und Freizeit überhaupt.

III Lesezeit

Eine vergleichsweise frühe, weil rückerinnerte Beschreibung eines weiblichen Tagesablaufs und insbesondere des Verhältnisses von Hausarbeits- und Lesezeit bietet eine Kindheitserinnerung Sophie von La Roches. In einem kurzen Text mit dem Titel *Mein Glüke* resümiert La Roche 1782 ihre frühe Lesebiographie: Zwar habe der Vater ihr aufgrund ihres Geschlechts den Lateinunterricht versagt, ihr aber doch den „Schlüssel zu seiner Bücherstube" gegeben, wo sie „in [ihr]en Freistunden lesen [konnte], was [sie] wollte."[30] So seien „Bücher zu einem unerschöpflichen Vorrath von allezeit bereitliegendem Vergnügen" für sie geworden.[31] Der Eintritt in die männliche Welt der Bildung wird vom Vater kontrolliert; der weibliche Alltag aber wird von der Mutter bestimmt, die entsprechend auch den zeitlichen Rahmen der Bildungs- und also Lektüremöglichkeiten der Tochter reglementiert. Dies beschreibt La Roche affirmativ, indem sie unmittelbar an die Schilderung des Buchgenusses die einer zeitökonomischen Grundregel ihrer Mutter anschließt:

> Doch bin ich sicher, daß die weise Einteilung meiner Mutter zwischen Lesen und Arbeiten, den Büchern ihren Werth des Vergnügens immer neu erhielt --- denn Weißzeug, Kleider --- Putzsachen und die Küche mussten besorgt seyn, in der Bibel und Erbauungsbüchern wurde alle Morgen als Pflicht gelesen, während meine Mutter, und die andern arbeiteten, und dann hatten wir, nach dem Mittag-Essen und Abends, Stunden zu lesen und Uebung im Französischen und Italiänischen. Als wir aber die Kunst wußten neben dem guten Stricken zu lesen, so durften wir es auch. --- Diese Einteilung ist auch Grundlage zu wahrem Wohlseyn geworden.[32]

Zwar unterscheidet die mütterliche Zeiteinteilung La Roches Darstellung zufolge zwischen Lesen und Arbeiten, aber die strikte Trennung wird in der nachfolgenden Schilderung mehrfach verunklart und unterlaufen. Das Lesen, das seine Zeit eigentlich in den „Freistunden" hat, taucht auch in der Arbeitszeit auf, wobei nach Lesestoffen differenziert und religiöse Lektüre auf die Seite der „Pflicht" geschlagen wird. Alle andere Lektüre ist Freizeitlektüre und La Roche scheint damit

---

30 S[ophie] L[a] R[oche]: Mein Glüke. In: *Magazin für Frauenzimmer* 2 (Februar 1782), S. 92–99, hier S. 96 f.
31 Ebd., S. 97.
32 Ebd.

in diesem Text vor allem eine empfindsame Lektüre belletristischer Literatur zu meinen, wenn sie berichtet, dass sie dank der bemerkenswert liberalen Erlaubnis ihres Vaters, lesen zu dürfen, „was [sie] wollte", „gerade die Bücher wählte, welche der Stimmung [ihres] Herzens am meisten Nahrung gaben".[33] Dieses freizeitliche Lesen nicht der religiösen Pflichtlektüre zugehöriger Bücher wandert in Form eines Multitasking ebenfalls in die Arbeitszeit, wenn nämlich Handarbeit und Lektüre gleichzeitig betrieben werden. Grundsätzlich bleibt für La Roches „Wohlseyn" das Diktat der „Tugend des Fleißes"[34] bestimmend, demzufolge Arbeit und Pflichterfüllung über Freistunden und Vergnügen stehen.

Mit der Trennung von Erwerbs- und Familienleben ist der häusliche Bereich für den außer Haus berufstätigen Mann klar der Freizeit zugeordnet. Für die bürgerliche Frau ist das Haus das Feld ihrer Berufstätigkeit. Hier hat sie einerseits als omnipräsente, beständig rührige Hausfrau zu wirken, während sie andererseits – ausreichende finanzielle Mittel vorausgesetzt – durch den Ausschluss von der Erwerbsarbeit und durch die Delegierung verschiedener Arbeiten an Dienstboten, Zeit zur Verfügung haben kann, in der sie sich einem – zunehmend zu Repräsentationszwecken notwendigen – Müßiggang bzw. eben ‚freizeitlichen' Aktivitäten widmen kann.

Wenngleich die Forschung das Augenmerk auf die mühsame Arbeit des demonstrativen Müßiggangs gerichtet hat,[35] so ist doch die für Frauen aus dem gehobenen Bürgertum zunehmend gegebene Möglichkeit bezeugt, sich neben oder nach ihren Berufsgeschäften im Haushalt ‚freizeitlichen' Aktivitäten wie dem Musizieren und eben dem Lesen zu widmen.

> Wer kann es ungerecht finden, daß derjenige Theil unsers Geschlechts, welchem die ihm zugetheilten Geschäfte weit mehr müßige Stunden übrig lassen, als den Männern, und dessen lebhafter Geist, und wirksame Einbildungskraft nur selten und ungerne bey lauter ernsthaften Gegenständen verweilt, seine übrige Zeit mit Lesen solcher Bücher ausfüllet, die der weiblichen Lebhaftigkeit und ihren feinern Empfindungen angemessen sind? Nein, unser Geist bedarf, so wie unser Körper, Erholungen und Ruhepunkte; er kann ohne Gefahr einer gänzlichen Erschlaffung nicht immer mit ernsthaften und anstrengenden Gegenständen sich beschäftigen. Wie manche Tagesstunden würden aber viele Menschen in der traurigsten Geschäftslosigkeit hinbringen müssen, wenn sie nicht ihre Zuflucht zu einem unterhaltenden Buch nehmen könnten?[36]

---

33 Ebd., S. 97.
34 Ebd., S. 98.
35 Vgl. Sibylle Meyer: *Das Theater mit der Hausarbeit. Bürgerliche Repräsentation in der Familie der wilhelminischen Zeit*. Frankfurt / M. 1982 sowie Rebecca Habermas: *Frauen und Männer des Bürgertums. Eine Familiengeschichte (1750–1850)*. Göttingen 2000.
36 Anonym: Warum lieset man Bücher? und was hat man dabey zu beobachten? In: *Bremische Beyträge* 1 (1795), S. 1–30, hier S. 13.

Neben der für Frauen verfügbaren freien Zeit ist hier auch die zunehmende Vorliebe für gefällige, unterhaltende Literatur angesprochen, die das Vergnügen als Motivation und wünschenswertes Resultat des Lesens den Nutzen überflügeln lässt. Weil die aufklärerische Lesediskussion aber Lektüre nur dann befürwortet, wenn moralische Besserung ihr Zweck ist, wird die Wahl ‚falscher' Lesestoffe zum einen Kernpunkt der sogenannten Lesesuchtdebatte.[37] Das andere zentrale Thema dieser Debatte ist die derart mit Vergnügen eher denn Nutzen ‚vergeudete' Zeit.

„Lesesucht", erläutert Campe in der bereits erwähnten Definition im *Wörterbuch der deutschen Sprache*, sei „die Sucht, d. h. die unmäßige, ungeregelte auf Kosten anderer nöthiger Beschäftigungen befriedigte Begierde zu lesen, sich durch Bücherlesen zu vergnügen."[38] Dass er an diese Definition den Ausdruck „Die Lesesucht unserer Weiber" als Beispiel anschließt, erweist seine Einschätzung als tendenziös. Die kritischen Äußerungen über das Lesen zur ‚falschen' Zeit sind Legion in der Lesesuchtdebatte, die die Gefahr der Zeitverschwendung durch Lesen, d. h. der Verwendung von Zeit auf Lesen anstatt auf Arbeiten zum zentralen Übel der diagnostizierten Lesesucht erklärt – und häufig mit dem Begriff des Luxus bezeichnet. So schreibt etwa Campe an anderer Stelle über die Gefahren des „litterarischen Luxus", den er als „das übertriebene und unzwekmäßige Lesen" bezeichnet: „Das unmäßige und zwecklose Lesen macht zuvörderst fremd und gleichgültig gegen alles, was keine Beziehung auf Litteratur und Bücherideen hat; also auch gegen die gewöhnlichen Gegenstände und Auftritte des häuslichen Lebens [...]".[39]

Gegen die Gefahr der Zeitverschwendung durch Lesen werden Reglementierungsversuche in Stellung gebracht. Dabei wird zunehmend ein Argument entscheidend, das die für die bürgerliche Zeitökonomie so folgenreiche Differenzierung von Arbeits- und Freizeit befördert: das Argument ‚alles zu seiner Zeit'.[40] So heißt es in Carl Friedrich Bahrdts *Handbuch der Moral für den Bürgerstand* im Kapitel „Oekonomie des Bürgers" als allererstes:

Das erste ist Pünktlichkeit und Ordnung in euren häuslichen Geschäften. [...] Es gehört dazu

---

37 Vgl. York-Gothart Mix: Lesen, schreiben und gelesen werden. Zur Kulturökonomie des literarischen Feldes (1770 – 1800). In: *Geselligkeit und Bibliothek. Lesekultur im 18. Jahrhundert*. Hg. Wolfgang Adam und Markus Fauser in Zusammenarbeit mit Ute Pott. Göttingen 2005, S. 283 – 309, hier S. 299.
38 Campe, *Wörterbuch der deutschen Sprache*, Bd. 3, 1809, S. 107.
39 Joachim Heinrich Campe: Von den Erfordernissen einer guten Erziehung von Seiten der Eltern vor und nach der Geburt des Kindes. In: *Allgemeine Revision des gesammten Schul- und Erziehungswesens*. Hg. Ders. Hamburg 1785, S. 125 – 232, hier S. 171, 173, 176f.
40 Vgl. Schön, *Der Verlust der Sinnlichkeit*, a.a.O., S. 243.

a) daß ihr alles zu rechter Zeit thut. Denn alles wie Salomo sagt, hat seine Zeit: essen, schlafen, arbeiten, sich erholen u.s.w. Und diese Zeit halten, heißt Ordnung halten.[41]

Lesezeit wird, so zeigt etwa Campes Definition des Wortes in seinem *Wörterbuch der deutschen Sprache*, ebenso reglementiert: „2) Diejenige Zeit, welche zum Lesen bestimmt ist, entweder lesen zu lernen, oder sich durch Lesen zu belehren oder zu unterhalten."[42] Auffällig ist hier die Aufspaltung des tradierten *prodesse et delectare*-Schemas, die Belehrung und Unterhaltung, Nutzen und Vergnügen als differente Alternativen fasst und die impliziert, dass die Möglichkeiten der Lesemotivation damit erschöpfend wiedergegeben sind. Auffällig ist vor allem aber auch, dass „Lesezeit" für Campe hier nicht die Zeit bezeichnet, die – planmäßig oder nicht – mit Lesen verbracht wird, sondern die Zeit, die vorsätzlich „zum Lesen bestimmt ist". Damit stellt sich seine Definition von „Lesezeit" dem großen Risiko, wie es sich den Lesekritikern mit Blick auf das Verhältnis von Lesen und Zeitökonomie darstellt, schon mit seiner Formulierung entgegen: Ist „Lesezeit" immer schon reglementierte, für belehrende oder unterhaltende Lektüre „bestimmte" Zeit, so hat das Lesen seinen Platz im geordneten Tagesablauf und die Gefahr unmäßigen Lesekonsums ist oder scheint gebannt.

IV Ökonomie und Moral

Unterstellt und kritisiert wurde in der Lesesuchtdebatte also eine in den Augen der Kritiker sowohl quantitativ als auch qualitativ übertriebene Lektürepraxis besonders von Frauen: Sie läsen zu viel und verschwendeten zu viel Zeit durch Lesen; und sie läsen auf die ‚falsche' Weise, nämlich mit übermäßiger Hingabe in einem Modus empfindsam-einfühlender Lektüre. In beiden Fällen geht es um die unterstellte Gefahr einer Entfremdung oder gar Abkehr von der bürgerlichen Lebenswelt. Entsprechend lassen sich in der Kritik weiblicher Lektüre vor allem zwei Argumentationsmuster erkennen: ein moralisches und ein ökonomisches.

Dies lässt sich beispielhaft aus Karl Friedrich Pockels Abhandlung *Ueber Frauenzimmerlectüre* ersehen, die zuerst 1788 als Teil seiner popular-philosophischen Sammlung *Fragmente zur Kenntniß und Belehrung des menschlichen Herzens* erschien. Pockels betrachtet die „Mode" der „allgemein geworden[n] Lectüre unter dem andern Geschlecht"[43] als extrem schädlich. Er argumentiert zum

---

41 Carl Friedrich Bahrdt: *Handbuch der Moral für den Bürgerstand.* Tübingen 1789, S. 198.
42 Campe, *Wörterbuch der deutschen Sprache*, Bd. 3, 1809, S. 107.
43 Karl Friedrich Pockels: Ueber Frauenzimmerlectüre. In: Ders.: *Fragmente zur Kenntniß und Belehrung des menschlichen Herzens.* Bd. 1, Hannover 1788, S. 61–70, hier S. 61.

einen moralisch gegen die transportierten Inhalte vor allem von Romanen und deren schädliche Folgen für das Ehe- und Familienleben, also für ebendie Bereiche, in denen allein sich weibliches ‚Wesen' ausdrücken könne:

> Unsre deutschen Mädchen, die Mütter der Nachwelt, sind durch das ewige Romanlesen für die meisten Männer zu sehr verfeinert und verstimmt worden. Solche empfindsame Helden der Liebe und Zärtlichkeit finden sie in den gewöhnlichen Menschenleben nicht, die sie sich durch ihre Romane zu erträumen pflegen. – Daher die vielen unharmonischen Ehen, wo das Weib, voll von jenen Idealen, den [sic] weniger feinen Mann mit Verachtung begegnet, und der Gatte das empfindende Weib für eine Närrinn ansieht[.][44]

Zum anderen argumentiert Pockels zeitökonomisch gegen Lektüre als Ablenkung von den eigentlichen, nützlichen und, damit gleichgesetzt, ‚natürlichen' Beschäftigungen der Leserinnen. Man lese zu viel „und vergißt dabey seine ersten und wichtigsten Berufsgeschäfte."[45] Schließlich verbindet Pockels – eingekleidet in ein nationalistisches Argument, dass die „deutschen Weiber" in „tändelnde und empfindelnde Französinnen verwandelt" sieht – seine moralische mit seiner ökonomischen Kritik an durch weibliche Lektüre versursachter Pflichtvergessenheit:

> [I]hre Haushaltung wird ungetreuen Mädchen, und die Erziehung ihrer Kinder lüderlichen Wärterinnen anvertrauet, indeß sie die sanften Gefühle der weiblichen Schaamhaftigkeit, den reinen Sinn für das Wahre und Schöne und die frohe Gemüthstille durch jene verführerische Schriften sich aus dem Herzen herauslesen.[46]

Bemerkenswert ist hier nicht allein die Gegenüberstellung von Lektüre und den ‚eigentlichen' weiblichen Pflichten der Haushaltung und Kindererziehung, die als letztlich unvereinbar gegeneinander in Stellung gebracht werden. Bemerkenswert ist vor allem die Vorstellung, (‚falsches' weibliches) Lesen könne Gefühle und Wissen nicht nur nicht vermitteln, sondern im Gegenteil auslöschen, „aus dem Herzen herauslesen". In dieser denkbar größten Steigerung der Gefahr der Einflussnahme des Lesens auf die Gedanken und Gefühle wird der aufklärerische Bildungsimpuls, der ja wesentlich an Lektüre als Medium der Wissensvermittlung gebunden war, in sein Gegenteil verkehrt: Lesen dient hier – zumindest Frauen – gerade nicht der Bildung von Kopf oder Herz, sondern es entleert diese, indem die natürlichen Anlagen buchstäblich „heraus[ge]lesen" werden. Nicht allein die „frohe Gemüthstille", sondern fundamentaler noch das weibliche ‚Wesen' als

---

44 Ebd., S. 66 f.
45 Ebd., S. 61.
46 Ebd., S. 66.

solches mit seinem „reinen Sinn für das Wahre und Schöne" wird hier letztlich durch Lektüre zerstört.

Das zentrale Argument der Lesesucht-Debatte gegen weibliche Lektüre bezog sich auf die Unterstellung, Frauen würden durch Lektüre von ihren ‚eigentlichen' Beschäftigungen der Haushaltsführung und Kinderzucht abgelenkt. Diesem zeitökonomischen Argument aber ist, wie vor dem oben erläuterten Hintergrunde einer Ideologisierung von Weiblichkeit ersichtlich wird, ein moralisches Argument eingelegt, dass nämlich Frauen ausschließlich in der Beschäftigung als Gattinnen, Hausfrauen und Mütter ihre ‚natürliche' Bestimmung, ihr Wesen, ausdrücken könnten. Zu lesen, anstatt im Haushalt zu arbeiten, bedeutet also nicht schlicht Faulheit oder eine schlechte Einteilung der eigenen Zeit, sondern einen Bruch mit der eigenen, normativ gesetzten Weiblichkeit.

V Distinktion

Das Risiko, das das steigende Angebot sowohl literarischer als auch nicht-literarischer ‚luxuriöser' Güter barg, bezog sich – wie Matt Erlin argumentiert hat – für die zeitgenössischen Kritiker auf die Möglichkeit, Phantasien einer anderen Realität, eines anderen Selbst zu entwerfen.[47] Vor dem Hintergrund der hier vorgenommenen Erläuterung des Zusammenhangs von Lesekritik und Zeitökonomie wird ersichtlich, dass die (Möglichkeit der) Vorstellung anderer Realitäten an zeitökonomische Ideologeme gekoppelt bleibt. In Hinblick auf das Verhältnis von Lektüre und Geschlecht wird offenbar, wie sehr die aus Sicht der Lesekritiker im Lesen von Frauen enthaltene Gefahr der Differenzbildung (Realität vs. Phantasie, eigenes Selbst vs. durch Identifizierung imaginiertes Selbst) mit der Essenzialisierung von Weiblichkeit, die gerade keine Differenz duldet, unvereinbar ist. Genauer: Nicht das Lesen allein, sondern die breite, nach neuen Lesestoffen ausgreifende, mit Engelsings bekannter Formulierung gesprochen „extensive Lektüre" – die im eingangs diskutierten Bild und Text aus dem *Journal des Luxus und der Moden* mit der schieren Menge der von der modischen Dame angeblich transportierten Neuerscheinungen aufgerufen wird – sprengt durch Differenzbildung die Essenzialisierung, weil extensive Romanlektüre extensive Identifikationsmöglichkeiten, also Differenzierungen, bietet.

In diesem Zusammenhang lässt sich eine Formulierung Emilie von Berlepschs verstehen, die in einer Abhandlung *Über einige zum Glück der Ehe nothwendige Ei-*

---

[47] Vgl. Erlin, *Necessary Luxuries* 2014, S. 84.

genschaften und Grundsätze für eine ‚luxuriöse' Gleichberechtigung der Geschlechter argumentiert:

> Der Luxus hat Trennungen verursacht, hat jeden Theil sein eigenes Ich deutlich zu fühlen gelehrt. Die Frau ist nicht mehr bloß Haushälterin des Mannes und Gebährerin seiner Kinder; sie ist auch Erzieherin, ist Theilhaberin seiner oft sehr verwickelten Verhältnisse, und hat ihre eigene zuweilen nicht unwichtige Rolle im gesellschaftlichen Leben zu behaupten. Soll sie nun behutsam und selbstständig handeln, so muß sie frey und eigenthümlich denken können, also nicht Maschine seyn, die nur vom Willen des Mannes abhängt.[48]

Berlepsch plädiert für einen Neuentwurf der Ehe auf Grundlage eines dezidiert modernen Geschlechterverhältnisses. Mit der Ablösung des Modells des „ganzen Hauses" und der arbeitsteiligen Beziehung zwischen Hausvater und Hausmutter muss die Ehe und müssen die beiden Eheleute als moderne Individuen neu entworfen werden: Sie sind einzelne, sie sind unterschiedene. Luxus bezeichnet hier sowohl die Möglichkeitsbedingung moderner bürgerlicher Lebensform als auch eine Denkfigur der Distinktion, die solche Unterscheidung zu fassen ermöglicht.

Luxus dient der Distinktion – der Unterscheidung und Unterscheidungsfähigkeit, die auch das Geschlechterverhältnis betrifft. Die Problematik des Lesens, das um 1800 im Spannungsfeld von Nutzlektüre und Leseluxus steht, wird unter geschlechtertheoretischer Perspektive verschärft um die damals sowohl naturalisierte als auch ideologisierte Weiblichkeit. Lektüre, sofern sie ‚luxuriös', also nicht nur nützlich ist, steht in einem Spannungsverhältnis zur entstehenden bürgerlichen Lebenswelt – und prägt sie gleichzeitig entscheidend mit. Weil die Verbindung vorn moralischer und (zeit-)ökonomischer Argumentation, wie sie für die Debatten um den Luxus und das Lesen kennzeichnend ist, zentrales Charakteristikum des entstehenden modernen Bürgertums ist, sind ebendiese Debatten zugleich für Bürgertum und Bürgerlichkeit formative Diskursmomente.

---

48 E[milie] v[on] B[erlepsch]: Über einige zum Glück der Ehe nothwendige Eigenschaften und Grundsätze. In: *Der neue Teutsche Merkur*, Bd. 2 (1791), 5. und 6. Stück, S. 63–102 und S. 113–134, hier S. 100 f.

Gabriela Muri
Die Auszeit zwischen Regulativ und Luxus: Zur Dialektik von Zeitfreiheit und Zeitzwang

I Einleitung: Zur gesellschaftlichen Bedingtheit von Zeit

Raum und Zeit rahmen unseren Alltag auf bedeutsame Weise. Während räumliche Dimensionen sich an der konkreten Wahrnehmung von Umwelt, Städten und Bauten begreifen lassen, wird Zeit meist als selbstverständlich wahrgenommen.[1] Beide Begriffe blicken auf eine längere Debatte in Hinblick auf ihre gesellschaftliche Bedingtheit und auf ein entsprechend relationales Verständnis zurück. Temporale Lebenspraxen und Deutungsmuster sind daher den jeweiligen historisch bedingten ökonomischen und soziokulturellen Kontexten zuzuordnen.

Im folgenden Artikel widme ich mich der Dialektik von Zeitfreiheit und Zeitzwang aus einer kulturwissenschaftlichen Perspektive. An ihr lässt sich beispielhaft die gesellschaftliche Bedingtheit von Zeit im Alltag aufzeigen. Maßgebend für meinen Zugang ist Kultur als spezifisch menschliche Fähigkeit, Bedeutungen und Sinn zu schaffen. Sie umfasst „kollektive Daseinsgestaltung und -bewältigung im weitesten Sinn",[2] die sich auf ein System von Normen, Werten, Symbolen und Praktiken bezieht. Aus einer alltagstheoretischen Perspektive kommt darüber hinaus der dynamische Charakter sozialer und kultureller Prozesse in den Blick.[3] Er führt zu einer engen Verflechtung von gesellschaftlichen Strukturen und alltäglicher Handlungspraxis. Eine „verstehende Kulturwissenschaft" verfolgt daher das Ziel, lebensweltliche Alltagspraxis als Handlungs- und Bedeutungssystem aufzudecken und die von Menschen entwickelten Deutungsmuster im Kontext von kollektiven kulturellen Mustern zu verstehen. Mit dieser

---

[1] Gabriela Muri: *Pause! Zeitordnung und Auszeiten aus alltagskultureller Sicht*. Frankfurt / M. und New York 2004, S. 9.
[2] Ueli Gyr: Kulturale Alltäglichkeit in gesellschaftlichen Mikrobereichen. Standpunkte und Elemente zur Konsensdebatte. In: *Zwischen den Stühlen fest im Sattel? Eine Diskussion um Zentrum, Perspektiven und Verbindungen des Faches Volkskunde. Hochschultagung der Deutschen Gesellschaft für Volkskunde. Basel (31. Oktober – 2. November 1996)*. Hg. Christine Burckhardt-Seebass. Göttingen 1997, S. 13–19.
[3] Norbert Elias: Grundlegung einer Theorie sozialer Prozesse. In: *Zeitschrift für Soziologie* 6 (1977), S. 127–149.

Perspektive beleuchte ich im Folgenden primär Erkenntnisse aus meiner Dissertation zum Thema *Pause und Zeitkultur*.[4]

Seit der Jahrtausendwende ist Zeit in den Fokus öffentlicher Debatten gelangt. Von einer „atemberaubenden Beschleunigung"[5] über Zeiten der Gleichzeitigkeit bis zur „Wiederentdeckung der Langsamkeit"[6] werden im massenmedialen Diskurs aktuelle Fragen der Zeitdebatte aufgegriffen.

Der vorliegende Aufsatz geht zuerst auf die gesellschaftlichen Rahmenbedingungen von Zeit und Auszeiten ein, bevor er in einem zweiten Teil im Spiegel historischer und gegenwartsbezogener ethnographischer Forschungszugänge ausgewählte Perspektiven auf Auszeiten vorstellt. Unter dem Gesichtspunkt der Bedingtheit von Auszeiten und ihrer Funktion im Alltag oder im Außeralltäglichen befasst sich der Aufsatz anschließend mit gegenwärtigen und zukünftigen Ausprägungen temporaler Ökonomien des Luxus.

Zeit kann zunächst einmal in verschiedene *Prinzipien sozialer Ordnungssysteme* eingebettet werden. Sie strukturieren unsere Zeitordnung, bieten Orientierungssicherheit im Alltag und unterscheiden sich begrifflich und nach Wirkungsweise: z. B. Konvention, Sitte, Brauch, Recht.[7] Regelhaftigkeit und zeitliche Taktung von Aktivitäten – sei es im Privaten oder dem Beruf – erhalten den Charakter einer Norm, deren Nicht-Einhaltung zu mehr oder weniger schwerwiegenden Sanktionen führt (z. B. Autowaschen am Sonntag).

Norbert Elias und Michel Foucault haben aus je unterschiedlicher Perspektive *Zeit als Institution sozialer Kontrolle* und damit Prozesse der Verstetigung gesellschaftlicher Zeitordnungen beschrieben. Für Elias stellt die zeitliche Abstimmung sozialer Prozesse eine der maßgebenden Voraussetzungen für den Zivilisationsprozess dar:[8] „Der Zeitbegriff formt sich in (Lern-)Prozessen der Zivilisation über Generationen mit Traditionen und Neuerungen [...]."[9] Er ermöglicht es, zunehmend komplexer werdende Geschehensabläufe und Zeitsysteme zu synchronisieren. Zeitpraxen als überindividuell-kognitive Orientierungsmuster verfestigen darüber hinaus einen bestimmten Zeitbegriff. Er beeinflusst den persönlichen Umgang mit Zeit und die Herausbildung individueller Voraussetzungen für ökonomische Anforderungen der Arbeitswelt mit umfassender Breitenwirkung.

---

4 Muri, *Pause!* 2004.
5 Gerhard Schwarz: Die beschleunigte Gesellschaft. Eröffnung des 30. ISC-Symposiums in St. Gallen. In: *Neue Zürcher Zeitung* 122 (26. Mai 2000), S. 21.
6 Gerhard Schnabel: Muße mit Humor. In: *DIE ZEIT* 20 (7. Mai 1998), S. 40.
7 Martina Schöps: *Zeit und Gesellschaft*. Stuttgart 1980.
8 Norbert Elias: *Über die Zeit*. Frankfurt / M. 1984.
9 Muri, *Pause!* 2004, S. 36 f.

Die Verbreitung und Aneignung von Zeitpraxen steht zudem in einem größeren Zusammenhang *mentaler Voraussetzungen*.[10] Es war Max Weber, der Disziplin und Methodik als psychologischen Antrieb beschrieben hat, der die Mentalitäten wie die Lebensführung, ökonomische Verhaltensmuster wie den Alltag gleichermaßen durchwirkte.[11] Webers Protestantismusthese hat die Regelhaftigkeit der Arbeits- und Lebensformen und damit auch das Zeitbewusstsein als Gegenstand der Mentalitätsgeschichte etabliert.[12] Im Anschluss an Weber kann man von einer mental verfestigten Persönlichkeitsstruktur auch im Hinblick auf die Bewertung von Zeitordnungen und freier Zeit ausgehen.

Wenn wir uns mit temporalen Auszeiten beschäftigen, sind jedoch nicht nur Prozesse gesellschaftlichen Wandels in einem größeren Zusammenhang wirksam. Wesentlich ist auch – und hier bietet meines Erachtens eine literaturwissenschaftliche Betrachtung aufschlussreiche Erkenntnisse – das Verhältnis von Zeit und Alltag. Zeit kann daher als *Teil der Alltagsbewältigung und Zeitnutzung als Lebenstechnik* betrachtet werden. Herrmann-Stojanov und Stojanov heben denn auch die Funktion einer stabilen Zeitordnung als zentralen Aspekt des Alltags hervor.[13]

Die Erfahrung von Kontinuität wie Diskontinuität im Alltag ist daher, wie wir mit Elias und Weber argumentieren können, *zum einen* eingebettet in übergreifende gesellschaftliche Prozesse. Sie ist *zum anderen* abhängig von individuellen Lebenschancen und Wahlmöglichkeiten, die intersubjektiv ausgehandelt werden. Dies zeigte sich deutlich in verlangsamten Zeitrhythmen der Gesellschaft während der Corona-Pandemie, die von einigen als willkommene Pause, von anderen als ereignisarm wahrgenommen wurden. Die Soziologen Schütz und Luckmann haben im Rahmen ihrer Theorie zur zeitlichen Aufschichtung der Lebenswelt herausgearbeitet, wie gesellschaftlich typisierte Handlungsentwürfe uns erlauben, alltägliche Handlungen mit hochgradig routiniertem Wissensbestand als selbstverständlich zu erfahren und zu bewältigen.[14] Der Ansatz geht davon aus, dass selbst beim Übergang zwischen zwei Wirklichkeitsbereichen mit geschlossener Sinnstruktur wie beispielsweise zwischen Alltag und sexueller Ekstase auf rou-

---

10 Max Weber: Die Entfaltung der kapitalistischen Gesinnung. In: *Die protestantische Ethik I. Eine Aufsatzsammlung.* Hg. Johannes Winckelmann. Hamburg 1991, S. 374.
11 Max Weber: Askese und kapitalistischer Geist. Eine Aufsatzsammlung. In: *Die protestantische Ethik I. Eine Aufsatzsammlung.* Hg. Johannes Winckelmann. Hamburg 1991, S. 182.
12 Gerhard Dohrn-van Rossum: *Die Geschichte der Stunde.* Münster 1995.
13 Irmgard Herrmann-Stojanov und Christo Stojanov: Zeit als Ordnungsprinzip des individuellen und gesellschaftlichen Lebensprozesses. In: *Zeit als Strukturelement von Lebenswelt und Gesellschaft.* Hg. Friedrich Fürstenberg und Ingo Mörth. Linz 1986, S. 111–132.
14 Alfred Schütz und Thomas Luckmann: *Strukturen der Lebenswelt.* Bd. 1. Frankfurt / M. 1979.

tinierte Handlungsentwürfe zurückgegriffen werden kann. Ort, Dauer und Verhaltensnormen für Arbeitspausen oder die Frage, wann Ferien als erholsam betrachtet werden, müssen nicht jedesmal neu ausgehandelt werden, sondern beruhen auf kollektiven, im Alltagswissen verankerten Gewohnheiten. Peak Periods oder Ferienwochen gliedern unsere Erfahrungen von Dauer im Alltag. Schütz und Luckmann unterscheiden zwischen Auszeiten, „die als eine Art Leerstelle im eigentlichen Handeln [...] schon im Entwurf angelegt sind, und solchen, die unerwartet auftreten".[15]

II Auszeiten und Pausen

Die Reproduktion von Erholungsphasen als Zeitmuster oder die Erfahrung von Pausen im Alltag sind daher ebenfalls gesellschaftlich bedingt. Es gibt weder Arbeitszeit noch freie Zeit, die unabhängig von gesellschaftlichen Normen erfahren und gestaltet werden kann. Dies zeigen deutlich Untersuchungen zur Erfahrung eines von Dringlichkeiten beherrschten Alltags, obwohl heute quantitativ mehr Freizeit zur Verfügung steht: Gesamteuropäisch fühlt sich mehr als ein Drittel meistens (22.2%) oder immer (13%) am Ende des Tages gestresst.[16] Gemäß Schweizerischer Gesundheitsbefragung steht jeder fünfte Erwerbstätige unter Dauerstress:[17] Auch die scheinbar subjektive Erfahrung freier Zeit ist in gesellschaftliche Rahmenbedingungen und kollektive Deutungsmuster eingebettet.[18]

Bereits die Benennung von Auszeiten zeigt denn auch deutlich, dass sich Begrifflichkeit und Sprachgebrauch von Auszeiten oder Pausen unterscheiden: Das Wort gr. *pausis* bedeutet ,Aufhören'. Damit verwandt sind lat. *pausa* und altfranz. *pose*, die beide mit ,Zwischenzeit, Rast' übersetzt werden.[19] Auch der Sprachgebrauch zeigt: Die medizinisch definierte „Menopause" wird möglicherweise subjektiv gar nicht als zeitliche Unterbrechung wahrgenommen.

Pausen sind daher eingebettet in historisch, lebensweltlich und situativ bedingte gesellschaftliche Zeitkategorien, entsprechende Wertsetzungen, Handlungsmodelle und strukturelle Bedingungen. Die Pause umfasst denn auch eine

---

15 Alfred Schütz und Thomas Luckmann: *Strukturen der Lebenswelt*. Bd. 2. Frankfurt / M. 1984, S. 75.
16 Ralph Krieger, Maggie Graf und Margot Vanis: *Sechste Europäische Erhebung über die Arbeitsbedingungen*. Hg. Staatssekretariat für Wirtschaft SECO. Bern 2017.
17 Bundesamt für Statistik BFS: *Schweizerische Gesundheitsbefragung*. Neuchâtel 2018.
18 Muri, *Pause!* 2004, S. 12.
19 Friedrich Kluge: Art. „Pause". In: *Etymologisches Wörterbuch der deutschen Sprache*, 21. unveränderte Auflage. Berlin und New York 1975, S. 536.

Vielzahl an Ausprägungen unserer Lebenspraxis, die von Zeitstrukturen und -rhythmen gestaltet wird, – von freier Zeit, Festzeiten, dem Urlaub oder Brüchen im Lebenslauf. Dabei wird das Austreten aus dem gewohnten Zeitrhythmus als willkommener Unterbruch oder als belastende Lebensphase wie bei Arbeitslosigkeit oder Krankheit erfahren. Im Sinne einer Arbeitshypothese verstehe ich die Pause und ihre Regelungsmuster als Element oder Teilsystem der Zeit.[20] Auf Grundlage der von Schütz/Luckmann dargelegten handlungstheoretischen Voraussetzungen können Auszeiten oder Pausen als Entwurf für eine bestimmte Zeiterfahrung definiert werden, die *zum einen* durch kollektive Rahmenbedingungen (Zeiteinheit, Ort, Verhaltens- und Deutungsmuster, symbolische Ausstattung) mit bestimmten Sinnerwartungen verbunden ist und *zum anderen* nachträglich als sinnhaft (re-)konstruiert wird.[21] Dabei steht sie für zeitlich unterschiedlich ausgedehnte, intersubjektiv ausgehandelte, routinisierte Formen von Nicht-Handlung, die mit bestimmten Handlungsmustern bewältigt werden. Die paradoxe Ausgangslage der Pause als eine mit Handlung aufgefüllte, intendierte Nicht-Handlung kann nur über kulturelle Muster und Deutungen mit Sinn erfüllt werden. Die Pause schafft einen Entlastungsraum innerhalb der Erfahrung von Zeitfluss und Gleichförmigkeit und ist damit in hohem Maße sinnstiftend für das „Ertragen des Alltags".[22]

III Auszeiten – gesellschaftliche Ausprägungen im historischen Kontext

Im Folgenden werden einige Ausprägungen von Auszeiten im historischen Kontext beschrieben. Essenziell dabei ist ein Verständnis von Zeitordnungen und Auszeiten als gesellschaftlich konstruierte Phänomene in einem komplexeren Zusammenhang, der hier nur ausschnittweise erklärt werden kann. Die gewählten Beispiele können als temporale Ökonomien des Luxus bezeichnet werden, die von materialisierten Formen über Zeitordnungen als Herrschaftsinstrumente bis hin zu subtilen Formen der Regulierung und Differenzierung reichen.

---

20 Muri, *Pause!* 2004, S. 11–12.
21 Ebd., S. 67.
22 Ebd., S. 286 f.

1 Turmuhren als Statussymbol und Zeichen städtischer Innovation

Das Leben in der Stadt wurde seit der frühen Neuzeit assoziert mit einem Leben nach der Uhr.[23] Fürsten und fortschrittliche Stadtverwaltungen verstanden sich als Pioniere bei der Einführung von öffentlichen Schlaguhren als Statussymbole. Aus merkantiler Perspektive erfüllten sie darüber hinaus die Bedürfnisse von Kaufleuten im Alltag. Schlaguhren und die moderne Stundenrechnung ermöglichten vorteilhafte Bedingungen für Handel und Gewerbe des aufsteigenden Stadtbürgertums. Die Entwicklungen – so Heinmann und Ludes – stehen in einem Kontext umfassender gesellschaftlicher Wandlungsprozesse, die eine Abstraktion von materiellen Werten (z. B. Geld), aber auch der Zeit zur Folge hatten.[24] Die ersten öffentlichen Uhren in den Städten Oberitaliens – so beispielsweise 1336 in Mailand – galten nicht nur als technische Errungenschaft: Sie standen für Innovationsförderung durch Prestigeträger wie Adelige und Päpste, die ein geordnetes und maßvolles Leben der Bürger förderten. Die Schenkungen von Kaufleuten als neuer ‚herrschender Klasse' erfolgten hingegen aus mäzenatischen Gründen. Die seit dem fünfzehnten Jahrhundert in zahlreichen Regionen eingeführten Uhren vereinten symbolischen und als Objekte administrativer Ermahnung für Beschlüsse oder den Feierabend praktischen Nutzen. Die häufige Erwähnung in Herrscherchroniken macht deutlich, dass sie für Aufgeschlossenheit gegenüber Neuerungen, Wohlhabenheit und Tatkraft einer Stadtverwaltung standen. Der Wandel des städtischen Zeitbewusstseins in den europäischen Städten setzte sich jedoch in der Alltagspraxis erst allmählich, beeinflusst von komplexen und unbewussten Prozessen durch:[25] Zahlreiche Quellen – städtische Statuten seit dem vierzehnten Jahrhundert sowie Schul-, Kirchen- und Landespolizeiordnungen seit dem fünfzehnten Jahrhundert – belegen denn auch, dass die Einführung neuer Zeitregelungstypen nicht als lineare Entwicklung verstanden werden darf. In französischen Sprachlehrgängen für Engländer wurde beipielsweise erst an der Wende zum fünfzehnten Jahrhundert der Musterdialog „Wie spät ist es?" aufgeführt.

---

23 Dohrn-van Rossum: *Die Geschichte der Stunde*. Münster 1995, S. 108–197.
24 Klaus Heinemann und Peter Ludes: Zeitbewusstsein und Kontrolle der Zeit. In: *Materialien zur Soziologie des Alltags. Kölner Zeitschrift für Soziologie und Sozialpsychologie.* Sonderheft 20 (1978). Hg. Kurt Hammerich und Michael Klein, S. 222.
25 Dohrn-van Rossum, *Die Geschichte der Stunde* 1995, S. 234–261.

2 Zünfte: Zeit als Regulativ für Beziehungen

Die Verbindung von Zeitregulierungen und temporalen Ökonomien der Privilegierung lässt sich auf andere Weise bei Zünften an der Institution des „Blauen Montags" aufzeigen. Männerbünde ermöglichten im achzehnten Jahrhundert den ausgelernten, aber noch nicht selbständigen Handwerkern geregelte Erwerbsarbeit und eine besondere Lebensform. Dazu gehörten Vereinbarungen zu Löhnen, Arbeitszeiten oder der „Blaue Montag", der vornehmlich zur Versammlung in der Schenke diente. Das Recht, Schenke zu halten, gehörte zu einem Privileg der Gesellenkultur als Ausdruck sozialen und symbolischen Kapitals.[26] In Sheffield gab es hingegen Anzeichen, dass sich der „Blaue Montag" trotz Widerstand der Behörden auch in Industriebetrieben etablierte.[27] Am Samstag und Sonntag hatte man zu lange im Wirtshaus gezecht und bummelte dann am Montag oder manchmal bis Mittwoch weiter. Selbst in unteren Lohnklassen zogen Arbeitende in Birmingham ein geringeres Gehalt vor, um den Brauch des „Blauen Montags" zu pflegen, der oft mit festlicher Kleidung, Spielen oder Boxen und Tierkämpfen verbunden war. Es gab Unternehmer, die wegen Umsatzeinbussen Konkurs machten oder ihre Firma von Birmingham wegverlegten, weil sie den „Blauen Montag" weder mit Gefängnisstrafen noch Schlägen bekämpfen konnten.

3 Arbeitszeit und Arbeitspausen: Ausbeutung, moralische Belehrung und Eigensinn

Der temporale Luxus unregelmäßiger Arbeitsintensitäten wie am „Blauen Montag" wurde zu Beginn des achzehnten Jahrhunderts durch den Takt der industrialisierten Produktion zunehmend verdrängt. Kontrollkarten zeichneten das „Kommen" und „Gehen" der Arbeiterinnen und Arbeiter auf. Verschieden gerichtete Uhren, deren Zeitunterschiede die Arbeitenden geschickt auszunutzen wussten, wurden ersetzt durch die einzig gültige Uhrzeit des Aufsehers. Wie von Elias und Weber im größeren Zusammenhang beschreiben, wurde die rigidere Zeitordnung begleitet von Prozessen moralischer Belehrung. In populären

---

26 Hans-Jörg Zerwas: Freiheit, Arbeit, Ehre. Männerbünde im Handwerk. In: *Männerbande und Männerbünde. Zur Rolle des Mannes im Kulturvergleich.* Hg. Gisela Vögler und Karin v. Welck. Köln 1990, S. 33.
27 Douglas A. Reid: Der Kampf gegen den „Blauen Montag" 1766 bis 1876. In: *Wahrnehmungsformen und Protestverhalten. Studien zur Lage der Unterschichten im 18. und 19. Jahrhundert.* Hg. Edward P. Thompson. Frankfurt /M. 1979, S. 265–270.

Schriften wurde die Maxime: „Nutze die Zeit!"[28] mit imperativen Anweisungen zum frühen Aufstehen, zum regelmäßigen Melken der Kühe usw. wiederholt.[29] Gleichwohl beschrieb der Sozialhistoriker Rudolf Braun versteckte Pausenrituale, mit welchen die Arbeitenden das Zeitdiktat des mechanisierten Produktionsflusses zu unterwandern versuchten.[30] Neben Sabotage war es der Rückzug in „Innerlichkeit" oder das Abschweifen in Traumwelten, währenddessen der Körper mechanisch die Arbeit verrichtete. Lüdtke spricht von „Eigensinn"[31] und zeigt, dass historische Prozesse nicht allein aus einer strukturellen Dynamik betrachtet werden dürfen. In der betrieblichen Alltagswirklichkeit schafften sich die Angestellten Freiräume, die eigene Arbeitsrhythmen gegen die offizielle Fabrikdisziplin, die Gestaltung von Pausen, aber auch die Gestaltung des Arbeitsplatzes umfassten.

4 Moderne: Verinnerlichte Zeitordnung und (subtil) regulierter Luxus

Im zwanzigsten Jahrhundert führten Produktionssteigerung, der Wohlfahrtstaat und die Einführung der Fünftagewoche zu einem fundamentalen Wandel. An ihre Stelle treten subtil geregelte Formen der Zeitverwendung im Arbeitsleben und die Entgrenzung von Arbeit und Freizeit. Der Kulturwissenschafter Andreas Wittel hat dies in den 1990er Jahren anhand einer Firma untersucht, in der kostenloses Kaffeetrinken zur Darstellung einer positiven Firmenkultur instrumentalisiert werden.[32] Die Unternehmensleitung hebt den Kommunikationscharakter an Kaffeeecken hervor, während die Beschäftigten die Kaffeeecke pragmatischer als Informationszentrum bezeichnen.[33] Pausen werden mit schlechtem Gewissen angesprochen, man brauche sie halt: „Bei mir kommt's schon vor, dass ich einmal

---

28 Edward P. Thompson: Zeit, Arbeitsdisziplin und Industriekapitalismus. In: *Plebeische Kultur und moralische Ökonomie. Aufsätze zur englischen Sozialgeschichte des 18. und 19. Jahrhunderts.* Hg. Ders. Frankfurt / M. / Berlin / Wien 1980, S. 35 – 66.
29 Jakob Messerli: *Gleichmässig. Pünktlich. Schnell. Zeiteinteilung und Zeitgebrauch in der Schweiz im 19. Jahrhundert.* Zürich 1995, 177 f.
30 Rudolf Braun: Die Fabrik als Lebensform. In: *Volkskultur.* Hg. Richard van Dülmen und Norbert Schindler. Frankfurt / M. 1984, 306 – 351.
31 Alf Lüdtke: *Eigen-Sinn. Fabrikalltag, Arbeitererfahrungen und Politik vom Kaiserreich bis in den Faschismus.* Hamburg 1993.
32 Andreas Wittel: *Belegschaftskultur im Schatten der Firmenideologie. Eine ethnographische Fallstudie.* Berlin 1997.
33 Ebd., S. 40 – 45.

in die Luft schau, aber immer mit schlechtem Gewissen."[34] Andererseits verweisen den Vorgesetzten großzügiger gewährte zeitliche Freiräume auf hierarchisch bedingte Auszeiten: „Dass das Gros der Mitarbeiter nicht auch mal alleine am Kaffeetisch [...] stehen kann, weil dieses Verhalten sofort als unkommunikativ und nicht offen geoutet würde, markiert die Grenzen der Individualität."[35] Die gegenseitige Kontrolle erfolgt subtil, oft nonverbal durch Aufschauen, einen Blick auf die Uhr oder Fragen wie „Meditierst du?"[36] oder „Na, gehst du schon heute?".[37] Fehlende formelle Zeitkontrollen werden durch informelle von KollegInnen ersetzt oder sogar verschärft. Die subtilen Regulierungsmuster zeigen, dass das Verhältnis von Zeit als Arbeitszeit und Freizeit als temporaler Luxus ein dialektisches ist, indem scheinbar frei bestimmbare Zeitgestaltung durch individuell wirksame Sanktionen ersetzt wird.

IV Das Problem mit der Pause: Dynamisierung und Entgrenzung

Die beschriebene Verinnerlichung von Zeitnormen ist seit den 1950er Jahren eingebettet in eine erste Welle der Dynamisierung und Verdichtung von Zeiterfahrung im Alltag. Sie unterliegt einer Steigerungslogik, die sowohl objektive Faktoren – global vernetzte, urbanisierte Gesellschaft, kontinuierliche Produktion, weltumspannende Gleichzeitigkeit medialer Berichterstattung – als auch subjektive Dimensionen umfasst. Die Entwicklung wird begleitet von qualitativen Entwicklungen einer Freizeit als Massenkultur.[38] Schon Adorno und Horkheimer haben Freizeit als unfreie Zeit bezeichnet,[39] die eingebunden ist in Produktionsprozesse der Arbeitswelt: Als Konsumierende der Kulturindustrie orientieren wir uns am Schematismus der Produktion von Schlagern, Seifenopern, Filmen und Stars, die zyklisch als starre Invarianten angeboten werden. Wiederholung und das Bedürfnis nach immer mehr zeichnen diese aus. Die Mechanisierung bestimme über den „Freizeitler und sein Glück, [...] die Fabrikation der Amüsier-

---

34 Ebd., 184.
35 Ebd., S. 63.
36 Ebd., S. 226.
37 Ebd., S. 200.
38 Kaspar Maase: *Grenzenloses Vergnügen. Der Aufstieg der Massenkultur 1850–1970*. Frankfurt / M. 1997.
39 Max Horkheimer und Theodor Adorno: *Dialektik der Aufklärung. Philosophische Fragmente*. Frankfurt / M. 1994, S. 132–144.

waren, dass er nichts anderes mehr erfahren kann als die Nachbilder des Arbeitsvorganges selbst"[40].

Seit den 1990er Jahren kann eine weitere Steigerungslogik der gesellschaftlichen Zeitordnung konstatiert werden, die mit dem Begriff der „Entgrenzung" umschrieben werden kann: Strukturwandel und Flexibilisierung in der Arbeitswelt, wachsende Arbeits- und Freizeitmobilität, Pluralisierung der Lebenswelten sowie zunehmende Digitalisierung gehören zu ihren wichtigsten Merkmalen. Die fehlenden Grenzen zwischen Arbeitszeit und Freizeit schaffen neue Herausforderungen im Hinblick auf die Erfahrung von eigenmächtig gestaltbarer Zeit. Informationsflüsse, das Angebot von Aktivitäten und sozialen Kontakten beschreibt der Soziologe Kurt Schmahl als ständigen Wechsel von Anspannung und Muße, der sich zunehmend beschleunige: „Kaffee [...] oder Zigaretten zur Belebung [...] am Morgen; in möglichst kurzer Zeit, damit wenig Freizeit [...] verloren geht, [...] kommunikationsbereit und -fähig für den Betrieb, körperlich leistungsfähig und motiviert."[41] Lothar Baier spricht in seinem populärwissenschaftlich ausgerichteten Werk von einer Verbindung von Technik und Ökonomie, die nicht mehr steuerbar sei und damit das Mündigwerden der Menschen in Frage stelle.[42] Die Klagen über Zeitknappheit seien Ausdruck einer „Kulturgeschichte der Leiden an dieser Hetze".[43] Ein besonderer Sinn für Zeit sei abhanden gekommen, der sich im französischen *bon moment* ausdrückt und der die Fähigkeit anzeigt, besondere Augenblicke als wertvolle zu genießen.[44] Hier tritt Luxus als Verhandlungskategorie in den Mittelpunkt (selbst-)reflexiver Prozesse über Auszeiten.

1 Auszeiten und temporale Ordnungen des Erlebens: Wann sind wir glücklich?

Glück verweist auf einen engen Bezug zur zeitlichen Verfasstheit unserer Gegenwart. Ich betrachte das Verhältnis zwischen Zeit und Glück aus einer kulturwissenschaftlichen Perspektive und Zeit „[...] als eine Form des Ordnens von Ereignissen – entweder für sich oder in Verbindung mit dem Raum [...]".[45] Das

---

40 Ebd., S. 145.
41 Kurt Schmahl: Industrielle Zeitstruktur und technisierte Lebensweise. In: *Zerstörung und Wiederaneignung von Zeit*. Hg. Rainer Zoll. Frankfurt / M. 1988, S. 354.
42 Lothar Baier: *Keine Zeit! 18 Versuche über die Beschleunigung*. München 2000, S. 25–117.
43 Muri, *Pause!* 2004, S. 12.
44 Baier, Keine Zeit! 18 Versuche über die Beschleunigung 2000, S. 124.
45 Thomas Hengartner: Zeit-Fragen. In: VOKUS. *Volkskundlich-kulturwissenschaftliche Schriften*. Sonderheft „Zeit" 1 (2000), S. 12.

scheinbar flüchtige Erleben von Auszeiten im Alltag ist verknüpft mit kulturellen Mustern der Erfahrung von als sinnhaft erlebter Zeit und Ausdruck von gesellschaftlichen Wertungen. „Flucht aus der Zeit" würde einer „Flucht aus der Gesellschaft"[46] gleichkommen. Konsumangebote, die „Zeitinseln", Zeitdehnung und Glück zugleich verheißen – vom Wellness-Angebot über Yoga bis zu Entspannungsoasen in Hotels für ManagerInnen – unterliegen bestimmten Mustern temporaler Ökonomien des Zeitluxus: Selbst ein harmloses Nickerchen wird heute durch Expertise begründet und konfektioniert vermittelt als edles, wissenschaftlich legitimiertes *Powernapping*, das im Vergleich zum banalen Mittagsschlaf nach dem üppigen Sonntagsbraten auch noch kulturelle Distinktion verspricht.

Konsumangebote bewirtschaften unser Bedürfnis nach erlebnisreicher freier Zeit und beeinflussen damit alltagskulturelle Deutungsmuster, wann Auszeiten als erholsam erfahren werden. Die Angebote unterliegen einer fortlaufenden Ausdifferenzierung und Steigerung. Aus diesen müssen wir wählen und entscheiden, welche Auszeiten wir als erholsam antizipieren bzw. im Nachhinein als erholsam rekonstruieren. Damit geht „die temporale Modellierung der Alltäglichkeit [...] mehr und mehr in die Selbstverantwortung der einzelnen Menschen"[47] über, wie der Soziologe Hans Peter Thurn in seinen Überlegungen zur Verfasstheit unseres Alltags postuliert. Der Philosoph Hermann Lübbe fragt:

> Was gilt denn nun: Freiheitsgewinn als Gewinn individuell disponibler [...] Lebenszeit oder Freiheitsverlust [...] im Rahmen einer Zivilisation der omnipräsent gewordenen Uhr [...]? Die Auflösung dieses scheinbaren Widerspruchs liegt im Faktum, dass Freiheit, und zwar gerade auch die Freiheit selbstbestimmt verfügbar gewordener Zeit, ihrerseits als Zwang erfahrbar ist.[48]

Empirische Befunde belegen denn auch, dass Zeitnutzung und Selbstoptimierung im Zusammenhang als typische Konstellationen von Stresserfahrungen bezeichnet werden können.[49] Die normative Wirkung von Zeitregimes[50] verbindet auf

---

46 Andreas Kuntz-Stahl: Volkskundliche Reflexionen zum Thema „Zeit". In: *Ethnologia Europea* XVI (1986), S. 175.
47 Hans Peter Thurn: *Der Mensch im Alltag. Grundrisse einer Anthropologie des Alltagslebens.* Stuttgart 1980, S. 29.
48 Hermann Lübbe: Pünktlichkeit. Über den Ursprung der Freiheit aus der Zeit-Disziplin. In: *Die Objektivität der Ordnungen und ihre kommunikative Konstruk*tion. Walter Sprondel. Hg. Frankfurt / M. 1994, S. 59.
49 Vera King und Benigna Gerisch: Perfektionierung und Destruktivität – eine Einführung. In: *Psychosozial. Zeitschrift für Sozialpsychologie und Kulturanalyse* 3 (2015), Schwerpunktheft *Perfektionierung und Destruktivität*. – Vera King, Benigna Gerisch und Hartmut Rosa (Hg.): *Lost in Perfection. Impacts of Optimisation on Culture and Psyche.* London 2018.

paradoxe Weise Ansprüche an Perfektionierung und spielerisches Engagement, die gleichermaßen die ideale Erfahrung von Auszeiten auszeichnen.

2 Alltagszeit – Modalität – Vollzug

Aus einer analytischen Perspektive eignet sich der Begriff der *Alltäglichkeit* im Sinne einer Modalität der Zeiterfahrung, um Muster temporaler Auszeiten in einem gesellschaftlichen Zusammenhang einzuordnen. Der Alltag, so der Soziologe Hans-Georg Soeffner, bildet eine Welt ab, „in der man genau ‚weiß', woran man ist".[51] Alltag ist von einer Minimierung des Ungewöhnlichen geprägt. Hans Peter Thurn führt den Begriff der Alltäglichkeit als offene Kategorie ein, um Modalitäten des Vollzugs als Gestaltungsraum und Erfahrungsform miteinzuschließen. Das Alltägliche ist „der Rhythmus, darin sich die individuelle Geschichte des einzelnen abspielt".[52] Dabei werden Erlebnisse von Subjekten selektiv gespeichert, interpretiert und katalogisiert.[53] Die Erfahrung von Alltäglichkeit, von freier Zeit und Glück kann daher nur phänomenologisch und nicht nach der Tatsächlichkeit von äußeren Abläufen rekonstruiert werden.

Im Alltag stehen uns heute Kulissen des Glücks, Angebote von glücklichen Augenblicken und zum Erleben von freier Zeit inflationär zur Verfügung.[54] Soeffner spricht von einer veralltäglichten Festkultur, bei der immer gleiche Inszenierungen wiederholt werden.[55] Sie werden trotz ihrer Nähe zu charismatischen Inszenierungen nicht als besondere Augenblicke erfahren.[56] Wir leben, so Soeffner, in Zeiten eines naiven, inflatorischen Ritualismus. Dies zeigt auch die temporale Modellierung von Auszeiten als situativ inszenierte Erholungszeiträume und Glückserfahrungen an Events. Wir müssen heute aus Verheißungen aus-

---

50 Vera King: Die Macht der Dringlichkeiten. Gesellschaftlicher Wandel und psychische Verarbeitungsmuster. In: *Forschung Frankfurt: Wissenschaftsmagazin der Goethe-Universität* 1 (2017), S. 40.
51 Hans-Georg Soeffner: *Auslegung des Alltags – Der Alltag der Auslegung. Zur wissenssoziologischen Konzeption einer sozialwissenschaftlichen Hermeneutik.* Frankfurt / M. 1989, S. 14.
52 Karel Kosik: Die Dialektik des Konkreten – Eine Studie zur Problematik des Menschen und der Welt, zit. bei Thurn: *Grundprobleme eines sozialwissenschaftlichen Konzepts der Alltagskultur,* 28.
53 Hans Paul Bahrdt: *Grundformen sozialer Situationen. Eine kleine Grammatik des Alltagslebens.* München 1996, S. 46.
54 Muri, Wo und wann sind wir glücklich? In: *Schweizerisches Archiv für Volkskunde* 111 (2015), S. 1–22, hier S. 9.
55 Hans-Georg Soeffner: *Die Ordnung der Rituale. Die Auslegung des Alltags 2.* Frankfurt / M. 1992, S. 198.
56 Muri, Wo und wann sind wir glücklich? 2015, S. 9.

wählen, die uns aus extensiv bewirtschafteten kulturellen und ökonomischen Feldern angeboten werden, um das „Projekt der freien Zeit und des schönen Lebens"[57] zu verwirklichen. Events und in unsere getaktete Zeitordnung eingepasste Auszeiten beeinflussen als vielversprechende Optionen unsere Möglichkeiten des Erlebens von freier Zeit im Fluss des Alltäglichen.

3 Der Luxus der Auszeit und ihre Verheißung

Die Erfahrung von temporalen Auszeiten als entlastende „Zeit-Räume des Selbst" wird damit immer schwieriger und zu einem Luxus. Luxus bedeutet hier nicht ökonomische Ressourcen oder Güter, die zur Verfügung stehen, sondern eine Modalität des zeitlichen Vollzugs, die Befreiung vom Zeittakt verspricht, jedoch meist nur als Verdichtung des Erlebens in kurzen Zeitabschnitten erfahren wird.

Dies zeigt sich paradigmatisch bei touristischen Angeboten. Das Reisen ermöglicht eine der populärsten Formen von glücklichen Auszeiten mit Befreiung vom Alltagstrott durch Orts-, Szenen- und Rollenwechsel.[58] Der Arbeitsalltag wird zur Erwerbsquelle für das Erlebnis von luxusorientierten Auszeiten im Urlaub. Im Gütestempel „gelungener Urlaub" spiegelt sich jedoch ein Teil jener Selbsttäuschung, die der Polarisierung von Alltag und Urlaub zugrunde liegt. Das subjektive Gefühl der Befreiung überdeckt das urlaubsspezifische System von Normen und Regelungen, so dass Urlaub reisen ohne anzukommen bedeutet. Das „gelungene" Urlaubsgefühl wird mit einer Reihe von Vorsichtsmaßnahmen umfassend abgesichert, – Preisvergleiche, Hotelreservierung, Schecks und Kreditkarten, Reiseapotheke, Sonnenschutz, Schutzimpfung usw.:[59]

> Wir bereiten monatelang unseren Urlaub vor; wir buchen ein teures Hotel [...] und genießen die Vorfreude auf diese langersehnte Reise. Am Urlaubsort eingetroffen, checken wir in das Luxushotel ein, öffnen mit unserem elektronischen Kartenschlüssel die Tür zu unserem Zimmer. Und, ohne es genau bestimmen zu können, spüren wir einfach: Enttäuschung. Nicht dass die Beschreibung irreführend gewesen wäre. Wir erkennen das Foto aus dem Internet: Minibar, Fernseher, Balkon und marmornes Badezimmer, alles wie abgebildet.[60]

---

57 Schulze, *Die Erlebnisgesellschaft* 1992, S. 22.
58 Horst W. Opaschowski: *Tourismus. Systematische Einführung – Analysen, Prognosen*. Opladen 1996, S. 111.
59 Ueli Gyr: Unterwegs in organisierten Gruppen. Zum Reiseverhalten von Massentouristen. In: *Menschen in Bewegung: Reise – Migration – Flucht*. Hg. Gerhard Baer und Susanne Hammacher. Basel, Boston, Berlin 1990 (Mensch, Kultur, Umwelt 4), S. 63–68.
60 Eva Illouz: Grosse Gefühle – Folge 3. In: *Das Magazin* 14 (2013), S. 20.

Das urlaubsspezifische System von Normen, das die temporale Auszeit des Urlaubs absichert, verweist auf die prekäre Balance zwischen regulierter Zeit und Auszeiten: Die ästhetische Inszenierung touristischer Angebote durch Bilder in Katalogen über die Gestaltung von Urlaubswelten bis zur expressiven Symbolik der Urlaubskleidung sind Ausdruck eines „semantischen Universums". Freie Zeit als luxuriöse Erfahrung und Gegenwert investierter finanzieller Ressourcen verspricht als Verheißung während der Vorbereitungen zuhause die Vorstellung einer außeralltäglichen, einer von Freiheit und Glück erfüllten Modalität der Zeiterfahrung. Sie trifft jedoch auf gesellschaftlich standardisierte Muster der temporalen Ordnung des Glücks im Urlaub.

V Auszeiten: Ungleiche Bedingungen – Luxus – Zeit-Räume des Selbst

Die Relevanz struktureller Voraussetzungen, temporaler Ordnungen und Ökonomien bis hin zu Anforderungen an Subjekte zeigt drei zentrale Perspektiven und damit verknüpfte Fragestellungen an, die eine zukünftige Auseinandersetzung mit temporalen Ökonomien des Luxus auszeichnen sollten:

Zeit als Faktor ungleicher Chancen der Lebensführung: In welchem Verhältnis stehen Zeitmangel als Statussymbol von Privilegierten zur Zeitknappheit unter prekären Arbeitsbedingungen und zum Zeitüberfluss von Arbeitslosen? Denn nicht nur die Verausgabung von Zeit („conspicuous leisure"), sondern ebenfalls der Zeitmangel kann eine ostentative Funktion einnehmen. Verweist Zeitmangel als Statussymbol Privilegierter auf einen luxuriösen Status ihrer Zeit oder auf selbstgewählte Beschränkung zeitlicher Freiheit? Unter welchen ökonomischen Voraussetzungen kann Zeit als biographische Ressource genutzt und damit auch mit Blick auf die Lebensperspektive aus Optionen gewählt werden?

Zeit als unterschätzte Kategorie sozialer Regulation und kultureller Praxis: Welche kulturellen Muster tragen dazu bei, dass die Erfahrung von Zeitmangel[61] – als Gegenkategorie zum Zeitluxus – trotz objektiv mehr verfügbarer freier Zeit stetig zunimmt? Wie können temporale Auszeiten und das Versprechen des glücklichen Erlebens in die Reproduktion gesellschaftlicher Distinktionsprozesse mit engem Bezug zum Luxus eingeordnet werden? Wie beeinflussen Konsumrituale als Zugehörigkeitsmerkmale über die Macht der Sprache den „richtigen" Geschmack die Teilhabe an temporalen Ökonomien des Luxus?

---

[61] Gabriela Muri und Sonja Kubat: *Stadt der Zukunft II: Perspektiven der Zürcherinnen und Zürcher zwischen 30 und 39 Lebensjahren.* Hg. Stadtentwicklung Zürich. Zürich 2018.

Temporale Auszeiten oder Pausen als zeitlich begrenzte „Territorien des Selbst": Was zeigen Konsum- und Deutungsmuster – Wellness statt Fitness, Zeitoasen für den effizienten Mittagsschlaf usw. – über die temporale Verfasstheit unseres Alltags? Wie lassen sie sich historisch und mit Blick auf die Zukunft in Konzepte von „Eigenzeit" oder „Eigensinn"[62] einordnen? Wie verändert Digitalisierung die temporale Verfasstheit unseres Alltags und die Wahrnehmung von Zeit als temporaler Luxus?

Wo und wann diese postulierten Differenzierungs- und Exklusionsprozesse strukturell und situativ als relevant zu betrachten sind, hängt von unterschiedlichen Theoriebeständen und neuen Formen der disziplinären Zusammenarbeit ab. Alltags- und Kulturwissenschaften verfügen über differenzierte Perspektiven der ethnographischen Erforschung und analytischen Einordnung von Modalitäten der Zeit- und Glückserfahrung in populärkulturelle Aushandlungs- und Deutungsprozesse.

---

62 Helga Nowotny: *Eigenzeit. Entstehung und Strukturierung eines Zeitgefühls.* Frankfurt / M. 1995.

II **Philosophische und ästhetische Reflexionen**

Yashar Mohagheghi
Von der Zeitverschwendung zur Muße: Luxuskritik und Zeitdiätetik bei Rousseau

Wenn die Forschung konstatiert, dass die Luxusdebatte des achtzehnten Jahrhunderts semantische Neuerungen nur auf der Seite der Luxusbefürworter gezeitigt hat, während die Kritiker stärker in traditionellen Argumentationslinien verblieben,[1] so möchte der vorliegende Beitrag diese These für Rousseau dementieren. Denn so sehr sich Rousseau auch herkömmlicher Argumentationsmuster (antiker und christlich-moraltheologischer Provenienz sowie aus kunsttheoretischen Debatten, die seit dem siebzehnten Jahrhundert fortdauern) bedient, so ist seine Luxuskritik von der gegenwärtigen ökonomisch-sozialen Problemlage geprägt, die von der Konsumrevolution des achtzehnten Jahrhunderts und dem Aufstieg des Bürgertums bestimmt ist. Der bürgerliche Luxusdiskurs ist nämlich selbst durch eine tiefe Ambivalenz zwischen liberalen und repressiven Argumenten gekennzeichnet, steht er doch in einer Spannung zwischen den durch Einkommens- und Freizeitüberschuss entstandenen Konsumansprüchen des Bürgertums und seinem Askese- und Effizienzdenken. Auch die Künste werden nun verstärkt als Angebote einer neuen Freizeit- und Konsumkultur und mithin als Luxusgüter betrachtet – freilich als popularisierter Luxus, der nun breiteren Schichten der Bevölkerung zugänglich wird.[2] Die „consumer revolution" und der auf sie folgende wirtschaftliche Aufschwung setzen verstärkt im achtzehnten Jahrhundert „volatile ‚daydreams of desire'" und das Konsumbedürfnis nach literarischer Fiktion frei,[3] das mit den Nützlichkeitsmaximen kollidiert.

Unter die Nützlichkeitsforderung fällt auch und vor allem der Gebrauch von Zeit, die zur knappen ökonomischen Ressource wird. So zieht gerade die Trennung des *prodesse-* und des *delectare-*Prinzips die „zunehmende Kompromittierung des Vergnügens und Überbetonung der Nützlichkeit" nach sich, wie dies auch in der Lesesuchtdebatte sinnfällig wird, die übermäßigen Literaturkonsum

---

[1] Vgl. Theo Jung: *Zeichen des Verfalls. Semantische Studien zur Entstehung der Kulturkritik im 18. und frühen 19. Jahrhundert.* Göttingen 2012, S. 124.
[2] Mit Thomas Hine, der den Begriff freilich für die US-Konsumkultur der frühen Nachkriegszeit gebrauchte, könnte man von ‚populuxe goods' sprechen. Vgl. Thomas Hine: *Populuxe.* New York 1986.
[3] Jan de Vries: *The Industrious Revolution. Consumer Behavior and the Household Economy, 1650 to the Present.* Cambridge und New York 2008, S. 23.

als „litterarischen Luxus" (Campe) und als Quelle des Zeitverlustes disqualifiziert.[4]

Das Bewusstsein von der ökonomischen Ressource ‚Zeit' ist auch in Rousseaus Thematisierung von Kunst, Freizeit und Luxus sinnfällig. Seine Kritik am Luxus, zu dem er auch die Künste zählt, zielt vor allem auf die Zeitverschwendung.[5] Ich möchte im Folgenden das Verhältnis von Luxus und Zeitverschwendung ausgehend von Rousseaus Theaterkritik und Festtheorie nachzeichnen. Er erkennt in den Künsten, die Motor des Luxus sind, die Entfremdung des Einzelnen nicht nur von der Arbeit und der Gemeinschaft, sondern auch von sich selbst. An die Stelle des Theaters setzt er mit den Männerzirkeln und den Festen Freizeitverwendungen, die eine in seinen Augen produktive Nutzung der Zeit erlauben.

Doch der Luxus birgt neben der Gefahr des Müßiggangs auch einen anderen Effekt, den man als gegenteiligen zu bezeichnen geneigt sein könnte: die Verzeitlichung, die Rousseau im individuellen Streben und in der Beschleunigung der Tausch- und Produktionsprozesse erblickt und in der er die gefahrvolle Erosion der gesellschaftlichen Ordnung erkennt. Das Mäßigungsdenken des achtzehnten Jahrhunderts, das Rousseaus Luxusdiskussion prägt, ist dabei auch mit Glückseligkeitslehren verbunden, deren Selbstgenügsamkeitsprinzip als Askeseforderung gegenüber den eigenen Konsumwünschen zu begreifen ist. Rousseaus Luxuskritik ließe sich daher auch als Protest gegen die Neudefinition des Bürgers als Konsument und Marktsubjekt, wie es Mandevilles *The Fable of the Bees* entwirft, begreifen. Vor diesem Hintergrund lässt sich eine Kontinuität zwischen dem in den *Rêveries d'un promeneur solitaire* formulierten Lob von Müßiggang und Imagination und Rousseaus früherer Kritik an Müßiggang und literarischer Fiktion feststellen. Als verbindendes Leitthema stellt sich die Immunisierung des Subjekts und der Gesellschaft gegen die Selbstentfremdung durch die Konsumkultur und die mit ihr einhergehenden Zeitspiralen dar. Dabei zeigt sich, dass die Aufwertung der subjektiven Imagination, die die späten *Rêveries* kennzeichnet, sich im Ansatz schon in den früheren gesellschaftstheoretischen Entwürfen fin-

---

4 Vgl. Dominik von König: Lesesucht und Lesewut. In: *Buch und Leser. Vorträge des ersten Jahrestreffens des Wolfenbütteler Arbeitskreises für Geschichte des Buchwesens, 13. und 14. Mai 1976.* Hg. Herbert G. Göpfert. Hamburg 1977, S. 89–112, hier S. 96. Vgl. auch Erich Schön: Geschichte des Lesens. In: *Handbuch Lesen*. Hg. Bodo Franzmann u. a. München 1999 [Reprint Berlin und Boston 2013], S. 1–85, hier S. 36 sowie den Beitrag von Luisa Banki in diesem Band.
5 Schon im ersten *Discours* sieht er den „erste[n] Schaden" der Wissenschaften, die „in Ansehung ihres Gegenstandes nichtig sind", im „unersetzliche[n] Zeitverlust"; da sie „aus dem Müßiggang entstanden sind, so leisten sie ihm auch ihrerseits wieder Vorschub". Jean-Jacques Rousseau: Abhandlung über die Wissenschaften und Künste (1750). In: *Schriften*. Hg. Henning Ritter. Bd. 1. München und Wien 1978, S. 27–60, hier S. 46.

det, die der sozial unproduktiven literarischen Fiktion die Imagination als Moment empfindsamer Geselligkeit gegenüberstellen. So erweist sich, dass schon die früheren Schriften dem negativ besetzten materiellen Luxus den ‚Luxus' der Imagination entgegensetzen. Während dieser Luxus der Imagination in den früheren Schriften noch einen „Zauber" (NH 639)[6] darstellt, der die Wirklichkeit im Medium der Empfindsamkeit überhöht, gereicht er in der ‚Eremitage' der *Rêveries* zu den träumerischen Ausschweifungen des selbstgenügsamen Ichs.

I Theaterkritik als Konsumkritik: Über Müßiggang, ‚Verweichlichung' und Fiktion (Rousseau und Nicole)

In seinem berühmtberüchtigten *Brief an d'Alembert* reagiert Rousseau auf d'Alemberts *Encyclopédie*-Artikel über die Stadt Genf. D'Alembert hatte dort die strikten Luxusgesetze der Stadt gelobt, jedoch das Fehlen eines stehenden Theaters bedauert, das die Stadt Genf aus Angst vor „le goût de parure, de dissipation et de libertinage" verbiete. Er schlägt daher die Einführung eines Theaters unter strenger Reglementierung vor.[7] Rousseau antwortet mit einer brüsken Ablehnung und legt dar, wieso das Theater unweigerlich zu „Luxus, Putz und Verschwendung" (BA 391)[8] mit allen Begleiterscheinungen des Sittenverfalls führe. Seine Kritik zielt dabei vor allem auf das Theater als Konsum- und Freizeitinstitution, die er den „einfachen und natürlichen Freuden" entgegenstellt, die „[d]as Menschsein" kenne und die „aus seiner Natur, seinen Arbeiten, seinen Beziehungen und Bedürfnissen entspringen"; „und diese Freuden, die um so süßer sind, je gesünder die Seele dessen ist, der sie genießt, machen den, der sie zu genießen weiß, für alle anderen wenig empfänglich." (BA 348) Diesen natür-

---

[6] Alle Zitate aus Jean-Jacques Rousseau: *Julie oder Die neue Héloïse. Briefe zweier Liebenden aus einer kleinen Stadt am Fuße der Alpen* (1761). In der ersten deutschen Übertragung von Johann Gottfried Gellius, mit zwölf Kupferstichen zur Erstausgabe von Gottlieb Leberecht Crusius nach Hubert François Gravelot. [Vollständig überarbeitet und ergänzt nach der Edition Rey, Amsterdam 1761.] München 1987 werden unter Angabe der Sigle NH und der Seitenzahl im Fließtext wiedergegeben.
[7] Vgl. Jean-Baptiste le Rond d'Alembert: „Genève". In: *Encyclopédie ou Dictionnaire raisonné des Sciences, des Arts et des Métiers*, Bd. 7. Hg. Denis Diderot und Jean-Baptiste le Rond d'Alembert. Paris 1757, S. 578[574a]–578, hier S. 576 f.
[8] Alle Zitate aus Jean-Jacques Rousseau: Brief an d'Alembert über das Schauspiel (1758). In: *Schriften*. Hg. Henning Ritter. Bd. 1. München und Wien 1978, S. 333–474 werden unter Angabe der Sigle BA und der Seitenzahl im Fließtext wiedergegeben.

lichen Freuden, die er in der Einfachheit des Landlebens verkörpert sieht, setzt er das Theater als äußerlich geschaffene Freizeitinstitution entgegen, die der Verkümmerung der natürlichen Freuden und sozialen Beziehungen sowie der Entfremdung von der eigenen Arbeit entspringe bzw. diese erzeuge. Wenn man mit Matt Erlin annimmt, dass die Kritik an der Konsumkultur einer allgemeinen Angst vor der unkontrollierten Verfügbarkeit neuer Waren und ihrer Bedrohung für die gesellschaftliche Ordnung entspringe,[9] so zeigen sich bei Rousseau alle notorischen Kritikpunkte, die auch gegen andere Freizeitgüter, allen voran gegen das Lesen, veranschlagt werden. Dazu gehören der Widerwille gegen Arbeit, Verschuldung, Überreizung der Einbildungskraft und Kollision mit dem Realitätsprinzip, die in einen Zirkel fortschreitenden Verfalls führen.[10]

Vor diesem Hintergrund verwundert es nicht, dass Rousseau den „Niedergang des Theaters" auch in der Infiltrierung durch den Roman sieht, indem an die Stelle der „Kraft" von Komik und Charakteren die Liebe trete. (BA 380) Mit der Kritik an der zentralen Gattung der bürgerlichen Lesekultur, dem Roman, ist zugleich die Frau als historisch virulentes Lesesubjekt aufgerufen:[11] Mit dem ‚romanesken' Theater und seiner Überbetonung der Liebe als „Reich der Frauen" ist die Herrschaft der Frau verbunden, die „über die Zuschauer dieselbe Macht" ausübe wie „über ihre Liebhaber" (BA 380). Die ‚Effeminierung' und Verweichlichung, die Rousseau im *Discours sur les sciences et les arts* von 1750 den Wissenschaften und Künsten vorwirft,[12] sieht er auch im Theater am Werk. Die Einbuße von Kraft im politischen Bereich überträgt er so auch auf das Ästhetische.[13] Die Verweichlichung, die einer Depotenzierung des (Wirklichkeits-)Gehalts der Künste gleichkomme, führe auch zu uneinholbaren Wirklichkeitserwartungen: Die tugendhafte Frau, die von der Theaterfiktion auf die Bühne gebracht werde,

---

9 Vgl. Matt Erlin: *Necessary Luxuries. Books, Literature, and the Culture of Consumption in Germany, 1770–1815*. Ithaca 2014, S. 81.
10 Vgl. Ebd., S. 81–84.
11 Vgl. Schön, Geschichte des Lesens 1999, S. 34 f. Seit Mandeville wird die Frau überhaupt zum bedeutenden Konsumsubjekt und damit zu einem treibenden ökonomischen Faktor erklärt. Vgl. Edward Hundert: Mandeville, Rousseau and the Political Economy of Fantasy. In: *Luxury in the Eighteenth Century. Debates, Desires and delectable Goods*. Hg. Maxine Berg und Elizabeth Eger. Basingstoke 2003, S. 28–40, hier S. 30.
12 Vgl. Rousseau, Abhandlung über die Wissenschaften und Künste 1978, vor allem S. 35 und 51.
13 Wie das Theater, so bringe auch die Literatur, die in den Salons bloß den Frauen zu gefallen trachte, nur leichte Werke ohne „Kraft noch Tiefe" hervor (BA 440). Tatsächlich wird die Kraft auch in der deutschen Literatur zu einer ästhetischen Kategorie, die mit dem politischen Aufbruch verbunden ist, sodass traditionelle Elemente wie die Begeisterung und die Erhebung politisch reaktualisiert werden und damit auch zeitliche Valenz gewinnen.

weil die Realität wirklicher Vorbilder ermangele, setze den Männern eine Fiktion in den Kopf, die sie an der Wirklichkeit scheitern lasse. (BA 381)

Das Argument ist nicht neu. Schon der Jansenist Pierre Nicole gibt in seiner *Traité de la Comédie* (erste Fassung von 1667, spätere Fassung von 1675) zu bedenken, dass die Argumente, die er gegen das Theater anstrengt, sich gleichermaßen auf das Lesen von Romanen anwenden ließen.[14] Die Theaterfiktion präge „une disposition d'esprit toute de Roman" aus und schaffe unter den Frauen, deren Phantasie von galanten Liebschaften bevölkert werde, Unzufriedenheit mit dem echten Leben.[15] Doris Kolesch spricht hier von einem „theatralen Bovarysmus *avant la lettre*".[16] Die Übersteigerung der Einbildungskraft führe nach Nicole zur Kollision mit dem Realitätsprinzip und den „affaires sérieuses".[17] Dieser Realitätsflucht setzt Nicole mehrmals die ernsthaften Beschäftigungen („occupations sérieuses") gegenüber. Diejenigen, die solcher Zerstreuungen wie des Theaters bedürften, gingen offensichtlich keinen ernsthaften Beschäftigungen nach, von denen sie sich erholen müssten.[18] Das Ernsthafte ist dabei eine spezifische Qualität des Bürgerlichen. „Ernsthaft", so schreibt Franco Moretti, „das ist die Haltung der Bourgeoisie auf dem Weg zur herrschenden Klasse."[19] Ernst als Prinzip bürgerlicher Lebensführung geht mit einer Neuakzentuierung des Realitätsprinzips einher. „Das Zurandekommen mit der Realität, das zu allen Zeiten eine Notwendigkeit war, wird zu einem ‚Prinzip', einem Wert erhoben."[20]

Nicoles Streitschrift ist einer der wichtigsten Beiträge in der seit dem siebzehnten Jahrhundert andauernden *Querelle sur la moralité du théâtre*. Ein Streitpunkt dieser Moralitätsdebatte bezieht sich auf die *moralité du loisir*, die die Wirkung des Theaters auf den Müßiggang diskutiert. Hier schlagen sich Bestrebungen der Kirchen nieder, auf die Lebensführung und insbesondere den vermeinten Müßiggang der Bevölkerung Einfluss zu nehmen.[21] Gegen die Theaterbefürworter bestreitet Nicole das Argument, dass das Theater der Erholung diene.

---

14 Vgl. Pierre Nicole: Traité de la Comédie (1667/1675). In: Ders.: *Traité de la Comédie et autres pièces d'un procès du théâtre*. Hg. Laurent Thirouin. Paris 1998, S. 32–111, hier S. 35.
15 Vgl. ebd., S. 84. Diese Kritik, die sich insbesondere auf den Galanten Roman bezog, war in Union mit dem Vorwurf der Geld- und Zeitverschwendung sowie der Vernachlässigung des Haushalts notorisch. Vgl. dazu Schön, Geschichte des Lesens 1999, S. 36.
16 Doris Kolesch: Theater als Sündenschule? Für und wider das Theater im 17. und 18. Jahrhundert. In: *Theaterfeindlichkeit*. Hg. Gabriele Brandstetter, Stefanie Diekmann und Christopher Wild. München 2012, S. 19–30, hier S. 26.
17 Vgl. Nicole, Traité de la Comédie 1998, S. 84.
18 Vgl. ebd., S. 81.
19 Franco Moretti: *Der Bourgeois. Eine Schlüsselfigur der Moderne*. Frankfurt / M. 2014, S. 110.
20 Ebd., S. 129 f.
21 Vgl. Kolesch, Theater als Sündenschule 2012, S. 23.

Wenn Vergnügungen prinzipiell gerechtfertigt seien, so sei darum nicht schon das Theater legitimiert.[22] „Or comme la seule utilité du divertissement est de renouveler les forces de l'esprit et du corps, lorsqu'elles sont abattues par le travail, il est clair qu'il n'est permis de se divertir tout au plus que comme il est permis de manger."[23] Die Zerstreuung bestehe in nichts anderem als im bloßen Ruhen (von) der Arbeit, in der „simple cessation de leur travail",[24] wie Nicole mit Bezug auf die Etymologie des Begriffs „divertissement" als Wechsel der Tätigkeit argumentiert: „le mot même nous avertit qu'on ne le doit rechercher que pour nous divertir, et nous distraire des pensées et des occupations laborieuses".[25] Über die bloße Unterbrechung hinausgehende Vergnügungen seien daher sogar kontraproduktiv, weil sie dem bloßen Ruhen zuwiderlaufen, indem sie den Geist immerfort beschäftigen.[26]

Bei Rousseau kehrt das Argument, dass Freizeit, als Funktion von Arbeit, in bloßer Ruhe bestehe und keiner weiteren Vergnügungen bedürfe, wieder. Für ein „einfaches und arbeitsames Volk" genüge es, sich von seinen Mühen auszuruhen, „denn wie es wenig Kunst für eine Mahlzeit braucht, deren Würze Hunger und Enthaltsamkeit sind, so braucht es auch wenig Kunst, um Menschen zu zerstreuen, die von des Tages Last so erschöpft sind, daß Ruhe ihr süßestes Labsal ist." (BA 392) Schon bei Nicole ist Langeweile nicht Ursache, sondern Folge des Vergnügens. Sie resultiere, wie beim Essen, aus der Übersättigung. Abhilfe schaffe daher nicht die Jagd nach anderen Vergnügungen, sondern die Abstinenz von ihnen.[27] Wenn Rousseau und Nicole auch beide eine diätetische Metaphorik gebrauchen, so hebt Rousseaus Kritik nicht so sehr auf Vorstellungen der Überreizung (etwa im Haushalt der ‚passions' o. ä.) ab, sondern ist genuiner ökonomisch fundiert und fokussiert den Gebrauch (bzw. Entzug) der Ressource Zeit. Denn es bleibt „für Langeweile keine Zeit übrig[]" bei Bürgern, die sowohl ihrer Arbeit als auch ihren sozialen Pflichten nachgehen. „Gute Anwendung macht uns die Zeit noch kostbarer, und je besser man Gewinn aus ihr zieht, desto weniger Zeit will man verlieren." (BA 348) Rousseau argumentiert nicht repressiv, sondern zielt auf einen produktiven ökonomischen Entwurf von Arbeit und Freizeit – als Utopie

---

22 Nicole, Traité de la Comédie 1998, S. 85. – Nach Doris Kolesch wird hier die Jansenistische Volte gegen Jesuiten und Casuisten offenbar, deren entgegenkommende und pragmatische Einstellung zu Vergnügung und Luxus nach Meinung der Jansenisten ein Zugeständnis an das Volk war, um den eigenen Einfluss zu stärken. Vgl. Kolesch, Theater als Sündenschule 2012, S. 24.
23 Nicole, Traité de la Comédie 1998, S. 79.
24 Ebd., S. 87.
25 Ebd., S. 81.
26 Vgl. ebd., S. 87.
27 Vgl. ebd., S. 81.

ihrer glücklichen Fusion. Dies soll im Folgenden am Beispiel der Männerzirkel im *Lettre à d'Alembert* (II.) und der Utopie des festlichen Landlebens in der *Nouvelle Héloïse* (III.) gezeigt werden.

II Disziplinierte Zeit: Republikanismus und Teleologisierung *(Lettre à d'Alembert)*

Die zeitliche Disziplinierung hängt auch mit einem aufkommenden Republikanismus zusammen. Das wird besonders sinnfällig, wenn Rousseau die in Genf üblichen Zirkel als Vorbilder einer sinnvollen Freizeitverwendung anführt. Diese Zirkel sind dabei in die Assoziationsbewegung des achtzehnten Jahrhunderts einzuordnen, in deren Zuge sich eine Vielzahl von Gruppen wie Logen, Zirkeln, Bünden usw. als Antwort auf die Dekorporierung und als Restrukturierungsversuch sozialer Ordnungsgefüge ausbildet.[28] Diese Gruppen entwickeln im Kontext der bürgerlichen Emanzipation zunehmend einen futurischen Zeithorizont,[29] der zunächst vage eschatologisch, sodann konkret auf einen politischen Anspruch zielt.[30] Zeitliche Disziplinierung rührt in diesem Sinne von einer republikanisch-emanzipatorischen Schlagrichtung her und ist mit einer zunehmen Zukunftsausrichtung verbunden, die den politischen Aufbruchscharakter der bürgerlichen Bewegung kennzeichnet.

Dabei sind ökonomische Zeitverwendung und Tätigsein schon an sich Wesenszüge, die das Bürgertum gegenüber der ostentativen Zeitverschwendung der Aristokratie für sich reklamiert – zunächst als moralischen Überlegenheitsan-

---

28 Vgl. Friedrich H. Tenbruck: Freundschaft. Ein Beitrag zu einer Soziologie der persönlichen Beziehungen. In: *Kölner Zeitschrift für Soziologie und Sozialpsychologie* 16 (1964), S. 431–456, hier S. 444. – Vgl. auch Angelika Beck: „*Der Bund ist ewig.*" Zur Physiognomie einer Lebensform im 18. Jahrhundert. Erlangen 1981, S. 1.
29 Vgl. dazu Yashar Mohagheghi: Das Bundesfest als Gründungsakt der neuen Zeit. Zum Wandel der Festkultur im 18. Jahrhundert (Göttinger Hain, J.-L. David, Französische Revolution). In: *Deutsche Vierteljahrsschrift für Literaturwissenschaft und Geistesgeschichte* 94.1 (2020), S. 1–15, hier insbesondere S. 10 f. und 14 f. Die Dynamisierung der gesellschaftlichen Verhältnisse, die sich in der Dekorporierung äußert, bedingt die Politisierung des Bürgertums und die Futurisierung seines Zeithorizonts.
30 Vgl. Reinhart Koselleck: „Bund". In: *Geschichtliche Grundbegriffe. Historisches Lexikon zur politisch-sozialen Sprache in Deutschland*, Bd. 1. Hg. Otto Brunner, Werner Conze und Reinhart Koselleck. Stuttgart 1972, S. 583–671, hier S. 635 und 640–643.

spruch, der immer mehr zu einem politischen Herrschaftsanspruch drängt.[31] Schon im *Discours sur les sciences et les arts* hatte Rousseau diese Unterscheidung geschlechterspezifisch akzentuiert. Durch den gemischten Geschlechterumgang in der aristokratischen Salonkultur, die von der Frau bestimmt werde, werde der natürliche Tätigkeits- und Bewegungsdrang der Männer gehemmt, sodass zur sittlichen auch die körperliche Verkümmerung trete (vgl. BA 436–438).

Die Geselligkeit in den Zirkeln hingegen stellt ein Modell effizienter Zeitnutzung dar. Sie stärke zunächst das soziale Band, um „aus Männern zugleich Freunde, Bürger und Soldaten zu machen, also alles, was zu einem freien Volk am besten paßt." (BA 442) Zudem sind auch die empfohlenen Aktivitäten nützlich: Während das Debattieren zur geistigen Bildung beiträgt, dienen körperliche Aktivitäten wie Spazierengehen, sportliche Übungen, Schwimmen und Jagd der körperlichen Ertüchtigung (BA 441f.). Die von Foucault beschriebene Disziplinierung, die in Praktiken wie der Übung die Kräfte des Individuums steigere und dem Anschluss an die kapitalistische Produktion diene,[32] geht mit der Ausbildung eines von Entwicklung und Fortschritt bestimmten Zeitlichkeitsdenkens einher, das das Bürgertum in den Bereichen der Investition, Lebensplanung und Bildung pflegt und das auf dem Geldwert von Zeit basiert.[33] In den Genfer Zirkeln sollen die „Übungen" „den Körper robust machen und halten" (BA 435).[34] Neben den Zirkeln schlägt Rousseau Sportwettkämpfe (etwa Regatten) zur körperlichen Ertüchtigung und zur Stärkung des Gemeinschaftsgeistes vor. „Man kann so nützliche und angenehme Veranstaltungen gar nicht genug vermehren" (BA 463). Nützlichkeit stellt eine der Maximen von Rousseaus Freizeitreflexionen dar. Die Verbindung von Luxusverzicht und Republikanismus sieht Rousseau prototypisch in den Festen Spartas verwirklicht, die er ihrer Einfachheit wegen empfiehlt: „ohne Pomp, ohne Luxus, ohne große Vorbereitungen, mit dem verborgenen

---

31 Die Ausweitung des moralischen Überlegenheits- auf einen politischen Herrschaftsanspruch, den das Bürgertums zunehmend reklamiert, ist eine der Kernthesen von Reinhart Koselleck: *Kritik und Krise. Eine Studie zur Pathogenese der bürgerlichen Welt*. Frankfurt / M. ^{13}2017 [1973].
32 Vgl. Michel Foucault: *Überwachen und Strafen. Die Geburt des Gefängnisses*. Frankfurt / M. ^{18}2009 [1976], insbesondere S. 206–209 (zur Disziplinarzeit) und S. 279–284 (zum Anschluss an die kapitalistische Produktion).
33 Zum Äquivalentwerden von Geld und Zeit vgl. etwa Andreas Hinz: *Zeit als Bildungsaufgabe in theologischer Perspektive*. Münster 2003, S. 89: „Dokumentierte für den Adel das Verfügen über viel freie Zeit den sozialen Status, so kehrte sich das in der bürgerlichen Sicht geradezu um. Geld wurde zum Maßstab der Zeit, welche investiert wurde, sei es als Herstellungs-, Transport- oder Nutzungszeit." Rousseau bringt diese Deckungsgleichheit von Zeit und Geld zum Ausdruck, wenn er von den Müßiggängern spricht, „die uns zugleich die Zeit und das Geld rauben und unseren Verlust verdoppeln werden." (BA 429)
34 Zu weiteren Textstellen zur Übung vgl. BA 438 und 439.

Zauber der Vaterlandsliebe, atmeten sie jenen kriegerischen Geist, der freien Menschen ziemt". (BA 472)

Damit kündigt sich schon eine historische Tendenz an, die auch in der zunehmend kämpferischen Semantik der bürgerlichen Politisierung eine tragende Rolle spielen wird. Körperliche Kraft wird in diesem Kontext zum (antiaristokratischen) Signum des politischen Kampfeswillens. Im Konzept der körperlichen Übung läuft also beides zusammen: die Disziplinierung von Zeit im Dienst ökonomischer und sozialer Produktivität und zugleich die Mobilisierung des Bürgertums und die Teleologisierung seines Zeithorizonts. Der Müßiggang in den Salons oder im Theater stellt daher nicht nur einen Verlust an ökonomischer Produktivität dar, sondern auch einen Entzug an ‚Kraft', der der Schwächung des sozialen Körpers sowie des politischen Aufbruchs gleichkommt.

Ein wesentliches Element von Rousseaus Freizeitkonzeption besteht in der Permanenz des Beisammenseins, das den materiellen Überfluss und die künstlich geschaffenen Vergnügungsinstitutionen ersetzt. Das kontinuierliche Beisammensein in den Zirkeln ist das Äquivalent zur ständigen Versammlung im Sinne der *volonté générale*, wie sie im *Contrat Social* beschrieben wird.[35] (Zudem kommt die schonungslose Debattenkultur in den Zirkeln, die dem „Geist Genauigkeit und Schärfe" verleihe (BA 441),[36] der politischen Willensfindung intellektuell zu gute.) Vor diesem Hintergrund wird seit Starobinski die Korrelation von Fest- und Vertragstheorie bei Rousseau hervorgehoben.[37] Wenn die legislative Willensbildung auf die permanente Reproduktion des Gemeinwillens zielt, so das Fest auf die dauerhafte Reproduktion der affektiven Bindungen des Gemeinwesens. Doch über diese staatstheoretischen Aspekte hinaus entwirft Rousseau das Fest als

---

35 Über die permanenten Versammlungen heißt es im *Contrat Social:* „Es genügt nicht, daß das versammelte Volk die Verfassung des Staates einmal festgelegt hat, indem es ein Gesetzeswerk in Kraft setze. Es genügt nicht, daß es eine ständige Regierung gegründet oder ein für allemal für die Wahl der Amtsträger Vorsorge getroffen hat. Über die außergewöhnlichen Volksversammlungen hinaus, wie unvorhergesehene Fälle sie erforderlich machen können, bedarf es auch fester und regelmäßig wiederkehrender Versammlungen, die nichts abschaffen oder verzögern dürfen, so daß am festgelegten Tag das Volk durch das Gesetz rechtmäßig zusammengerufen wird, ohne daß dafür eine weitere formelle Aufforderung nötig wäre." Jean-Jacques Rousseau: *Vom Gesellschaftsvertrag oder Grundlagen des politischen Rechts* (1762). Frankfurt / M. und Leipzig 1996, S. 122. Ebenso: „Der Souverän, der keine andere Stärke als die gesetzgebende Macht besitzt, handelt nur durch die Gesetze, und weil die Gesetze nichts anderes als die wahren Handlungen des allgemeinen Willens sind, wäre der Souverän handlungsfähig nur dann, wenn das Volk sich versammelt." Ebd., S. 120.

36 Auch hier charakterisiert Rousseau die männliche Debattenstreitkultur, die sich nicht den Hemmnissen der Salonkultur zu unterwerfen braucht, von der Kraft her: „wer sich vom Gegner mit dessen ganzer Kraft angegriffen fühlt, muß sich mit all seiner Kraft verteidigen" (BA 441).

37 Vgl. Jean Starobinski: *Rousseau. Eine Welt von Widerständen*. München 1988, S. 146.

utopisches Lebensmodell, das Individuum und Gesellschaft sowie Arbeit und Freizeit fusionieren lässt, wie im folgenden Abschnitt anhand der *Nouvelle Héloïse* gezeigt werden soll.

III Von der Rationalisierung der Zeit zum Luxus der Imagination: Aufklärerische Festdidaktik und frugales Landleben *(Nouvelle Héloïse)*

Dass die Freizeitvergnügungen des Menschen ‚organisch' aus dem Arbeitstakt, den sozialen Kontakten und den ‚natürlichen' Bedürfnissen hervorgehen, zeigt sich besonders im siebten Brief des fünften Teils der *Nouvelle Héloïse*, in dem Saint-Preux die Weinlese von Clarens beschreibt, die er als „ein ununterbrochenes Fest" (NH 633) bezeichnet: „[D]ieses Fest wird nur noch schöner, wenn man erwägt, daß es das einzige ist, bei dem die Menschen das Angenehme mit dem Nützlichen zu vereinigen gewußt haben." (NH 634) Während die „Lustbarkeiten der Weinlese" (NH 636) schon die Arbeit zum Fest werden lassen,[38] steht das abendliche Fest, von dem weiter unten die Rede sein wird, wiederum im Zusammenhang der Arbeit, indem es den Arbeitsertrag feiert. Das Fest stellt die Chiffre für ein ländliches Lebensmodell integraler Ganzheit von Arbeit und Freude dar. Wenn der materielle Luxus durch die ländliche Frugalität obsolet ist, so auch alle weitergehenden Freizeitbedürfnisse angesichts der „einfachen und natürlichen Freuden" (BA 348), die Langeweile und Müßiggang überflüssig werden lassen.

Zur Aufhebung der Trennung von Arbeit und Freizeit tritt auch die Aufhebung der Trennung von Individuum und Gesellschaft im ganztäglichen Beisammensein.[39] Es gibt im Lebensmodell von Clarens weder ein soziales noch ein zeitliches Außen. Die ganze Gesellschaft ist ununterbrochen beieinander (im Unterschied

---

[38] Über die „Lustbarkeiten der Weinlese" (NH 636) schreibt Saint-Preux: „Sie können sich nicht vorstellen, mit welchem Eifer, mit welcher Fröhlichkeit das alles geschieht. Man singt, man lacht den ganzen Tag, und die Arbeit geht dadurch nur desto besser voran." (NH 633)

[39] „Man geht darauf nicht wieder nach Hause, um den Herrn zu spielen; man bringt den ganzen Tag in den Weinbergen zu. [...] Man speist des Mittags mit den Bauern und zu ihrer Stunde, wie man auch mit ihnen arbeitet. [...] Am Abend kommen sie alle lustig wieder zusammen. Die Arbeitsleute erhalten die ganze Zeit der Weinlese über Kost und Unterkunft; und sogar des Sonntags nach der Predigt kommt man des Abends wieder mit ihnen zusammen und tanzt bis zum Abendessen. [...] Nach dem Abendessen bleibt man noch eine oder zwei Stunden auf, um Hanf zu brechen; ein jeder singt dabei der Reihe nach sein Liedchen." (NH 636 f. und 639)

zur Separation im Theater)⁴⁰ und es gibt dadurch keine zeitlichen Enklaven außerhalb dieser ‚natürlichen' Disposition der Zeit in Arbeit und Gemeinschaft.

Mit seinem Festmodell reiht sich Rousseau, der einflussreichste Festtheoretiker des achtzehnten Jahrhunderts, in die aufklärerische Festpraxis ein, die einen didaktischen Zugriff auf die Bevölkerung zu gewinnen sucht. Während sich im Laufe der Neuzeit die Trennung von offiziell-repräsentativer und volkstümlicher Festkultur zunehmend verstärkt hatte, wird das Fest nun als Medium sozialer Integration neu begriffen⁴¹ – ein Paradigmenwechsel, der in den Festen der Französischen Revolution kulminieren sollte. Der philanthropisch-soziale Impetus der aufklärerischen Reformbemühungen ab den sechziger Jahren, die mit dem Exzess der volkstümlichen Feste die ‚Unvernunft' zurückzudrängen versuchen, koaliert mit dem Interesse der Obrigkeiten, die neben dem Ausbau der politischen Einflusssphäre auch eine Steigerung der wirtschaftlichen Produktivität erhoffen. Die sogenannte ‚Polizey der Industrie' sucht die Bevölkerung ‚industriös', also „für die gesteigerten Anforderungen des Manufakturgewerbes und der Reformlandwirtschaft" produktiv zu machen.⁴² Arbeit und Freizeit werden so einerseits scharf getrennt, während Freizeit andererseits „in ihrer komplementär auf die Arbeitszeit bezogenen Regenerationsfunktion" betrachtet wird.⁴³ Die Konzession von Festen wird mithin an die Arbeitsleistung gebunden, mit der das Volk sich diese, so der aufklärerische Festdiskurs, zu ‚verdienen' habe.⁴⁴ Auch Rousseau knüpft an diesen zweckrationalen Philanthropismus an, indem er das Zugeständnis von Freizeit an ökonomische Zweckerwägungen bindet. Es sei „barbarisch und falsch", „dem Volk die Feste, die Freuden und jede Art von Vergnügen ebenso nehmen [zu] wollen wie die Belustigungen, die es von der Arbeit abhalten". Das Zugeständnis von Festen und Vergnügungen trage dazu bei, „ein Volk

---

40 „Man glaubt, sich zum Schauspiel zu versammeln, dort aber trennt sich jeder von jedem, man vergißt seine Freunde, Nachbarn und Verwandten, um sich mit Märchen aufzuhalten [...]." (BA 348)

41 Beate Heidrich spricht von der ‚Integrationsfunktion' des Festes, das darauf zielt, eine emotionale Bindung der Bürger und ‚Gemein-' bzw. ‚Bürgersinn' herzustellen. Vgl. Beate Heidrich: *Fest und Aufklärung. Der Diskurs über die Volksvergnügungen in bayerischen Zeitschriften (1765–1815)*. München 1984, S. 192. Manchmal wird auch gefordert, dass die höheren Stände an den Volksfesten teilnehmen, um ein Zusammengehörigkeitsgefühl über die Stände hinweg zu forcieren. Vgl. ebd., S. 193f.

42 Vgl. Paul Münch: Fêtes pour le peuple, rien par le peuple. „Öffentliche" Feste im Programm der Aufklärung. In: *Öffentliche Festkultur. Politische Feste in Deutschland von der Aufklärung bis zum Ersten Weltkrieg*. Hg. Dieter Düding, Peter Friedemann und Paul Münch. Hamburg 1988, S. 25–45, hier S. 33.

43 Vgl. ebd.

44 Vgl. Heidrich, *Fest und Aufklärung* 1984, S. 44.

tätig und fleißig" zu machen. „Die so verlorenen Tage werden den Wert der anderen steigern. Lenkt seine Freuden, um sie zu veredeln. Das ist das richtige Mittel, um seine Arbeiten zu beleben." (BA 463)

Um Müßiggang und Verschwendung einzudämmen und die Bauern ‚industriös' zu machen, veranstalten die Obrigkeiten Preisfeste, die den wirtschaftlichen Ertrag oder technische Neuerungen auszeichnen. Daneben werden auch moralische Preisfeste veranstaltet, etwa das Rosenmädchenfest, in dem, seit den 1770er Jahren in Paris und Lyon aufgekommen, einem Mädchen feierlich eine Rose als Tugendpreis verliehen wird. Solche Feste werden gezielt von der Obrigkeit veranstaltet, um das Ideal eines sittsamen und bescheidenen Volkes zu fördern und die Exzesse der volkstümlichen Vergnügungen zu ersetzen.[45] Solch ein ökonomisches Preisfest schildert auch das Weinlesekapitel der *Nouvelle Héloïse*. Der Höhepunkt des Arbeitstages ist ein Festritual, das die Früchte der Arbeit feiert: Nach dem Hanfbrechen wirft „ein jeder sein Pack Hanfstengel, das rühmliche Zeichen seiner vollbrachten Arbeit", „im Triumphe" auf einen Haufen zusammen, um ein festliches Feuerwerk zu entzünden. Die Ehre, das Feuerwerk anzuzünden, gebührt derjenigen Person, die „den Abend am meisten getan hat". Sodann klingt nach Tänzen und Lachen der Abend mit einem Trunk aus: „Ein jeder trinkt auf die Gesundheit des Siegers und geht zu Bett, zufrieden über einen mit Arbeit, in Heiterkeit und Unschuld zugebrachten Tag" (NH 640). Nehmen schon die Vergnügungen auf der Arbeit auf eine heitere, nicht-rivalisierende Weise kompetitive Form an,[46] so krönt der abendliche Wettbewerb wiederum das Werk der Gemeinschaft.

Die Reformbemühungen der aufklärerischen Festtheoretiker und -praktiker zielen dabei auch auf eine Rationalisierung der Zeit. Die volkstümliche Festkultur ist durch starke zeitliche Ausschläge gekennzeichnet: durch Tage, Wochen, Perioden festlicher Unproduktivität. In zeitlicher Hinsicht ist das Fest mithin die *andere Zeit*,[47] sodass Exzess und Verschwendung ostentativ der Ressourcen-

---

45 Vgl. Roger Chartier: Phantasie und Disziplin. Das Fest in Frankreich vom 15. bis zum 18. Jahrhundert. In: *Volkskultur. Zur Wiederentdeckung des vergessenen Alltags (16.–20. Jahrhundert)*. Hg. Richard van Dülmen. Frankfurt / M. 1984, S. 153–176, hier S. 167 und Heidrich, *Fest und Aufklärung* 1984, S. 176–178. Zu den Tugend- und Rosenfesten, die bisweilen auch junge Männer belohnen konnten, vgl. insbesondere Heidrich, *Fest und Aufklärung* 1984, S. 166–170.
46 „Man wetteifert, wer die besten Liedchen anzustimmen weiß, wer die besten Geschichten erzählen kann, wem die besten Scherze einfallen. Die Einigkeit selbst erzeugt Zänkereien, und man neckt einander nur, um zu zeigen, wie sehr man sich darauf verlassen kann, daß keiner es dem andern verübelt." (BA 636)
47 Vgl. dazu etwa Jan Assmann: Der zweidimensionale Mensch. Das Fest als Medium des kollektiven Gedächtnisses. In: *Das Fest und das Heilige. Religiöse Kontrapunkte zur Alltagswelt*. Hg. Jan Assmann. Gütersloh 1991, S. 13–30, hier S. 27. – Vgl. auch Michael Maurer: Prolegomena zu

knappheit der gewöhnlichen Zeit gegenübergestellt werden. Das Fest hatte die Funktion, die gesellschaftliche Ordnung zu ‚reinigen'[48] (etwa indem es soziale Ungerechtigkeiten auf Zeit umkehrte und alle Gesellschaftsschichten am Überfluss teilhaben ließ)[49] und insgesamt den Zeitlauf zyklisch zu erneuern. Mit der Linearisierung der Zeit im achtzehnten Jahrhundert läuft dieser zeitliche Bruch der gesellschaftlichen Funktionslogik zuwider. Eine auf ökonomisches Wachstum ausgerichtete Gesellschaft ist auf zeitliche Progression angewiesen. An die Stelle des harten Bruches tritt der weiche Wechsel von Arbeit und Freizeit und eine Nivellierung der Zeit.

In vormodernen Gesellschaften ist das Fest das andere der gesellschaftlichen Ordnung und reicht bisweilen zur vollkommenen Subversion – so etwa in den römischen Saturnalien, die auf beschränkte Zeit eine radikale Umkehrung der Ordnung zur ‚verkehrten Welt' praktizierten. Von diesen Saturnalien unterscheidet Saint-Preux die sittsamen „Saturnalien" von Clarens, die „weit angenehmer und vernünftiger als die der Römer" seien (NH 637). Im Unterschied zur vorübergehenden „Umkehrung der Stände" in den römischen Saturnalien herrsche im Weinlesefest von Clarens „wohltuende Gleichheit", die dauerhaft sei. (NH 637) Das Weinlesefest knüpft dabei implizit an die Dionysien an. Doch tritt Dionysos in Form des „Vater Lyäus" (NH 633) nur als Gabenspender ländlicher Frugalität auf. An die Stelle des Rausches tritt „[e]ine süßere Trunkenheit als die, welche der Wein erzeugt" (NH 631)[50] –, an die Stelle des harten zyklischen Wechsels tritt in der Moderne die zeitliche Beständigkeit der sozialen Ordnung, die keiner Exzesse und zeitlichen Ausschläge bedarf.

Wenn Rousseau aber die Nivellierung von Arbeit und Freizeit zu ihrer gänzlichen Fusion übersteigert, so kehrt er die ideologischen Implikate ins Gegenteil um. Die Freizeit ist nicht Residualgröße der Arbeit, sondern diese löst sich in eine kontinuierliche Zeit freudiger und erfüllter Momente auf. Insofern läuft Rousseaus

---

einer Theorie des Festes. In: *Das Fest. Beiträge zu seiner Theorie und Systematik.* Hg. Michael Maurer. Köln 2004, S. 19–54, hier S. 26.
48 Vgl. dazu etwa Roger Caillois: *Der Mensch und das Heilige.* München 1988, S. 133 f.
49 Nach Bachtin egalisiert die ewig-kosmische Zeit, die im Karneval hervortritt, die Menschen zu einem Teil des großen Werdens. Die zyklische Erneuerung der Vegetation, die im Fest gefeiert wurde, wurde auf eine soziale Ebene gehoben. Es verband sich damit die utopische Idee von Wechsel und Erneuerung, die gegen die Unbeweglichkeit des etablierten Systems aufgeboten wurde. So diente auch der materielle Überfluss im Fest der Inszenierung eines utopischen Daseins von allgemeinem Überfluss und Gleichheit. Vgl. Michail Bachtin: *Rabelais und seine Welt. Volkskultur als Gegenkultur.* Frankfurt / M. 1987, S. 131 und 139. Bachtin spricht in diesem Zusammenhang auch von der „Bankettutopie der Epoche". Ebd., S. 226.
50 Ähnlich verleiht das Fest auch im *Brief an d'Alembert* „eine Trunkenheit, die süßer war als von Wein" (BA 473).

Feierabend den Formen der Auszeit (Feierabend, Freizeit, Ferien) im Kontext des modernen Arbeitslebens zuwider, die in der leeren Vakanz von Arbeit bestehen – was im Französischen in dem Wort für Ferien, ‚vacances', mitklingt.[51] Vielmehr ist die alltägliche Zeit selbst von der Reichhaltigkeit einfachen Glücks erfüllt. Das Glück liegt in der Regularität eines Lebens, dessen Alltag „man morgen, übermorgen und sein Leben lang aufs neue zu beginnen nicht leid wäre." (NH 640) Ähnlich heißt es im zweiten Brief des fünften Teils: „Zufrieden mit dem Tag, den sie verbracht hat, wünscht sich Julie jeden Abend, daß der folgende Tag nicht anders sein möge, und jeden Morgen bittet sie den Himmel um einen Tag, der dem vergangnen ähnlich sei." (NH 581)

Die bürgerliche „Neigung zu rationaler und methodischer Lebensführung"[52] sieht eine Regelmäßigkeit der pflichtmäßig wiederkehrenden Verrichtungen in Form von Arbeiten, Mahlzeiten, Ruhezeiten, Klavierstunden usw. vor.[53] Auszeiten des Genusses und des vorübergehenden Ausruhens fügen sich passgenau in die Regelmäßigkeit des bürgerlichen Lebens ein. Auch Julies Tagesplan im festlichen Leben von Clarens ist straff durchorganisiert, doch gleichzeitig erfüllt mit Unterbrechungen und kleinen Freuden,[54] die ihm die Schwere nehmen und einen Anschein von Freizeit verleihen.

Dass das moderne Leben von unauffälliger Regelmäßigkeit gekennzeichnet und gleichwohl durch dichte Tätigkeit strukturiert ist, hat auch Auswirkungen auf das Erzählen selbst, indem das Alltäglich-Triviale erzählbar wird.[55] So erzählt auch Rousseau im Weinlese-Kapitel der *Nouvelle Héloïse* nur einen Arbeitstag in seinen banalen Alltagsverrichtungen und damit nichts als die Rationalisierung der Zeit. Doch wenn die Trivialitäten des Alltags zum Erzählgegenstand werden – so etwa die Einzelheiten der Kelter (vgl. NH 636) –, so handelt es sich nicht um eine, pleonastisch zu verstehende, ‚Prosa des Alltags'. Vielmehr nehmen die minutiösen Beschreibungen einen deskriptiven Reichtum an, der den frugalen Reichtum des Festes suggeriert. „Pracht und großer Aufwand der Festtafeln sind nicht dabei, wohl aber Überfluß und Freude." (NH, 638) („Le luxe et l'appareil des

---

51 Vgl. Caillois, Der Mensch und das Heilige 1988, S. 165.
52 Jürgen Kocka: Bürgertum und bürgerliche Gesellschaft im 19. Jahrhundert. Europäische Entwicklungen und deutsche Eigenarten. In: *Bürgertum im 19. Jahrhundert. Deutschland im europäischen Vergleich*. Bd. 1. Hg. Jürgen Kocka. München, S. 11–76, hier S. 27.
53 Vgl. Moretti, *Der Bourgeois* 2014, S. 121.
54 Solche ‚kleinen Freuden' spielen im Zusammenhang der bürgerlichen Zeitdisziplinierung eine wichtige Rolle. Moretti ordnet hier etwa die Bedeutung von ‚Genussmitteln' ein, die den Arbeitstag und die Arbeitswoche durch „Genuss-‚Momente'" rhythmisieren und kleine Auszeiten und Belohnungen einbauen, die im Dienst der strikten Arbeitsmoral stehen. Vgl. ebd., S. 79.
55 Vgl. ebd., S. 122.

festins n'y sont pas, mais l'abondance et la joie y sont"[56]). An die Stelle des materiellen Reichtums tritt der Reichtum der Imagination. Denn die „Einbildungskraft bleibt beim Anblick des Pflügens und Erntens nicht kalt", sondern wird von der „Einfachheit des Hirten- und Landlebens" gerührt, sodass die ländliche Arbeit für den sentimentalischen Städter Saint-Preux „im Geist angenehme Vorstellungen wach und im Herzen alle Reize des goldenen Zeitalters" (BA 632) hervorruft. Saint-Preux ist sich dieser „süßen Täuschung" bewusst, die das Landleben zum „ununterbrochene[n] Fest" werden lässt (NH 633). Durch die Beschreibung der herbstlichen Landschaft und der Weinlesearbeiten, die der Erzähler zur Bereitung eines frugalen Naturfestes metaphorisiert (NH 633 f.), wird das prosaische Leben in den literarischen Tagtraum überführt. Diese erzählerische Evokation wird explizit als ein Erstehenlassen von Bildern vor dem inneren Auge begriffen, als eine Theatralisierung („wie einen Theatervorhang emporzieht, um dem Auge ein so reizendes Schauspiel zu enthüllen") des prosaischen Alltags, die diesem ein „festliches Aussehen" verleiht (NH 634). Die Einbildungskraft besetzt das Vorstellungsfeld einer träumerischen Fülle, die eine andere, ‚keusche' Form des Luxus darstellt.[57]

Der Luxus ist insofern nicht kategorisch negativ besetzt für Rousseau. Im zweiten Brief des fünften Teils unterscheidet er den „Luxus des Vergnügens und der Sinnlichkeit ohne übertriebene Verfeinerung und Verweichlichung" vom „Luxus des großen Staates und der Eitelkeit" (NH 557). Maßvoller Luxus im Einklang mit den bürgerlich-aufklärerischen Mäßigungsgrundsätzen ist also grundsätzlich akzeptabel. Doch überdies ist die Thematik des Luxus bei Rousseau nicht

---

56 Jean-Jacques Rousseau: Julie, ou La Nouvelle Héloïse (1761). In: *Œuvres complètes*. Hg. Bernard Gagnebin und Marcel Raymond. Bd. 2. Paris 1961, S. 1–793, hier S. 608.
57 Der Topos des Festes ist in der kollektiven Phantasie des achtzehnten Jahrhunderts eng mit der Semantik des Traums verbunden. Das Fest wird zur Projektionsfläche eines empfindsamen Eskapismus und etabliert sich im europäischen Vorstellungsbestand seitdem als nostalgisch besetzter Gegenstand. Vgl. Jean Ehrard: Les lumières et la Fête. In: *Les Fêtes de la Révolution. Colloque de Clermont-Ferrand (juin 1974)*. Hg. Jean Ehrard und Paul Viallaneix. Paris 1977, S. 27–44, hier S. 44. – Vgl. dazu auch Roland Mortier: Prélude à la Fête révolutionnaire. La „Fête bocagère" dans la Poésie descriptive de la Fin du XVIIIe siècle. Ebd., S. 73–84, hier insbesondere S. 84. – Nach Béatrice Didier stellt die Rückkehr zum Ursprung im ländlichen Fest, das sie in französischen Romanen des achtzehnten Jahrhunderts von Rousseau bis Senancour untersucht, auch eine infantile Regression in eine Welt dar, in der alle Verbote sowie das libidinöse Begehren aufgehoben sind – eine Art ‚glückselige Apathie'. Vgl. Béatrice Didier: La Fête champêtre dans quelques Romans de la Fin du XVIIIe siècle (de Rousseau à Senancour). Ebd., S. 63–72, hier S. 71 f. In zeitlicher Hinsicht handelt es sich nach Didier um Feste aufgehobener Zeitlichkeit, die eine Ewigkeit des Glücks verkörpern und die auch im Spannungsbogen der Romanhandlung eine ‚tote Zeit' darstellen, in der eine Etappe beendet worden und die dramatische Spannung gelöst ist. Vgl. ebd., S. 64.

loszulösen von der Disposition des Subjekts zur Imagination, die die Konsumrevolution des achtzehnten Jahrhunderts *auch* hervorbringt. Wenn die mit ihr verbundene ‚Volatilität' des Subjekts, die Freisetzung alternativer Selbstkonstrukte qua Waren- und Freizeitkonsum, ein neues Phantasiebedürfnis im Lesen hervorruft, so stellt Rousseau, der strenge Kritiker des materiellen Luxus und der Zeitverschwendung, ohne Zweifel einen frühen Begründer der Apotheose der Imagination und des Traums dar, jenem anderen Luxus der Einbildungskraft, das im Freizeitgut des Lesens und im Roman seinen Ort hat. Diese Art von *double bind*, der das ambivalente Verhältnis des Bürgertums zum Lesen prägt, bringt die Vorrede der *Nouvelle Héloïse* bekanntermaßen explizit zu Wort:[58] „Niemals hat ein keusches Mädchen Romane gelesen; [...] Weil sie aber einmal angefangen hat, so lese sie immer zu; sie hat nichts mehr zu verlieren." (NH 6)

IV Soziale *Aemulatio* und Mobilisierung: Die zeitliche Spirale des Luxus (Rousseau und Mandeville)

In der *Nouvelle Héloïse* wird das ländliche Fest durch das Fehlen materiellen Überflusses und die Vermischung der Stände zu einem Tableau der Gleichheit. Das Theater hingegen eröffnet durch das Sehen und Gesehenwerden, wie im *Brief an d'Alembert* dargelegt, einen sozialen „Wettstreit in der Kleidung" („émulation de parure"[59]), der zur Einführung des Luxus führt und sich für den Einzelnen ruinös auswirkt. (BA 398) Rousseau kritisiert die durch die Konsumrevolution des achtzehnten Jahrhunderts bedingte Volatilität des Individuums, die darin besteht, durch Güter alternative Selbstverhältnisse zu schaffen. Er sieht hierin eine Theatralisierung des Selbst, die er als Selbstverstellung und Rollenspiel denunziert[60] und die sich an die Stelle gemeinschaftlicher Transparenz und Identität

---

[58] Zur ambivalenten Konzeption des Lesens in der *Nouvelle Héloïse* vgl. auch Harald Weinrich: Muß es Romanlektüre geben? Anmerkungen zu Rousseau und zu den Lesern der „Nouvelle Héloïse". In: *Leser und Lesen im 18. Jahrhundert. Colloquium der Arbeitsstelle 18. Jahrhundert Gesamthochschule Wuppertal, Schloß Lüntenbeck, 24.–26. Oktober 1975.* Hg. Arbeitsstelle Achtzehntes Jahrhundert (Wuppertal). Heidelberg 1977, S. 28–32.
[59] Jean-Jacques Rousseau: Lettre à d'Alembert (1758). In: *Œuvres complètes.* Hg. Bernard Gagnebin und Marcel Raymond. Bd. 5. Paris 1995, S. 1–125, hier S. 58.
[60] Vgl. Hundert, Mandeville, Rousseau and the Political Economy of Fantasy 2003, S. 35.

setze.⁶¹ Zudem erblickt er darin auch eine gefahrvolle Mobilisierung, die den Einzelnen zur Loslösung von seinem ‚natürlichen' sozialen Ort bewegt. In der *Nouvelle Héloïse* (im zweiten Brief des fünften Teils) verurteilt Julie diejenigen, „welche die Unruhe oder der Ehrgeiz dazu treibt, sich erheben und einen Stand verlassen zu wollen, in dem es ihnen gut geht" (NH 561). Weiter: „Die wichtigste Grundregel Frau von Wolmars besteht also darin, den Veränderungen des Standes keinen Vorschub zu leisten, sondern dazu beizutragen, einen jeden in seinem Stande glücklich zu machen" (NH 562). Im *Brief an d'Alembert* gründet Rousseau sein Plädoyer, dem arbeitenden Volk Vergnügungen wie das Fest zu gewähren, auf der Erwägung, der Unzufriedenheit mit seinem Stand und dem Bedürfnis, ihn zu fliehen, entgegenzuwirken. Denn die „Unzufriedenheit" mangels eines angenehmen Lebens führe dazu, dass „einer die Stelle des anderen erstrebt". Hingegen ist die „Grundlage des Staates [...] nur dann fest und gut, wenn alle sich am richtigen Platz fühlen, wenn die einzelnen Kräfte sich vereinen und um das gemeine Wohl wetteifern, anstatt sich gegenseitig aufzureiben" (BA, 463). Wenn Rousseau hier zusammen mit der „Unzufriedenheit" auch von der „Unrast" spricht, so ist dadurch die zeitliche Dimension dieses Strebens hervorgehoben.

Mandevilles *Fable of the Bees*, die die privaten Laster zum Motor wirtschaftlicher Prosperität erklärt und Konsumbefriedigung und Luxus mit ökonomischen Argumenten aufgewertet hatte, hatte eine durch Warenkonsum und Güterrepräsentation geleitete soziale Aemulatio zum wohlstandsfördernden Gesellschaftsprinzip erklärt.⁶² Besonders anstoßerregend musste Mandevilles Theorie deshalb wirken, weil sie das Unterlaufen der ständischen Ordnung durch soziale Mobilisierung bedrohlich vor Augen stellte.⁶³ Rousseau erblickt in dem an Luxusgütern ausgetragenen sozialen Wettstreit, der mit dem wirtschaftlichen Fortschritt einhergeht, die Gefahr einer erosiven Dynamisierung des sozialen Gefüges, die das stabile Glück der Selbstgenügsamkeit (der *bonheur*) zugunsten des eitlen Strebens nach Ansehen und Reichtum (der *fortune*) preisgibt.

Was mit dem Theater Eingang in die Stadt Genf findet, ist die Zeit selbst. Die Verzeitlichung ist somit zugleich anthropologisch (in der natürlichen Gier und Ambition des Menschen) wie ökonomisch (in der Beschleunigung der Konsum- und Produktionsprozesse, begünstigt etwa durch die Mode) begründet. Im *Brief an d'Alembert* schreibt Rousseau über die Vergrößerung der Ungleichverteilung durch das Theater, „daß allein schon die Zeit in die Ordnung der Dinge einen

---

61 Das Ideal der Transparenz und der ungehinderten Kommunikation ist nach Starobinski, *Rousseau. Eine Welt von Widerständen* 1988 (im französischen Original: *La transparence et l'obstacle*) ein Leitthema, das Rousseaus ganzes Werk durchzieht.
62 Vgl. Hundert, Mandeville, Rousseau and the Political Economy of Fantasy 2003, S. 31.
63 Vgl. ebd., S. 32.

natürlichen Hang zu dieser Ungleichheit und einen schrittweisen Fortschritt bis zu dieser äußersten Grenze bringt und daß es deshalb sehr unklug ist, die Ungleichheit noch zu beschleunigen durch Einrichtungen, die sie begünstigen." (BA 452)

Während dem ‚wilden' Menschen das Sehnen nach Ruhe und Untätigkeit eingeboren seien, stelle das unaufhörliche Tätigsein des ‚gesitteten' Menschen eine kulturelle Verfallserscheinung dar. Der moderne Mensch „arbeitet sich tot, um leben zu können, oder nimmt sich das Leben, um unsterblich zu werden."[64] Dieses Streben, zugespitzt in der Maxime des Strebens nach ‚Unsterblichkeit', stellt für Mandeville den Motor des Fortschritts dar. Mandeville grenzt sich in seiner Apologie der Ambition (und mithin des Luxus) explizit von Shaftesburys Meinung ab, dass es weder zwischen Selbst- und Tugendansprüchen noch zwischen Selbst- und Gemeinwohl eine Kollision gebe und die Verbindung von individuellem und Allgemeinwohl durch tugendhafte Selbstregierung des Menschen möglich sei.[65] Nach Mandeville ist das Gemeinwohl gar nicht erst auf das individuelle (tugendgeleitete) Handlungskalkül von Individuen angewiesen, sondern wird schon durch die Verfolgung egoistischer Einzelinteressen befördert (‚Private Vices, Publick Benefits'). Die Tugenden in Shaftesburys Lehre, die Mandeville als den „vielgepriesene[n] Mittelweg" kritisiert, können den Menschen nur in einem sehr begrenzten Radius bewegen,

> aber sie werden ihn nie zur Arbeit und Ausdauer befähigen oder ihn zu großen Leistungen und gefahrvollen Unternehmungen anspornen. Des Menschen natürlicher Hang zur Ruhe und Untätigkeit, seine Geneigtheit, sich sinnlichen Genüssen hinzugeben, sind durch Vorschriften nicht zu korrigieren, nur durch Triebe.[66]

---

64 Vgl. Jean-Jacques Rousseau: Abhandlung über den Ursprung und die Grundlagen der Ungleichheit (1755). In: *Schriften*. Hg. Henning Ritter. Bd. 1. München und Wien 1978, S. 165–302, hier S. 264.
65 Vgl. Bernard Mandeville: *Die Bienenfabel oder Private Laster, öffentliche Vorteile* (1724). Frankfurt / M. ²1980 [1968], S. 354.
66 Vgl. Mandeville, *Die Bienenfabel* 1980, S. 363.

V Selbstgenügsame Glückseligkeit: Zeitliche Beständigkeit als Identitätserfahrung *(Rêveries)*

Es ist nicht nur die Ambition, die mit dem Selbstgenügsamkeitsprinzip kollidiert und das Ich in eine zeitliche Spirale (des Strebens) versetzt. Auch der Müßiggang dezentriert das Ich und führt es aus der selbstgenügsamen Zufriedenheit im Hier und Jetzt zur Jagd nach dem Vergnügen, die eine Flucht aus sich selbst darstellt. So ist der Müßiggang auf eine „Unzufriedenheit mit sich selbst" zurückzuführen und zieht „das Vergessen der einfachen und natürlichen Freuden" nach sich. (BA 348). Beides, die Ambition und der Müßiggang, führen also zur zeitlichen Spirale, die einer Dezentrierung des Ichs gleichkommt. Dem setzt Rousseau das Konzept der Selbstgenügsamkeit gegenüber, das eine zentrale Position in den Glückseligkeitslehren des achtzehnten Jahrhunderts einnimmt. Glückseligkeit wird als „Zufriedenheit mit sich selbst und der Welt"[67] begriffen und ist affektive Selbstbestätigung der eigenen Tugendhaftigkeit. Die Freude wandert so von der theologischen Freude über Gottes vollkommen eingerichtete Weltordnung zur bürgerlichen Selbstfreude. Einen der wichtigsten Gewährsleute der Glückseligkeitslehren stellt Shaftesbury dar. War bei Shaftesbury die Freude *(enthusiasm)* „affektives Korrelat von Gutsein und Schönheit", so hat sie für das intellektuelle Bürgertum des achtzehnten Jahrhunderts „die Funktion einer sozialen Identitätserfahrung".[68]

Das Ideal der Glückseligkeit als Selbstzufriedenheit findet instantanen Ausdruck in der Freude als Selbstgenuss. Rousseau sieht dies etwa im ‚Schauspiel' des Festes realisiert, das er dem Theaterschauspiel gegenüberstellt. Auf die Frage, was „die Gegenstände dieses Schauspiels sein" werden, antwortet er: „Nichts, wenn man will. Mit der Freiheit herrscht überall, wo viele Menschen zusammenkommen, auch die Freude. Pflanzt in der Mitte eines Platzes einen bekränzten Baum auf, versammelt dort das Volk, und ihr werdet ein Fest haben." (BA 462) Das Fest hat keinen äußerlichen Gegenstand als die Zuschauer selbst, die sich „zur Schau" stellen und die zu seinen „Darstellern" werden, so „daß ein jeder sich im andern erkennt und liebt, daß alle besser miteinander verbunden sind." (BA

---

67 Gerhard Sauder: *Empfindsamkeit*. Bd. 1: Voraussetzungen und Elemente. Stuttgart 1974, S. 132.
68 Wolfram Mauser: „Göttin Freude". Zur Psychosoziologie eines literarischen Themas. Ein Entwurf. In: *Psychoanalytische und psychopathologische Literaturinterpretation*. Hg. Bernd Urban und Winfried Kudszus. Darmstadt 1981, S. 208–232, hier S. 230.

462f.) Das Fest besteht also in nichts anderem als im Selbstgenuss der sich als Gemeinschaft gewahrenden Menschen.

Dieses Ideal des objektlosen Genusses findet im fünften Spaziergang der *Rêveries d'un promeneur solitaire* seinen Höhepunkt, indem es hier aber vom augenblicklichen Genuss gelöst und zu einer kontinuierlichen Erfahrung erweitert wird. Im wiegenden Kahn auf dem Bieler See überlässt sich Rousseau seinen „verworrene[n], aber wonnige[n] Träumereien [...] ohne einen bestimmten oder festen Gegenstand" (*Träumereien* 696).[69] Die „einförmige[ ] Bewegung" (*Träumereien* 698) des Wassers befreit ihn von allen Eindrücken und wiegt ihn in einen Zustand, in dem er seiner Existenz in der Gleichmäßigkeit zeitlichen Fließens gewahr wird. Dabei kommt eine in den Augen der aufklärerischen Zeitphilosophie aporetische Eigenheit des Glücks zur Geltung. Wenn das Glück nicht im Intensitätsgrad (also etwa in der Idee des höchsten Glücks), sondern in der Dauerhaftigkeit gesehen wird,[70] so stellt sich die Frage nach der Möglichkeit solcher Dauerhaftigkeit und der Integrierbarkeit des Glücks in das Leben. Denn intensives Glück, so die Einsicht, sei nur augenblicklich möglich und jeder Freudenaffekt neige dazu, sich abzuschwächen und zu vergehen. Diese mit der Vorstellung der *gradatio* verbundene Aporie findet eine Lösung, indem gleichmäßig Glückseinheiten in den Zeitlauf gestreut werden.[71] Damit unterliegen Glück und Freude dem gleichen Grundproblem und der gleichen Lösung wie das Fest und das Vergnügen. Sie werden ration(alis)iert durch Taktung. Diderot definiert in seinem *Encyclopédie*-Eintrag zu *bonheur* das Glück, in seiner vollkommensten Form, als „[...] un état tranquille parsemé çà et là de quelques plaisirs qui en égaient le fond".[72]

Für Rousseau ist dies, folgt man dem fünften Spaziergang der *Träumereien*, nicht mehr möglich. Die kurzen Glücksmomente, „so lebhaft sie auch sein mögen, sind gleichwohl und gerade vermöge ihrer Lebhaftigkeit nur dünn gesäte Punkte auf dem Pfade des Lebens." (*Träumereien* 698) Die Herstellung einer ei-

---

69 Alle Zitate aus Jean-Jacques Rousseau: *Träumereien eines einsamen Spaziergängers* (1782). In: Schriften. Hg. Henning Ritter. Bd. 2. München und Wien 1978, S. 637–760 werden unter Angabe der Titelabkürzung *Träumereien* und der Seitenzahl im Fließtext wiedergegeben.
70 Die *Encyclopédie* etwa definiert Glück als „une situation telle qu'on en desireroit la durée sans changement" im Gegensatz zum „plaisir, qui n'est qu'un sentiment agréable, mais court & passager, & qui ne peut jamais être un état". Denis Diderot: „Bonheur". In: *Encyclopédie ou Dictionnaire raisonné des Sciences, des Arts et des Métiers*, Bd. 2. Hg. Denis Diderot und Jean-Baptiste le Rond d'Alembert. Paris 1751, S. 322f., hier S. 322.
71 Vgl. zum philosophischen Glücksbegriff der Aufklärung Robert Spaemann: „Glück". In: *Historisches Wörterbuch der Philosophie*, Bd. 3. Hg. von Joachim Ritter. Basel 1974, S. 679–707, hier S. 699f.
72 Diderot, „Bonheur" 1751, S. 322.

nigermaßen kontinuierlichen Linie des Glücks durch gleichmäßige Streuung („parsemé" bei Diderot) von Glücksmomenten gelingt für Rousseau nicht; die Augenblicke des Glücks bleiben partikular, sodass ihre dünne Streuung („clairsemés"[73]) nur zu „flüchtigen Augenblicken" zerfällt, die kein beständiges Glück erlauben. Daher radikalisiert Rousseau wahres Glück zur Perzeption reiner Dauer. Die zeitliche Ausdehnung und Nivellierung des Freudengefühls korreliert mit der Herabsetzung der Reizintensität auf das Niveau ataraktischer Ruhe. Wie im Fest besteht Glück dabei nur im objektlosen, selbstgenügsamen Selbstgenuss. Analog zum festlichen Selbstgenuss der Gemeinschaft im *Brief an d'Alembert* antwortet er auf die Frage, „was [...] man in einer solchen Lage [genießt]": „Nichts, das außer uns selbst wäre, nichts als sich selbst und sein eigenes Dasein, und solange dieser Zustand währt, ist man, wie Gott, sich selbst genug." (*Träumereien* 699)

Wenn Rousseaus Glück auf der Petersinsel im „köstliche[n] *far niente*" besteht, im „wonnevolle[n] und notwendige[n] Geschäft eines Menschen, der sich dem Müßiggang geweiht hat" (*Träumereien* 694),[74] so steht dieses Lob auf den Müßiggang doch in einer Kontinuität mit seiner früheren Kritik an ihm. Kritisiert hatte er, dass der Müßiggang als Dislozierung aus der genügsamen Beständigkeit des Selbst und der Gemeinschaft herausführt. Der positiv verstandene Müßiggang dagegen ist in der Zufriedenheit mit sich selbst gegründet, ist ein Ruhen in sich selbst, das zugleich ein Ruhen in der Beständigkeit der Zeit meint. Bezog in den früheren Schriften diese Integration des Subjekts in die Regelmäßigkeit des einfachen Lebens die Sphäre der Gemeinschaft mit ein, so legt sich in der Eremitage des Träumers die zeitliche Struktur umso offener dar. Bürgerliche Diätetik, die sich etwa in der Kritik des materiellen Luxus niederschlägt, ist im achtzehnten Jahrhundert auch eine Diätetik der Zeit, die Rousseau von allen Wucherungen zu reinigen und auf die schlanke Linie einer verstetigten Zeit zu bringen sucht. Dass die bürgerliche Zeitaskese bei Rousseau aber keinen Fremdzweck erfüllt, sondern zum Selbstzweck eines von den Lasten der Ökonomie befreiten Lebens umgewendet wird, zeigt sich schließlich in den *Rêveries* aufs deutlichste. Ob man indes

---

73 Jean-Jacques Rousseau: *Les Rêveries du Promeneur solitaire* (1782). Hg. Marcel Raymond. Genf 1967, S. 83.
74 Leonhard Fuest unterscheidet das passive Nichtstun vom aktiveren Nichttun. Das Nichttun wird als Verweigerung einer Tätigkeit – prototypisch der Arbeit als geregeltes und gefordertes Tun – verstanden und ist vom bloßen Nichtstun zu unterscheiden. Vgl. Leonhard Fuest: *Poetik des Nicht(s)tuns. Verweigerungsstrategien in der Literatur seit 1800*. Paderborn 2008, S. 14. Ich möchte das Nichttun vielmehr von der Zweckungebundenheit (als von der Verweigerung) her verstehen, als reine Tätigkeit, deren Intentionalität nicht in den Objekten liegt, sondern sich ihrer als bloßer Vehikel eines freien Tuns bedient.

von einer Internalisierung bürgerlicher Zeitökonomie in Umkehrung ihrer ideologischen Konsequenzen sprechen darf, wie es dieser Aufsatz vorgeschlagen hat, bliebe in einem größeren Kontext zu prüfen.

Christine Weder
Ein Feuerwerk verpuffender Augenblicke: Moderne Flüchtigkeit als Luxus und Kunst (Schoen / Adorno – Goethe)

Luxus in zeitlichem Verständnis bedeutet zunächst und zumeist einen besonders großen Aufwand an Zeit. Was auch zum Maß genommen wird – im Extremfall der Nullaufwand für ein insgesamt als Zeitverschwendung eingestuftes Tun oder Lassen –, die luxuriöse Verausgabung der immateriellen Ressource erscheint als dessen Überschreitung in der Dimension der Dauer: ‚Überzeit'. Das gilt namentlich etwa im Blick auf jenen Müßiggang, der das Zeitmaß notwendiger Erholung übersteigt, oder, wenn es – wie in der Diskussion um ‚Lesesucht' bzw. ‚Leseluxus' um 1800[1] – darum geht, dass die betreffende Tätigkeit (zu) viel Zeit brauche. Für Luxus-Lob verwendet findet sich dieser Aspekt aktuell beispielsweise in neuen Beweggründen, ins althergebrachte Theater zu gehen. Das Münchner Residenztheater ebenso wie einige Schweizer Häuser befehlen das Abschalten des Mobiltelefons vor Vorstellungsbeginn mit dem Werbespruch: „Gönnen Sie sich für zwei Stunden den Luxus der Nichterreichbarkeit!"[2]

Bei solchem Luxurieren erscheint die Verausgabung von Zeit analog zum Geldausgeben. Die Analogie gipfelt in der Parole ‚Zeit ist Geld', die eine direkte Umrechenbarkeit suggeriert, obschon das nicht (an-)fassbare Gut mit dem Tod selbst für die Reichsten in weit radikalerer Weise limitiert ist und die Rede von ‚Zeit haben' trotz sprachlicher Parallelität immer auch schief steht zu ‚Geld haben'.

Es gibt allerdings daneben eine andere, geradezu konträre Dimension von temporalem Luxus, die ich hier im Sinne eines systematischen Vorschlags, indes mit besonderer Bedeutung für die ‚moderne Zeit' seit dem achtzehnten Jahrhundert, ins Spiel bringen möchte. Diese Form von Zeit-Luxus zeichnet sich im Gegensatz zur ersten Dimension durch die Unterschreitung eines Maßes von Dauer, durch einen besonders kleinen Zeitaufwand, aus: ‚Unterzeit'. Sie ist verbunden mit dem (relativ) Momenthaften, spezieller Kurzlebigkeit, Flüchtigkeit. Man könnte von besonders kostbaren Momenten oder teuren Augenblicken sprechen, aber ohne es einsinnig lobend zu meinen, denn Luxus bleibt auch in dieser Gestalt konsequent ambivalent.

---

[1] Vgl. oben in der Einleitung, S. 16f. sowie den Beitrag von Luisa Banki.
[2] Vgl. die Glosse von Bernd Noack: Das Stück ist Nebensache. In: *Neue Zürcher Zeitung* (6. Januar 2020), S. 26.

https://doi.org/10.1515/9783110674224-008

Deshalb ist ein improvisierter Begriff wie ‚überfülliger Augenblick'[3] vielleicht dienlicher. Sofern als luxuriös plausibel, hat diese Zeitdimension das Potenzial, Definitionen von Luxus, die in der Regel auf ein Zuviel abheben, um den Aspekt eines Zuwenigs (beides in nicht-abschätzigem Sinn) zu erweitern. Sie könnte dann dazu anregen, Losungen wie ‚weniger ist mehr' oder ‚reduce to the max' nicht nur als eine Art Besinnungs-, Bescheidungs- und Beschränkungsformeln aus Überdruss am Überfluss zu verstehen, sondern auch mit Blick auf eine selbst als luxuriös zu sehende Reduktion. Die Gleichung von Zeit und Geld gilt bei dieser Form von Luxus gerade nicht, weil der Zeitaufwand in keiner Analogie zum Kostenaufwand steht – oder, im Spezialfall von zugleich besonders kostspieligen Momenten wie dem Ein-Biss-Genuss einer übertueren Köstlichkeit, sich gleichsam umgekehrt proportional verhält (sehr viel Geld für sehr wenig Zeit).

Die beiden gegensätzlichen Dimensionen oder Pole von Zeit-Luxus könnten allgemein mit den Begriffen von *Exzess* und *Ekstase* verbunden werden. Während temporaler Luxus einerseits – bei Überschreitung an Dauer – in exzessiver Verausgabung von Zeit besteht, so andererseits – bei Unterschreitung – in ekstatischer Augenblicklichkeit. Wenn letztere Zeitform als luxuriös einleuchtet, wäre generell die Idee von Luxus, gängiger mit dem Exzessiven assoziiert,[4] um den komplementären Aspekt des Ekstatischen zu ergänzen.

Einige Überlegungen dazu werde ich nun nicht am naheliegendsten Beispiel eines ekstatischen Moments anstellen, der zumal in seiner weiblichen Variante als (biologisch) überflüssig in Frage steht. Stattdessen soll es um ein Paradebeispiel aus dem Bereich der Kunst gehen, jedoch um eine als solche heute vergessene und buchstäblich bedeutungslose Kunst jenseits üblicher Künste-Kanons: das Feuerwerk.

I „Nicht länger als der Kuß der Geliebten oder vielleicht noch kürzer"

Umso mehr überrascht, dass und wie Adorno in seiner *Ästhetischen Theorie* (postum 1970) über das Feuerwerk schreibt:

---

3 ‚Überfüllig' ist eingetragen im *Deutschen Wörterbuch von Jacob und Wilhelm Grimm*. Leipzig 1854–1961, Quellenverzeichnis 1971, Online-Version (30. November 2020), freilich nicht in zeitlichem Verstand, mit Verweis auf eine Verwendung bei Paracelsus („das überfüllig essen, das die däwung bricht").
4 Vgl. z. B. Lambert Wiesing: *Luxus*. Frankfurt / M. 2015, bes. S. 83 und 94.

Manche Kunstwerke höchster Art möchten sich gleichsam an die Zeit verlieren, um nicht ihre Beute zu werden; in unschlichtbarer Antinomie mit der Nötigung zur Objektivation. Ernst Schoen hat einmal von der unübertrefflichen noblesse des Feuerwerks gesprochen, das als einzige Kunst nicht dauern wolle[,] sondern einen Augenblick lang strahlen und verpuffen.[5]

„Noblesse" des Feuerwerks: Mit dem französischen Begriff, den er sich (vermutlich aus einem Rundfunkbeitrag) von Ernst Schoen, dem Komponisten und Radiopionier, Freund von Walter Benjamin, leiht, lässt Adorno die Sphäre des Luxuriösen anklingen.

Die Feuerwerkerei ist allein schon aufgrund ihrer schillernden Geschichte als Prunkveranstaltung im *Ancien Régime* – die in „noblesse" auch nachhallt – eine besonders mit Luxus liierte Kunst. Dies gilt nicht nur bezüglich der finanziellen Kosten, die in der Regel und zumal im historischen Kontext der höfischen Macht- und Prachtdemonstrationen immens sind. Es gilt auch hinsichtlich des verpulverten Materials, das entsprechend häufig in der Form von ausufernden Aufzählungen großer Zahlen angegeben wird.[6]

Während dabei *materieller* Luxus im doppelten Sinn von verpulvertem Geld und Feuerwerksmaterial im Vordergrund steht, kann Schoens – bei Adorno aufgenommene – Rede von der „noblesse" dazu inspirieren, das Feuerwerk die hier interessierende *zeitliche* Luxus-Dimension beleuchten zu sehen. Die „unübertreffliche noblesse" des Feuerwerks liegt in seiner überspitzten Vergänglichkeit, zelebrierten Flüchtigkeit. „Einen Augenblick lang strahlen und verpuffen": Adorno hebt auf einen Aspekt der künstlichen Feuererscheinungen ab, der in der Geschichte immer wieder – freilich lange nur negativ – vermerkt worden ist. Feuerwerk sei zwar „etwas Schönes", koste jedoch „viel Geld", sei „zu nichts nütze" und dauere „nicht länger als der Kuß der Geliebten oder vielleicht noch kürzer", so eine Stimme aus dem sechzehnten Jahrhundert.[7] Das Verdikt gegen solchen Luxus der Flüchtigkeit mag sich in jener ‚bourgeoisen' Moral fortsetzen, die auf Akkumulation von (Arbeits-)Produkten aus ist und deshalb Verduftendes

---

5 Theodor W. Adorno: *Ästhetische Theorie*, Frankfurt / M. 1970, S. 49 f.
6 Vgl. z. B. in der entsetzt-faszinierten Schilderung „luxuriöser" Fürstenhochzeiten des siebzehnten Jahrhunderts bei Johannes Scherr: *Geschichte deutscher Cultur und Sitte in drei Büchern*. Leipzig 1852, S. 318: Zu einem solchen Anlass „gingen" etwa am 9. Februar 1674 „7100 Raketen, 31000 Schwärmer, 120 Sturmhäfen, 420 Kegel, 384 Kanonenröhre, 9400 Salven, 6 Schwärmerstöcke, 6 umlaufende Sterne, 39 Feuerräder, 42 Triangel, 12 Feuerstücke, 1 Schnurrfeuer, 9 Bienenschwärme und 329 Kugeln in die Luft".
7 Vanoccio Biringuccio in *De la pirotechnia* (postum 1540; dt. 1925), referiert von Arthur Lotz: *Das Feuerwerk. Seine Geschichte und Bibliographie. Beiträge zur Kunst- und Kulturgeschichte der Feste und des Theaterwesens in sieben Jahrhunderten*. Leipzig 1941, S. 9.

wie etwa auch Parfum anrüchig findet.[8] Als kusskurze Unterhaltung treibt das Feuerwerk den Begriff ‚Zeitverkürzung' für Unterhaltung[9] auf eine eigene Spitze. ‚Richtige' Kunst wird gerne mit dem Versuch verbunden, der Hinfälligkeit und Flüchtigkeit des Lebens mit dessen Festhalten und Verewigen in der Darstellung entgegenzutreten. Schoen bzw. Adorno hingegen hält hier äußerste Kurzlebigkeit „aus Sympathie mit dem ephemeren Lebendigen" dem Feuerwerk als Kunst *par excellence* zugute.[10]

II Modern in Mode: Lob der Flüchtigkeit

Solche Euphorie dürfte typisch modern sein, d. h. sich einer Faszination für Flüchtigkeit verdanken, die in der Zeit um 1800 entsteht.[11] Seit dem späteren achtzehnten Jahrhundert zeichnet sich eine gesteigerte Aufmerksamkeit für Flüchtiges vornehmlich im zeitlichen Sinn ab, die nicht in der Anknüpfung an herkömmliche (barocke) Vorstellungen von Vergänglichkeit aufgeht, sondern zugleich mit neuen Zeitkonzeptionen etwa von ‚Gegenwart', ‚Momentanisierung'[12] und ‚Plötzlichkeit'[13] verbunden ist. Sie dürfte im Zeichen einer verstärkten Zeitlichkeit der Immanenz, Zeitlichkeit im Gegensatz zu Ewigkeit oder, mit einer schönen Zusammensetzung aus Grimms *Wörterbuch*, des ‚Zeitlebens' im Kontrast zum ewigen Leben stehen.[14]

Beispielhaft für das nun mögliche – nicht einhellige – Lob der Flüchtigkeit ist die Einleitung von Friedrich Justin Bertuch und Georg Melchior Kraus zu ihrem *Journal der Moden* (1786). Entsprechend wollen sie die „Unbeständigkeit der

---

8 Vgl. Alain Corbin: *Pesthauch und Blütenduft. Eine Geschichte des Geruchs*. Übers. Grete Osterwald. Berlin 1984, bes. S. 98.
9 Vgl. Grimm, *Deutsches Wörterbuch* online (30. November 2020).
10 Adorno, *Ästhetische Theorie* 1970, S. 50.
11 Vgl. *Flüchtigkeit der Moderne. Eigenzeiten des Ephemeren im langen 19. Jahrhundert*. Hg. Michael Bies, Sean Franzel und Dirk Oschmann. Hannover 2017, bes. die konzise Einleitung, S. 7–16.
12 Zur Erfindung von Gegenwart in den 1790er Jahren, d. h. zur dann erst breit aufkommenden *temporalen* Verwendung des – zuvor in der Regel räumlich verstandenen – Begriffs ‚Gegenwart' und zur „Momentanisierung von Zeit" oder „Isolation vereinzelter Momente von Vergangenheit und Zukunft" in der Wahrnehmung als einer Konsequenz der „Veränderungsbeschleunigungserfahrung" jener Zeit vgl. bes. Ingrid Oesterle: „Es ist an der Zeit!" Zur kulturellen Konstruktionsveränderung von Zeit gegen 1800. In: *Goethe und das Zeitalter der Romantik*. Hg. Walter Hinderer. Würzburg 2002, S. 91–119, Zitate hier S. 98.
13 Vgl. grundlegend Karl Heinz Bohrer: *Plötzlichkeit. Zum Augenblick des ästhetischen Scheins*. Frankfurt / M. 1981.
14 Vgl. Grimm, *Deutsches Wörterbuch* online (30. November 2020).

Göttin Mode" in ihrem „fliegenden Blatte" jeweils „zeitig genug" dokumentieren.[15] Diese Zeit-Schrift, die ab 1787 *Journal des Luxus und der Moden* heißt und sich den „fast mit dem Monde" wechselnden „Moden" jeglicher „Zweige von Luxus" verschreibt,[16] suggeriert schon im Titel eine enge Liaison von Flüchtigkeit mit Luxus. Die Allianz ist in der Mehrzahlform ‚Moden' verdichtet, indem diese die zeitliche Verwendung des Begriffs (neben der ‚materiellen' Bedeutung als Bekleidung) im Sinn des jeweils momentanen *en vogue* betont.

Adorno – so möchte ich ihm unterstellen – spitzt die moderne positive Allianz von Flüchtigkeit und Luxus mit seiner Begeisterung fürs Feuerwerk zum Verständnis von Flüchtigkeit *als* Luxus zu. Zwar verwendet er den Begriff ‚Luxus' hier nicht. Aber zum luxuriösen Klang von „noblesse" tritt an anderer Stelle, wo das Feuerwerk zum zweiten (und letzten) Mal in der *Ästhetischen Theorie* kurz aufblitzt, die Bestimmung der „vollendeten Zweckferne eines durch und durch Ephemeren" hinzu.[17] Über Zweckferne wird Luxus in den Konzeptionen immer wieder definiert als das Nicht-Nützliche, Überflüssige – nicht zuletzt bei Adorno selbst. In seinem Aufsatz *Veblens Angriff auf die Kultur* (1953f.) hat er Luxus und Verschwendung gegen die wirkmächtige Luxuskritik von Thorstein Veblens *Theory of the leisure class* (1899) verteidigt, die mit der fokussierten *leisure class*, wörtlich: Freizeit-Klasse, ihrerseits Luxus stark zeitlich akzentuiert hatte.[18] In seiner Kritik der Luxuskritik – auch das heißt Dialektik – wirft Adorno Veblen als „Sparkommissar der Kultur" Vergötzung des „Utilitätsprinzip[s]" vor und argumentiert anthropologisch für den Luxus, dass der Mensch sich zugleich nach der Befreiung von der „Sklaverei der Zwecke" sehne.[19]

Beim Blick aufs Feuerwerk wendet Adorno diesen Luxus der Autonomie ganz in die zeitliche Dimension, wenn er von der „vollendeten Zweckferne eines durch und durch Ephemeren" spricht. Das Feuerwerk ist luxuriös, *weil* es so flüchtig erscheint. Zum Paradefall von Kunst erklärt, führt das Feuerwerk daher Kunstautonomie in temporaler Dimension vor: Zweckferne als Flüchtigkeit einer Augenblickskunst, die nichts hinterlässt oder, wie man heute sagen würde, nicht ‚nachhaltig' ist, bleibt doch von der im intensiven Moment verpuffenden Er-

---

15 In: *Journal der Moden* 1 (Januar 1786), S. 3–16, hier S. 12. Vgl. zu diesem Aspekt Sean Franzel: „Ephemerische Lieblinge". The Periodical as Heterochronic Archive and F. J. Bertuch's *London und Paris*. In: *Flüchtigkeit der Moderne*, S. 19–40, hier S. 29, sowie Bies, Franzel und Oschmann in der Einleitung, ebd., S. 8.
16 Ebd., S. 11 f.
17 Adorno, *Ästhetische Theorie* 1970, S. 125 f.
18 Vgl. dazu auch in der Einleitung oben S. 10 f.
19 In: Theodor W. Adorno: *Prismen. Kulturkritik und Gesellschaft*. Frankfurt / M. 1955, S. 82–111, hier S. 90, 99.

scheinung nur rasch verduftender Rauch – und, so weiß man mittlerweile, Feinstaub. Deshalb werden aktuell viele Feuerwerke abgeschafft.[20] Feuerwerkerei ist die luxuriöse Kunst des effizienten Verpulverns: Alles Material, alles Geld verflüchtigt sich ‚nobel' auf einen Schlag. Von ihr bleibt keinerlei Werk im Sinn eines behändigbaren Produkts. Verwerflichkeit wie Faszination des flüchtigen Feuerwerks gründet zentral im Aspekt eines ‚Kunstwerks' in Anführungszeichen: Kunst ohne Werk. Von hier aus gesehen ist umgekehrt ein Werk (Buch, Bild, Büste etc.), das Kunst für später oder von anderen wiederverwendbar – recyclebar – macht und so auf Dauer stellt, die nachhaltige Verhinderung oder Verminderung des Luxus flüchtiger Einweg-Kunst. Das Kunst*werk* ist in der Hinsicht als solches anti-luxuriös, da haltbar.

So sehr dieser Aspekt in Adornos Ästhetik passt, überrascht dennoch, dass er damit ausgerechnet das Feuerwerk mit höchstem Kunststatus adelt. Handelt es sich doch um eine Veranstaltung, die ihm mindestens ebenso beispielhaft für ‚Kulturindustrie' und ‚gefällige' Genuss-Kunst, zwei Lieblingsgegenstände seiner Kritik, stehen könnte.[21] Er hätte es beim Verweis auf die flüchtigen „Zeitkünste Schauspiel und Musik" belassen können.[22] Aber offenbar möchte er mehr: den höchsten Luxus von Feuerwerksflüchtigkeit.

Das Feuerwerk bildet zumeist den Höhe*punkt* eines Festes, das prinzipiell eine punktuelle ‚Auszeit' ist und im Zeichen des ekstatischen Moments steht – so lange es dauern mag, um seinen Luxus der Ekstase noch mit demjenigen des Exzesses anzureichern, wie sich dies auch beim Feuerwerk überlagert, wenn die Augenblicke etwa zu einer langen und teuren Halbstunde gehäuft werden. Das Feuerwerk, fest verankert in der Kulturgeschichte des Feierns (ein ergiebiger Kontext, für den sich Adorno nicht interessiert), ist der Inbegriff oder eher: das Inbild von Fest-Zeit und rückt das Fest als Zeit-Luxus gefeierter Flüchtigkeit ins Licht.

Entsprechend nimmt Michel Foucault bei seiner Raumkonzeption der „hétérotopie", die er sich als ‚meist' [„le plus souvent"] mit zeitlicher „hétéro-

---

20 So verzichtet z. B. die Stadt Bern seit Sommer 2020 auf ihr 1.-August-Feuerwerk, v. a. da „die Nachhaltigkeit [...] des Feuerwerks immer stärker hinterfragt werden müsse" (Thomas Reufer: Die Stadt will kein Feuerwerk mehr abbrennen. In: *Der Bund*, 2. April 2020, https://www.derbund.ch/die-stadt-will-kein-feuerwerk-mehr-abbrennen-103514822494 [30. November 2020]).
21 Vgl. Adorno, *Ästhetische Theorie* 1970, bes. die im Register verzeichneten Passagen über ‚Kulturindustrie' und ‚Genuss'. Zu letzterem Aspekt vgl. Christine Weder: *Intime Beziehungen: Ästhetik und Sexualtheorie um 1968*. Göttingen 2016, bes. S. 313–323.
22 Ebd., S. 50.

chronie" verknüpft denkt, aufs Fest Bezug.[23] Er unterscheidet grundsätzlich zwei Arten von Heterotopien hinsichtlich Zeitdimension, mithin Heterochronien: eine, die sich ‚endloser Akkumulation' von Zeit widmet [„hétérotopies du temps qui s'accumule à l'infini"], wie etwa ein modernes Museum oder eine Bibliothek, und eine, die dagegen mit den ‚flüchtigsten, vergänglichsten, prekärsten Aspekten der Zeit' [„temps dans ce qu'il a de plus futile, de plus passager, de plus précaire"] verbunden und ‚nicht mehr auf die Ewigkeit, sondern vollkommen aufs Zeitliche' [„non plus éternitaires, mais absolument chroniques"] ausgerichtet sei. Für die zweite Form, zu der er beispielsweise Jahrmärkte oder – beim Vortrag von 1967 aktuell – ‚polynesische' Feriendörfer für die Städter und ihr kurzzeitiges Erlebnis ‚ursprünglicher ständiger Nacktheit' [„trois petites semaines d'une nudité primitive et éternelle"] zählt, steht ihm das Fest. Wenn die zwei Grundformen von Heterochronie in der Ausrichtung auf zeitliche Extreme, einerseits auf Ewigkeit und andererseits auf Flüchtigkeit, den eingangs kontrastierten Dimensionen von Zeit-Luxus entsprechen, dann ist es die zweite Form, die sich im Fest und potenziert im Feuerwerk als dessen Höhepunkt der Flüchtigkeit realisiert.

III Festgehaltene Flüchtigkeit: Feuerwerke der Literatur

Das Feuerwerk als luxuriöse Kunst der Flüchtigkeit lässt sich nicht festhalten, es sei denn in einem anderen (Kunst-)Medium. Diese Kunst ist in mehrfachem Sinn speziell auf andere Medien bzw. Künste bezogen. Es handelt sich nicht nur um eine ebenso ‚interdisziplinäre' wie multimediale Veranstaltung, und zwar historisch noch verstärkt: Zumal in der Zeit von der Renaissance bis ins neunzehnte Jahrhundert entwickelte sie sich im engen Bezug auf Wissenschaft (namentlich Chemie bzw. Alchemie),[24] und die Feuerwerksbühnen, oftmals mit aufwändigen architektonischen Installationen oder ‚macchine', Kulissen und Skulpturen bestückt, boten gerne effektreiche Darstellungen von Allegorien und Stoffen aus Bibel, Mythos, Dichtung und Geschichte. So war jeweils eine ganze Gruppe von

---

23 Michel Foucault: Des espaces autres. In: Ders.: *Dits et écrits 1954–1988*, II: *1976–1988*. Hg. Daniel Defert und François Ewald. Paris 2001, S. 1571–1581, alle Zitate hier S. 1578 f.; vgl. Michel Foucault: Von anderen Räumen. Übers. Michael Bischoff. In: Ders.: *Schriften in vier Bänden. Dits et Ecrits, IV: 1980–1988*. Hg. Daniel Defert und François Ewald. Frankfurt / M. 2005, S. 931–942, hier S. 939 f.
24 Vgl. dazu bes. Simon Werrett: *Fireworks. Pyrotechnic arts and sciences in European history*. Chicago und London 2010.

z. T. berühmten Künstlern – neben den ausführenden Feuerwerkern auch Architekten und Dekorationszeichner, Bildhauer, Maler, Theater-Arrangeure und *hommes de lettres* – in die durchaus angesehene Kunst involviert.[25]

Aufgrund seiner Flüchtigkeit handelt es sich beim Feuerwerk auch um ein zentral medial wahrgenommenes (Kunst-)Phänomen. Es ist von besonders intermedialer, genauer: hybridmedialer Natur, indem es vorwiegend durch andere Medien bzw. Künste vermittelt existiert. Wer seine Geschichte schreiben will, kann dies als epistemologisches Problem sehen: „Unsere Kenntnis" von den Feuerwerksvorstellungen früherer Zeiten beruhe „einzig und allein auf Schriftwerken, ferner auf Abbildungen", die aber ihrerseits „keine untrüglichen Dokumente sein" könnten, da bei den „Holzschnitten, Kupferstichen und anderen Bilddrucken, auch Zeichnungen und einigen Gemälden [...] kaum zu ermessen" sei, „ob nicht die Hand des wiedergebenden Künstlers den wahren Sachbestand verändert" habe, klagte etwa der Historiker Lotz im Jahr 1940.[26] Der „wahre Sachbestand" ist mit Sicherheit verändert, besteht doch eine grundsätzliche Differenz zwischen dem Feuerwerk, wie es gewesen ist, und dessen Dokumentationen in Bild und Text.

Diese Gegebenheit teilt die Feuerkunst mit allen ‚nicht-nachhaltigen' oder eben: luxuriösen Kunstformen und -aspekten ohne haltbares Werk, namentlich etwa Theateraufführungen und Lesungen, Performances oder vorübergehenden Installationen. Bezüglich Musik hat die Autorin Marlene Streeruwitz – in der Wertung gegensätzlich zum Historiker – einmal davon gesprochen, wie „das Indie-Konserve-Stopfen" diesen „Luxus der Flüchtigkeit" auflöse.[27] Am Feuerwerk zeigt sich zugespitzt, dass solche Flüchtigkeit als eine Dimension von zeitlichem Luxus in engem und zugleich spannungsvollem Verhältnis steht zu ‚verewigenden' Darstellungen der Medien und Künste.

Hier kommt die Literatur ins Spiel. Wenn sie Flüchtiges wie Feuerwerke festhält, ins Nichts verpuffende Illuminationen imaginiert, kann sie sich als Zeit-Kunst (in Lessings Sinn) zu derartigem Zeit-Luxus verschieden verhalten. Sie kann die minutiösen Momente in wenigen Zeilen beschwören, die kaum Erzähl- und Lesezeit erfordern, oder im Gegenteil zu einem romanfüllenden Spektakel ausdehnen. Sie kann die Flüchtigkeit freudig feiern oder elegisch betrauern, die erleuchteten Augenblicke auf den Handlungs- und Sinnebenen mit Nachhaltigkeit ausstatten oder sie ihrerseits ins bedeutungslose Nichts verpuffen lassen.

---

25 Vgl. ebd. und Lotz, *Feuerwerk* 1941.
26 Lotz, *Feuerwerk* 1941, unpaginiertes Vorwort.
27 Festgehalten in: Christine Rigler und Klaus Zeyringer (Hg.): *Kunst und Überschreitung: vier Jahrzehnte Interdisziplinarität im Forum Stadtpark*. Innsbruck 1999, S. 382.

Als Brennpunkt des literarischen Umgangs mit Flüchtigkeit sind Feuerwerke der Literatur um 1800 besonders ergiebig. In jener Zeit verschärft und verändert sich die Wahrnehmung von Zeit selbst; ‚Verzeitlichung' und ‚Beschleunigung' sind diesbezüglich Standardstichworte.[28] Die Transformation geht mit der breiten Durchsetzung der mechanischen Zeitmessung einher[29] und zeitigt auch ein neues Faible fürs Flüchtige.

In dieser Optik sind literarische Feuerwerke nicht nur bildlich zu nehmen – entgegen der heute häufigen Verwendung, wenn etwa in Rezensionen das Feuerwerk der Phantasie, des Sprachwitzes oder Metaphernreichtums gelobt wird.

IV Das Feuerwerk des Luxus- und Zeitromans *Die Wahlverwandtschaften* (1809)

Als leuchtendes Beispiel bieten sich ein paar Zeilen aus Goethes *Wahlverwandtschaften* an – dem Zeitroman im doppelten Sinn: Er verhandelt nicht nur *Geschehnisse* seiner (Umbruchs-)Zeit,[30] sondern, typisch modern, auch *Zeit* selbst, d. h. die Erfahrung von Zeit und deren gegenwärtige Veränderung.[31] Man könnte daher von einem *Wendezeitroman* im Doppelsinn sprechen. Sein Feuerwerk geht in einem einzigen Satz in die Luft:

> Raketen rauschten auf, Kanonenschläge donnerten, Leuchtkugeln stiegen, Schwärmer schlängelten und platzten, Räder gischten, jedes erst einzeln, dann gepaart, dann alle zusammen, und immer gewaltsamer hinter einander und zusammen. Eduard, dessen Busen

---

[28] Im Anschluss v. a. an Reinhart Koselleck, Hartmut Rosa und Lothar Gall pointiert z. B. Assmann: „Die Grundbedeutung des Begriffs ‚modern' läuft auf eine verschärfte Wahrnehmung der Zeit selbst hinaus." (Aleida Assmann: Wann hört etwas auf und wann beginnt etwas Neues? Bruch und Beschleunigung an Beispielen aus Goethes „Wahlverwandtschaften". In: *Schwellenprosa. (Re)Lektüren zu Goethes „Wahlverwandtschaften"*. Hg. Hannah Dingeldein, Anna-Katharina Gisbertz, Sebastian Zilles und Justus Fetscher. München 2018, S. 37–50, hier S. 47.)
[29] Die Bedeutung des sozialgeschichtlichen Umbruchs in der Zeiterfahrung als Kontext für die Intensität der Zeit-Diskussion in der Literatur und Philosophie jener Epoche betont bes. Peter Utz: Das Ticken des Textes: zur literarischen Wahrnehmung der Zeit. In: *Schweizer Monatshefte: Zeitschrift für Politik, Wirtschaft, Kultur* 70 (1990), S. 649–662, hier S. 652.
[30] Zur Dimension des ‚Zeit- und Gesellschaftsromans' vgl. z. B. Reiner Wild: Krisenjahre. Die „Wahlverwandtschaften" im Kontext der Lyrik Goethes. In: *Schwellenprosa* 2018, S. 73–86, hier bes. S. 74f. und 80.
[31] Vgl. dazu etwa Elisabeth von Thadden: Das „ungeheure Recht" der Gegenwart. Übereilung, Mode und Verdrängung der Gegenwart als Symptome eines verfehlten Zeitbewusstseins in Goethes „Wahlverwandtschaften". In: *Goethes „Wahlverwandtschaften". Werk und Forschung*. Hg. Helmut Hühn. Berlin und New York 2010, S. 479–488.

brannte, verfolgte mit lebhaft zufriedenem Blick diese feurigen Erscheinungen. Ottiliens zartem aufgeregtem Gemüth war dieses rauschende blitzende Entstehen und Verschwinden eher ängstlich als angenehm. Sie lehnte sich schüchtern an Eduard, dem diese Annäherung, dieses Zutrauen das volle Gefühl gab, daß sie ihm ganz angehöre.[32]

Die flüchtige Szene von spezieller Intensität bringt Kern- bzw. Herz-Sujets des vertrackten Liebes-, Ehe- und Scheidungsromans um ein doppeltes Dreiecksverhältnis mit vier Beteiligten in explosive Verbindung: namentlich Luxus und Zeit. Die so lärmigen wie rasanten „feurigen Erscheinungen", die ein Zeitgenosse Goethes als zentrales „Symbol" des Romans interpretiert hat,[33] ereignen sich unerhörterweise, als gegen Ende des ersten Teils die Leidenschaft Eduards für Ottilie, die Nichte seiner Gattin Charlotte, vollends ausgebrochen ist: „[A]lles was in seiner Natur gebändigt war bricht los, sein ganzes Wesen strömt gegen Ottilien." (143) In diesem Moment lässt Eduard als Überraschung zu Ottilies Geburtstag insgeheim ein „Feuerwerk" (erstmals 153) vorbereiten und abbrennen, wie es die zitierte Passage ambivalent darstellt. Seine Zwielichtigkeit ist direkt mit den alliierten Aspekten von Luxus und Zeit verknüpft.

1 Luxus

Spätestens die überdeutliche Metaphorik von Eduards ‚brennendem Busen' lanciert dieses Feuerwerk als bewegtes Bild für die (selbst-)zerstörerische Macht der maßlosen Leidenschaft des reichen Barons: „Eduards Neigung war aber gränzenlos. Wie er sich Ottilien zuzueignen begehrte, so kannte er auch kein Maß des Hingebens, Schenkens, Versprechens." (152)[34] Seine Leidenschaft ist luxuriös in jenem Sinn erotischer Sinnlichkeit, der im Luxus-Begriff des achtzehnten Jahrhunderts noch präsenter ist als heute.[35] Der erwähnte Rezensent sieht das Feu-

---

[32] Alle Zitate nach der Weimarer Ausgabe (WA): Johann Wolfgang von Goethe: *Werke*. Hg. im Auftrage der Großherzogin Sophie von Sachsen. Weimar 1887–1919. Abt. I, Bd. 20, S. 161.
[33] Rudolf Abeken in seiner anonymen Besprechung im *Morgenblatt für gebildete Stände* vom 22., 23. und 24. Januar 1810, abgedruckt z.B. im Anhang der dtv-Ausgabe der *Wahlverwandtschaften* (München 1977), S. 265–272, hier S. 267.
[34] Vgl. ebenfalls im Kontext des Feuerwerkprojekts: „In Eduards Gesinnungen, wie in seinen Handlungen, ist kein Maß mehr. Das Bewußtsein zu lieben und geliebt zu werden treibt ihn in's Unendliche." (142f.)
[35] Vgl. dazu Christine Weder: Poesie als/statt Polizei. Zum Verhältnis von Sexualität und Gesetz in Wielands *Goldnem Spiegel* und im polizeiwissenschaftlichen Kontext. In: *Sexualität – Recht – Leben. Die Entstehung eines Dispositivs um 1800*. Hg. Maximilian Bergengruen, Johannes F. Lehmann und Hubert Thüring. München 2005, S. 217–235.

erwerk als „Symbol für das Geschick der Liebenden" Eduard und Ottilie im Roman insgesamt: „[W]ie die Feuerkugel, mit brennbarem Stoffe gefüllt, wenn sie einmal in Brand geraten ist, sausend durch die Luft fährt und ihre Bahn durchstürmt und keinen Halt kennt – bis sie zerstiebt und sich vernichtet, – so fährt das Geschick mit den Liebenden dahin, da es sie ergriffen und dem Untergange geweiht hat."[36] Anders akzentuiert formuliert es ein Beitrag aus dem einundzwanzigsten Jahrhundert: Eduard „versinnbildlicht" seine „erotischen Liebeswünsche" und schießt „seine Lust trotzig in den Himmel hinauf".[37]

Für die bildliche Lesart des Feuerwerks hat Goethe viele Fährten gelegt. Mit einem enorm dichten internen Verweisnetz und einer schier triefend bedeutungsschwangeren Atmosphäre seit der ersten Szene einer Ehe in der berühmten Mooshütte bringt der Text die Lesenden unablässig auf Hintergedanken. Das geschieht bei der Feuerwerksszene bereits vor dem ‚brennenden Busen' diskreter und raffinierter, indem von feuerwerklichen „Lusterscheinungen" die Rede ist (157). Dieses Wort dürfte zwar als konkretes Kompositum Goethes Erfindung sein,[38] ruft jedoch um 1800 das noch gängige Begriffsfeld von ‚Lustfeuerwerk' – als Gegenstück zum ‚Ernstfeuerwerk' im Krieg – auf.[39] So ist es nicht nur metaphorisch, sondern zunächst wörtlich zu verstehen. Allein schon dieses Wort regt dazu an, trotz oder gerade wegen der bildlichen Bedeutsamkeit bei der Darstellung des Feuerwerks selbst mehr als einen Augenblick zu verweilen.

Als luxuriöse Lustbarkeit lässt sich das Feuerwerk zu jenen Artefakten und Aktivitäten aus dem Bereich des Luxus und der Moden einreihen, der im prominent mit der Thematik von ‚Exzess und Überfluss'[40] befassten Roman – wie ich behaupten würde – mindestens ebenso markant zeitlich wie materiell akzentuiert ist. Für die materielle Seite steht insbesondere jener „köstliche[] kleine[] Koffer" voller „Musselin, Battist, Seide, Schawls und Spitzen" sowie „Schmuck", den Ottilie nach dem Feuerwerk als Geschenk von Eduard in ihrem Zimmer vorfindet und „so kostbar und fremd" findet, „daß sie sich's in Gedanken nicht zuzueignen"

---

36 Abekens Besprechung. In: Anhang zu Goethe, *Wahlverwandtschaften* (München 1977), S. 267.
37 Judith Reusch: *Zeitstrukturen in Goethes Wahlverwandtschaften*. Würzburg 2004, S. S. 71.
38 Grimms Wörterbuch verzeichnet den Begriff mit dieser Stelle aus den *Wahlverwandtschaften* als einzigem Gebrauchsbeispiel (vgl. Grimm, *Deutsches Wörterbuch* online [30. November 2020]). In digitalen Literatur-Datenbanken wie *Projekt gutenberg.de* erscheint der Begriff ebenfalls solitär.
39 Vgl. z. B. „*Lustfeuerwerkskunst*" vs. „*Ernstfeuerwerkskunst*, d.i. die Anfertigung derjenigen Feuerwerkskörper, welcher man sich im Kriege bedient": Art. „Feuerwerk". In: *Rheinisches Conversations-Lexicon oder encyclopädisches Handwörterbuch für gebildete Stände*, Bd. 4. Köln 1838, S. 859–861, hier S. 859 (Hervorhebung im Orig. gesperrt).
40 Vgl. das Forschungsreferat bei Matthew Erlin: *Necessary Luxuries: Books, Literature, and the Culture of Consumption in Germany, 1770–1815*. Ithaca 2014, S. 207, sowie sein Kapitel zu den *Wahlverwandtschaften*.

getraut (163). Ebenfalls zu viel für Ottilie sind – stellvertretend für die luxuriösen Aktivitäten im Roman und parallel zu den feurigen „Lusterscheinungen" – die „Lust- und Schlittenfahrten" (246), auf die sie die schnelllebige Luciane, Charlottes Tochter, mitnehmen will. Diese Fahrten sind ganz im Sinn der zwielichtigen Luxus-Luciane: Sie lässt im Winter „so viel Grünes" zur kurzlebigen „täglichen Zierde der Zimmer und des Tisches verschwenden", dass der Gärtner und die gärtnernde Ottilie „ihre Hoffnungen für das nächste Jahr und vielleicht auf längere Zeit", also nachhaltig „zerstört [...] sehen" (246). In ihrem Überfluss an „Schöne[m] und Köstliche[m]" ist sie aber auch überschwänglich freigebig („[m]ittheilend") – nicht geizig, wie die zeitgenössischen Traktate gegen Luxus die Verschwenderischen gerne zeichnen (242).[41] Sie zaudert keinen „Augenblick", „einen kostbaren Schawl" charmant zu verschenken, und lässt Geld verteilen, um den „Zustand" von Bedürftigen nicht notwendig nachhaltig, jedoch „wenigstens für den Augenblick zu erleichtern" (242). An der wichtigen Nebenfigur Luciane[42] wird besonders augenfällig, dass es in diesem Roman, so die These, bei Luxus in zeitlicher Dimension in erster Linie um moderne Flüchtigkeit geht – nicht um Zeitverschwendung.

Womöglich mehr noch: Die flüchtige Luciane verkörpert bzw. *lebt* Luxus, wie Goethe den Begriff vornehmlich verwendet. An einschlägiger Stelle, wo bei ihm dieser – insgesamt selten und in den *Wahlverwandtschaften* nie vorkommende – Begriff fällt, ist jedenfalls der zeitliche Akzent der Flüchtigkeit ebenso entscheidend. In den zunächst ungedruckten, wohl 1797 verfassten Bemerkungen zu *Kunst und Handwerk* erklärt Goethe: „Luxus bestehet nach meinem Begriff nicht darinnen, daß ein Reicher viele kostbare Dinge besitze, sondern daß er Dinge von der Art besitze, deren Gestalt er erst[43] verändern muß, um sich ein augenblickliches Vergnügen und vor andern einiges Ansehen zu verschaffen." (WA I, 47, 57) Luxus ist demnach Konsumgut *par excellence*, er verschafft flüchtigen Genuss (vergnügliche Augenblicke) – und Sozialprestige oder *conspicuous consumption*, wie

---

[41] Vgl. etwa in der um 1800 weiterhin wirkmächtigen Schrift von Johann Peter Süßmilch: *Die göttliche Ordnung in den Veränderungen des menschlichen Geschlechts*. Berlin ³1765 (1741), Bd. 2, § 329.

[42] Generell zu Luciane als moderner Figur des Luxus und der Mode vgl. Barbara Thums: *Aufmerksamkeit. Wahrnehmung und Selbstbegründung von Brockes bis Nietzsche*. München 2008, bes. S. 376. – zu ihrem „excess" im Kontext der zeitgenössischen Luxus-Theorien von Süßmilch und Johann August Schlettwein vgl. Erlin, *Necessary Luxuries* 2014, Zitat S. 215. Auch im Beitrag des vorliegenden Bandes stellt Erlin bei den *Wahlverwandtschaften* als Beispiel für die Assoziation von Beschleunigung und Luxus um 1800 diese Figur ins Zentrum.

[43] Oder – gemäß einer Textvariante – sogar „oft" (vgl. dazu im Beitrag von Erlin, S. 212).

es gut 100 Jahre später beim Luxustheoretiker Thorstein Veblen heißen wird.⁴⁴ Der flüchtige Luxus erscheint hier assoziiert mit dem Erzeugnis des „bloß mechanische[n] Künstler[s]", d.h. eines „Handwerker[s] oder Fabrikanten", im Gegensatz zu Werken wirklicher Künstler von „ewig bleibende[m] Wert" und zu „wahre[m] Reichthum", der nachhaltig ist, indem er sich „zeitlebens", über „Generationen" oder sogar „Jahrhunderte" genießen lässt (56–58). Luxus hat sich, so Goethes Zeitdiagnose, durch das neue „Maschinen- und Fabrikwesen" potenziert, das „mit schönen, zierlichen, gefälligen vergänglichen Dingen durch den Handel die ganze Welt überschwemmt" (58). Er mag dabei nicht nur besonders an „die Engländer" denken (59), sondern unausgesprochen auch an die solchem Luxus gewidmete Zeitschrift, gehört doch das *Journal des Luxus und der Moden* zu den prominenten Unternehmen der Weimarer Kultur jener Zeit und bildet einen wichtigen Horizont für die ästhetische Diskussion der ‚Weimarer Klassiker', deren Abgrenzungsbemühungen nicht zuletzt in Nähe gründen.⁴⁵

Während Goethe Luxus(-dinge) hier als flüchtig bestimmt, wie es zugleich typisch ist für die zeitgenössische Diskussion, präsentiert er in den *Wahlverwandtschaften* umgekehrt Flüchtigkeit als Luxus. Auch erscheint die Wertung im Roman weit weniger eindeutig als bei dieser zeitkritischen „Betrachtung", die der Autor „mit dem Wunsche" schließt, dass „sie hier und da einem Einzelnen nützlich sein möge, da das Ganze mit unaufhaltsamer Gewalt *forteilt*" (59) [meine Hervorhebung, C.W.].

2 Zeit

Das Feuerwerk, flüchtiger noch als jenes von Luciane verschwendete Grünzeug, steht in den *Wahlverwandtschaften* im Zeichen beider Bedeutungen von Zeitroman. Wie sein materielles Gegenstück, der „kleine Koffer", gehört es zunächst zu den Zeitzeichen, mit denen der Text, obschon ohne eine einzige Jahreszahl oder ein konkretes Datum in scheinbar zeitentrückter Szenerie, auf seine Gegenwart als Zeit der Wende(n) reflektiert. Erzählt wird namentlich etwa vom Ausgang aus dem

---

44 Thorstein Veblen: *The Theory of the Leisure Class. An Economic Study of Institutions* (1899). Introduction John Kenneth Galbraith. Boston 1973, bes. Kap. 4.
45 Vgl. dazu Daniel Purdy: Weimar Classicism and the Origin of Consumer Culture. In: *Unwrapping Goethe's Weimar: Essays in Cultural Studies and Local Knowledge*. Hg. Burkhard Henke, Susanne Kord und Simon Richter. New York 2000, S. 36–57, hier bes. S. 43f. und 46. – Im Anschluss daran auch Erlin, *Necessary Luxuries* 2014, S. 49–51, der in Goethes Luxus-Definition alle typischen Elemente der zeitgenössischen Diskussion ausmacht: „the reference to luxury's ephemerality, its sensuous appeal, and its role as a marker of social distinction" (S. 49).

Ancien Régime und dem Umbruch der (Waren-)Welt im Zuge der neuen Konsumkultur, die vor allem als *Kultur*konsum bzw. *Kunst*konsum präsent ist.[46] Dass dabei ‚Veranstaltungen' wie *tableaux vivants* eine Hauptrolle spielen,[47] zeigt, dass der Akzent mehr noch auf *Praktiken* in der Dimension der Zeit denn auf konsumierten Dingen liegt.

In präziser Parallele zum „kleine[n] Koffer" (WA I, 20, 163) voller Kostbarkeiten für Ottilie wird es als „kleines Feuerwerk" (152) eingeführt. Es gehört zum *kleinen Luxus*, wie er sich im Zuge der ‚Konsumrevolution' in jener Zeit als Produkt der Umwidmung des Luxus von Pracht auf ‚Commodität' durchsetzte. Der Prozess ist mit dem Stichwort der ‚Verbürgerlichung' ungenau gefasst, weil dabei auch Adlige – feine Leute wie Eduard – eine tragende Rolle spielten.[48] Zusammen mit Reisen und Badeorten dürften gerade Landschaftsgärten und Parks die wichtigsten Umschlagplätze dieser Verschiebung gewesen sein.[49] Gleichzeitig wurden übrigens auch illuminierte Vesuv-Modelle für solche Gärten und – noch kleinere – Vesuvs als Tischfeuerwerk für private Vorführungen Mode.[50]

Mit Blick auf diese Modernisierung als ‚Verkleinerung' von Luxus um 1800 erscheint das Feuerwerk in den *Wahlverwandtschaften* weder alt noch neu, sondern beides zugleich. Generell erzählt dieser Roman Übergang im Vollzug, in dynamischer Vermischung von Alt und Neu, anstatt Figuren und Dinge arbeitsteilig als alt- oder neumodisch einander gegenüberzustellen. Das Feuerwerk wird gleichsam am Umbrechen vorgeführt: Es ist schon klein, aber gemäß Eduards ungehörig-fürstlichem Vorhaben, Ottilie damit an ihrem Geburtstag zur „Königin eines Tages" zu machen, noch prächtig gedacht und wird vom Kammerdiener entsprechend etwas aufgepeppt („verstärk[t] und erweiter[t]" [152]). Es ist noch

---

[46] Zur detaillierten Auseinandersetzung des Romans mit den neuen Formen von „cultural consumption" vgl. Erlin, ebd., bes. S. 206f. im Bezug auf Norths (neun) Kategorien von Kulturkonsum (vgl. Michael North: *Genuss und Glück des Lebens. Kulturkonsum im Zeitalter der Aufklärung*. Köln 2003).

[47] Vgl. bes. Claudia Öhlschläger: „Kunstgriffe" oder Poiesis der Mortifikation – Zur Aporie des „erfüllten" Augenblicks in Goethes „Wahlverwandtschaften". In: *Erzählen und Wissen – Paradigmen und Aporien ihrer Inszenierung in Goethes „Wahlverwandtschaften"*. Hg. Gabriele Brandstetter. Freiburg / Br. 2003, S. 187–204.

[48] Vgl. Günter Oesterle: Der kleine Luxus. Die poetologischen Folgen der aufklärungsspezifischen Unterscheidung von kommodem Luxus und Exzessen des Luxuriösen. In: *Luxus. Die Ambivalenz des Überflüssigen in der Moderne*. Hg. Christine Weder und Maximilian Bergengruen. Göttingen 2011, S. 109–123, hier bes. S. 110f.: Die Umakzentuierung verdankt sich einem Bündnis von Funktions- bzw. Kleinadel mit einer bürgerlichen Beamtenschicht und Kaufmannselite.

[49] Vgl. ebd.

[50] Vgl. Dieter Richter: Der Vesuv von Wörlitz. In: *Der Vulkan im Wörlitzer Park*. Hg. Vorstand der Kulturstiftung Dessau-Wörlitz. Berlin 2005, S. 21–34, hier bes. S. 22–25.

auf das große, sozial abgestufte Publikum ausgerichtet, endet jedoch als Privatvorstellung für das Liebespaar in der womöglich allerersten privaten Feuerwerkszene der Weltliteratur.

In den wenigen Zeilen Feuerwerk verdichten sich die *Wahlverwandtschaften* nicht nur zum Zeitroman eines Umbruchs vom ‚großen' zum ‚kleinen' Luxus, sondern auch zum Zeit-Roman einer Veränderung im Zeiterleben selbst. Letzteres geschieht indirekt über die untergründige Verbindung des Feuerwerks mit der Sphäre der Chemie. Diese Sphäre bringt der Titelbegriff der Wahlverwandtschaften ein, der in der zeitgenössischen Chemie seinerseits einen ‚Feuerproceß' assoziiert.[51]

Berühmt als Thematisierung einer gegenwärtigen Beschleunigung des Lebens, für die Goethe später das Wort des ‚Velociferischen' aus der italienischen Bezeichnung für Eilkutsche (‚velocifero') mit teuflischem Anklang erfinden wird,[52] ist vor allem *eine* Stelle in den *Wahlverwandtschaften*: jener Moment im Gespräch über die anthropologisch-chemische „Gleichnisrede" von „Wahlverwandtschaften", als Eduard mit Blick auf das Wissen der Chemie beklagt, dass „wir […] jetzt alle fünf Jahre umlernen" müssen, „wenn wir nicht ganz aus der Mode kommen wollen" (48).[53] Das zehnjährige Wissen des erklärenden Hauptmanns über den chemischen Vorgang der Wahlverwandtschaft mag denn bereits veraltet sein.[54]

---

[51] Vgl. Joseph Vogl: *Kalkül und Leidenschaft. Poetik des ökonomischen Menschen.* Zürich 2002, S. 305–308.

[52] In den ‚Betrachtungen' der *Wanderjahre* (WA I, 42, 171) sowie in einem Brief an Reinhard vom 26. Dezember 1825 (WA IV, 40, 198). Vgl. Bryan Norton: Art. „Veloziferisch (Velociferian)". In: *The Goethe-Lexicon of Philosophical Concepts* online 1/1 (2021) (13. Februar 2021). Allgemein dazu vgl. Manfred Osten: *„Alles veloziferisch" oder Goethes Entdeckung der Langsamkeit. Zur Modernität eines Klassikers im 21. Jahrhundert.* Frankfurt / M. und Leipzig 2003, bezüglich *Wahlverwandtschaften* (S. 72–81) freilich etwas einseitig eine negative Bewertung der Beschleunigung voraussetzend. Dass Goethes Beschreibung des ‚Velociferischen' generell und bis zum Schluss auf charakteristische Weise ambivalent bleibt, betont bes. Anne Bohnenkamp: Zeit und Geld in Goethes „Faust". In: *Deutsche Vierteljahrsschrift für Literaturwissenschaft und Geistesgeschichte* 94 (2020), S. 203–218, hier S. 205f., u.a. unter Erweiterung von Wellberys Optik auf den jungen Goethe, bei dem die Geschwindigkeit als „Steigerung des Lebens" zu den „Basiskomponenten" von Selbstverständnis und Lyrik gehörte (David Wellbery: „Spude dich Kronos". Zeitsemantik und poetologische Konzeption beim jungen Goethe. In: *Johann Wolfgang von Goethe. Lyrik und Drama. Neue Wege der Forschung.* Hg. Bernd Hamacher und Rüdiger Nutt-Kofoth. Darmstadt 2007, 76–98, hier S. 78f.)

[53] Vgl. z. B. Assmann, Bruch und Beschleunigung 2018, S. 47f.

[54] Im wissenschaftsgeschichtlichen Kontext vgl. Christoph Hoffmann: „Zeitalter der Revolutionen". Goethes Wahlverwandtschaften im Fokus des chemischen Paradigmenwechsels. In: *Deutsche Vierteljahrsschrift für Literaturwissenschaft und Geistesgeschichte* 67 (1993), S. 417–450.

Der Akzent liegt demnach mehr auf einem *Effekt* von Beschleunigung, von beschleunigtem wissenschaftlichem Fortschritt: auf der Flüchtigkeit des Wissens.

Analog zur Überblendung von chemischem Prozess und Paarbeziehungsdynamik durch den Begriff der Wahlverwandtschaft führt der Roman über die Verfallszeit der fünf Jahre einen diskreten, aber leuchtend roten Faden von solcher Flüchtigkeit der Chemie zu derjenigen der Ehe in beschleunigter Zeit: Gegen das Ideal der lebenslänglichen Ehe, vertreten vom (unverheirateten) Mittler, stellt der männliche Part des vorerst[55] illegitim zusammenlebenden glücklichen Paars Graf (verheiratet) und Baronesse (geschieden) die Idee einer Ehe als Zeitvertrag auf fünf Jahre („eine schöne, ungrade, heilige Zahl" [112]). Der Graf ist mit dieser von einem Freund übernommenen Idee einer Art institutionalisierten seriellen Monogamie durchaus für die Ehe, und der Fünfjahresvertrag könnte jeweils auch erneuert werden. Er hält jedoch die „ewige Dauer" der Ehe „zwischen soviel Beweglichem in der Welt" für eine unrealistische Theater-Vorstellung aus der „Komödie", die den „Augenblick" der „Heirat" im Happy Ending verewigt (111f.). Mit der Beschleunigungsthematik korrespondierend, erhält der gräfliche Vorschlag eines temporären Ehevertrags den Anstrich des gegenwärtig Zeitgemäßen und steht als Frage im besonders offenen Raum dieses Romans, der ebenso wenig verwertbare Eheberatung wie Zeitkritik betreibt.

Zugleich reflektiert das Darstellungs*verfahren* der Feuerwerkszene diese Thematik der Zeit. Die aufzählende[56] Beschreibung – „Raketen rauschten auf, Kanonenschläge donnerten, Leuchtkugeln stiegen, Schwärmer schlängelten und platzten, Räder gischten, jedes erst einzeln, dann gepaart, dann alle zusammen, und immer gewaltsamer hinter einander und zusammen" – lässt die Beschleunigung und das serielle Verpuffen als „feurige[] Erscheinungen" erlebbar werden (161). Und Eduard genießt nun die Flüchtigkeit bei dieser Erscheinungsform von Chemie: nicht als konsolidiertes (Buch-)Wissen, sondern als spektakuläre Kunst.

Eine andere Allianz von Flüchtigkeit und Kunst, genauer: Literatur, suggeriert die Nebenbegebenheit jenes Besuchs von einem Reisenden, der in ständigem „Wechsel" (320) des Aufenthaltsortes lebt. Die als Erzählung seines Begleiters in den Roman eingerückte Binnen-Novelle *Die wunderlichen Nachbarskinder* (323– 335) wird als Produkt dieser flüchtigen Lebensweise der beiden Engländer (!) präsentiert (vgl. Kap. II.10).

Zur generellen Lebensart ausgebaut findet sich Flüchtigkeit in der Figur der Luciane. Der Erzähler stellt sie durch seinen Vergleich mit einem „brennende[n]

---

[55] Später dann (vgl. in Kap. 5 von Teil II) mit Aussicht auf baldige Eheschließung, weil die Gemahlin des Grafen mittlerweile gestorben ist.
[56] Die Aufzählung hat hier genau die beschleunigende Funktion, die Erlin allgemein beschreibt (vgl. seinen Beitrag in diesem Band).

Kometenkern" gleichsam als natürliches Feuerwerk vor und zeigt sich mutwillig übertrieben von der „Schnelligkeit ihres Wesens" angesteckt (229), wenn er sie mit einem Kürzestroman im Zeitraffer einführt: „Charlottens Tochter, Luciane, war kaum aus der Pension in die große Welt getreten, hatte kaum in dem Hause ihrer Tante sich von zahlreicher Gesellschaft umgeben gesehen, als ihr Gefallenwollen wirklich Gefallen erregte, und ein junger, sehr reicher Mann gar bald eine heftige Neigung empfand, sie zu besitzen." (227)

Der flüchtige Moment des Feuerwerks ist nun kein *prägnanter Augenblick* im Sinne der klassischen Ästhetik (Goethes). Mit Einsicht, Erfüllung und Ewigkeit hat er nicht nur bei der „ängstlichen" Ottilie, sondern auch beim „lebhaft zufriedenen" Eduard wenig zu tun, dem der Moment so auf den nächtlichen Heimweg ausstrahlt, dass ihm „sein Glück ohne Gränzen" (161) scheint und er – genauso ‚mittheilend' wie die Luxus-Luciane – einen Bettler „reichlich beschenkt" (171), obwohl der Hauptmann das Betteln beim Festanlass hat verbieten lassen. Am nächsten Tag, als er sich abzureisen gezwungen sieht, begegnet ihm der Bettler nochmals, erinnert ihn „schmerzlich an die glücklichste Stunde seines Lebens" und weckt seinen Neid, weil solche Zeit flüchtiger ist als Geld: „O du Beneidenswerther! rief er aus: du kannst noch am gestrigen Almosen zehren, und ich nicht mehr am gestrigen Glücke!" (172).

Der Feuerwerksmoment ist weniger erfüllte Wirklichkeit denn sehnsüchtige Zukunftsbeschwörung des stets ungeduldigen oder ‚übereilten' Eduards, bei dem so oft der Wunsch Vater des Gedankens ist.[57] Es ist eher ein *romantischer Moment* – in jenem Sinn gegenwärtiger „Aufgeladenheit mit Zukunft", die „einer poetischen Nötigung ähnlicher ist als einer ästhetischen Verdichtung" im „prägnanten Moment" und die als zentrale Zeitlichkeit um 1800 insbesondere das Programm der Frühromantiker kennzeichnet.[58]

---

57 Z. B.: „Er hoffte, er dachte das Letztre." (147) – „Eduard, der nichts vernahm als was seiner Leidenschaft schmeichelte, glaubte daß Charlotte durch diese Worte den früheren Witwenstand bezeichnen und, obgleich auf unbestimmte Weise, zu einer Scheidung Hoffnung machen wolle." (165). – Sogar den Tod des Kindes Otto nimmt er letztlich als wunschgemäße „Fügung" wahr (368). – Zur Beschwörungsdimension: Eduard hält Ottilie nach dem Unfall am Damm von der Rückkehr ins Schloss ab, um darauf das Feuerwerk dennoch zünden zu lassen: „Nein, Ottilie! rief er: das Außerordentliche geschieht nicht auf glattem gewöhnlichem Wege. Dieser überraschende Vorfall von heute Abend bringt uns schneller zusammen. Du bist die Meine! Ich habe dir's schon so oft gesagt und geschworen; wir wollen es nicht mehr sagen und schwören, nun soll es werden." (160) In dieser Dimension besonders eng verwandt ist der Moment jenes Briefes, mit dem Eduard gegen Ende Ottilies Gegenwart beschwört (386–388).
58 Allgemein dazu vgl. im Anschluss an Bohrer bes. Ingrid Oesterle, „Es ist an der Zeit!" 2002, Zitate S. 103. Wellbery spricht bezüglich *An Schwager Kronos* und *Faust* vom korrespondierenden

Seine luxuriöse Flüchtigkeit, in sich seriell vervielfacht durch die Kaskade von Feuerwerksexplosionen und gespiegelt bzw. gesteigert in der Lebensweise Lucianes, könnte bei aller Differenz mit jener ‚velociferischen Getriebenheit' verglichen werden, für die Goethes Faust Luzifer alias Mephistopheles per Wette einspannt.[59] Folgerichtig lautet die Abmachung, dass Faust die Wette, in deren Mittelpunkt das Verhältnis zur Zeit steht, dann verliert, wenn er sich jemals „beruhigt [...] auf ein Faulbett" legt oder, in der berühmteren Reformulierung, wenn er „zum Augenblicke" sagt: „Verweile doch! du bist so schön!" (V. 1692 bzw. 1699 f.)[60]

Die Wette dreht sich auch zentral um Luxus – in zeitlicher Dimension. Faust, der „vor allen der Geduld" flucht (V. 1606), aber zugleich „Mammon" verflucht, namentlich „[w]enn" dieser „zu müßigem Ergetzen / Die Polster uns zurechtelegt" (V. 1599–1602), erhält von Mephisto als Wettofferte den Luxus der Flüchtigkeit: „Euch ist kein Maß und Ziel gesetzt. / Beliebt's Euch, überall zu naschen, / Im Fliehen etwas zu erhaschen, / Bekomm' Euch wohl, was Euch ergetzt." (V. 1760–1763) So verschreibt er sich dem totalen „Taumel" (V. 1766). Solcher Luxus erscheint mit zeitverschwenderischem Herumliegen auf dem „Faulbett" nicht assoziiert, sondern kontrastiert. Er ist keine ‚Auszeit' vom beschleunigten Leben, im Gegenteil: Luxus als Flüchtigkeit gelebter Beschleunigung. Vielleicht nicht zuletzt deshalb blitzt im *Faust* Feuerwerk immer wieder auf für einen spektakulären Augenblick – oder einen lärmig-stinkenden Moment von „Schall und Rauch" (V. 3457).

„ekstatischen Augenblick[]" (vgl. David Wellbery: Goethes Lyrik und das frühromantische Kunstprogramm. In: *Goethe und das Zeitalter der Romantik* 2002, S. 175–192, hier S. 183).

59 Zu diesem Aspekt in *Faust* vgl. zusammenfassend Osten, „Alles velociferisch" 2002, S. 213, und jüngst bes. Bohnenkamp, Zeit und Geld 2020, Formulierung S. 214.

60 Zur Divergenz der beiden Formulierungen (und ihrer Auslegung in den Kommentaren) vgl. Bohnenkamp, Zeit und Geld 2020, bes. S. 212 f., die plausibel argumentiert, dass es für Faust selbst keine Divergenz ist bzw. nur die ambivalente Wertung des rastlosen Strebens zum Ausdruck bringt.

Ruth Signer
Unbedingte Zeit: Der temporale Luxus des Bohemiens und die Ökonomisierung der freien Zeit (Adorno, Bourdieu)

Luxus ist ohne die Idee von Ungleichheit kaum zu denken. Spätestens seit Rousseau wird Luxus in einem pejorativen Sinn mit Vorstellungen von ungleicher Verteilung und dem Vorwurf, jene zu verstärken, verbunden. Insofern man Luxus als etwas bestimmt, was über das Übliche oder Angemessene hinausgeht, bleibt der Wunsch eines ‚Luxus für alle' rein imaginär. Denn just in dem Moment, in dem das Luxuriöse allen zugute käme, würde sich eine neue Normalität oder Angemessenheit etablieren – nämlich das, was alle haben. Ab diesem Zeitpunkt würde also das, was Luxus war, aufhören, Luxus zu sein, denn der einstige Luxus ginge nun nicht mehr über das Normale hinaus. Das ist die Relativität des Luxus.

Wenn *Zeit* als Luxus deklariert wird, stellt dies die Frage nach der Ungleichheit neu. Denn über Zeit scheinen – im Gegensatz zu ökonomischen Mitteln – alle gleichermaßen zu verfügen. Ein Tag hat für alle 24 Stunden. Zumindest auf den ersten Blick macht es also den Anschein, als sei die Zeit gleich verteilt und daher wenig dazu prädestiniert, Luxus zu sein.

Die Gleichung Zeit = Luxus ist jedoch verkürzt; es geht in ihr nicht um Zeit schlechthin, sondern um die Zeit, über die frei zu bestimmen ist: von Verpflichtungen befreite, nicht fremdbestimmte Zeit. Es wird klar, dass die Möglichkeit, frei über die eigene Zeit zu bestimmen und sie der ökonomischen Vereinnahmung zu entziehen, ein Privileg derer ist, die sich eine Auszeit leisten können.[1] „Remember that time is money",[2] so hatte es bereits Benjamin Franklin 1748 formuliert. Freie Zeit ist (im Normalfall) teuer – man muss über die Mittel verfügen, sich diese zu

---
[1] Natürlich wäre es zynisch, die freie Zeit, deren Ursache eine unfreiwillige Arbeitslosigkeit ist, als luxuriöse Zeit zu qualifizieren. Das scheint nicht zuletzt auch daher nicht sinnvoll, weil sie nicht als im eigentlichen Sinne selbstbestimmte Zeit gelten kann. Vgl. hierzu auch den Beitrag von Lambert Wiesing in vorliegendem Band. Pierre Bourdieu schreibt hierzu Folgendes: „Mit der Arbeit haben die Arbeitslosen die tausend Nichtigkeiten, in denen sich eine gesellschaftlich anerkannte *Funktion* verwirklicht und manifestiert, [...] verloren [...]. Ausgeschlossen aus diesem objektiven Universum von Anreizen und Hinweisen, die dem Handeln und dadurch dem gesamten gesellschaftlichen Leben eine Richtung vorgeben und es stimulieren, können sie ihre freie Zeit nur als tote Zeit erleben, bar jeden Sinns." Pierre Bourdieu: *Meditationen*. Frankfurt / M. 2001, S. 285.
[2] Benjamin Franklin: *Advice to a young tradesman*. In: George Fisher: *The American Instructor: or Young Man's Best Companion*. Philadelphia 1748, S. 375–377, hier S. 375.

ermöglichen. Damit ist die freie Zeit also wiederum an die ungleich verteilten ökonomischen Mittel gekoppelt.

I Freizeit und ökonomische Unabhängigkeit

Die Feststellung, dass man sich nicht-fremdbestimmte, der ökonomischen Produktivität entzogene Zeit leisten können muss, enthält in sich in Hinblick auf das Ziel, in ihr wirklich frei von der ökonomischen Sphäre zu sein, einen Widerspruch, den Theodor W. Adorno in seinen *Philosophischen Frühschriften* in einem Nebensatz streift: nämlich die Erkenntnis, dass die scheinbare Freiheit von der Ökonomie eben ökonomische Etabliertheit voraussetzt – oder wie es Adorno formuliert, „daß also die vermeintliche Freiheit von der Ökonomie nichts anderes als ökonomische Freiheit ist und auf einen kleinen Umkreis von Menschen beschränkt bleibt als deren Luxus".[3] ‚Ökonomische Freiheit' muss hier als Freiheit verstanden werden, die einem *durch* ökonomische Mittel ermöglicht wird. Die ‚Freiheit von der Ökonomie' kann, insofern sie die ‚ökonomische Freiheit' zur Voraussetzung hat oder – wie von Adorno – gar mit ihr identifiziert wird, also lediglich eine bedingte sein, denn sie macht in sich zur Voraussetzung, wovon sie sich befreien möchte. Sie befreit sich mithilfe der Mittel, von denen sie sich loslösen will – so die These dieses Beitrags, die auf den folgenden Seiten entfaltet wird.

Dass die (vermeintliche) Freiheit von der Ökonomie selbst ökonomisch bedingt ist, führt zur Paradoxie, dass genau jenen Menschen Erholung vom ökonomischen Zwang möglich ist, auf denen er am schwächsten lastet. Denen jedoch, die Erholung von der steten ökonomischen Notwendigkeit tatsächlich nötig hätten, bleibt sie durch fehlendes Kapital über das Mindestmaß hinaus verwehrt.

Eben solche sowohl materiellen wie ideellen Voraussetzungen der ‚freien Zeit' hat schon Thorstein Veblen in seiner *Theory of the Leisure Class* beschrieben[4] und der Soziologe Pierre Bourdieu schließt daran an, wenn er auf das ökonomische und kulturelle Kapital hinweist, deren Besitz Voraussetzung sei, um über die Zeit relativ frei zu verfügen. Er unterscheidet dabei an dieser Stelle einerseits (ererb-

---

[3] Theodor W. Adorno: *Philosophische Frühschriften*. Hg. Rolf Tiedemann. Frankfurt / M. 1973, S. 319.

[4] „It has already been remarked that the term ‚leisure', as here used, does not connote indolence or quiescence. What it connotes is non-productive consumption of time. Time is consumed nonproductively (1) from a sense of the unworthiness of productive work, and (2) as an evidence of pecuniary ability to afford a life of idleness." (Thorstein Veblen: *The Theory of the Leisure Class*. New York 2001, S. 30).

ten) Kapitalbesitz und andererseits Begehrensstrukturen. Es ist die inkorporierte „aristokratische" Disposition, die garantiert, dass die Verausgabung von freier Zeit überhaupt als etwas Erstrebenswertes erachtet wird.

> Mais le temps libre et la disposition à le défendre par le renoncement à ce qu'il permettrait d'obtenir supposent et le capital (hérité) qui est nécessaire pour rendre possible (c'est-à-dire vivable) le renoncement et la disposition, hautement aristocratique, à ce renoncement.[5]
>
> [Freie Zeit und die Disposition, sie zu verteidigen durch Verzicht auf das, wogegen sie eintauschbar wäre, setzen ihrerseits sowohl ein (ererbtes) Kapital voraus, das diesen Verzicht erst möglich (d. h. materiell erträglich) macht, als auch den sehr aristokratischen Willen zu diesem Verzicht.][6]

Hatte Franklin mit der Gleichung *Zeit ist Geld* noch darauf abgezielt, den Einzelnen zur Vermehrung seines Kapitals zu verpflichten, wird in Bourdieus Beschreibung der freien Zeit die Gleichung quasi umgedreht. Wer bereits Geld hat, kann sich freie Zeit erkaufen: *Geld ist Zeit*. Doch ökonomisches Kapital allein, so macht Bourdieu in seinem gesamten Werk deutlich, reicht nicht aus: Personen, die nach Bourdieu auch über das entsprechende kulturelle Kapital verfügen, können es sich nicht nur leisten, sondern haben ebenso das erforderliche Begehren, nicht vom tüchtigen Treiben absorbiert zu werden, sondern ihr Tempo selbst zu bestimmen.

Inwiefern gerade Figuren mit solchen aristokratischen Begehrensstrukturen, die historisch etwa auch als Flaneur, Dandy oder schlichtweg als Künstler diskutiert wurden, einen ganz eigenwilligen Bezug zur freien Zeit aufweisen, soll im letzten Abschnitt dieses Aufsatzes an der Figur des Bohemiens entfaltet werden. Sie nämlich unterläuft die eben beschriebenen Gleichungen von Zeit und Geld und erweist sich in diesem Sinne als Reflexionsfigur auf temporalen Luxus. Im Gegensatz zu dieser *ökonomiekritischen* Position, die auch Zeit verausgabenden Figuren wie dem Flaneur zugeschrieben wurde – so prominent nachzulesen etwa bei Walter Benjamin[7] –, steht die zunehmende *Ökonomisierung der Freizeit*, die im zwanzigsten Jahrhundert sowohl von Theodor W. Adorno wie Pierre Bourdieu konstatiert wird. Sie ist der Grund dafür, dass die zwei wesentlichen Bestim-

---

5 Pierre Bourdieu: *La distinction. Critique sociale du jugement*. Paris 1979, S. 336.
6 Pierre Bourdieu: *Die feinen Unterschiede. Kritik der gesellschaftlichen Urteilskraft*. Übers. Bernd Schwibs und Achim Russer. Frankfurt / M. 1987, S. 461 f.
7 Walter Benjamin: Das Paris des Second Empire bei Baudelaire. In: Ders.: *Gesammelte Schriften*. Unter Mitwirkung von Theodor W. Adorno und Gershom Scholem. Hg. Rolf Tiedemann und Hermann Schweppenhäuser. Bd. I, Frankfurt / M. 1982, S. 556.

mungsmerkmale der freien Zeit, nämlich (1.) ihr Gegensatz zur Ökonomie und (2.) ihr Ort der Autonomie, gerade in Frage gestellt und aufgelöst werden.

II Ökonomisierung der Freizeit (Adorno)

Sowohl Adorno als auch Bourdieu beschreiben in ihrem Werk, inwiefern sich die Sphäre der Ökonomie auch auf das scheinbare Gegenteil der Arbeit, nämlich auf die Freizeit, erstreckt. Adornos und Horkheimers berühmtes Kapitel über die „Kulturindustrie" aus der *Dialektik der Aufklärung* geht mit dem in der Freizeit gesuchten „Amusement" hart ins Gericht: Es sei „die Verlängerung der Arbeit unterm Spätkapitalismus" und gleiche dem „mechanisierten Arbeitsprozeß".[8] Denn die Güter der Kulturindustrie entspringen der entfremdeten Arbeit und tragen ihre Spuren. Unter den Bedingungen des „Spätkapitalismus" wolle der „Freizeitler", wie Adorno und Horkheimer ihn nennen, erholsames Vergnügen ohne jegliche Form von Anstrengung, was notwendigerweise in „Langeweile" und „Sinnlosigkeit" münde.[9]

Insofern Freizeit in der bürgerlichen Gesellschaft nach Adorno primär der Wiederherstellung der Arbeitskraft dient, ist sie für ihn nichts anderes als die Rückseite und das „Anhängsel" der verdinglichten Arbeit. Als das erhoffte „Gegenteil von Verdinglichung, als Reservat unmittelbaren Lebens" werde auch sie „verdinglicht". Denn selbst in der Freizeit „setzen sich die Formen des nach dem Profitsystem eingerichteten gesellschaftlichen Lebens fort."[10] Dabei entledige sich die Freizeitbeschäftigung, indem sie kommodifiziert wird, noch ihres letzten subversiven Potenzials. Und gerade weil sich Arbeit und Freizeit in der Moderne zum einen funktional verschränken und zum anderen in Hinblick auf ihre Warenlogik anglichen, werde die Trennlinie zwischen ihnen diskursiv umso stärker gezogen.[11] In dieser strikten Trennung gaukle die Freizeit den Individuen einen

---

8 Theodor W. Adorno: *Dialektik der Aufklärung*. Frankfurt / M. 2010, S. 145. Vgl. für eine differenzierte Beschreibung des Verhältnisses der scheinbaren Gegensätze von Industrie und Kultur, die in der „Kulturindustrie" eine Symbiose eingehen Gunnar Hindrichs: Kulturindustrie. In: *Max Horkheimer/Theodor W. Adorno: Dialektik der Aufklärung*. Hg. Ders. Berlin und Boston 2017, S. 61–79, hier S. 69: „Unter kulturindustriellen Bedingungen gibt es keinen Gegensatz zwischen rationaler Arbeitsethik und popkulturellem Hedonismus. Vielmehr ist dieser mit jener strukturverwandt, weil die Kulturindustrie dieselbe Rationalität aufweist wie die funktionale Wirtschaftsform. Darum ist ihr Versprechen auf Lusterfüllung ein Betrug."
9 Theodor W. Adorno, *Dialektik der Aufklärung* 2010, S. 145.
10 Theodor W. Adorno: Freizeit. In: Ders.: *Kulturkritik und Gesellschaft II*. Frankfurt / M. 2003, S. 645–655, hier S. 647.
11 Vgl. ebd.

Ort der Freiheit vor, was selbst wiederum funktional sei für die Aufrechterhaltung des *status quo*. Adornos Kritik einer Gesellschaft, die, insofern sie nach Funktionalität und Utilität ausgerichtet ist, Erfahrung und Erkenntnis beschneidet, führt einen vielerorts positiv konnotierten Begriff des Selbstzwecks mit, durch den eigentlich auch die Freizeit ausgezeichnet sein sollte. Gerade jener Selbstzweck aber, in welchem nach Adorno im Kontrast zur Ökonomisierung ein befreiendes Potenzial steckt, geht hier verloren.

Auch moderne Kunst, deren Rezeption in die Freizeit fällt, wird sowohl bei Adorno als auch bei Bourdieu häufig über ihr Verhältnis zur Utilität diskutiert, durch die die Ökonomie bestimmt ist. Kunst verspricht Freiheit von der Nützlichkeit und soll – wie die freie Zeit – gerade in diesem Sinne einen Gegensatz zur Ökonomie darstellen. Da das Kunstwerk unter dem Diktat der Kulturindustrie jedoch dem Bedürfnis der zu Unterhaltenden gehorcht, „betrügt es die Menschen vorweg um eben die Befreiung vom Prinzip der Nützlichkeit, die es leisten soll."[12] Selbst das Nutzlose wird unter diesem Diktat als Nutzloses wiederum verzwecklicht, nämlich im Prestigegewinn durch scheinbar selbstzweckhaften Kunstgenuss. An diesem Punkt lassen sich Parallelen ziehen zur Theorie des sozialen Raums von Bourdieu, gemäß dessen Hauptwerk der Kunstgeschmack entscheidend zur Distinktion und damit zur Reproduktion sozialer Ungleichheit beiträgt. Der Kunstgeschmack ist damit Teil einer gesellschaftlichen Ökonomie auch jenseits der Arbeitswelt.

III Freie Zeit als Kapital (Bourdieu)

Bourdieu entlarvt den Konsum und die Rezeption kultureller Güter, die sich gewöhnlich gerade von der ökonomischen Sphäre absetzen möchten, als in sie verwoben. Über das Konzept des kulturellen Kapitals verdeutlicht er, inwiefern das Feld der Kultur ebenso einer ökonomischen Logik gehorcht. Dabei ist es nach Bourdieu die Differenz von „Luxusgeschmack"' [„les *goûts de luxe (ou de liberté)*"] und „Notwendigkeitsgeschmack"'[13] [„les *goûts de nécessité*"[14]], welche die gesamte Gesellschaft durchzieht und diese spaltet.[15] Der konträre Geschmack in Hinblick auf das Notwendige oder Überflüssige dieser zwei Gruppen vermag

---

12 Adorno, *Dialektik der Aufklärung* 2010, S. 167.
13 Bourdieu, *Die feinen Unterschiede* 1987, S. 290.
14 Bourdieu, *La distinction* 1979, S. 198.
15 Vgl. zum Begriff des Geschmacks bei Bourdieu und seiner Verschränkung mit ästhetischen Kategorien der Distanz etwa Sophia Prinz: Stichwort: Geschmack (goût). In: *Bourdieu-Handbuch. Leben – Werk – Wirkung*. Hg. Gerhard Fröhlich und Boike Rehbein. Stuttgart 2014, S. 104–110.

auch zu erklären, weshalb das Luxuriöse dermaßen ambivalent bewertet wird. Als Moment einer Demonstration der Freiheit von ökonomischen Zwängen ist der freie, unproduktive Zeitvertreib eine Praxis des herrschenden Luxusgeschmacks. Dass er damit selbst wiederum Teil dieser Ökonomie ist, von der er sich vordergründig absetzt, muss stets verschleiert werden.

In seiner Beschreibung einer Ökonomisierung der freien Zeit hat Pierre Bourdieu nun zweierlei im Blick: zum einen im Anschluss an Thorstein Veblen ihre potenziell prestigeträchtige Wirkung (*conspicuous leisure*) und damit ihre Zurschaustellung; zum anderen die Investition von freier Zeit in der Erziehung und Bildung, die für die Weitergabe von Kapital und Umwandlung von Kapitalsorten unabdingbar ist. In beiden Dimensionen zeigt sich das, was Bourdieu die ‚verborgene Ökonomie scheinbar unökonomischer Sphären' nennt. Was hier vordergründig unproduktiv verausgabt wird, hat maßgebliche ökonomische Auswirkungen. „Verausgabung von Zeit", ihre „reine Verschwendung" vermag als *conspicuous leisure* zu imponieren (oder natürlich auch Widerwille auszulösen) – bereits das ist ihr erster ökonomischer Effekt, der seinerseits über die zeitliche Ausdehnung der (Nicht-)Tätigkeit hinaus Wirkung zeigt. Die scheinbar flüchtige Verausgabung von Zeit ist dabei auch unabhängig von ihrer demonstrativen Wirkung in sozialen Beziehungen „eine sichere Investition [...], deren Profite über kurz oder lang in monetärer oder anderer Gestalt wahrgenommen werden können."[16] Diese Investition von Zeit findet nach Bourdieu exemplarisch innerhalb der Familie statt; ihr Ziel ist die Weitergabe von kulturellem Kapital, die Zeit erfordert, welche wiederum durch ökonomische Mittel erkauft werden kann:

> Das beste Maß für kulturelles Kapital ist zweifellos die Dauer der für seinen Erwerb aufgewendeten Zeit. D. h. die Umwandlung von ökonomischem in kulturelles Kapital setzt einen Aufwand an Zeit voraus, der durch die Verfügung über ökonomisches Kapital ermöglicht wird. Oder, genauer gesagt, das kulturelle Kapital, das in Wirklichkeit ja in der Familie weitergegeben wird, hängt nicht nur von der Bedeutung des in der häuslichen Gemeinschaft verfügbaren kulturellen Kapitals ab, das nur um den Preis der Verausgabung von Zeit akkumuliert werden konnte, es hängt vielmehr auch davon ab, wieviel nutzbare Zeit (vor allem in Form von freier Zeit der Mutter) in der Familie zur Verfügung steht, um die Weitergabe des Kulturkapitals zu ermöglichen und einen verzögerten Eintritt in den Arbeitsmarkt zu gestatten. Das in der Familie verfügbare ökonomische Kapital spielt dabei eine entscheidende Rolle.[17]

---

16 Pierre Bourdieu: Ökonomisches Kapital, kulturelles Kapital und soziales Kapitel. In: *Soziale Ungleichheit*. Hg. Reinhard Kreckel. Göttingen 1988, S. 183–199, hier S. 197.
17 Ebd.

Die auf den ganzen Körper, die Hexis, zielende Verinnerlichung des kulturellen Kapitals kostet Zeit. Zeit ist das Mittel, das aufgewendet wird, um den Zweck, nämlich die Weitergabe des Kulturkapitals zu garantieren. Die freie, mußevolle Zeit, welche die Eltern mit dem Kind verbringen, kann erkauft werden, indem etwa Personal eingestellt und damit tägliche, wiederkehrende Aufgaben delegiert werden. Finanzielle Mittel sind ebenso notwendig, damit ein mit einem langen Bildungsweg verbundener später Eintritt in die Arbeitswelt möglich ist. Hier ist es die freie, noch nicht ökonomisch rentable Zeit des jungen Erwachsenen, die finanziert werden muss. Die „Akkumulation von kulturellem Kapital" kann auf Seiten des Kindes folglich zeitlich nur so lange ausgedehnt werden „wie ihm seine Familie freie, von ökonomischen Zwängen befreite Zeit garantieren kann."[18]

Im Gegensatz zur Investition von mußevoller und bildungsintensiver Zeit in der Familie trägt die *conspicuous leisure* nach Bourdieu bereits im Moment der Verausgabung selbst Früchte. Der verschwenderische Umgang mit Zeit demonstriert Distanz zur Notwendigkeit und damit ökonomische Überlegenheit. Hierbei sind etwa die zeitliche Ausdehnung und Verlangsamung Formen, durch die die Abgrenzung von einem Geschmack der Notwendigkeit verdeutlicht wird. Das zeigt sich, so Bourdieu, zum Beispiel in der Art und Weise, wie Mahlzeiten verspiesen werden:

> Au ‚franc-manger' populaire, la bourgeoisie oppose le souci de manger *dans les formes*. Les formes, ce sont d'abord des rythmes, qui impliquent des attentes, des retards, des retenues ; on n'a jamais l'air de se précipiter sur les plats[19]
>
> [Dem ‚freimütigen', ungezwungenen Essen der ‚einfachen Leute' setzt der Bourgeois sein Bemühen um *formvollendetes* Essen entgegen. ‚Formen' sind zunächst einmal geregelte Abläufe, die Warten, Zögern, Zurückhaltung beinhalten: vermieden werden muß der Eindruck, als stürze man sich auf die Speisen][20]

Im Warten und in der Zurückhaltung suggeriert der Bourgeois, dass er gegenüber dem eigentlich zu befriedigenden, leiblichen Bedürfnis autonom bleibt und seine Tätigkeit – analog zu seinem Verhältnis zur Kunst – beinahe selbstzweckhaft ist. In Relation etwa zum Kleinbürger sind Langsamkeit, Verzögerung – insofern sie die potenzielle Arbeitszeit betreffen – ein Affront, denn dieser unterwirft sich der Hektik der Ökonomie, um sein Ziel – den sozialen Aufstieg – zu verwirklichen. Er würde die ineffizient genutzte Zeit, ihre luxuriöse Verschwendung, negativ bewerten. Ihm ist Zeit gerade ein Luxusgut, das es ökonomisch auszuschöpfen und

---

18 Ebd., S. 188.
19 Bourdieu, *La distinction* 1979, S. 218.
20 Bourdieu, *Die feinen Unterschiede* 1987, S. 315.

nicht zu verausgaben gilt (eine Unterscheidung, die im folgenden Abschnitt genauer untersucht wird). Gerade aber in der Langsamkeit, in der (scheinbar) nichtproduktiven Nutzung der Zeit, grenzt sich das Großbürgertum von ihm ab. Um die Differenz gegenüber der Gruppe der Arbeiter zu verdeutlichen, die hier als Hexis inkorporiert ebenso die Dimension der Zeit betrifft, beruft sich Bourdieu auf Nietzsche: „[D]ort heftiges Gestikulieren und bewegtes Mienenspiel, hier Bedächtigkeit: ‚die langsame Gebärde', ‚der langsame Blick' des Adels nach Nietzsche, Zurückhaltung und Kaltblütigkeit als Zeichen des höheren Rangs."[21] Die Verschwendung markiert sich nicht im Verpuffen schneller, körperlicher Bewegungen, sondern in der leeren Zeit, in der Entschleunigung, in der temporalen Verausgabung: In Spaziergängen, „ohne weiteren Sinn als den Körper in Bewegung zu setzen und sich die auf ‚Landschaft' verkürzte Welt symbolisch anzueignen", in „Feierlichkeiten" und „Empfänge[n]", an denen „Luxus" entfaltet wird.[22]

Neben der Verschwendung von materiellen Gütern ist also die (scheinbare) Verschwendung von Zeit gemäß Bourdieu Symbolisierung und Perpetuierung der in die Gesellschaft eingeschriebenen Machtverhältnisse: Sie demonstriert und reproduziert als vordergründig „zweckfreie[r] Luxus" das, was schon Rousseau beklagt und ebenso durch den Luxus verstärkt sieht: Die Ungleichheit unter den Menschen. Bourdieu schreibt:

> Le pouvoir économique est d'abord un pouvoir de mettre la nécessité économique à distance : c'est pourquoi il s'affirme universellement par la destruction de richesses, la dépense ostentatoire, le gaspillage et toutes les formes du luxe *gratuit*.[23]

> [Wirtschaftliche Macht ist zunächst einmal Macht, der Not und dem Zwang des Ökonomischen gegenüber Distanz zu schaffen. Sie bringt sich daher universell in der Zerstörung von Reichtum zur Geltung, im ostentativen Akt der Verschwendung und Vergeudung sowie in allen Ausprägungen des *zweckfreien* Luxus.][24]

---

21 Ebd., S. 288. Friedrich Nietzsche: *Der Wille zur Macht*. Stuttgart 1964, Aph. 943, S. 630, zit. nach Bourdieu, ebd. „[L]à encore, la gesticulation et la presse, les mines et les mimiques, s'opposent à la lenteur – ‚les gestes lents, le regard lent' de la noblesse selon Nietzsche –, à la retenue et à l'impassibilité par où se marque la hauteur." (Bourdieu, *La distinction* 1979, S. 197.)
22 Bourdieu, *Die feinen Unterschiede* 1987, S. 102. „[L]a promenade [...] sans autre fin que l'exercice du corps et l'appropriation symbolique d'un monde réduit au statut de paysage, ou encore les cérémonies et les réceptions, prétextes à un déploiement de luxes rituels" (Bourdieu, *La distinction* 1979, S. 58).
23 Bourdieu, *La distinction* 1979, S. 58.
24 Bourdieu, *Die feinen Unterschiede* 1987, S. 102f.

IV Zeit als Luxus zwischen Nichtstun und *conspicuous display of work*

Die Vorstellung, dass Zeit der neue Luxus sei, wie sie seit einiger Zeit in Zeitungen und Ratgebern oft zu lesen ist,[25] ist in ihrer Relation zur Arbeit zweischneidig: Sie kann sich, wie beschrieben, auf die von der Arbeit befreite Zeit richten, die man genießt oder demonstrativ verausgabt. Sie vermag sich aber ebenso auf die Seite der Arbeit zu beziehen, insofern erst die Übermenge an arbeitsamer Zeit die freie Zeit verknappt und sie gerade in diesem Sinne zum Luxusgut macht. Man kann sich also zu Recht fragen, ob sich die Vorstellung, dass Zeit Luxus sei, nicht vielmehr in eine Logik der Zeiteffizienz und protestantischer bzw. kapitalistischer Arbeitsmoral im Sinne Max Webers einreihe, als dass sie dieser entgegenstünde.[26] Denn jene, die behaupten, Zeit sei der neue Luxus, erfahren und markieren ihre Zeit oft als rar und wertvoll. Gerade weil die Zeit Luxus ist, müsse man sie daher ausnutzen, auskosten und ausschöpfen, so die Logik, die in ihren Wertmaßstäben dem entspricht, was Max Weber als kapitalistischen Geist beschreibt.[27]

Dementsprechend muss man also die Frage stellen, was denn eigentlich prestigeträchtiger ist: Zeit zu haben oder keine Zeit zu haben? In der Aussage, die eigene Zeit sei luxuriös, können sich beide gegensätzlichen Positionen ausdrücken. Einerseits eben genau jenes so genannte „protestantische Arbeitsethos" und damit die Strebsamkeit, die Leistungsbereitschaft, die Gefragt- und Begehrtheit dessen, der behauptet, seine Zeit sei Luxus. Primär insofern die eigene freie Zeit knapp und kostbar ist, ist dieser Satz sagbar und indem man ihn sagt, konstituiert man sie als solche. Hier wird nicht durch *conspicuous leisure* Status demonstriert, sondern durch *conspicuous display of work*. Vollständig losgelöst von der Frage, ob die eigene Zeit knapp ist, bleibt die luxuriöse Verausgabung des

---

25 Für eine Vielzahl an Referenzen vgl. Einleitung in diesem Band.
26 Denn Luxus erscheint auf den ersten Blick nicht mit der von Weber beschriebenen asketischen Lebenshaltung zusammen zu passen. Stattdessen hat bekanntermaßen sein theoretischer ‚Gegenspieler' Werner Sombart den Luxus als Motor des Kapitalismus in den Mittelpunkt seiner Analyse gestellt. Werner Sombart: Luxus und Kapitalismus. In: Ders.: *Studien zur Entwicklungsgeschichte des modernen Kapitalismus*. München und Leipzig 1913. Insofern man aber der Zeit vor allem dann einen Luxusstatus zuspricht, wenn sie knapp ist, scheint sie hier durchaus mit einem ausgeprägten Leistungsethos überein zu kommen und nicht notwendigerweise mit dessen Gegenteil; dem Müßiggang.
27 Max Weber: Die protestantische Ethik und der Geist der Kapitalismus. In: Ders.: *Max Weber Gesamtausgabe*. Hg. Horst Baier u.a. Bd. I/9. Asketischer Protestantismus und Kapitalismus. Schriften und Reden 1904–1911. Hg. Wolfgang Schluchter, in Zus.arb. Ursula Bube. Tübingen 2014, S. 123–425.

Dandys, des Flaneurs, der *leisure class* als *conspicuous leisure* diesem Arbeitsethos entgegengesetzt. Ihre Prestigeträchtigkeit verkleinert sich nicht, insofern die eigene Zeit täglich in Hülle und Fülle vorhanden ist. Der Diskurs über den luxuriösen Status der Zeit bewegt sich also an der Grenze zwischen gegensätzlichen Logiken und schillert zwischen bürgerlicher Arbeitsmoral und aristokratischem Müßiggang.

Vom neuen Zwang, immer verplant zu sein, der die Freizeit diesem Arbeitsethos unterwirft, schreibt bereits Adorno im Abschnitt ‚Vandalen' aus den *Minima Moralia*: „Alle müssen immerzu etwas vorhaben. Freizeit verlangt ausgeschöpft zu werden. Sie wird geplant, auf Unternehmungen verwandt, mit Besuch aller möglichen Veranstaltungen oder auch nur mit möglichst rascher Fortbewegung ausgefüllt."[28] Indem man immerzu etwas vorhat, wird die eigene Zeit verknappt, was ihr hier gleichsam einen luxuriösen Status verleiht. Damit hat sich die Logik der Konkurrenz auf die Freizeit übertragen, insofern derjenige gefragt ist, dessen Zeit begehrt, d.h. knapp, ist: „Die Freude, mit der er [d.h. ‚der wichtige Mann', R.S.] eine Einladung unter Hinweis auf eine bereits akzeptierte ablehnt, meldet den Triumph in der Konkurrenz an."[29] Keine Zeit zu haben wird zur Auszeichnung.

Diese nunmehr der Freizeit eingeschriebene Taktung und Beschleunigung wirke sich, so Adorno, ebenso auf weitere Tätigkeiten aus, die eigentlich von ihr befreit sein sollten. Vor allem die intellektuelle Arbeit, die doch gegenteilig Ruhe, Zeit und Muße verlange, werde nur noch „mit schlechtem Gewissen" verrichtet oder bleibt lediglich legitimierbar, indem sie sich selbst dieser Hast unterwirft: „Um sich vor sich selbst zu rechtfertigen, praktiziert sie den Gestus des Hektischen, des Hochdrucks, des unter Zeitnot stehenden Betriebs, der jeglicher Besinnung, ihr selber also, im Wege steht."[30] Im Zuge der Aufwertung der Arbeit in der Moderne beherrscht die *vita activa* (Hannah Arendt) auch die intellektuelle Arbeit, in ihrem Ursprung genuin *vita contemplativa* – so Adorno. Sie imitiert die Betriebsamkeit, in der sich die Hektik und das ‚Gefragt sein' als Prestige ausdrücken.

Gedanklich analog findet man diese Kulturkritik bereits bei Nietzsche; etwa im Abschnitt ‚Muße und Müßiggang' der *Fröhlichen Wissenschaft*. „Man schämt sich jetzt schon der Ruhe; das lange Nachsinnen macht beinahe Gewissensbisse.

---

28 Theodor W. Adorno: *Minima Moralia. Reflexionen aus dem beschädigten Leben.* Frankfurt / M. 2003, S. 157. Interessanterweise fehlt der Begriff der Effizienz im gesamten Werk von Adorno. Das bemerkt Gabriele Geml in ihrer jüngst veröffentlichten Studie: *Adornos Kritische Theorie der Zeit.* Berlin 2020, S. 132. Eine Auseinandersetzung mit Adornos Überlegungen zur Freizeit und ihrer zunehmenden Ökonomisierung findet sich bei Geml auf S. 196–200.
29 Adorno, *Minima Moralia* 2003, S. 157.
30 Ebd.

Man denkt mit der Uhr in der Hand, wie man zu Mittag isst, das Auge auf das Börsenblatt gerichtet, – man lebt, wie Einer, der fortwährend Etwas ‚versäumen könnte'. ‚Lieber irgend Etwas thun, als Nichts.'"[31] Vorbei sei es mit der Zeit für „Umwege[]", „Esprit", „für alles *Otium*": „[D]ie eigentliche Tugend" sei es nun „Etwas in weniger Zeit zu thun, als ein Anderer."[32] Mit Bourdieu gesprochen ist es Nietzsches aristokratischer Luxusgeschmack, der hier auf die zunehmend mehr Anerkennung findende, von Utilität und Zeiteffizienz beherrschte Wertelogik blickt, die er verachtet. In dieser neuen Hast gehe das „Gefühl für die Form" verloren, eine *„plumpe[] Deutlichkeit"* beherrsche das Dasein.[33] Dass es das Tun – das *Neg-otium* – war, das ursprünglich als verwerflich galt und nicht das *Otium*, darauf verweist auch schon Nietzsche an dieser Stelle.

V Die Figur des Bohemiens und die freie Zeit

Jene Figur des Künstlers, die als Bohemien[34] verhandelt und dem Paris des neunzehnten Jahrhunderts zugeordnet wird, scheint nun mit Bourdieu in Hinblick auf die freie Zeit, die Umwege, das *Otium* in vielerlei Hinsicht dem beschriebenen „Luxusgeschmack" zu entsprechen; also dem Geschmack, der sich mitunter durch einen aristokratischen Hang zur Muße oder zum Müßiggang auszeichnet, welcher – eigentlich – aufgrund ökonomischer Stärke finanziell zu verkraften sein müsste. Denn genau jene finanzielle Sicherheit würde ja damit zur Schau gestellt. Doch in der Figur des Bohemiens manifestiert sich das Verhältnis zur freien Zeit gerade in dieser Hinsicht genuin anders. Während nämlich im

---

31 Friedrich Nietzsche: *Fröhliche Wissenschaft*. Leipzig 1887, Aph. 329, S. 237.
32 Ebd., S. 238.
33 Ebd., S. 237 f.
34 Für eine umfassende Darstellung der Boheme vgl. nach wie vor: Helmut Kreuzer: *Die Boheme. Beiträge zu ihrer Beschreibung*. Stuttgart 1968. In einem ersten Schritt geht Kreuzer dem Bedeutungswandel des Begriffs der Boheme nach, nämlich der Abkoppelung der künstlerischen Boheme von der Gruppe der (aus Böhmen stammenden) Roma (im franz. oft über die Unterscheidung von Bohème [Künstler] versus Bohémien [Roma] abgebildet.) Diese Unterscheidung entfällt im Deutschen, sodass üblicherweise – wie auch im vorliegenden Aufsatz – vom Bohemien und nicht vom Boheme gesprochen wird (S. 7). Insbesondere die Seiten 244–279 sind für das Argument des vorliegenden Aufsatzes von Bedeutung, in denen Kreuzer der Einstellung des Bohemiens zum Kunstmarkt nachgeht sowie zur bürgerlichen Arbeit und Geldwirtschaft überhaupt. Während Kreuzer vornehmlich die historisch verbürgte Boheme in den Blick nimmt, untersucht Anne-Rose Meyers Studie ihre Ausgestaltung in literarischen Texten: *Jenseits der Norm. Aspekte der Bohèmedarstellung in der französischen und deutschen Literatur 1830–1910*. Bielefeld 2001. Im Folgenden steht der Bohemien weder in seiner historischen Variation noch in einer konkreten literarischen Figuration sondern in seiner ganz reduzierten Idealtypik im Zentrum.

Luxusgeschmack die Gleichung lauten müsste, dass das Geld, welches man im eigenen Beruf verdient, Möglichkeiten eröffnet, sich freie Zeit jenseits der beruflichen Tätigkeit zu erkaufen, dreht dieser Künstlertypus – bei Bourdieu realhistorisch als jene große Zahl der in die Städte strömenden Künstlern verbürgt, die im neunzehnten Jahrhundert nicht von ihrer Kunst leben können – dieses Verhältnis um: Sie sehen, so Bourdieu, „Geld – das sie oft außerhalb ihres Berufs verdienen – als Mittel an, sich Zeit zum Arbeiten und zur Führung jenes ‚Künstlerlebens' zu verschaffen, das zu ihrer Berufstätigkeit gehört."[35] Damit wird der Ort, der gemeinhin als Freizeit bestimmt ist, zum Ort ihrer eigentlichen Berufung, womit die Unterscheidung von Arbeit und Freizeit bereits unterlaufen wird. Der nach Bourdieu durch „Distanz" ausgezeichnete „künstlerische Lebensstil"[36] verausgabt Zeit in seiner künstlerischen Tätigkeit finanziell meist wenig lukrativ. In der Figur des Bohemiens oder auch des „artiste maudit"[37] wird es geradezu zur Bedingung, dass der ökonomische Erfolg nicht eintritt. Insofern die Zeit ihrer eigentlichen künstlerischen Arbeit kaum ökonomisch ertragreich ist, „tauschen die Künstler (und Intellektuellen) Geld, das sie verdienen könnten, gegen Zeit ein, die sie großzügig ausgeben müssen in der Herstellung von Gegenständen, die oft (wenigstens kurzfristig) keinen Markt finden".[38] Der Künstler verzichtet also für die Verausgabung von Zeit auf ökonomisches Kapital, ohne das ökonomische Kapital aufzuweisen, das diesen Verzicht erst ermöglicht.

Bourdieu zitiert Balzac, wenn er schreibt, dass der Künstler jenseits der üblichen drei Klassen steht, in welche die Menschen eingeteilt werden; jenseits also, so konstatiert er, der Unterscheidung von „l'homme qui travaille", „l'homme qui

---

[35] Bourdieu, *Die feinen Unterschiede* 1987, S. 461. „Il est fréquent que les artistes, par une inversion à peu près complète de la vision du monde ordinaire, considèrent l'argent (gagné souvent par des travaux étrangers à leur métier) comme un moyen d'acheter du temps pour travailler et pour mener la ‚vie d'artiste' qui est partie intégrante de leur activité spécifique" (Bourdieu, *La distinction* 1979, S. 336.)

[36] Bourdieu, *Die feinen Unterschiede* 1987, S. 461. „Le style de vie artiste qui se définit par cette distance à l'égard de tous les autres styles de vie" (Bourdieu, *La distinction* 1979, S. 336.)

[37] Pierre Bourdieu: Kunst und Kultur. Zur Ökonomie symbolischer Güter. Schriften zur Kultursoziologie, Kap. Die Ökonomie der symbolischen Güter. In: Ders.: *Schriften*, Bd. 12.1. Hg. Franz Schultheis und Stephan Egger. Übers. Hella Beister. Konstanz 2011, S. 187–223, hier S. 209.

[38] Bourdieu, *Die feinen Unterschiede* 1987, S. 461. „C'est ainsi que les artistes (et les intellectuels) échangent de l'argent, celui qu'ils pourraient gagner, contre du temps, celui qu'il faut dépenser sans compter pour produire des objets souvent dépourvus de marché (à court terme)" (Bourdieu, *La distinction* 1979, S. 336.)

pense" et „l'homme qui ne fait rien"³⁹ [„arbeitenden", „denkenden" und „untätigen Menschen"]:

> [L]'artiste est une exception : son oisiveté est un travail, et son travail un repos [...]. Qu'il s'occupe à ne rien faire ou qu'il médite un chef-d'œuvre, sans paraître occupé [...], il est toujours l'expression d'une grande pensée et domine la société.⁴⁰
>
> [[D]er Künstler [ist] eine Ausnahme: sein Müßiggang ist eine Arbeit und seine Arbeit ein Ausruhen [...]. Ob er sich damit beschäftigt, nichts zu tun, oder ob er über ein Meisterwerk nachsinnt, ohne dabei beschäftigt zu erscheinen [...]: stets ist er der Ausdruck eines bedeutenden Denkens, er beherrscht die Gesellschaft.⁴¹]

Bourdieu begreift diese Beschreibung Balzacs als Moment einer Konstruktion dieses Typus des Bohemiens. In ihm also soll die Unterscheidung zwischen Arbeit, intellektueller Tätigkeit und Müßiggang kollabieren: Er erscheint als alles zugleich und ist bestrebt den Gegensatz zwischen Arbeit und Müßiggang in seiner Tätigkeit zu überwinden. Einflussreich darin, Moden und Trends zu setzen, besitze der Bohemien vielfach keine Mittel, um auch nur das Lebensnotwendigste zu erwerben. Er ist ein „bourgeois sans le sou"⁴² (Pissarro).

Gerade in dieser Hinsicht dreht der Bohemien die Maslow'sche Bedürfnispyramide um: Weder Sicherheit noch die Befriedigung genuinster Bedürfnisse stellt er vor seine aus Freiheit geborene künstlerische Tätigkeit – mag sie noch so ertraglos sein. Das Nichtstun, die leere Zeit, zählt zu seiner Tätigkeit, die ein Lebensstil ist – sie ist Bedingung für Inspiration, Ausdruck von Distanz und ihm vorrangiges Bedürfnis. Indem seine leere Zeit ökonomische Unabhängigkeit suggeriert, ohne dass er über die Mittel verfügt, die eine solche Unabhängigkeit erst möglich macht, hält er dem Bourgeois den Spiegel vor. Der Bohemien nämlich führt durch den eigenen Lebensstil eine entscheidende Differenz ein: Jene zwischen ökonomischer Überlegenheit (oder mit Adorno gesprochen ‚ökonomischer Freiheit') einerseits und der Freiheit von der Ökonomie andererseits. Die *conspicuous leisure* des Großbürgers demonstriert ökonomische Überlegenheit, bleibt aber in seiner nur scheinbaren selbstzweckartigen Handlung maßgeblich in sie verwoben. Gerade das stellt die *leisure* des Bohemiens aus, die keine ökonomische Stärke bedeutet, und entlarvt die vermeintliche Freiheit des Großbürgers als be-

---

39 Honoré de Balzac: *Traité de la vie élégante*. Paris 1952, S. 16, zit. nach Bourdieu: *Les règles de l'art. Genèse et structure du champ littéraire*. Paris 1992, S. 87.
40 Ebd.
41 Honoré de Balzac: *Traité de la vie élégante* 1952, S. 16, zit. nach Bourdieu, *Die Regeln der Kunst* 2016, S. 96.
42 „Bourgeois ohne einen Sous", zit. in: Bourdieu, *Die Regeln der Kunst* 2016, S. 98.

schränkte Freiheit, insofern sie stark an ökonomische Bedingungen geknüpft ist. Die Freiheit des Großbürgers ist bedingt. Ohne die finanziellen Grundlagen entzieht erst der Bohemien die freie Zeit tatsächlich der ökonomischen Vereinnahmung und erreicht das, was als echte bzw. widerspruchsfreie ‚Freiheit von der Ökonomie' zu bezeichnen wäre – mehr noch als der Flaneur, der die freie Zeit wiederum zur Schau stellt. Der Luxus des Bohemiens ist konsequent temporaler Natur und bleibt jedoch – gerade weil er sich von den finanziellen Bedingungen emanzipiert – existenziell prekär und nicht auf Dauer zu stellen. Von der Notwendigkeit eines Brotjobs immer wieder eingeholt, liegen tatsächliche Freiheit und entfremdete Arbeit in der Figur des Bohemiens stets ganz nahe beisammen. Das ist die Rückseite dieser Verausgabung von Zeit jenseits der Regeln des Kapitals.

Entgegen der Ökonomisierung der Freizeit wird im Lebensstil der Boheme sowohl die Sphäre der Arbeit wie der freien Zeit entökonomisiert. Wenn der Bohemien seine Zeit bis zur existenziellen Bedrohung unökonomisch verausgabt, wendet er sich zugleich gegen die von Hektik und Effizienz beherrschte Logik, die an Legitimität gewann, als auch gegen die *conspicuous leisure*, insofern Letztere selbst in die Ökonomie verstrickt ist, von der frei zu sein sie vorgibt. Gerade in dieser Hinsicht bleibt der Bohemien in beide Richtungen und damit an der Schnittstelle der Debatte um Zeit als Luxus eine, wenn nicht *die* kritische Reflexionsfigur.

Hartmut Böhme
Natur und Evolution: Zu einer anderen Ökonomie und Ästhetik von Luxus

I Luxus in der Natur?

Ist der Begriff Luxus in einem Feld sinnvoll, das allenfalls metaphorisch mit Luxus assoziiert wurde: die Natur? Luxus gehört, so wird allgemein gesagt, zum Menschen. Er sei also ein Anthropologicum: Das aber könnte ein speziesistisches Vorurteil sein. Oder Luxus sei eine kulturelle und soziale Kategorie: Das könnte ein kulturalistisches und soziozentrisches Präjudiz sein. Oder Luxus sei ein politökonomisches Konzept: Das könnte eine Verengung sein, die übersehen lässt, dass es außerökonomische Formen des Luxus gibt. Schließlich sei Luxus ein Phänomen, das in der Ethik zu verhandeln ist: Was aber, wenn es Luxusformen gäbe, die zu moralisieren sachfremd ist?[1]

Ich schlage vor, dem Luxus einen Spielraum einzuräumen eben dort, wo er ein Fremdling zu sein scheint. In anderem Kontext nennt Kant die Formkraft der Natur einen „tief versteckten" „Fremdling in der Naturwissenschaft" (KdU B 320). Bei Kant stellt sich heraus, dass der Fremdling ‚Formkraft' geradezu zentral ist – als Zweckmäßigkeit der Natur. Parallel dazu geht es hier um ein Asyl des Luxus in der Theorie und Ästhetik der Natur, das vielleicht zu einem Daueraufenthalt werden kann. Ich deute in sieben Punkten an, warum vom Luxus der Natur zu sprechen sinnvoll ist:

1. Es gibt in der belebten Natur Phänomene, die nicht notwendig, aber auch nicht unmöglich sind. Das ist das Kontingente, aber auch das Überflüssige, Luxurierende. Es sind solche Phänomene, die, nach Darwin, nicht zur *natural selection* gehören, sondern von der zweiten großen Matrix des biologischen Lebens hervorgebracht werden: der *sexual selection*. Die *natural selection* erzwingt Verhaltensweisen und Eigenschaften, die um den Preis des Lebens erfolgreich sein müssen. Die *sexual selection* hingegen kreiert, auf der Basis erfolgreicher Anpassung an Lebensbedingungen, ein eigenes Feld: das Spiel von Attraktionen und

---

[1] Begriffsgeschichtliches zum Luxus: *Historisches Wörterbuch der Philosophie*, Bd. 5. Hg. Joachim Ritter und Karlfried Gründer. Basel 1980, Sp. 565–569. – Joseph Vogl: Art. „Luxus". In: *Ästhetische Grundbegriffe*, Bd. 3. Hg. Karlheinz Barck. Stuttgart 2003, Sp. 694–708. – Christopher J. Berry: *The Idea of Luxury. A conceptual and historical Investigation*. Cambridge 1994. – Dorit Grugel-Pannier: *Luxus. Eine begriffs- und ideengeschichtliche Untersuchung unter besonderer Berücksichtigung von Bernard Mandeville*. Frankfurt / M. 1996.

Gefallen, von Schmuck, Ornament und Koloratur. Hier geht es nicht ums Überleben, um Lebensfristung, sondern um Generativität, um die optimierte Chance, Leben weiterzugeben und den phyletischen Strom fortzusetzen. Der Gewinn ist nicht das Überleben der Entität, sondern die Prolongierung des Lebens über das gerade Existierende hinaus. Der Verlust besteht nicht im Tod, sondern darin, in der Choreographie der Werbung der Verlierer zu sein, sich also nicht fortpflanzen zu können.

In der Matrix der *sexual selection* wird ein Überschuss über das Lebensnotwendige hinaus, eine Üppigkeit und ästhetische Vielfalt geschaffen, die man Luxus nennen kann. Das Generative ist wahrhaft generös. In der Natur ist die *sexual selection* der Luxus-Generator schlechthin, bis zu jener fast unvorstellbaren Grenze, dass *à la longue* genau die Körper und Eigenschaften gebildet werden, welche die höchsten Attraktionsraten aufweisen. *Sexual selection* ist kreativ schon, noch bevor das Zeugungsgeschäft im engeren Sinn beginnt. Diejenigen, die über die Selektions-Potenz verfügen, in der Regel die Weibchen, generieren über gewaltige Zeiträume durch Auswahl eben jene Körper und Vermögen (Gesang, Nestbau, Ornamente etc.), welche Männchen aufweisen müssen, um den Weibchen zu gefallen. Nur dann haben sie eine Chance, ins Geschehen der sexuellen Generativität einzusteigen. Dafür bedarf es Variation, Differenzierung, Üppigkeit, Pracht, kurzum: Luxus. Die Darwin'sche Theorie der *sexual selection*, die den längsten Teil des Werkes *The Descent of Man, and Selection in Relation to Sex* von 1871 füllt, ist eine beeindruckende Theorie des Luxus.[2]

2. Über diese Darwin'sche Theorie körperbildender Agency hinaus, die nach Blumenbach „Bildungstrieb" heißt,[3] gibt es weitere Phänomene, die es erlauben, von Luxus in der Natur zu sprechen. Hier mag ein Vers aus Klopstocks Ode *Der Zürchersee* (1750) die Richtung andeuten: „Schön ist, Mutter Natur, deiner Erfindung Pracht / Auf die Fluren verstreut".[4] Nach alter Tradition sagt dies: Die Natur insgesamt hat einen ästhetischen Charakter. Sie ist nicht nur *natura naturata*, also das Produkt eines göttlichen Autors oder Designers, sondern sie ist *natura nat-*

---

2 Charles Darwin: *The Descent of Man, and Selection in Relation to Sex*. London 1871, Bd. 1, S. 252–423; Bd. 2, S. 1–405.– Deutsch: Charles Darwin: *Die Abstammung des Menschen*. Wiesbaden ²1992, S. 273–706.
3 Johann Friedrich Blumenbach: *Über den Bildungstrieb und das Zeugungsgeschäfte*. Göttingen 1781. Den Bildungstrieb nennt Blumenbach auch *nisus formativus*. Er sei eine Elementarkraft, die den drei anderen Kräften des Organismus zugrunde liegt: der Generation, Nutrition und Reproduktion.
4 Friedrich Gottlieb Klopstock: Der Zürchersee. In: *Die deutsche Literatur. Texte und Zeugnisse: 18. Jahrhundert*. Hg. Walther Killy. 1. Teilband. München 1983, S. 418–420. Die beiden Verse werden sofort in anthropozentrischer und theozentrischer Manier umgebogen: „[...] schöner ein froh Gesicht,/ das den großen Gedanken/ Deiner Schöpfung noch einmal denkt".

urans, Natur als hervorbringender Prozess. Sie bringt hervor, was Merkmale der Kunst sind: Inventio, Opulenz, Pracht, Schönheit, Verteilung von Massen und Lebewesen im Raum, der dadurch zur Landschaft wird. Fauna und Flora prozessieren im ästhetischen Modus – und daher entsteht, was den Eindruck des Luxus in der Natur evoziert.

3. Sind an dieser *vis plastica naturae*, der Formkraft in der Natur, auch die nicht-biologischen Entitäten beteiligt? Die Felsen? Die Erden? Die Erscheinungen des Wassers? Wolken? Bäche und Flüsse? Meer? Nebel? Regen? Ja. Alles kann ein Beitrag zur Formenwelt der Natur sein bzw. zum absichtslosen Akteur der gestalteten Welt werden. Besonders nach seiner Expedition mit der *Beagle* entspricht es der Auffassung Darwins, die Natur zum Inbegriff des wuchernden Lebens zu stilisieren. Man denke an die berühmte Schlusspassage von *On the Origin of Species*, eine Apotheose der „entangled bank".[5] Dies ist eine andere Naturkonzeption als die funktionalistische der neodarwinistischen Ästhetik, die sich vor allem auf die Steigerung der Fitness und der Reproduktionschancen mittels Ästhetik konzentriert: Schönheit sei adaptiv *und* sexy. Bei Darwin erkennt man dagegen noch das erhabene Erbe der Naturästhetik – *the grandeur in this view of life* –, die ihre Wurzeln in seinen Naturerfahrungen hat. Diese Seite des Darwin'schen Denkens steht dem auf Vorteile im Wettstreit um Selbsterhaltung reduzierten Funktionalismus gegenüber. Es sind Bilder einer in vitaler Fülle arbeitenden, luxuriösen und großartigen Natur.[6]

4. Aussagen über Bildungskraft, Schönheit oder Luxus der Natur können indes nicht schlicht als Merkmale der Natur selbst verstanden werden. Sie sind immer zugleich Artikulationen desjenigen Subjekts, das über diese Natur Wahr-

---

[5] Charles Darwin: *On the origin of species by means of natural selection, or the preservation of favoured races in the struggle for life*. London 1859, S. 489–490. Diese naturimmanente Schlusspointe wird, in Anpassung an die christliche Umgebung Darwins, in der 2. Aufl. von 1860 deistisch auf den Schöpfergott bezogen: „[...] having been originally breathed *by the creator* into a few forms or into one [...]" (meine Hervorhebung, H.B.).

[6] Vgl. die materialreiche Arbeit von Lorraine Jennifer Daston und Katherine Park: *Wonders and the Other of Nature. 1150–1750*. New York 1998. – Die luxurierende Welt der belebten Sphären von Luft und Wasser rekonstruiert Natascha Adamowsky: *Das Wunder in der Moderne. Eine andere Kulturgeschichte des Fliegens*. München 2010. – Dies.: *Ozeanische Wunder. Entdeckung und Eroberung des Meeres in der Moderne*. Paderborn 2017. – Adamowsky demonstriert, in Absetzung zu der These von Daston/Park, wonach es in der Moderne keine ‚Wunder der Natur' mehr gäbe, wie mit dem Horizont der Verwissenschaftlichung auch der Horizont des Wunderbaren in der Moderne weiter wächst. – In wissenschaftshistorischer Perspektive: Natascha Adamowsky, Hartmut Böhme und Robert Felfe (Hg.): *„Ludi Naturae". Spiele der Natur in Kunst und Wissenschaft*. München 2010. – Spiel ist diejenige Kategorie bei Schiller, die, anders als Arbeit oder Notwendigkeit, dem Luxus korrespondiert.

nehmungsurteile fällt, in denen das Subjekt sich selbst ausspricht. Von Darwin her aber sind Wahrnehmungs-Urteile, von denen es hunderte in seinem Werk gibt, nicht auf die Sphäre des Subjekts beschränkt. Denn da die Modi der multisensorischen Wahrnehmung selbst aus sehr alten Mechanismen der natürlichen und der sexuellen Selektion hervorgewachsen sind, muss man sie als Merkmale der Einpassung in Natur verstehen. *Ästhetische Effekte und Wahrnehmungen sind Derivate der evolutionären Natur selbst*, nicht deren Entgegensetzung. Überfluss, Pracht, Üppigkeit, ostentative Performanz, Luxus sind ebenso wie Mangel, Sparsamkeit, Hunger, Zerstörung und Tod keine menschlichen Privilegien, sondern die Pole, zwischen denen das allgemeine Leben pendelt.

5. Luxus wurde im achtzehnten Jahrhundert oft im Rahmen der *oeconomia naturae* oder der entstehenden Nationalökonomie diskutiert.[7] Das soll hier nicht wiederholt werden, weil der Gegensatz von Mangel und Luxus im Naturhaushalt nicht besteht. Im Etat der Natur besteht zwar Ordnung, die sich selbst stabilisiert. An der Natur zuerst geht der Mechanismus der Selbstorganisation auf, der dann auf die Ökonomie von Gesellschaften übertragen wird. Aber man lernt auch, dass die Kräfte des Überflusses und der Knappheit kein stabiles, sondern ein fließendes Gleichgewicht bilden. Alles ist im Fluss. Es gibt weder einen Distinktions-Imperativ, womit in Gesellschaften Luxus und Überfluss maximiert werden,[8] noch ein Sparsamkeits-Gebot, das vorgeblich ein Erfordernis rationalen Wirtschaftshandelns ist und deswegen Verschwendung diskriminiert.[9] Die Natur ist kein

---

[7] Die Gelehrten, die eine enge Verknüpfung von Ökonomie und Luxus behaupteten, sind Thorstein Veblen: *Theorie der feinen Leute. Eine ökonomische Untersuchung der Institutionen*. Frankfurt / M. 1986 [zuerst engl. 1899] und Werner Sombart: *Luxus und Kapitalismus*. München und Leipzig 1913. – Den Gegenpart zu Veblen und Sombart bietet Max Weber: *Die protestantische Ethik und der Geist des Kapitalismus* (1904/5). Hg. Klaus Lichtblau und Johannes Weiß. Wiesbaden 2016. – Neuere Literatur: Karl Polanyi: Die Semantik der Verschwendung. In: Ders.: *Ökonomie und Gesellschaft*. Frankfurt / M. 1979, S. 317–345. – Rolf Peter Sieferle: *Bevölkerungswachstum und Naturhaushalt. Studien zur Naturtheorie der klassischen Ökonomie*. Frankfurt / M. 1990. – Reinhold Reith und Torsten Meyer (Hg.): *Luxus und Konsum – eine historische Annäherung*. Münster 2003. – In der Literatur findet man das Thema ‚Luxus und Ökonomie' etwa bei Thomas Mann, vgl. Maximilian Bergengruen: Die Ökonomie des Luxus: Zum Verhältnis von Betriebs- und Nervenkapital in Thomas Manns *Buddenbrooks*. In: *Luxus. Die Ambivalenz des Überflüssigen in der Moderne*. Hg. Christine Weder und Maximilian Bergengruen. Göttingen 2011, S. 235–256. – Eine bloße Materialsammlung bietet Piero Camporesi: *Der feine Geschmack: Luxus und Moden im 18. Jahrhundert*. Frankfurt / M. und New York 1992.

[8] Michael Jäckel und Franziska Schößler: Luxus als Distinktion und Kommunikation. Eine Einleitung. In: *Luxus: Interdisziplinäre Beiträge zu Formen und Repräsentationen des Konsums*. Hg. Michael Jäckel. Trier 2008, S. 3–38.

[9] Hier liegt der Grund für die Außenseiter-Position der ökonomischen Theorien von Georges Bataille: *Die Aufhebung der Ökonomie*. Übers. Traugott König, Heinz Abosch und Gerd Bergfleth.

Vorbild für die Unverrückbarkeit von Ordnungen, wie dies oft unterstellt wird. Sie ist ebenso wenig ein Vorbild für Austeritäts-Politik und Konsum-Verzicht.[10]

Man weiß, dass es Grenzwerte von Wachstum und Rezession, von Stabilität und Wohlergehen einerseits und Zerfall und Niedergang andererseits gibt. Deswegen ist weder Armut noch Luxus generalisierbar, sondern sie bilden das um einen mittleren Wert pendelnde Gleichgewicht der Kräfte. Diese Kräfte können völlig aus dem Gleichgewicht geraten, mit chaotischen Folgen, insbesondere, wenn das fragile Dreieck von Nahrungsressourcen, Territorium und Bevölkerungsdichte aus den Fugen gerät oder externe Faktoren (wie Naturkatastrophen, Klimawandel) das kulturelle Gefüge destabilisieren oder gar zerstören. Dann kollabieren auch die gegenstrebigen Kräfte von Luxus und Knappheit. Es herrscht Homogenität und Entdifferenzierung. Die Gleichheit aller aber ist ein Grenzwert, der keineswegs das Reich der Gerechtigkeit herbeiführt, sondern vielmehr den Niedergang und das Sterben einer Kultur oder Spezies.[11] So setzt etwa eine Bevölkerungskrise dann ein, wenn Territorium und Ressourcen nicht proportional zur Bevölkerung wachsen, sondern womöglich abnehmen. Das Versiegen von Ressourcen und die Verödung von fruchtbarem Land führen zu einem drastischen Rückgang der Bevölkerung (eine umgekehrte Malthusianische Katastrophe). Doch auch bei tarierten Proportionen zwischen *Bevölkerung – Territorium – Ressourcen* ist der Tod als Regulator notwendig, damit überhaupt die Menschheit im Rahmen einer limitierten Natur existieren kann.

6. So wenig die Natur für die Unverrückbarkeit von Ordnungen einzustehen hat, so wenig begünstigt sie die Gleichheit der Dinge und Lebewesen. Zwar gilt die Kant'sche Auffassung, wonach Natur ein gesetzlich geregelter Zusammenhang ist. Aber unterhalb dieses abstrakten Prinzips, also in der empirischen Welt und besonders auf der belebten Erde, gilt auch das Gegenteil: Ununterbrochen wird Nicht-Identisches produziert, variiert sich das Dasein der Dinge, ist keins wie das andere und jedes einzelne immer im Wandel seiner selbst, kurz: Vielheit und Differenz herrschen ebenso unverbrüchlich wie Gesetz und Regel.

Berlin ²1985 [frz. zuerst 1967]. – Philosophisch systematisch, mit dem Instrumentarium der Phänomenologie, nähert sich dem Luxus: Lambert Wiesing: *Luxus*. Frankfurt / M. 2015.
10 Die imperative Orientierung an Austerität wird auch in der Wirtschaftstheorie kritisiert: Florian Schui: *Austerity. The Great Failure*. New Haven 2015. – Zu Konsum und Luxus, ohne sie einer Ethik der Sparsamkeit aufzuopfern, vgl. Aida Bosch: *Konsum und Exklusion. Eine Kultursoziologie der Dinge*. Bielefeld 2010. – Es ist nicht einfach, Austeritätsnormen aus der alten Tradition der Gleichsetzung von Luxus und Sünde zu befreien.
11 Warum ist das so? Wenn Gleichheit generalisiert würde, also alle gleich wären (und nicht nur in einzelnen Hinsichten gleich, z. B. vor dem Gesetz), dann schwindet jede Dynamik von Kulturen oder Spezies, die gerade Differenz und Ungleichheit als agenzielle Kraft benötigen.

Gerechtigkeit in der Natur besteht nicht in der Gleichheit vor dem Gesetz oder der Gleichheit in der Verteilung der Güter, wie Menschen dies für ihre Gemeinschaft anstreben. Sondern die Generosität der Natur besteht just darin, dass sie nicht jeder, aber unzählbar vielen Varianten und Differenzen, mithin Ungleichheiten und Besonderheiten Raum zur Entfaltung lässt. Dadurch entsteht dieses einzigartige Universum verschwenderischer Verschiedenheiten, das man auch ein Universum des Luxus nennen darf, sofern man Luxus als die Lust erzeugende Differenz des Einen vom Anderen versteht. Luxus ist ein distinktiver, exklusiver *und* vervielfältigender Mechanismus. Eben dies aber bereitet uns in der sozialen und ökonomischen Welt so viele ethische Probleme.[12] Die Natur ist zwar kein ungerechter, aber ein gerechtigkeitsloser Raum. Dies hat zur Folge, dass eben die Räume, in denen wir nach Maßgabe von Gerechtigkeitsprinzipien Gleichheit hergestellt haben, nur Inseln sind im wogenden Meer von Ungleichheiten. Luxus der Natur ist weder mit Gleichheit noch mit Gerechtigkeit theoretisch oder gar ontologisch assoziiert. Im sozialen Raum können wir dies nicht akzeptieren (weswegen z. B. Luxussteuern erhoben werden[13]); während wir es im Reich der Natur ästhetisch schätzen (dürfen).

7. Wir setzen voraus, dass es ‚Luxus ohne den Menschen' gibt. Das widerspricht der Annahme von Lambert Wiesing, der argumentiert, dass, wenn wir von Luxus sprechen, es Menschen geben müsse, die etwas als Luxus erfahren.[14] In radikal anthropozentrischer Sicht bindet Wiesing das Phänomen Luxus an die spezifisch menschliche Erfahrung. Hier aber wird der Gedanke ausprobiert, ob es einen transpersonalen Luxus gib, der nicht von einer Person ästhetisch erfahren werden muss. Woher wissen wir, dass Tieren ästhetische Erfahrungen fehlen? Wenn beispielsweise ein Argusfasan-Weibchen die Ornamentik des einen Männchen dem eines anderen vorzieht, oder wenn ein Amsel-Weibchen die Koloraturen eines männlichen Sängers gegenüber denen eines anderen präferiert und deswegen jenem die Möglichkeit zur Paarung eröffnet: dann hat dieses Weibchen ein ästhetisches Urteil gefällt, auch wenn wir zögern, dem Weibchen ein Bewusstsein, ja überhaupt Intentionalität und Urteilskraft und damit einen Subjektstatus zuzubilligen. Ist also, so ist zu fragen, Ästhetik und damit dasjenige Vermögen, das für Wiesing als Voraussetzung von Luxus gilt, ein Humanprivileg? Wie aber kommt es, dass Natur- wie Geisteswissenschaftler nicht nur das Phänomen, sondern auch die Erfahrung des Schönen tief im Tierreich verankern?

---

12 Vgl. Christian Neuhäuser: *Reichtum als moralisches Problem*. Berlin 2018.
13 Worauf bereits Kleist reagiert: Vgl. Anna Castelli: Kleist, Rousseau und der Luxus. Oszillation eines Begriffs in Briefen, „Berliner Abendblättern" und „Der Findling". In: *Kleist-Jahrbuch* (2013), S. 142–153.
14 Wiesing, *Luxus* 2015, S. 14 u. ö.

Und selbst wenn man den Menschen wegdenkt; sind dann auch jene Phänomene verschwunden, welche die Grundlage für ästhetische Erfahrungen überhaupt sind? Oder anders; wenn der Begriff von Welt verschwindet, weil der Mensch verschwunden ist, ist dann auch die Welt verschwunden, von der sich der Mensch einen Begriff machte? Ist nicht der Mensch gerade dadurch ausgezeichnet, dass er sich ein Bild der „Welt ohne uns" zu machen in der Lage ist, worüber z. B. Alan Weisman ein ganzes Buch schreibt? Dieses Buch konnte er nur schreiben, weil die Menschen im Laufe ihrer Geschichte die Fähigkeit entwickelt haben, ein Wissen über die ‚Weltwahrnehmung' einer Zecke (so Jakob von Uexküll, 1920),[15] über Jahrmilliarden alte Universen oder über die ersten 100 Millionen Jahre von Europa (Tim Flannery 2019) zu entwickeln. So auch gewinnen wir Wissen über die Vernetzung von Pilzen, die etwas ins Werk setzen, wozu wir Menschen Planung, Kommunikation, Intentionen und technische Kompetenz benötigen (wie Jean-Henri Fabre & Judith Schalansky 2015, Anna Lowenhaupt Tsing 2019).

„*Alle Wirklichkeit ist subjektive Erscheinung* – dies muß die große grundlegende Erkenntnis auch der Biologie bilden", schreibt Uexküll.[16] Dieser Satz bestimmt indirekt auch den Ansatz von Lambert Wiesing. Uns Menschen kann demnach zu ‚Welt' nur werden, was der Struktur unseres Wahrnehmungs- und Erkenntnisapparats entspricht; alles andere ist und bleibt *terra incognita*. Luxus wäre demnach jene ‚subjektive Erscheinung', die nur für diejenigen existieren kann, denen etwas in der Welt als Luxus erscheint. Das aber trifft nicht zu. Damit wäre jedes Fremderkennen und jede Fremderfahrung unmöglich. Und so verstanden wäre der Satz Uexkülls ein Selbst-Missverständnis. Gerade dieser Biologe trifft Aussagen über die Wahrnehmung von Zecken – so, wie heute Biologen über alle möglichen Tier- und Pflanzen-Spezies und deren Wahrnehmungswelt urteilen. Wir können Aussagen darüber treffen, was für eine Weltwahrnehmung ein Vogelweibchen haben muss, wenn es aufgrund eines besonderen Gesangs dahinschmilzt, schwelgt, Lust empfindet und paarungsbereit wird. Das ist seine Weise, Luxus zu erfahren.

Aus alledem schließen wir, dass es erstens viele Phänomene in der Natur gibt, die wir mit nicht-menschlichen Entitäten teilen; und dass zweitens auch das in der Natur nicht vollständig verschlossen ist, was uns denkbar fern steht, wie der Urknall oder die Zecke. Das gilt auch umgekehrt: Tiere können eine unbegriffliche Erfahrung von etwas haben, was wir Menschen begrifflich als ‚Luxus' bezeichnen.

---

15 Benjamin Bühler: Zecke. In: *Vom Übertier. Ein Bestiarium des Wissens*. Hg. Ders. und Stefan Rieger. Frankfurt / M. 2006.
16 Jakob von Uexküll: *Theoretische Biologie*. Frankfurt / M. 1973, S. 7.

Sprich: Luxus ohne Menschen gibt es, wenn denn Tieren eine lustvolle Wahrnehmung von irgendwelchen, für sie aber animierenden Seinsqualitäten zugebilligt wird. Dies ist keine Frage einer epistemologischen Möglichkeit (über die es keinen Streit geben kann), sondern der ethischen und ästhetischen Zubilligung von Überschneidungen der tierischen mit der menschlichen Wahrnehmungswelt.[17]

II „Wie herrlich leuchtet mir die Natur!" (Goethe: *Mayfest*)

Die entworfene Fragestellung wird in zwei Schritten entfaltet. Zuerst wird an Beispielen der Kunst des siebzehnten und achtzehnten Jahrhunderts gezeigt, dass in der Vormoderne der Luxus nicht nur mit Gesellschaft assoziiert wurde, sondern auch mit Natur. Eine Passage aus der Schrift *Über die ästhetische Erziehung des Menschen* (1795/1801) von Schiller bildet dann die Gelenkstelle zum zweiten Teil: Hier geht es um Darwin und seine in *The Descent of Man* (1871) ausgeführte Entdeckung, dass die „sexual selection" initiativ für die Entwicklung von Körper-Ornamenten und Balz-Ritualen ist wie auch für die kunstvolle Ausdifferenzierung von Ausstattung und Verhalten der Tiere. Für Darwin ist die *sexual selection* die Antriebskraft für die Entstehung des Luxus in der Natur. Ohne theoretische Skrupel also wird im Fortgang die *vis plastica naturae* als eine Bildungskraft dargestellt, die *auch* den Luxus einschließt.

Ich beginne mit einem Sottobosco *Waldboden mit blauen Winden und Kröte* (1660) von Otto Marseus von Schrieck (Abb. 1), zweihundert Jahre vor Darwin. Ich übergehe die alchemischen, symbolischen, religiösen Bedeutungen von Schmetterling/Raupen (Psyche, Metamorphose), Erdkröte (Terra), Eidechse (Mercurius), Maus (Spontanzeugung), von blaustrahlender Ranke/Winde und Mariendistel sowie der als *psychomachia* entwickelten Polarität der Komposition.[18] Aus einer unbestimmten Quelle fällt weniges Licht auf den Waldboden, der, zusammen mit dem düsteren Hintergrund, wie eine Grotte wirkt. Oben rechts öffnet sich ein schwacher Durchblick auf eine Landschaft. Der Boden ist uneben, in erdigem Ton, feucht, moosig: auf ihm tummelt sich ein reges Leben von Tieren

---

17 Vgl. Hartmut Böhme: Über den Menschen, der kein Tier sein will, und den Menschen auf Verwandtensuche. In: *Paragrana* Bd. 29, H. 1 (2020), S. 97–113.
18 Karin Leonhard: Psychomachia. Das Waldbodenstillleben im Agon der Kräfte. In: *Die Menagerie der Medusa. Otto Marseus van Schrieck und die Gelehrten.* Hg. Gero Seelig. München 2017, S. 171–207.

Natur und Evolution: Zu einer anderen Ökonomie und Ästhetik von Luxus — 153

Abb. 1: Otto Marseus van Schrieck (1613–1678): Waldbodenstillleben (boschgrondjes, Sottobosco), 1660, Öl auf Leinwand, 53,7 x 68 cm. Museum Schwerin.

und Pflanzen. Die blütenlose Mariendistel korrespondiert der vielfach geschlungenen Winde in reicher Blütenfülle. Sie ist in wertvollem Lapislazuli-Blau gehalten, beide sind mit der Marien-Ikonologie verbunden. Tiere drängen sich auf engstem Raum: Schmetterlinge, Raupen, Spinnen, eine Hummel, ein Grashüpfer und eine Zikade, und in der Hauptrolle: eine Erdkröte, die soeben mit ihrer schnellenden Zunge einen Schmetterling einfängt und im Nu verschlungen haben wird. Die Raupen werden sich langsam durchs Blattwerk fressen, bis sie die Metamorphose zu einem Schmetterling erfahren, der wiederum von der Kröte gefressen wird. Natur zeigt nicht nur Harmonie, sondern auch den tödlichen Agon.

Zweifellos handelt es sich nicht um ein höchst artifizielles Arrangement. Es folgt nicht der Friedensbotschaft vom Paradies, sondern anderen naturphilosophischen Traditionen. Dies ist zuerst nutritive Kreislauf, sodann jene *generatio spontanea*, die von Aristoteles erfunden und von Ovid in seiner Geognosie literarisch gestaltet wird: All die erdnahen Lebewesen, insbesondere Kleintiere, sind spontane Kreationen der Erdfeuchte, Gestaltungen der *vis plastica*, der schöpferischen Materie, in der sie wie im „Schoße der Mutter" heranreifen (Ovid: Met. I, 416–37). Das ist γένεσις αὐτόματος, die Archigenese der unscheinbaren Lebewesen. Die Magna Mater in ihrer prokreativen Kraft ist das Sinnbild der organisierten und stets wandelbaren Formen und Stoffe. In diesem biotischen Prozess herrscht eine spannungsreiche Polarität von Leben und Tod, von Fressen und Gefressenwerden, von prächtigem Blühen (Winde) und schmerzhaftem Leiden (Mariendistel), von Generativität und Metamorphose. In den prokreativen wie in den destruktiven Kräften der Natur herrscht eine Üppigkeit der gestaltenden Prozesse und organischen Formen. Das ist das wahrhaft Luxurierende. Gerade das Unscheinbare im Dunkel einer Grotte wird als *natura naturans* ausgezeichnet. Es ist diese Kraft der Materie, die sich in der „Welt ohne uns" behauptet, ein ‚Luxus im Abseits'. Der biotische Kosmos wird hier komprimiert in der wuchernden Üppigkeit und bewegten Gedrängtheit der tierischen und pflanzlichen Lebewesen.

Die Pracht der Ornamente widerstreitet keineswegs jener antagonistischen Dynamik der Kräfte, die das Leben und Sterben der Wesen antreiben, wie in Johan Teylers *Schlange und Schmetterling* zu erkennen ist (Abb. 2). Diese ewige Gegen-

Abb. 2: Johan Teyler: Schlange und Schmetterling (nach Otto Marseus?): ca. 1670, Radierung a là poupée in mehreren Farben, 17,5 cm x 43,8 cm, © Rijksmuseum, Rijksprentenkabinett, Amsterdam. Fotoquelle: © Staatliches Museum Schwerin / Ludwigslust / Güstrow, E. Walford 2017.

wart der immer wechselnden Kräfte und Formen nenne ich den Luxus in der Natur. Doch ihn der Natur zuzuschreiben, offenbart zugleich eine Kunst, die sich im ästhetischen Arrangement zu erkennen gibt. Es ist auch der Luxus der Darstellung, der den Eindruck eines Überflusses der Natur erzeugt. Ein Beispiel für die Approximation von Natur und Kunst.

Abb. 3: Herman Hengstenburgh (1667–1729): Meeresschnecken-Stilleben I. Aquarell- und Deckfarben auf Pergament, 213 x 302 mm, Nr. 36 aus dem *Album amicorum* von Jan Gerritsz. van Bronckhorst, SL 5279 36. Abb. 14 in: Katharina Schmidt-Loske: *Die Tierwelt der Maria Sybilla Merian (1647–1717). Arten, Beschreibungen und Illustrationen.* Marburg und Lahn 2007, S. 171.

Hermann Hengstenburgh betont in seinen virtuosen Meeresschnecken-Stillleben (Abb. 3) gerade die Zeitlosigkeit, die dem Luxus der Formen und Ornamente zukommt. Und wie Jan van Kessel achtunddreißig Insekten, Käfer, Reptilien, Schmetterlinge und sogar einen Miniatur-Drachen wie in der Schauvitrine eines Naturalienkabinetts versammelt (Abb. 4), so wird das künstliche Gewimmel zur Abbreviatur des luxurierenden Spiels der Natur mit Farben, Formen, Mustern und Ornamenten. Auch hier erkennt man eine eigenartige Stillstellung der Zeit. Wir sind als Betrachter nicht länger der Zeitlichkeit eingedenk, der wir als Bürger unterliegen, und genießen den zeitlosen Luxus einer Natur, die an Lebensformen niemals genug haben kann.

Dies ist in den beiden folgenden Werken ganz anders. Wir sehen ein römisches Fußbodenmosaik, den sog. *Asárotos Oikos* (Abb. 5). Es ist, als wären die verstreuten Speisereste eines Gastgelages verewigt – memoriale Relikte einer auf immer vergangenen Situation. Vielleicht hier zuerst findet man, zu Effekten der Schaulust verwandelt, die eigentümliche Spannung von radikaler Verzeitlichung des Lebens und der Kraft einer Kunst, welche die Vergängnis in einen Nunc Stans verwandelt. Zum zweiten aber finden wir die Aufmerksamkeit für das Unschein-

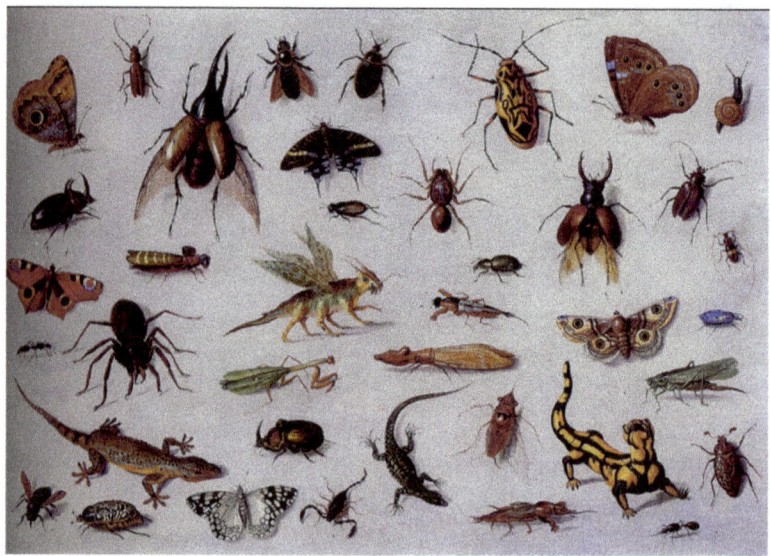

Abb. 4: Jan van Kessel: Studie von Insekten und Reptilien. Ca. 1660, Öl auf Kupfer, 38,5, x 55,5 cm. Collection of Mr. and Mrs. Paul Mellon, Upperville, Virginia.

bare, die stille Welt der niederen Dinge, die aus dem Kreislauf der Nutrition ausgeschieden werden. Nichts ist so sehr dem Werden und Vergehen unterworfen wie die Dinge der nutritiven Reproduktion. Gerade sie mit aller appetitiven Begehrlichkeit auszustatten oder auch an den Rand des Ekels zu führen, ist ein großes Thema der Stillleben.

Abgestiegen aus dem patrizischen Milieu der römischen Villa finden wir bei dem Spezialisten für Lebensmittel- und Marktszenen Pieter Aertsen (Abb. 6) den Fliesenboden übersät von Gemüse, Klogs, Schwert, Eiern, Muscheln, Blumen, Geschirr eines bäuerlichen Ess- und Tanzgelages im Bordell: Luxus der kleinen Leute. Einige Bildausschnitte muten an wie kleine Stillleben von Dingen. Auch bemerken wir *trompe l'œil*-Effekte, wenn man befürchten muss, dass jeden Augenblick Holzteller mit Brötchen und Messer über die Tischkante hinweg auf den Boden fallen werden, um das dort versammelte Ding-Chaos zu vermehren. Die Schwerkraft der Dinge wird spürbar. Alles vergeht und vieles wird stürzen – etwa der Betrunkene, wie hinter ihm die irdene Vase mit Porree-Stangen anzeigt, ein Zeichen für Bordell. Der Mann droht hintüber zu fallen und wird alles auf dem Tisch mitreißen: Das ist der Lauf der Dinge und der Zeit, vor dem der erhobene Zeigefinger der jungen Magd warnt. So kommt auch hier die für Maler undarstellbare Zeit ins Spiel.

Natur und Evolution: Zu einer anderen Ökonomie und Ästhetik von Luxus — 157

Abb. 5: Der ungefegte Raum (Asárotos oikos). Sign. „Herakleitos", hadrianisch, Kopie Heraklits (2. Jh. n. Chr.), aus der Vigna Lupi, Rom, nach Sosos von Pergamon, Mosaik, Fragment, 405 x 410 cm (Ausschnitt), Rom, Musei Vaticani, Inv. 10132. In: Sybille Ebert-Schifferer: *Die Geschichte des Stillebens*. München 1998, S. 17. (Vgl. Plinius: Naturgeschichte. Bd. XXXVI, 184).

Abb. 6: Pieter Aertsen: De Eierdans. 1552, Öl auf Holz, 84 x 172 cm. Rijksmuseum Amsterdam.

Abb. 7: Seeigel und Meeresschnecken, ca. 1560–1570, Aquarell und Gouache auf Pergament, 63,5 x 86,5 cm, Wien, Österreichische Nationalbibliothek, Cod. s. n. 2669, fol. 86v, in: Sybille Ebert-Schifferer: *Die Geschichte des Stillebens*. München 1998, S. 57.

Ähnlich der Komposition des *Asárotos Oikos* schuf Giorgio Liberale für die Sammlungen des Erzherzogs Ferdinand II. von Tirol eine Schautafel, auf der das Auge schweifen soll (Abb. 7). Seeschnecken und Seeigel werden scheinbar zufällig so arrangiert, als seien sie vom Meer auf den Strand gespült worden. Dieser Eindruck wird desillusioniert, indem unten rechts eine Alge gerade dabei ist, über den Bildrahmen hinauszutreiben, während oben rechts das scheinbare Ufer aufgeklappt ist und sich damit als eingerissene Mal-Leinwand erweist. Das blaue Meer ist nur der Malgrund eines anderen Bildes, das vielleicht in den schattenhaft durchscheinenden Spulwürmern und Schecken zu ahnen ist. So sehr Liberale dem Verismus folgt, so sehr erweist er alles als nichts als Kunst. Sie zeigt sich *als* Kunst umso mehr, als sie Natur so anschaulich darstellt, wie Natur es niemals könnte. Liberale prägt das Kompositbild; dieser Bildtypus simuliert einen Luxus der Kunst, der doch von Natur übertroffen wird.

Was die Zeitlichkeit dieser Naturauffassung angeht, so ist sie vormodern in dem Sinne, als keine evolutionären Dynamiken ins Bild kommen. Kampf und Sterben, Organisation und Generativität, Gestaltung und Entstaltung sind ewige Gegenwart. Üppigkeit und Überschuss, Luxus und Pracht sind in gleicher Weise Zeugen eines entwicklungslosen Jetzt wie Fäulnis, Leiden und Vergehen.

Niemals zuvor prangten die Objekte der Natur (*terrigenus*) und der Kunstfertigkeit (*factitius*) derart üppig im Bildraum. Sie bezeugen die Präzision der Objekterfassung, als Schwester wissenschaftlicher Beobachtung, und die Präsenz der Sinnlichkeit, als Schwester des Luxus und des Genusses. Aufs Ganze gesehen repräsentieren die Stillleben die Gattungen der artifiziellen Dinge, die heimatliche wie die ferne Welt, die Materialität der Stoffe wie das Immaterielle des Lichtes. Die Opulenz eines unersättlichen Appetits nach Schönheit und Besitz wie zugleich das Bewusstsein von Vergängnis prägen die Bilder. Immer wieder wird das Leuchten der Dinge von den Zeichen der Mortifikation durchkreuzt. Die Embleme des Todes sind in das Fest der Dinge gemischt. Die Kunst versucht, die Naturkraft des Todes unter die Gesetze des Schönen zu zwingen. Der Schimmer eines Schinkens wird zum Zeichen seines erlesenen Geschmacks und seiner Verweslichkeit in einem. Kunst taucht beide, Leben wie Tod, in ihr Licht und affirmiert damit nichts anderes als sich selbst. So setzt sich der Triumph der Kunst gegenüber der Zeit der Natur durch. So wollen es der Schein und der Überfluss der stilllebenden Dinge.

Paradigmatisch ist dies an einem Stillleben von Willem Kalf zu erkennen (Abb. 8). Kalf ist ein Spezialist ausgesuchter Lichtregie. In der Madrider Fassung „Stillleben mit chinesischer Terrine und Nautilus-Pokal" von 1662 fällt das Spotlight von links oben auf eine Reihe pretioser Objekte. Reflektierende Spitzlichter (*pointillés*) auf den Gegenständen verstärken deren Glanz und Wert. Wie bei den Sottobosco-Stillleben taucht der Chiaroscuro-Effekt die Gegenstände in ein geheimnisvolles Licht und entrückt sie in einen fast sakralen Raum. Er bietet den Objekten eine glückliche Gelegenheit zu ihrer Epiphanie. Die Herkunft der Objekte verrät, dass hier erlesene Schönheiten der ganzen Welt zusammentreten: Auf einem Marmortisch liegt in unregelmäßigen Faltungen ein prächtiger Perser-Teppich aus Herat mit Blumenmustern; auf ihm ein silbernes Tablett, das, in *Trompe-l'œil*-Manier, über die Tischkante hinausreicht. Von der halb geschälten Zitrone senkt sich die Schale, ebenfalls ein *Trompe l'œil*, als Spirale nach unten (die Spiralform wiederholt sich bei der Nautilus-Muschel). Der achatne Griff eines Messers, mit dem die Zitrone geschält worden ist, ragt über den Rand des Tabletts hinaus. Dahinter steht eine mit typisch blauen Ornamenten verzierte chinesische Schale aus der Ming-Zeit, deren Deckel schräg angelehnt ist. Auf der Schalenwand appliziert sind halbplastische Figurinen: Es sind drei der acht unsterblichen Taoisten. Aus der Schale ragt ein reich verzierter silberner Löffel: ein wertvolles Stück aus dem Fernen Osten, das so wie der Teppich, die Zitrone, der Marmor, das Silber und Gold die weltweiten Beziehungen des Besitzers ausweist. Sie reichen in fremde Kulturen ebenso wie in meerische oder bergwerkliche Tiefenregionen der Erde. Ein paar Halbedelsteine und Muscheln finden, wie öfters bei Kalf, ein Stelldichein auf der Ecke des Marmortisches.

Abb. 8: Willem Kalf: Stillleben mit chinesischer Terrine und Nautilus-Pokal. Datiert und signiert. 1662, Öl auf Leinwand, 79,4 x 67,3 cm. Museo Nacional Thyssen-Bornemisza, Madrid.

Diese Extravaganz und Weltläufigkeit findet ihren Höhepunkt im Nautilus-Pokal mit goldenen oder vergoldeten Einfassungen. Die Nautilus-Muschel gehört zur Familie der Kopffüßler (Cephalopoda, aus der Familie der Meeresschnecken). Sie war wegen ihrer streng logarithmischen Spiralform ein begehrtes Ausgangsmaterial für Prunkgefäße, vorzugsweise an herrschaftlichen Höfen und Kunstkammern, aber eben auch in den Häusern wohlhabender Holländer.[19] Bearbeitet und poliert gewinnt die Nautilus jene Lumineszenz, die der Maler perfekt gestaltet hat. Der Nautilus wird von einer kunstreichen Fassung gerahmt, deren figuraler Ständer (Tritonen) und edle Halterungen vielfach von maritimer Symbolik zeugen. Dies findet in dem Bogen oberhalb des Muschelrandes seinen grandiosen Höhepunkt. Denn wir wohnen einer dramatischen Legende des Meeres bei: Ein Seeungeheuer, dessen bezahntes Maul weit geöffnet ist, bedroht einen Flüch-

---

[19] Jeroen Giltaij u.a. (Hg.): *Gemaltes Licht. Die Stillleben von Willem Kalf 1619–1693*. Ausstellungskatalog Museum Boijmans Van Beuningen, Rotterdam, und Suermondt-Ludwig-Museum, Aachen. München und Berlin 2007, S. 130–132 sowie ebd. S. 30–33. Das Werk könnte aus der Werkstatt des Utrechter Goldschmieds Jan Jacob van Royenstein stammen.

tenden, in welchem wir vielleicht Odysseus, auf der Flucht vor Scylla oder Charybdis, vielleicht Jonas, der von einem Wal ausgespuckt wird, erkennen können. Auf dem Kopf des Ungeheuers steht der Herrscher der Meere Neptun mit Dreizack, so dass man um den Fliehenden nicht bangen muss. Überall die Lichtflecken des reflektierenden Edelmetalls.

Links hinter dem Nautilus-Pokal steht ein halbgefüllter, geschliffener, venezianischer Spitzkelch, vielleicht auf einem Glockenfuß. Rechts vom Nautilus-Pokal erahnt man ein becherförmiges, halb gefülltes Berkemeyer-Glas (Römer) mit modelliertem Schaft und Scheibenfuß. Hinter einer Teppich-Falte erkennt man eine Apfelsine mit Stiel und Blättern. Wahrlich, in den exotischen Luxusobjekten stellt sich ein Mann aus, dem die wertvollen Gegenstände und Materialien aus den Kulturen, der Natur und den Meeren zu Diensten sind. Natur und Kunst bilden ein Ensemble der Pracht und der Üppigkeit, wie sie dem Weltreich Holland im Goldenen Jahrhundert entsprechen.[20]

Weit sind wir entfernt von der pessimistischen Geschichtslogik und Luxuskritik etwa bei Giambattista Vico: „Zuerst fühlen die Menschen das Notwendige, dann achten sie auf das Nützliche, darauf bemerken sie das Bequeme, weiterhin erfreuen sie sich am Gefälligen, später verdirbt sie der Luxus, schließlich werden sie toll und zerstören ihr Erbe."[21] Die letzte Stufe einer solchen Geschichtskonstruktion erkennen wir auf dem Kupferstich nach dem Gemälde *Demokrit in Meditation* von Salvator Rosa, eine Vanitas-Bebilderung (Abb. 9). Wir sehen eine heillose Welt. Tierleichen, Totenkopf, Skelette, absterbende Bäume; Mauertrümmer, Sarkophage, Urnen, verstreute Papiere und Bücher, antike Relikte zeigen an, dass es keinerlei Halt gegen die zerstörende Zeit gibt. Der Stein unterhalb des Philosophen zeigt das *Omega* Ω: Die Welt ist ausbuchstabiert, das Finale erreicht. Die philosophische Eule schaut *uns* an und *wir* sehen Demokrit in der Haltung der *Melancolia*, den lachenden Philosophen, der nun den ruinierten Weltzustand reflektiert. Die *subscriptio* „Democritus omnium derisor / in omnium fine defigitur" heißt, dass der Philosoph, der Spötter der Illusionen, durch das Ende aller Dinge überwältigt ist. Verglichen mit den zeitgleichen Gemälden von Marseus van Schrieck bemerkt man, dass die Kompositionsform des Sottobosco dem Vanitas-Bild verwandt ist: alles sinkt zu Boden, verrottet und ruiniert. Die Zeit hat ihr Werk getan und hat ein Stillleben, wahrlich eine *nature morte* der toten Dinge produziert. Die Zeit schafft eine Üppigkeit des erstarrten Vergangenen. Es gibt keine Gegenwart mehr, die Genuss erlauben würde. Nur der Tod schwelgt im Luxus. Die

---

20 Vgl. Simon Schama: *Überfluss und schöner Schein. Zur Kultur der Niederlande im Goldenen Zeitalter.* München 1988.
21 Giambattista Vico: *Die neue Wissenschaft über die gemeinschaftliche Natur der Völker.* Übers. Erich Auerbach. Hg. Wilhelm Schmidt-Biggemann. Berlin und New York ²2000 [1744/1924], S. 101.

Abb. 9: Salvator Rosa: Democritus in Meditation, 1662, Kupferstich, 46,2 x 27,5 cm. (Democritus omnium derisor / in omnium fine defigitur).

Zeit, kann man sagen, ermöglicht Kultur; und die Zeit kannibalisiert die Kultur: *tempus edax rerum* (Ovid: Met. XV, 234).

III Der „Luxus der Kräfte" bei Schiller

Zu bemerken war, dass von Luxus auch dort geredet wird, wo kein Subjekt existiert, das sein Vermögen und seinen Reichtum akkumuliert hat und ostentativ vorzeigt. Auch wurde kein Subjekt erfordert, das über Bewusstsein, Intentionalität und Urteilskraft verfügen muss, um den Luxus *als* Luxus genießen zu können. Luxus muss nicht als Privileg des Menschen verstanden werden, auch nicht als ungerechtfertigtes Privileg gegenüber jenen, die zu den Armen gehören und auf deren Kosten der Luxus seinen Parasitismus entfaltet.[22] Man muss auch nicht auf Darwin warten, bis der Luxus auch im Tierreich heimisch werden darf. Wir können

---

[22] Den Parasitismus nicht einfach als verwerfliches Schmarotzertum zu diskriminieren, sondern womöglich als Lebenskunst zu entwickeln, gelingt Michel Serres: *Der Parasit*. Frankfurt / M. 1987. – Vgl. Hans Magnus Enzensberger: *Parasiten. Ein Sachbuch*. Frankfurt / M. 2001.

mit Schiller beginnen, der im letzten der Briefe *Über die ästhetische Erziehung des Menschen* (1795/1801) schreibt:

> Das Tier *arbeitet*, wenn ein Mangel die Triebfeder seiner Tätigkeit ist und es *spielt*, wenn der Reichtum der Kraft diese Triebfeder ist, wenn das überflüssige Leben sich selbst zur Tätigkeit stachelt. Selbst in der unbeseelten Natur zeigt sich ein solcher Luxus der Kräfte und eine Laxität der Bestimmung, die man in jenem materiellen Sinn gar wohl Spiel nennen könnte. Der Baum treibt unzählige Keime, die unentwickelt verderben, und streckt weit mehr Wurzeln, Zweige und Blätter nach Nahrung aus, als zu Erhaltung seines Individuums und seiner Gattung verwendet werden. Was er von seiner verschwenderischen Fülle ungebraucht und ungenossen dem Elementarreich zurückgibt, das darf das Lebendige in fröhlicher Bewegung verschwelgen. So gibt uns die Natur schon in ihrem materiellen Reich ein Vorspiel des Unbegrenzten und hebt hier schon *zum Teil* die Fesseln auf, deren sie sich im Reich der Form ganz und gar entledigt. Von dem Zwang des Bedürfnisses oder dem *physischen Ernste* nimmt sie durch den Zwang des Überflusses oder das *physische Spiel* den Übergang zum ästhetischen Spiel und ehe sie sich in der hohen Freiheit des Schönen über die Fessel jedes Zwecks erhebt, nähert sie sich dieser Unabhängigkeit wenigstens von fern schon in der *freien Bewegung*, die sich selbst Zweck und Mittel ist. (Schiller V, 663)[23]

Diese Passage entstammt einer Hauptschrift des deutschen Idealismus. Man sollte also erwarten, dass Schiller den Unterschied zwischen den materiellen Kräften des Luxus und dem zwecklosen Zweck scharf betont. Nur letzterer käme dem Menschen allein zu. Er hat dann die Stufe des von physischen Bedürfnissen befreiten und doch mit ihnen versöhnten Luxus erreicht. In diesem Luxus als höchster Spielform ist der Mensch ganz bei sich und in sich vollendet. Er ist ganz Kunst, weil nichts an ihm etwas Anderes ist als zwanglose Selbstbestimmung. Das ist ein Luxus jenseits der Determinationen durch Natur. Diese Volte ist historisch mit der Autonomie-Ästhetik verbunden. Nur diese legitimiert den Luxus nämlich von veredeltem Geschmack und Genuss.[24]

Diese idealistische Wendung lassen wir beiseite und damit auch das Programm der kulturellen Veredelung, um das es Schiller geht. Das, was Schiller „einen ästhetischen Überfluß" jenseits der „Fesseln der Notdurft" (Schiller V, 665) nennt, ist eine theoretische Sackgasse, aber auch eine speziesistische Überheblichkeit – überheblich nämlich gegenüber Tieren und Pflanzen. Ihnen hatte Schiller indes in der zitierten Passage die Partizipation am Luxus eingeräumt.

---

23 Zitiert nach Friedrich von Schiller: *Sämtliche Werke in fünf Bänden*. Hg. Gerhard Fricke und Herbert G. Göpfert. München 1968 (abgekürzt als „Schiller + Bandnummer + Seitenzahl").
24 Das ist bei Goethe, etwa in den *Wahlverwandtschaften*, nicht anders, vgl. bereits: Siegmar Gerndt: *Idealisierte Natur. Die literarische Kontroverse aus dem Landschaftsgarten des 18. und frühen 19. Jahrhunderts in Deutschland*. Stuttgart 1981. Aufs ganze Werk gesehen, vertritt Goethe ein eher spinozistisches und materielles Konzept von Natur.

Aber eben nur als „Vorspiel des Unbegrenzten" (Schiller V, 663). Ein Vorspiel nur sind der Überfluss und Luxus von Löwen, Insekten, Vögeln und Bäumen auch deswegen, weil die zwingenden Selbsterhaltungstriebe nur vorübergehend durch Sättigung beruhigt sind. So tritt in den Regungen von Tieren zwar eine vom Zwang entlastete Lässigkeit des Körpers in Erscheinung, aber eben keine prinzipielle Freiheit von Stoff und Trieb des Lebewesens. Die nur passagere Entlassung aus dem physischen Ernst der Selbsterhaltung nennt Schiller „physisches Spiel" im „Übergang zum ästhetischen Spiel"; wobei dieser Übergang für Tier und Pflanzen prinzipiell verschlossen ist. Bei diesen herrscht das Materielle und das heißt gerade die Einschränkung der Form, in der Freiheit real zu werden allein eine Chance hätte.

Dabei unterlaufen Schiller in der Bestimmung des „physischen Spiels" bemerkenswerte Erkenntnisse: Die „verschwenderische Fülle" beobachtet er nämlich am Geschäft des Sex, der Generativität. Das ist das Feld, das Darwin mit „sexual selection" überschreiben wird. Und diese bordet umso mehr über, als sie von der Arbeit, Darwin würde sagen: von der „natural selection" entlastet ist. Die Kraft, die sonst in den Daseinskampf investiert wird, ist nun müßig und üppig, sie betreibt einen zwecklosen Aufwand, eine Art Überschuss an Leben, das sich selbst zur Tätigkeit „stachelt". Dann wird gespielt, geschwelgt, herrscht Laxität statt Zwang, „fröhliche Bewegung" statt „physischer Ernst", der an die Notdurft gekettet ist. Das ist *noch nicht* „freie Bewegung, die sich selbst Zweck und Mittel ist" –: die klassische Formel der Autonomie-Ästhetik. Doch gerade diese Formel, nach der ein Lebewesen sich selbst zugleich Zweck und Mittel ist, bezeichnet dasjenige, was seit Blumenbach als Kennzeichen des Lebens gilt: nämlich die Selbstorganisation.[25] Und von dort aus sind wir schon nahe bei Darwin, wenn er in der „sexual selection" den Mechanismus erkennt, der sich selbst erst die Welt schafft, in der die ästhetische Attraktion und die Bezauberung durchs Objekt unendlich gesteigert wird.

---

25 Vgl. Blumenbach, *Über den Bildungstrieb und das Zeugungsgeschäfte* 1781. – sowie Kant: *Kritik der Urteilskraft* (= KdU B 267–363). – Vgl. Georg Toepfer: *Zweckbegriff und Organismus. Über die teleologische Beurteilung biologischer Systeme.* Würzburg 2004.

IV Sexual Selection als Generator von Luxus: Darwin

Der 51jährige Darwin schreibt 1860, ein Jahr nach *On the Origin of Species,* an den US-amerikanischen Botaniker Asa Gray: „The sight of a feather in a peacock's tail, whenever I gaze at it, makes me sick!"[26]

Was macht Darwin krank am Anblick des prächtigen Gefieders des Pfaus? (Abb. 10) Der Pfau und später der Argusfasan, deren Ornamentierung Darwin akribisch studiert, sind nur Beispiele dafür, dass im Tier- wie im Pflanzenreich Bildungen hervortreten, die durch den Mechanismus der „natural selection" nicht

Abb. 10: Argus-Fasan in der Ausstellung: Pamela Kort und Max Hollein (Hg.): *Darwin. Kunst und die Suche nach den Ursprüngen.* Ausstellungskatalog Schirn Frankfurt. Köln 2009.

---

26 Charles Darwin: Letter 2743 – Darwin, C. R. to Asa Gray, 3 April (1860). https://www.darwinproject.ac.uk/letter/DCP-LETT-2743.xml. *Darwin Correspondence Project: Cambridge University* (20. Juli 2020).

erklärbar sind.[27] Diese Bildungen bieten keinen Vorteil im Daseinskampf und dienen nicht der Optimierung der Selbsterhaltung. Wenn Darwin bisher solche Phänomene wahrnahm, hatte er sie interpretiert als *survivals* oder Rückbildungen archaischer Organe, die nur noch eine residuale Präsenz am Körper aufweisen. Diejenige Energie etwa, die bei Weibchen in die Mammalia investiert wird, kann bei Männchen eingespart werden: Dies erklärt die Rückbildung der Mammalia bei männlichen Säugetieren. Derartige Prozesse folgten dem Gesetz der Ökonomie, wonach der Organismus im „struggle of existence" Energie möglichst sparsam einsetzt. Energieverschwendung dürfe es nicht geben. Apodiktisch heißt es: Was „ohne Nachtheil für das Individuum erspart werden kann, wird erspart" (1871, 190).[28] Die „natural selection" operiert strikt nach dem „Princip der Ökonomie" (1871, 542): Es wird „der natürlichen Zuchtwahl auf die Länge immer gelingen, jeden Theil der Organisation zu reduciren und zu ersparen, sobald er durch eine veränderte Lebensweise überflüssig geworden ist, ohne deshalb zu verursachen, daß ein anderer Theil in entsprechendem Grade sich stärker entwickelt" (1871, 173). Das entspricht den Regeln einer sparsamen Haushaltsführung. Natur, und also auch jeder Organismus, hat einen „Etat", wie schon Goethe betonte. Dies sorgt dafür, dass – wenn ein Organ sich besonders stark entwickelt – die hier investierte Energie an einem anderen Körperteil wieder eingespart wird: dies nennt Darwin eine „correlative Abänderung" (1876, 190). Auch dort, wo Tiere wie die Bienen kunstvolle Bauten errichten, wird die zellulare Wabenarchitektur von der „größtmöglichen Ersparung" von „Arbeit und Material" reguliert (1871, 313–316). Kurzum: die „natural selection" verfährt ökonomisch, haushälterisch, funktional, effektiv, zweckrational. Aber was Darwin, wie er im Brief an Asa Gray ausführt, so quält, ist die Tatsache, dass viele Form- und Musterbildungen der Tiere aus der „natural selection" erklären zu wollen schier unmöglich ist.

---

27 Zu den Zeichnungen des Vogelgefieders und der kreativen Rolle, die Bilder für Darwin gespielt haben, vgl. Julia Voss: *Darwins Bilder. Ansichten der Evolutionstheorie 1837 bis 1874*. Frankfurt / M. 2007. – Die zentrale Rolle der Koralle als ‚epistemisches Bild' entdeckt Horst Bredekamp: *Darwins Korallen. Die frühen Evolutionsdiagramme und die Tradition der Naturgeschichte*. Berlin 2005.
28 Darwin, *Descent* 1871. – Es wird zitiert nach: Charles Darwin: *Die Abstammung des Menschen*. Wiesbaden ³1966 (abgekürzt als „Darwin 1871 + Seitenzahl").

Funktionale Merkmale für den Überlebenskampf kann Darwin am phantastischen Schmuck des Pfaus und des Argusfasans nicht erkennen – und doch haben sie überlebt. Man erkennt auch nicht, dass zur „Kompensation" des übermäßigen Ornamentierungsaufwands irgendetwas am Pfau sich entwickelt hat, was die möglichen Fitness-Nachteile seines Schmucks ausgleichen würde (Abb. 11). Denn das Besondere des Pfaus ist für Darwin das Verschwenderische seiner Pracht, die *gerade noch* im Rahmen der „natural selection" bleibt, aber die Fitness nicht fördert. Diese Beobachtung – und viele entsprechende Studien – erschüttert bei Darwin die Überzeugung, dass die „natural selection" *ein* Prinzip für *alle* morphologischen und genetischen Veränderungen von Tierspezies sei. Dies bestärkt ihn in der Idee, dass mit der „sexual selection" eine zweite funktional wie morphologisch wirksame Matrix der Evolution anzunehmen sei. Sie ist zugleich die Quelle der Schönheit, oder sagen wir: des Schönheitsempfindens und des Geschmacks.[29]

Einmal aufmerksam geworden, erkennt Darwin überall in der Natur „Überfluss", sprich Luxus und Verschwendung. Diese bieten keinerlei Vorteile im Überlebenskampf, wohl aber in der Generativität. Eben das hatte Schiller „einen ästhetischen Überfluß" jenseits der „Fesseln der Notdurft" (Schiller V, 665) genannt. Andererseits weigert sich Darwin, daraus jenen Schluss zu ziehen, den sein Kritiker, George Douglas Campbell, 8th Duke of Argyll aus der Schönheit des Argusfasans bzw. der „Unity of Nature" gefolgert hatte: Die herrliche Ornamentierung könne kein Zufall sein, sondern sie demonstriere das Design eines göttlichen Schöpfers.[30] Ein Fall verspäteter Physikotheologie. „Deiner Erfindung Pracht", die Klopstock der „Mutter Natur" zugeschrieben hatte oder Barthold Hinrich Brockes dem erfindungsreichen Gott-Künstler[31] –: diese kunstvolle Natur

---

29 Zu der Annahme, dass das Schöne tief in der Evolution verankert ist, weswegen man von einer „evolutionären Ästhetik" sprechen muss, gibt es unterdessen eine internationale Forschung, u. a.: Winfried Menninghaus: *Das Versprechen der Schönheit*. Frankfurt / M. 2003. – Ders.: *Wozu Kunst? Ästhetik nach Darwin*. Frankfurt / M. 2011. – Josef H. Reichholf.: *Der Ursprung der Schönheit. Die biologischen Grundlagen des Ästhetischen*. München 2009. – Denis Dutton: *The Art Instinct: Beauty, Pleasure, and Human Evolution*. New York / Berlin / London 2009. – Richard O. Prum: *The Evolution of Beauty. How Darwin's Forgotten Theory of Mate Choice Shapes the Animal World – and Us*. New York 2017. – Michael J. Ryan: *A Taste for the Beautiful. The Evolution of Attraction*. Princeton und Oxford 2018.
30 Prum, *The Evolution of Beauty* 2017, S. 64f. – Argyll. The Reign of Law. http://www.victorian web.org/science/science_texts/argyll/5rl.htm. 2008 [1867] (01. August 2020).
31 Aus den neun Bänden von *Irdisches Vergnügen in Gott* des Hamburger Ratsherrn Barthold Hinrich Brockes sei hier nur aus dem ersten Band (1728, S. 65 – 67) das Gedicht *Die Nachtigall, und derselben Wett=Streit gegen einander* genannt: eine lyrisch-physikotheologische Studie, die den Darwin'schen Ausführungen über den Vogelgesang verblüffend nahe kommt – bis auf den Punkt,

Abb. 11: Der Argusfasan (Argusianus argus), hier: Abb. aus Charles Darwin: *Die Abstammung des Menschen und die geschlechtliche Zuchtwahl*, II. Band. E. Schweizerbart'sche Verlagshandlung (E. Koch), Stuttgart 1875, S. 83., fig. 52, fec. T. W. Wood.

ist bei Darwin subjektlos, d. h. kontingent geworden. Beides, die Verletzung des Prinzips der Sparsamkeitsökonomie und die Subjektlosigkeit (sprich: Gottlosigkeit) des schönen Designs in der Natur: Das ist es, was Darwin krank macht. Darum schreibt er das Buch *The Descent of Man*. Es brilliert in seiner hunderte Seiten langen Sammlung von Beispielen für den zweiten Evolutionsmechanismus, die „sexual selection", die von der deutschen Übersetzung nicht eben glücklich als „geschlechtliche Zuchtwahl" bezeichnet wird.

Darin stecken weitreichende Entdeckungen. Gleichgültig, ob es sich um die Koloraturen des Vogelsangs, die Balztänze von Kranichen, die Prunkgeweihe von Hirschen, die Akkuratesse eines Nestbaus, die farbige Zeichnung von Federkleid

---

dass diese gesanglichen „Wunder-Werke der wirkenden Natur" von uns Menschen als „des Schöpfers Macht" verehrt werden sollen; sonst wäre man „umsonst gebohren". Eben dieser Punkt trennt Darwin auch vom Duke of Argyll. Brockes wird nie müde, von der Fliege bis zum „gestirnten Himmel", von der „Kirsch=Blüthe bey der Nacht" bis zur „Schönheit des stillen Meers", die Erscheinungen der Natur als Artikulationen Gottes zu preisen, der die Welt für unseren Nutzen und Genuss eingerichtet hat. Für den Physikotheologen wird die Welt zu einem gewaltigen Laden von Luxus-Artikeln, in denen er unendlich schwelgt. Das ist Luxus pur – oder: eine Beschwörung einer verlorenen Weltsicherheit.

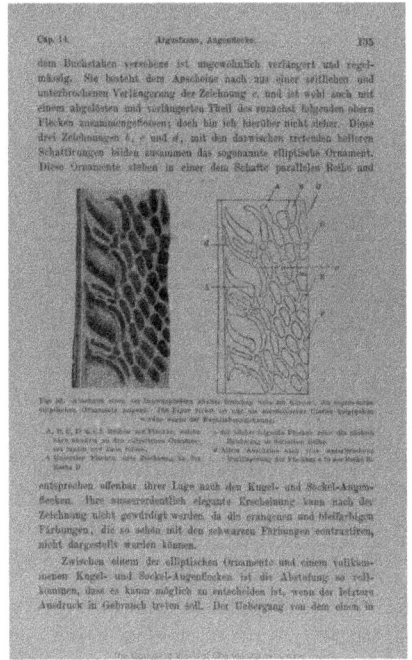

Abb. 12: Abschnitt einer Schwungfeder zweiter Ordnung vom Argusfasan (Argusianus argus), hier: Abb. aus Charles Darwin: *Die Abstammung des Menschen und die geschlechtliche Zuchtwahl*, II. Band. E. Schweizerbart'sche Verlagshandlung (E. Koch), Stuttgart 1875, S. 135, fig. 59, fec. T. W. Wood.

oder Fell, ob es sich um Muster und Ornamentierungen handelt, die nicht nur der Tarnung und damit der Fitnessoptimierung dienen; entscheidend ist etwas anderes: Gegenüber den *hergebrachten* Choreographien, Bauformen, Gesängen oder Ornamenten des Körpers entstehen oft nur winzige Variationen ('Erfindungen'), die den Reiz des Neuen ausmachen. Nicht das radikal Neue, sondern das in der Wiederholung ein wenig Abweichende birgt die Chance auf Präferenz. Die Verflechtung von Wiederholung und Variation ist das erste Gesetz der Bioästhetik. Auf sie wird Darwin aufmerksam, indem er selbst die Fähigkeit für die Wahrnehmung des Unscheinbaren entwickelt, wodurch die feinen Differenzen im Vogelsang oder in der Zeichnung des Gefieders für ihn erst wahrnehmbar werden. Auf dieses Minimale aber kommt es bei der *sexual selection* an. Es ist die Entdeckung einer anderen Art von Luxus: des Überflusses und Reichtums an kleinsten Differenzen (Abb. 12).

Vermutlich wirkt dieses Gesetz auch in der Menschenkunst: Die Entwicklung etwa des Stilllebens folgt der Regel, dass nach der Herausbildung von Gattungskonventionen und Sujets durch variierende Erfindungen ein Fließgleichgewicht entsteht: einerseits Wiederholung, die Wiedererkennungsfreude auslöst, andererseits Neuheit, die einen frischen Reiz in die Wahrnehmungsgewohnheiten hineinbringt – sie beide mischen sich im Auftritt des Werks. Dies wird – in der

Balz wie in der Kunstszene – entscheidend für die Bevorzugung eben dieses besonderen Exemplars. Der Innovationsdruck bei gleichzeitig zu wahrender Gattungsnorm führt zur Ausbildung immer neuer Raffinessen und Tricks der Darstellung – z. B. bei den vielen Formen des *Trompe-l'œils*. Sie werden in der Natur gewiss von den Ocelli des Argusfasans am großartigsten ausgebildet. Auch in der Mode ist es nicht anders: Im Rahmen eines Repertoires wiedererkennbarer Modelle werden ununterbrochen Variationen erzeugt, die den Spielraum der Mode differenzieren, bis sie von den Zeitgenossen als eine ‚Revolution der Mode' oder als ‚neuer Stil' wahrgenommen werden. Aus dem Spiel der Variationen entsteht ein neues Format, das wiederum zum Ausgang neuer Varianten wird.

Im Blick auf die Verflechtung von Wiederholung und Neuheit geht es im Reich der Tiere ähnlich zu: Es sind zumeist die wählenden Weibchen, die eine Variante in der Koloratur, einen neuen Reiz in der Farbgebung des Federkleids, eine neue Figur im Balztanz bemerken, beurteilen und bevorzugen oder verwerfen – immer im Rahmen stabiler Wiedererkennung der Morphologie der Spezies. Hierbei geht es um die sexuelle Attraktion konkurrierender Männchen und die Wahl der Weibchen. Das innovative Ornament ist eine Anziehungskraft ersten Ranges. Was hierbei auf dem Spiel steht, ist nicht primär das Überleben im Daseinskampf. Dieser kennt ganz gewiss die Konkurrenz und den Innovationsdruck bei der Ausbildung von Überlebenstechniken. Um diese aber geht es in der *sexual selection* gerade nicht, sondern um die Verbesserung der Chancen auf Paarung und die Weitergabe des eigenen Erbes.

Nun ist es, wie Darwin feststellt, niemals so, dass im Spiel der sexuellen Werbung und Wahl kurzfristige Innovationen auftauchen und sogleich in die erbliche Ausstattung der Spezies eingehen. Dies wäre vulgärer Lamarckismus. Es handelt sich bei Darwin um Zeiträume von tausenden Generationen, in denen sich das Federkleid, die Musterung und die Fähigkeit zur Parade des Pfaus gebildet haben. Dies ist die *longue durée,* in der durch die Wahl der Weibchen winzige Differenzen der Männchen ausgebildet werden. Selektion ist eine agenzielle Kraft. Das Spiel um sexuelle Präferenzen beansprucht jene großen Zeiträume, die, nach der Explosion des Erdalters zwischen James Hutton (1795) und Charles Lyell (1830 – 33), allerdings auch zur Verfügung stehen. Davon ist Darwin, eifriger Lyell-Leser, überzeugt. Doch bedauert er, niemals die morphologischen Veränderungen direkt beobachten zu können, gerade wegen der ungeheuren Zeitdauer, in der sich evolutionäre Prozesse vollziehen. Es ist ein Überfluss an Zeit, der es erlaubt, dass sich über minimale Differenzen *à la longue* ein Luxus an Morphologien, Ornamenten und Choreographien bilden kann. Dies ist eine Lehre der Evolution: Aus kleinsten Differenzen entwickeln sich maximale Reproduktionschancen in der sexuellen Konkurrenz. Und noch etwas tritt hervor: Wenn etwas möglich ist und wirklich wird, wird es auf Dauer auch *gesehen* oder *gehört*.

Beauty happens – luxury happens, kontingent, zufällig und doch unausweichlich. Und sie fällt ins Auge oder ins Ohr: Sie gewinnt Evidenz. Das macht den Vorzug des Schönen aus.

Darwin nimmt an, dass die Tierwelt der Vergangenheit weniger bunt, weniger erlesen und verschwenderisch war, weniger virtuos im Gesang, weniger spektakulär in den Tänzen, weniger imposant in der Bildung sekundärer Geschlechtsmerkmale, weniger raffiniert in den Ornamenten, kurz: dass die Welt weniger durchästhetisiert war. Über endlose Zeiten hat sich auf der Basis des sexuellen Spiels ein ungeheuer Luxus an Ausstattungen, Vermögen und Darstellungsstilen gebildet – ein Prozess, der unabschließbar ist und sich selbst immer weitertreibt, mit offenem Zeithorizont und offenem Formenpotenzial. Eine solche gewaltige *Zeit*perspektive für die Akkumulation von Luxus gibt es in der menschlichen Welt nicht. Menschen im Luxus sind Eintagsfliegen. Der Überfluss der Natur aber ist durativ und nimmt progredient zu. Freilich: Unterbrechungen dieses akkumulierenden und differenzierenden Prozesses gibt es dennoch: etwa durch Großmeteoriten-Einschläge, Klimawandel, anthropogene Destruktionen. Die Evolution verläuft disruptiv und kontinuierlich zugleich.

Endlichkeit begrenzt freilich auch die Darwin'sche Welt, nämlich durch das Aussterben, das ebenso alt ist wie die Evolution selbst. Ja, Evolution der Arten kann es nur geben, weil sie Arten auch aussterben lässt. Bei konkurrierenden Spezies geht diejenige unter, die von einer anderen in der Effektivität der *natural selection* übertroffen wird. Oder innerhalb einer Spezies geht der Populationsteil unter, dem jene reizstarken Merkmale fehlen, die bei der *sexual selection* von den Weibchen präferiert werden. Wenn deswegen die Generativitätsrate für eine Gruppe sinkt, sinkt auch der Anteil der *oldfashioned members* an der Gesamtpopulation, bis sie verschwinden (ein langsames *fading out*). Mangelnde Attraktivität, sprich: mangelnde Schönheit kann ebenso zum Untergang führen wie mangelnde Fitness. Wenn Walter Benjamin feststellte, dass es gerade die Mode ist, die eine besonders dichte Beziehung zum Tod hat – jede neue Kreation ist der Tod der Robe aus der vergangenen Saison[32] –, so inkludiert auch die luxuriös ausdifferenzierte Evolution den Tod und das Aussterben. Evolution garantiert für nichts und niemanden eine Ewigkeit.

---

32 Zu Walter Benjamin vgl. Hartmut Böhme: Zeiten der Mode. In: *Kunstforum International* Bd. 197 (2009), S. 48–84.

V Evolutionäre Ästhetik

Wenn Darwin in seinen Zeichnungen, die dann 1871 als Stiche ins Buch übernommen werden, sich beim Argusfasan auf winzige Abweichungen in den Symmetrien und Mustern konzentriert, so sind es, wie Menninghaus,[33] Voss[34] und Prum[35] gezeigt haben, zwei Phänomene, die ihn beim Studium der *sexual selection* interessieren. Zum einen ist es die Winzigkeit von Veränderungen, die ungeheure Zeiträume verlangen, bis sich z. B. das Federkleid der männlichen Mandarinenten gebildet hat. Diese winzigen Neuerungen verfolgt Darwin fast bis ins nicht mehr Wahrnehmbare. Sie erfolgen nicht etwa zielorientiert, also teleologisch im Sinne eines Um-zu (um ein bestimmtes Muster zu erzielen), sondern sie sind zufällig. *In the long run* aber bilden sich Formen heraus. Sie weisen Rasterung, Proportion, Symmetrie, Kontrast auf, Wiederholung und Variation, Reihung und Rhythmus, Streuung und Ballung, Farbkomposition, gar mathematisch entwickelte Morphologien (etwa bei der Nautilus-Muschel). Es ist, als ob diese ästhetischen Merkmale eine Art apriorische Steuerungsinstanz bildeten, welche die Richtung der zufälligen Forminnovationen vorgibt. Dies ist, was Kant das „Als-ob" der Teleologie der Natur nennt: Man kann sie nicht ‚objektiv' als kausalen Effekt bestimmen, wohl aber ist sie ein allgemeines Prinzip, wonach wir Natur so ansehen, ‚als ob' sie Formen und Muster absichtsvoll hervorbringe. Diese Steuerung aber ist ‚subjektlos' und ‚nicht-intentional'. Es handelt sich also um die Kumulation zufälliger Effekte der Natur. Auch das ist es, was Darwin sich krank fühlen lässt. Jede einzelne formale Neuerung ist zufällig und passager (und wirkt deswegen öfters wie eine Störung oder Fehlbildung). Was aber über Jahrhunderttausende ‚sich bildet', entspricht offenbar einer morphologischen Selbstorganisation und Regulationen des Ästhetischen. Wie ist das möglich? Wie ist dieser Widerspruch zwischen Zufall und scheinbarer Teleologie zu erklären?

Darwin hält an der Kontingenz evolutionärer Prozesse fest und schließt teleologische Spekulationen aus. Gleichzeitig gilt für ihn als Naturwissenschaftler: Alles was ist, muss eine Ursache haben *(nihil est sine ratione)*. Was aber können die Ursachen sein für die Bildung von Schönheit und Luxus *in the long run* der Tier- und Pflanzenevolution? Morphologisch wirksam ist primär die *natural selection*, also jene Anpassungsleistungen, durch die Organismen funktionale Antworten auf Umweltbedingungen finden. Die speziestypische Körpergestalt und deren funktionales Repertoire stellen (unter vielen möglichen) *ein* erfolgrei-

---

[33] Menninghaus, *Versprechen der Schönheit* 2003.
[34] Julia Voss: *Darwins Bilder. Ansichten der Evolutionstheorie 1837–1874*. Frankfurt / M. 2007.
[35] Prum, *The Evolution of Beauty* 2017.

ches Überlebensprogramm dar. Insofern ist die „natural selection" die basale Regulation des Bauplans für Form und Funktion von Organismen. Hier handelt es sich um externe Faktoren der Formbildung. Sie gehorchen dem gleichsam physiologischen Imperativ der Fitness-Verbesserung und der ‚Passung' von Umwelt und Organismus.

Nun sahen wir, dass jene ästhetischen Bildungen, bei Strafe des Untergangs, der „natural selection" nicht widersprechen dürfen. Aber sie können aus dieser selbst nicht hinreichend erklärt werden. Sie sind ‚überflüssig', luxuriös. Hier nun leitet Darwin eine Achsendrehung in der Interpretation evolutionärer Prozesse ein. Das Ästhetische wurde in der Tradition als Geschmacksurteil des Menschen verstanden nach dem Muster ‚Das Objekt A erscheint mir als schön'. Darwin aber löst sich von dieser Anthropomorphie der Ästhetik. Er entwendet das Schöne dem Menschen, indem er es den Weibchen als Wahrnehmungs- und Geschmacksvermögen zubilligt. Die Weibchen bevorzugen bestimmte Abweichungen von der Standardausstattung der Männchen – und das über tausende von Generationen immer wieder. So züchten sie diejenige Ausstattung und dasjenige performative Vermögen der Männchen heran, die ihnen ‚gefallen' und die das Eintrittsbillett für die Paarung darstellen. Das Schöne ist das Begehrenswerte und es kommt durch *sexual selection* in die Welt. Es kommt in die Welt als Luxus, als Überfluss – verglichen mit den harten physiologischen Imperativen der Selbsterhaltungslogik.

Das aber stimmt nur für jene Formen, in denen etwa der ‚Geschmack' der Hennen oder Kolibri-Weibchen mit unseren ästhetischen Präferenzen koinzidiert, was schon erstaunlich genug ist: Sie finden ‚schön', was auch wir ‚schön' finden. Die Begünstigung bestimmter Formbildungen durch die *sexual selection* trifft aber auch für jene Tiere zu, die wir als abstoßend, hässlich, unförmig oder gar ekelhaft empfinden. Auch diese Formen sind durch die Wahl der Weibchen nach Attraktionsgraden herangezüchtet worden. In jedem Fall gilt: Der generative Vorgang, durch den das Andauern der Spezies gesichert wird und ohne den es keine Evolution gäbe, wird im Tierreich durch ästhetische Präferenzen reguliert. Sie sind der Motor des ungeheuren Reichtums in der Differenzierung der Arten. Sie sind der *Drive* der vielfältigen Morphologien und des Überschwangs, der in den Choreographien der Paarung und den Gratifikationen des Genusses so mitreißend wirkt. Ästhetik ist subjektlos, das heißt: Sie ist objektiv in der Welt. Das ist ihre Macht.[36] Sie ist indes kein Privileg des Menschen, sondern wir teilen sie mit den Tieren. Und gelegentlich teilen wir sogar deren Geschmack.

---

36 Am überzeugendsten arbeitet diese Zusammenhänge Menninghaus heraus: *Versprechen der Schönheit* 2003.

Ein Humanprivileg ist nicht das Schöne überhaupt, sondern das theoretische Bewusstsein desselben und jene aus der Sexualität abgezweigte Produktivität, die es uns erlaubt, künstlerische Dinge zu schaffen, die nur indirekt der *sexual selection* dienen. Beide, das Schöne und die Künste, sind späte Erzeugnisse in der kurzen Humangeschichte. Und beide stellen exorbitante Formen des Luxus dar. Was wir aus der *Natur als Luxus* lernen können, wäre hilfreich für die kritische Umsteuerung jener perversen Formen des Luxus, wie sie innerhalb der Geschichte der Macht dominant geworden sind. Hier war das Privileg des Luxus immer mit der Entprivilegierung der Ausgeschlossenen und mit den Schrecken der Armut und Not verbunden.

In Darwins Konzept findet eine epochale Drehung der Anpassungsrichtung statt. Biologische Entitäten – Enten, Pfauen oder Menschen – unterliegen nicht nur den Naturbedingungen, sondern es ist auch umgekehrt: Sie passen Naturgegebenheiten an ihre Präferenzen an und greifen damit *à la longue* in die Evolution ein. Der Pfau, der heute vor den Weibchen paradiert, ist ein physiologisch objektiviertes Produkt einer unfassbar langen Kette von Bevorzugungsakten, die von weiblichen Pfauen in der Geschichte ihres Sex agiert wurden. Sex ist nicht einfach das Medium der Weitergabe von replikativen Genen, sondern der Co-Akteur der Evolution von Körpergestaltungen. Dabei erzeugen die Spezies selbst eben jene Körper, die sie begehren.

Dieses schon von Darwin entdeckte Prinzip der Evolution führt langfristig zu einem Konzept des biotischen Systems der Erde: Lebewesen unterliegen nicht nur systemischen, vor allem physikalischen Bedingungen, sondern sie sind aktive Co-Akteure ihrer Umwelt: Sie schaffen sich diejenigen Bedingungen selbst, von denen sie abhängen. Eben dies meint die selbstregulative Wechselwirkung, die zum zentralen Merkmal der Erde als biotischem System geworden ist. Lebewesen sind in die Erde integriert als betroffene Abhängige wie auch als Akteure. Die Erde ist das autopoietische Netzwerk, in dem die Lebewesen aktiv-passive Knoten sind: Diese Verknotung oder Verflechtung, oder auch: diese systemische Vernetzung der Erde und ihrer Bewohner kann man „Gaia" nennen. Oder *Symbiogenesis*, wie dies Margulis & McMenamin und Liya N. Khakhina tun.[37] Bei Haraway heißt es *Sympoiesis*.[38] Auch dies kann man Luxus nennen: eine schier unerschöpfliche, schweifende Produktion des notwendigen und begehrten Anderen.

---

37 Lynn Margulis und Mark McMenamin in der Einleitung zu: Liya Nikolaevna Khakhina: *Concepts of Symbiogenesis. A Historical and Critical Study of the Research of Russian Botanists*. Yale 1992.
38 Donna J. Haraway: *Unruhig bleiben. Die Verwandtschaft der Arten im Chthuluzän*. Frankfurt / M. und New York 2018, S. 51 u.ö.f

VI Nachwort und Ausblick

Wir schließen mit Überlegungen, zu denen Hans Blumenberg in seiner *Theorie der Unbegrifflichkeit* (2007) die Stichworte gegeben hat.[39] Gleich nach der These, dass „reine Theorie" über die praktische Handgreiflichkeit und die Darwin'sche Logik (der Funktionalität in der Evolution) hinausgehe, sagt Blumenberg, dass die „Art von idealisierter Theorie *schon im aufrechten Gang steckt*" (17). Der Gang und das zum Himmel erhobene Haupt enthielten schon *„ein Zu-viel gegenüber der Unmittelbarkeit"* (ebd.), nämlich gegenüber dem Erdgebundenen und Körperlichen. Damit verbleibt Blumenberg in der Tradition der antiken Anthropologie. Aus dem Surplus an geistiger Souveränität, die über handgreifliche Praxis hinausgeht, folgert der Philosoph:

> Der Mensch ist seinem Ursprung nach an das Prinzip der Überflüssigkeit, des Luxus gebunden. Der aufrechte Gang ist vom ersten Augenblick an luxurierend: zu sehen, was noch nicht gegenwärtig ist, was *noch keine akute Notwendigkeit* besitzt, Prävention zu üben in bezug auf das, was nur unleibhaftige Möglichkeit, potentielle Drohung oder Lockung ist [...] (17 f.)

Blumenberg wendet sich dagegen, das Darwin'sche „Prinzip der Selbsterhaltung" für eine hinreichende Erklärung der menschlichen Geschichte zu halten. Ihm geht es um „das Recht reiner Theorie" (18), die von elementarer Furcht ebenso wie von instrumenteller Objektivierung befreit ist, also von den Zwängen des Darwin'schen „struggle of life". Er sieht in der Phylogenese „eine Art von Luxus der Erhaltungsleistung" (19) entstehen, will sagen: einen Überschuss über das Notwendige der Selbsterhaltung hinaus. Damit bleibt Blumenberg im traditionellen Darwin-Bild befangen, in dem die adaptiven Leistungen des Überlebens mit dem ganzen Umfang der Darwin'schen Theorie gleichgesetzt werden. Den Luxus als Überschuss der Selbsterhaltung zu verstehen, verkennt die eigentliche Quelle des Luxus, nämlich die *sexual selection*.

Selbsterhaltung identifiziert Blumenberg mit dem Willen zur Macht. An dem Selbsterhaltungskonzept der Tradition kritisiert er die ‚hausväterliche Naturkonzeption'. Gott hat nicht „seine Allmacht [...] in einem unendlichen Schwall des Überflüssigen" über die Welt ausgeschüttet. Sondern Natur wie Vernunft verfahren sparsam, nach dem Prinzip des kürzesten Weges und des geringsten Energieverbrauchs. Die „sparsame Vernunft" bleibt weit hinter der „verschwenderische[n] Großzügigkeit der Schöpfung" zurück (20). Damit gleitet Blumenberg in

---

39 Hans Blumenberg: *Theorie der Unbegrifflichkeit*. Aus dem Nachlass hg. Anselm Haverkamp. Frankfurt / M. 2007. Im Fortgang zitiert durch einfache Seitenzahl im Text.

metaphysische Probleme ab, denn, anthropologisch und naturphilosophisch gesehen, geht es nicht um das Verschwenderische Gottes, sondern der Natur. Und es geht um jenes Luxurierende, das zu uns gehört und um dessentwillen wir uns gerade nicht als sparsames Vernunftsubjekt identifizieren.

„Was Ökonomie ist, hängt davon ab, was für knapp gehalten wird." (20) Entsprechend zählt Blumenberg Denker auf, die das Prinzip der Sparsamkeitsökonomie vertreten: Malebranche, Maupertuis, Spencer, Avenarius und Mach. Das reicht bis in den Marxismus. Die „Akkumulation des Kapitals" und das „erkenntnistheoretische Ökonomieprinzip" seien geradezu zentrale Bestimmungen der Moderne (20/1). So werde der Vorrang und „Vorsprung der Selbsterhaltung" (21) gegenüber dem Luxus befestigt. Dem gegenüber entwirft Blumenberg das Ästhetische und Unbegriffliche als die Sphäre, in der durch Entlastung von der Selbsterhaltungslogik eine andere Dimension aufscheint: der Luxus der Freiheit, der mit dem Unbegrifflichen übereinkommt, mit dem Metaphorischen, Abwesenden, dem bloß Möglichen, Vorlaufenden und (Un)vorstellbaren, womöglich auch mit dem Lachen (der Thrakerin) und dem Verschwenderischen.

Nun wird man gern einräumen, dass dies ein sympathisches Konzept von Luxus ist, das jenen moralischen Aporien entgeht, in die unweigerlich gerät, wer Luxus an Umfänge des Konsums und Eigentums bindet. Indes, indem der Luxus aus der Ökonomie entfernt ist, wird er zugleich aus der Natur eskamotiert. Es wird die Möglichkeit kupiert, über ein erweitertes Konzept von Luxus und Schönheit nachzudenken, wie es mit Darwin eröffnet ist. Luxus ist bei Blumenberg letztlich ein Effekt der Imagination und verbleibt auch im Imaginären, ein Luxus nicht von dieser Welt. Die „reine Theorie" ist das Freifeld der Philosophen, aber auch nur deren Spielwiese. Nur mit zarten Fäden reicht das Ästhetische und Luxurierende in die Welt, nämlich als Kunst und entlastetes Philosophieren. Das wird nicht hinreichen. Ja, vielleicht ist ein solches Luxus-Konzept sogar mit jenen Kräften der Gesellschaft eng verbunden, von denen es sich befreit glaubt. So schreibt schon Rousseau: „Von der Gesellschaft und dem von ihr hervorgebrachten Luxus stammen die freien Künste ab, die Technik, der Handel, die Literatur und alle unnützen Dinge, welche die Industrie blühen lassen, die Staaten reich und arm machen und verfallen lassen."[40]

---

[40] Jean-Jaques Rousseau: Über Kunst und Wissenschaft (1750). Über den Ursprung der Ungleichheit unter den Menschen (1755). In: *Schriften zur Kulturkritik*. Übers. und hg. Kurt Weigand. Hamburg ⁵1994, S. 123.

Lambert Wiesing
Luxus und Zeit

Zeit gilt heute als der wahre Luxus. Diese Formulierung fand sich auf der Rückseite des Programms zur Tagung *Auszeiten. Temporale Ökonomien des Luxus.* Und weiter: „Zumindest legt ein Blick in Magazine, Ratgeberliteratur und Umfrageergebnisse nahe, dass diese Gleichsetzung zu einem Topos der Gegenwart geworden ist. In der heutigen Hektik sei die Auszeit das neue Statussymbol – so titelte unlängst beispielsweise die *Neue Zürcher Zeitung.*"[1] Die hier gegebene Beschreibung ist erfreulich vorsichtig formuliert. Schließlich wird nicht behauptet, dass es so ist, sondern nur, dass sich dieser Eindruck, Zeit sei zum wahren Luxus geworden, einstellen könnte, wenn man sich anschaut, wie gegenwärtig oft über Luxus gesprochen und geschrieben wird; die Veranstalter stellen so diese These zur Diskussion. Andere sind da deutlich weniger zurückhaltend. So meint etwa Fernando Fastoso, Inhaber der Stiftungsprofessur für „High Class and Luxury Brands" an der Hochschule Pforzheim, in einem Interview: „In der heutigen Zeit, in der wir leben, ist Zeit mit Sicherheit ein Luxus. Oder zumindest nehmen wir sie so wahr."[2]

Auch ich habe immer wieder diese Erfahrung nach Vorträgen zum Thema Luxus gemacht. Es gibt diese Meinung, dass Zeit Luxus sei. Wenn es zur Diskussion kommt, dann meldet sich verlässlich mindestens eine Person, die mehr oder weniger energisch zum Ausdruck bringt, dass für sie Zeit der wahre und größte Luxus sei.

So gesehen muss man den Veranstaltern einerseits uneingeschränkt zustimmen, es scheint naheliegend zu sein, dass Zeit gegenwärtig als wahrer Luxus gilt. Das wird allenthalben behauptet. Doch andererseits weiß man aber auch: Was so alles behauptet wird, muss nicht wahr sein. Deshalb möchte ich die Anregung der Veranstalter aufgreifen und die Haltbarkeit dieser These diskutieren. Hierfür stelle ich zwei Fragen: Zum einen möchte ich schlicht überprüfen, was in der soziologischen Diagnose *Zeit gilt heute als der wahre Luxus* gesagt wird. In der Tat werde ich im ersten Teil meiner Überlegungen bezweifeln, dass man dies sinnvoll behaupten kann – und zwar einfach deshalb, weil diese Aussage inhaltlich entweder nichtssagend oder zynisch-problematisch ist. Im zweiten Teil meines Artikels wende ich mich der phänomenologischen Frage zu, ob Zeit für

---
1 Vgl. auch in der Einleitung zu diesem Band, S. 1f.
2 „Luxus hat etwas von Träumen": Fernando Fastoso von der Hochschule Pforzheim ist Deutschlands erster Professor für Luxus. In: *Pforzheimer Zeitung* (14. Oktober 2020), S. 9.

https://doi.org/10.1515/9783110674224-011

eine Person Luxus sein kann. Mir geht es dann um die Behauptung einer Einzelperson, dass für sie eine Auszeit Luxus sein soll. Hier möchte ich nachfragen, was mit dieser Aussage gemeint sein kann und in welchem Sinne sie sich wie verteidigen lässt.

I Die soziologische Behauptung: *Zeit gilt heute als der wahre Luxus*

Zeit gilt heute als der wahre Luxus. Formal betrachtet ist dieser Satz die Formulierung einer Metameinung; er formuliert eine Meinung über eine Meinung. Er drückt die Meinung aus, dass die Meinung, dass Zeit wahrer Luxus sei, heute gelte. Aber auch Meinungen über Meinungen können wahr und falsch sein, deshalb stellt sich die Frage, wie man die Wahrheit dieser Meinung über Meinungen begründen kann. Wie schon erwähnt, kann man immer wieder auf Personen treffen, die dies für sich behaupten. Dass dies so ist, scheint unstrittig zu sein. Doch lässt sich deshalb, weil etwas gerne behauptet wird, auch sagen, dass es für unsere Zeit zu gelten scheint? Kann man aus diesen verbreiteten persönlichen Meinungen, dass für jemanden Zeit ein wahrer Luxus ist, schlussfolgern, dass heute Zeit als wahrer Luxus gilt oder gar, dass Zeit heute mit Sicherheit Luxus ist? Ich halte dies für nicht möglich. In anderen Bereichen würde man eine derartige Verallgemeinerung jedenfalls nicht akzeptieren, wie folgendes Beispiel zeigt. Relativ leicht kann man Menschen treffen, die behaupten, dass das Essen von Fleisch eklig und moralisch verwerflich sei. Auch in diversen Werbungen, Zeitungen und Büchern wird das Essen von Fleisch so dargestellt. Diese Menschen, die das so sehen, treffe ich persönlich sogar noch häufiger als Menschen, die sagen, Zeit sei für sie Luxus. Doch wer will deshalb diese Einzelmeinungen gleich, im Sinne von *Fleisch zu essen gilt heute als eklig und unmoralisch* zum Zeitgeist verallgemeinern? Dass diese Behauptung nicht richtig ist, liegt daran, dass mit der Formulierung *gilt heute als* mehr behauptet wird als nur, dass man Personen finden kann, die dieser Meinung sind.

Gilt als ist eine doppeldeutige Formulierung. Zum einen wird damit gesagt, dass das, was behauptet wird, nicht die Meinung des Behauptenden ist, sondern eben – wie gesagt – eine Metameinung. In diesem Sinne zu sagen *Zeit gilt heute als der wahre Luxus* besagt, dass andere meinen, dass heute Zeit als Luxus gelte. In dieser Hinsicht ist der Satz uneingeschränkt richtig. Doch die Formulierung *etwas gilt heute als* hat noch eine andere, darüber hinaus gehende Bedeutung. Das sieht man daran, dass der Satz *Zeit gilt heute als der wahre Luxus* eben nicht mit dem *Es gibt Menschen, die meinen, dass Zeit der wahre Luxus ist* gleichgesetzt und ausgetauscht werden kann. *Zeit gilt heute als der wahre Luxus* bedeutet nämlich auch, dass diese Ansicht für die Kultur, für die Gegenwart, für den Zeitgeist typisch und charakteristisch ist. Und das lässt sich belegen: Dass etwas typisch und charakteristisch geworden ist, kann man daran erkennen, dass eine Person, die genau anderer Meinung ist, durch eben diese andere Meinung mehr oder weniger zu einem Außenseiter wird. Wenn etwa beispielsweise gesagt wird: *Die Klimaerwärmung gilt heute als wissenschaftlich bewiesen*, dann meint diese Aussage nicht nur, dass es viele Menschen gibt, die dieser Meinung sind. Es wird vielmehr damit behauptet, dass es sich dabei um eine Meinung handelt, der zu widersprechen nicht mehr sinnvoll möglich ist; ein Leugnen der Klimaerwärmung, dies ist mit dem Satz gemeint, führt dazu, dass man ein kultureller Außenseiter wird, weil man mit den wissenschaftlichen Standards dieser Kultur bricht. Genau deshalb lässt sich keineswegs behaupten, dass der Satz *Fleisch zu essen gilt heute als unmoralisch* wahr ist, obwohl viele das Essen von Fleisch für unmoralisch halten. Denn Personen, die das Essen von Fleisch für moralisch einwandfrei halten, werden dadurch nicht zu einer ungewöhnlichen oder gar zweifelhaften Minderheit. Fleischesser sind keine Außenseiter – wie man leicht an jeder Würstchenbude in Jena feststellen kann. Und genau dasselbe gilt für den Satz, dass Zeit heute als der wahre Luxus gilt: Wer das nicht so sieht, wird nicht zu einer ungewöhnlichen Person, die wie aus der Zeit gefallen zu sein scheint. Leicht findet man viele Personen, die ganz andere Dinge – wie etwa Hotels, Autos, Villen, Schallplatten, Schmuck, Uhren, Wein oder Reisen – für den wahren Luxus halten, ohne dass sie sich dadurch zu soziale Außenseiter machen würden.

Und damit bin ich an der Stelle in meiner Argumentation angekommen, warum ich die Meinung *Zeit gilt heute als der wahre Luxus* für bedenklich halte; ja, ich sehe sogar die Gefahr, dass der Satz *Zeit gilt heute als der wahre Luxus* als blanker Zynismus wahrgenommen werden kann. Und zwar aus einem prinzipiellen Grund. Über Luxus lässt sich sinnvoll nur dann sprechen, wenn beachtet wird, dass Luxus immer Luxus für jemanden ist. Es ist schlicht und ergreifend unmöglich, zu bestimmen, welche Dinge wahrhaftig, also objektiv mit Sicherheit Luxus sind. Von keinem Gegenstand oder Ereignis lässt sich mit Sicherheit sagen, dass sie Luxus sind. Es gibt immer nur Dinge, von denen sich berichten lässt, dass sie für jemanden Luxus sind. Dies zu beachten, ist notwendig, wenn in einem wissenschaftlichen Kontext nicht einfach persönliche Meinungen über Luxus oder gar ideologische Wünsche verallgemeinert werden sollen.

Man muss sich einmal vor Augen führen, was Fernando Fastoso in dem schon erwähnten Interview sagt, auch wenn man nicht glauben will, dass er das Gesagte meint: „In der heutigen Zeit, in der wir leben," so wird behauptet, „ist Zeit mit Sicherheit ein Luxus. Oder zumindest nehmen wir sie so wahr." Die Aussage ist vergleichbar mit der ähnlich abwegigen Behauptung: *In der heutigen Zeit, in der wir leben, sind Blumen mit Sicherheit ein Geschenk.* Ja, es gibt Menschen, die Blumen als Geschenk verwenden und es gibt Menschen, die behaupten, für sie sei Zeit Luxus. Aber es gibt unzählige Menschen, die das Haben von Zeit – aus schönen und aus schrecklichen Gründen – nicht als Luxus erleben; was immer das heißen soll, dass man sie als Luxus erlebt. Sicher ist, dass Zeit mit Sicherheit nicht für alle Menschen Luxus ist. Deshalb stellt sich nach einer solchen Aussage die Frage: Was ist mit diesen Menschen, für die das, was mit Sicherheit Luxus sein soll, kein Luxus ist? Sind die krank? Sind die nicht normal? Sind die asozial? Nein, sie sind weder krank noch unnormal oder asozial, weil nichts in der Welt mit Sicherheit Luxus ist. Was auch nicht verwunderlich ist, weil Luxus so wie auch ein Geschenk immer etwas für jemanden zu einer bestimmten Zeit ist. Im besten Fall kann man sagen, dass Zeit für bestimmte Menschen als Luxus gilt. Doch diese Aussage wird nur dann sinnvoll, wenn man diese Menschengruppe definiert. Zu sagen: *zumindest nehmen wir sie so wahr,* hilft da gar nichts, denn wer ist hier mit „wir" gemeint. „Wir" bezeichnet eine Gruppe, zu der der Autor sich selbst durch die Verwendung des Wortes „wir" als zugehörig zählt. Damit ist man aber bei dem entscheidenden Problem, warum es so nichtssagend ist, wenn man sagt, *Zeit gilt heute als der wahre Luxus.* Die Aussage kann im besten Fall für eine Gruppe von Menschen wahr sein; solange man über die Mitglieder dieser Gruppe nichts weiß, weiß man nicht, was mit der Aussage gemeint ist. Die Beschreibung der Gruppe mit „wir" hilft nichts und kann sogar von denjenigen, die Zeit ganz und gar nicht als Luxus erleben, als unverschämt, wenn nicht gar zynisch verstanden werden. Man muss sich dies vor Augen halten: Wenn der Satz *Zeit gilt heute als der wahre Luxus* wahr sein sollte, dann müsste auch für die Bewohner eines Flüchtlingscamps in Griechenland wahr sein, dass dort Zeit als der wahre Luxus gelten würde. Hans Magnus Enzensberger hat schon 1996 in seinem Aufsatz *Reminiszenzen an den Überfluss* auf diese spöttische und hämische Bedeutungsdimension einer Rede von Zeit als Luxus hingewiesen: „Arbeitslose, Alte und Flüchtlinge, die zusammen in naher Zukunft die Mehrheit der Bevölkerung ausmachen werden, [können] in der Regel beliebig über ihre Zeit verfügen, aber es wäre der blanke Hohn, darin ein Privileg zu sehen."[3]

Die Behauptung *Zeit gilt heute als der wahre Luxus* drückt eine erschreckende Blindheit für soziale Unterschiede und menschliche Lebensformen aus; sie erscheint wie ein Rückfall hinter einen erreichten Reflexionsstand der Soziologie: nämlich der Einsicht, dass sich die Frage, was als Luxus gilt, immer nur – bestenfalls – für bestimmte Gruppen von Menschen beantworten lässt. Pierre Bour-

---

3 Hans Magnus Enzensberger: Reminiszenzen an den Überfluß. Der alte und der neue Luxus. In: *Der Spiegel* 51 (1996), S. 108–118, hier S. 118.

dieus Beschreibungen der berühmten feinen Unterschiede, was in welcher Gruppe als Luxus gilt, mögen in einiger Hinsicht überholt sein, doch in einem Punkt bleiben sie überzeugend und wegweisend: Die Luxusvorstellungen von Personen sind einerseits von der Zugehörigkeit zu sozialen Gruppen bestimmt und andererseits konstituieren gerade die Vorstellungen, was als Luxus gilt, die Zugehörigkeit einer Person zu eben dieser Gruppe. Deshalb kann man eben nicht sagen, dass Zeit heute mit Sicherheit Luxus ist, sondern höchstens, dass es derzeit eine Gruppe von Menschen gibt, denen Zeit als Luxus gilt. Doch diese Gruppe ist eben genau durch diese gemeinsame Vorstellung konstituiert. Damit ist man bei der entscheidenden Frage: Lässt sich diese Gruppe, für die Zeit als wahrer Luxus gilt, bestimmen, ohne dass man zur Bestimmung der Gruppe auf diese Luxusvorstellungen zurückgreift? Wenn man sagt *Zumindest wir nehmen Zeit als Luxus wahr* dann stellt sich die Frage, ob man bestimmen kann, wer hier wir ist, ohne dabei auf gemeinsame Luxusvorstellungen referieren zu müssen. Ich bezweifle, dass das möglich ist. Das heißt: Der Satz *Zeit gilt heute als der wahre Luxus* besagt so viel wie: Für die Gruppe von Menschen, die Zeit als Luxus verstehen, gilt, dass sie der Meinung sind, dass heute Zeit als wahrer Luxus gilt.

Man ist noch nicht am Ende: Der Meinung *Zeit gilt heute als der wahre Luxus* kann nur zugestimmt werden, wenn bekannt ist, was mit dem Ausdruck ‚wahrer Luxus' gemeint sein soll. Spätestens hier muss ich sagen, dass es gänzlich unmöglich wird, dem Satz überhaupt noch irgendein deskriptives Potenzial abzugewinnen. Denn was ist wahrer Luxus und was ist das Gegenteil? Ist das Gegenteil von wahrem Luxus falscher Luxus, unechter Luxus, übertriebener Luxus? Gibt es fake luxury? Und wenn man wirklich weiß, was wahrer Luxus ist, weiß man dann auch, warum wahrer Luxus der bessere Luxus ist? Also warum es besser sein soll, an dem Besitzen von Freizeit eine Luxuserfahrung zu machen als etwa an dem Besitzen einer Schallplattensammlung? Soll mit *wahrer Luxus* gemeint sein, dass es ein moralisch einwandfreier Luxus ist, dann möchte ich gerne wissen, was hier die moralischen Wertmaßstäbe sind. Nun könnte man als letzten Ausweg, um der Aussage *Zeit gilt heute als der wahre Luxus* einen Sinn zu geben, sagen: Mit *wahrer Luxus* ist einfach nur Luxus gemeint, da ist kein Unterschied, sondern „wahr" soll hier nicht mehr als eine sprachliche Hervorhebung sein. Doch dann bedeutet der Satz *Zeit gilt heute als der wahre Luxus* so viel wie *Zeit gilt heute als Luxus*. Wenn man dann aber ferner beachtet, worauf eben hingewiesen wurde, nämlich, dass die Formulierung *gilt als* auch schlicht meinen kann, dass es einige Menschen gibt, die das meinen, dann bedeutet der Satz *Zeit gilt heute als der wahre Luxus* so viel wie der Satz: Man trifft heute immer wieder Menschen, die behaupten, dass für sie Zeit Luxus sei. Dem kann man zustimmen – doch diese Behauptung, dass es diese Menschen gibt, ist ziemlich banal. Was allerdings keineswegs banal ist, ist die Frage, was diese Menschen, die es gibt, damit meinen. Und damit bin ich beim zweiten Teil meiner Überlegungen, der sich nicht mit der angeblichen gesellschaftlichen Situation befasst, dass Zeit gegenwärtig als Luxus gelte, sondern mit der Behauptung einer Einzelperson, dass für sie Zeit Luxus sei.

II Die individuelle Behauptung: *Zeit ist für mich Luxus*

Das eine ist die soziologische Frage, ob in unserer Gesellschaft Zeit als Luxus gilt; das andere ist die phänomenologische Frage, ob eine Auszeit überhaupt für eine einzelne Person Luxus sein kann. Erneut kann man diese Frage wiederum nur beantworten, wenn man weiß, was jemand meint, wenn er behauptet, dass für ihn Zeit Luxus sei. Dies dürfte in den normalen Kontexten, in denen diese Aussage getroffen wird, kein Problem sein. Aus eigener Erfahrung kann ich berichten: Wer sagt, für mich ist Zeit der größte Luxus, denkt bei Luxus an Prestigeobjekte. Das heißt: Luxusgüter sind für diese Person nichts anderes als teure Objekte zum Angeben und zur Selbstdarstellung. Der Satz wird vor dem Hintergrund der Annahme formuliert, dass normalerweise exklusive Markenartikel als Luxus bezeichnet werden. Mit diesem Verständnis im Hinterkopf wird mit dem Satz *Zeit ist für mich Luxus* gesagt, dass das Sich-eine-Auszeit-Nehmen für diese Person wichtiger ist, als teure Prestigeobjekte zu besitzen. So verstehe ich diese Personen jedenfalls. Das heißt aber auch: Durch diese Behauptung wird nichts über eine Qualität von freier Zeit ausgesagt, sondern über die Wertmaßstäbe dieser einzelnen Person. Deshalb kann dieser Satz auf Außenstehende – zumindest auf mich – leicht selbstherrlich und selbstverliebt wirken. Man stellt sich damit als eine Person dar, die nicht von materiellen Werten bestimmt ist.

Doch welche Konnotationen dieser Satz bei wem auch immer haben mag, für das Phänomen des Luxus ist entscheidend: Das persönliche Wertschätzen und Vorziehen des Habens von Zeit lässt sich in zwei sehr verschiedenen Weisen verstehen, die in diesem Satz nicht differenziert werden. Nämlich einerseits so, dass das dabei implizierte *besser* ein Adverb ist: Das Haben von Zeit *ist besser* als das Haben von Prestigeobjekten. Andererseits aber auch so, dass *besser* ein Adjektiv ist: Das Haben von Zeit ist *das bessere Prestigeobjekt*.

Im ersten Fall wird das Haben von Zeit einem Haben von Prestigeobjekten vorgezogen; im zweiten Fall wird das Haben von Zeit als das Haben eines guten Prestigeobjektes verstanden. Die zitierte Stimme aus der *Neue Zürcher Zeitung*[4]

---

[4] Silke Wichert: Die Auszeit ist das neue Statussymbol. In: *Neue Zürcher Zeitung* (19. August 2018).

scheint sich dieses Unterschieds nicht bewusst zu sein, zieht sie doch wie selbstverständlich nur in Betracht, dass eine Auszeit heute das bessere Prestigeobjekt sein soll. Doch das ist nur eine mögliche Auslegung, von der ich darüber hinaus noch glaube, dass sie in der Regel nicht gemeint ist, wenn jemand von sich behauptet, dass für ihn Zeit Luxus ist. Im Gegenteil: In meinen Gesprächen mit Personen, die es für sich behaupten, wurde diese Meinung sehr oft so verstanden, dass damit gerade *nicht* gesagt werden soll, dass eine Auszeit das moderne, zeitgemäße, bessere Prestigeobjekt ist, sondern dass eine Auszeit eben wahrer Luxus und das heißt hier: überhaupt kein Prestigeobjekt ist. Wie verbreitet diese Auslegung sein mag, ist eine empirische Frage; jedenfalls ist sie denkbar und scheint mir die interessantere: Denn so wird nicht behauptet, dass eine Auszeit für mich ein Statussymbol ist, sondern, dass die Auszeit eben Luxus und deshalb gerade nicht ein Statussymbol ist. Wer den Satz so versteht, will eben sagen, dass er an Luxus und nicht an Statussymbolen interessiert ist. Und da ist man nun in der Tat an einem Punkt angekommen, der sich mit phänomenologischen Beschreibungen des Luxus durchaus verbinden lässt.

Aus einer phänomenologischen Sichtweise auf den Luxus ist es sinnvoll, zwischen Luxus, Protz und Komfort kategorial und phänomenal zu unterscheiden. Anders gesagt: Dass der Satz *Zeit ist für mich Luxus* wahr sein kann, wenn man unter Luxus – wie so oft im Alltag – schlicht Komfort versteht, ist unstrittig und eher banal. Wer will in Zweifel ziehen, dass es oft sehr komfortabel und angenehm ist, wenn man etwas in Ruhe und Gelassenheit, vielleicht sogar mit Gemütlichkeit machen kann. Dass es für jemanden auch einen besonderen Wert hat, dass er mal etwas ganz entspannt machen kann, scheint mir keine besondere, geschweige denn bemerkenswerte Feststellung zu sein. Insbesondere scheint sie mir nichts mit Luxus zu tun zu haben, weshalb ich es als Vorteil empfinde, wenn man das, was man meint, auch so benennt – also etwa sagt: Komfort ist für mich wichtiger als der Besitz von Prestigeobjekten.

Der Satz *Zeit ist für mich Luxus* kann aber auch so gemeint sein, dass in ihm mit dem Wort „Luxus" – wie so oft im Alltag – schlicht Protz und Prestige gemeint ist. Dass auch dies möglich ist, scheint mir unstrittig zu sein. Wer will in Zweifel ziehen, dass sich in bestimmten Kreisen damit angeben lässt, die Zeit zu haben, Marcel Prousts *Auf der Suche nach der verlorenen Zeit* ganz zu lesen? Auch mit dem Umstand, dass man Müßiggang betreibt und Dinge in übertriebener Langsamkeit erledigt, lässt sich prahlen und protzen. Doch erneut ist es von Vorteil, wenn jemand verständlich sagt, was er meint – also in diesem Fall, dass der Satz *Zeit ist für mich Luxus* bedeuten soll: Das Zur-Schau-Stellen und Zeigen meiner freien Zeit ist für mich der beste Weg, um mich öffentlich darzustellen.

Die Frage, die mich interessiert, ist: Kann das Haben von freier Zeit auch als eine ästhetische Autonomieerfahrung erlebt werden, so dass man in einem spezifischen Sinne von Luxus sprechen kann? Denn genau das scheint mir notwendig zu sein, damit man sinnvoll davon sprechen kann, dass etwas für jemanden Luxus ist. Er muss durch den Besitz der Sache erleben, dass er ein Subjekt ist, das autonom ist, weil es zu Regeln, zu Angemessenheit und Üblichkeit Stellung beziehen kann. Diese ästhetische Erfahrung des eigenen Daseins als Mensch in einer verwalteten Welt kann durch einen bewussten Bruch mit Üblichkeits- und Vernunftvorstellungen geschehen. Wenn es dazu kommt, dann hat man es mit einem dritten Phänomen, nämlich mit der Erfahrung von Luxus zu tun, welche sowohl gegenüber dem Protz als auch dem Komfort eine Zwischenstellung einnimmt.

Komfort ist ein rein sinnliches Phänomen, ein Subjekt muss dafür ausschließlich über Sinnlichkeit verfügen; Komfort lässt sich ohne Probleme im Privaten erleben. Dass ist bei einem Statussymbol oder Prestigeobjekt anders; sie sind an Öffentlichkeit und Beurteilung gebunden. Das heißt: Um zu sagen, dass etwas angenehm ist, muss das Angenehme nicht beurteilt, sondern nur sinnlich erlebt werden. Doch genau das ist beim Prestige nicht notwendig der Fall. Prestigeobjekte sind vollkommen unabhängig von sinnlichen Erlebnissen. Etwas wird einzig aufgrund von Wissen zu einem Prestigeobjekt; es bedarf dafür einer Beurteilung einer Sache auf der Basis von Kenntnis der gesellschaftlichen Situation.

Luxus ist ein drittes Phänomen: Es ist wie der Komfort ein privates Erlebnis: Nur etwas, was bei jemanden eine bestimmte ästhetische Erfahrung bewirkt, kann für jemanden Luxus sein. Diese ästhetische Erfahrung ist aber wie die Verwendung von Prestigeobjekten an eine Beurteilung gebunden, und zwar an ein vorangehende. In einem gewissen Sinne haben wir hier noch eine andere Art der Verbindung von Luxus und Zeit: sozusagen eine intrinsische Verbindung. Die Erfahrung von etwas als Luxus folgt zeitlich auf eine Beurteilung der Zweckmäßigkeit; ihr ist daher eine bestimmte innere Zeitstruktur inhärent – nämlich genau die innere Zeitstruktur, welche für jede Form von ästhetischer Erfahrung wesentlich ist, und welche Kant als erster beschrieben hat.

In § 9 der *Kritik der Urteilskraft* stellt Kant – und dies eigenartigerweise sogar gleich als Überschrift dieses berühmten Paragrafen – die Frage, „ob im Geschmacksurteile das Gefühl der Lust vor der Beurteilung des Gegenstandes oder diese vor jener vorhergehe"[5]. Kants Antwort mag auf den ersten Blick vielleicht überraschen, könnte man doch meinen, die Situation sei eindeutig: Erst kommt die Erfahrung des Schönen – man schaut sich die Sache an, macht eine Erfahrung – und aufgrund des Vorliegens dieser Erfahrung wird die betrachtete Sache eben dann, das heißt zeitlich danach, als schön beurteilt. Doch Kants Antwort ist genau umgekehrt! Und damit entdeckt er ein Wesensmerkmal ästhetischer Erfahrungen

---

5 Immanuel Kant: *Kritik der Urteilskraft* (1790), Frankfurt / M. 1981, § 9, S. 131.

überhaupt – auch der ästhetischen Erfahrung, dass etwas für jemanden Luxus ist: Ästhetische Erfahrungen folgen zeitlich auf eine Beurteilung hin. Und das gilt eben für jede Form einer ästhetischen Erfahrung, und da Luxus eine solche ist, auch für Luxus. Dadurch unterscheiden sich ästhetische Erfahrungen für Kant grundlegend von sinnlichen Reizen, bei denen jemand etwas als nett oder angenehm empfindet – oder eben als komfortabel und praktisch erlebt wird.

Anders formuliert: Wer nicht über etwas theoretisch reflektiert und nachdenkt, kann keine ästhetischen Erfahrungen machen; die vorgängige Reflexion ist notwendig für die Konstitution – und dies gilt sowohl für die Schönheit wie auch für den Luxus.

Konkret: Wenn etwas als schön erfahren wird, dann wurde zuvor der Sinn dieses Gegenstandes beurteilt, der eigentümlicherweise zwar zweckmäßig ist, doch dies ohne einen Zweck zu haben. Man gelangt so als Beurteilender für Kant in den berühmt gewordenen „Zustand eines freien Spiels der Erkenntnisvermögen".[6] Der Akt der Beurteilung bewirkt beim Rezipienten eine spezifische Stimmung, die für den Rezipienten der Grund ist, die Sache schön zu nennen. Es hat den Anschein, als ob Kant die Blaupause für die Beschreibung der Rezeption des Luxus gezeichnet hätte. Man könnte sagen: Was für die Zweckmäßigkeit ohne Zweck der Schönheit gilt, gilt ebenso für den Zweck ohne Zweckmäßigkeit des Luxus. Die Situation ist jedenfalls frappierend analog, denn auch für den Luxus gilt: Ein Gegenstand ist nicht etwa deshalb Luxus, weil jemand durch seinen Besitz sinnlich gereizt oder stimuliert wird. Sowohl beim Schönen wie auch beim Luxus hat man es mit Erfahrungen zu tun, die sich gleichermaßen vom Reizvollen und Angenehmen dadurch unterscheiden, dass ihnen jeweils eine theoretische Beurteilung vorhergeht. Für das Angenehme und Komfortable gilt das nicht; es reicht schlicht aus, dass es konsumiert und besessen wird, um das entsprechende Gefühl zu erzeugen.

Deshalb lassen sich Komfort und Bequemlichkeit kaufen – aber nicht Schönheit und eben auch nicht Luxus! Das Angenehme, so kann man auch sagen, verhält sich zum Schönen wie das Komfortable zum Luxus; und das Schöne verhält sich wiederum zum Akt des Wahrnehmens wie der Luxus zum Akt des Besitzens. Denn für die ästhetische Erfahrung des Luxus muss der Besitzer angesichts der Sache zwar nicht in gleicher Weise wie beim Schönen, aber doch gleichermaßen vorgängig über den Sinn der Sache reflektieren: Er muss eben zuvor beurteilen, ob ein solch gewaltiger Aufwand sinnvoll ist oder ob er sowohl über das technisch Notwendige für etwas als auch über das anthropologisch Notwendige für jemanden hinausgeht. Man reflektiert eben zuvor über Fragen

---

6 Ebd., § 9, S. 132.

wie: Braucht ein Mensch das wirklich? Ist das nicht übertrieben? Ist das nicht unvernünftig und irrational?

Konkret heißt das: Die Erfahrung des Luxus konstituiert sich, indem jemand zuerst zu der Beurteilung gelangt, dass für etwas ein sinnloser Aufwand betrieben wurde, um sich danach durch den Besitz desselben selbst als ein Subjekt zu spüren, das sich über ein rationales Diktat der optimalen Zweckmäßigkeit hinwegsetzt – das ist das Prinzip des Luxus: Das Besitzen von etwas, das für einen Zweck gemacht ist, aber aufgrund eines übertriebenen Aufwands nicht- oder unzweckmäßig ist, lässt ein Subjekt in Folge seiner eigenen Beurteilung erfahren, wie es ist, freiwillig einem rationalen Zweckmäßigkeitsdiktat nicht zu gehorchen, nicht der üblichen Erwartung zu folgen, nicht sich dem gewaltlosen Zwang der sinnvollsten Lösung zu unterwerfen, nicht beim Rationalisierungsdruck einer Effektivitätssteigerung mitzumachen.

Kurzum, was bedeutet dies für unsere Frage: *Kann eine Auszeit für jemanden Luxus sein?* Eine Antwort lautet: Eine Auszeit kann nur dann als Luxus erlebt werden, wenn die für eine ästhetische Erfahrung vorgängige Beurteilung gegeben ist. Ja, dann kann das Nehmen einer Auszeit für eine Person ein Autonomieerlebnis sein, allerdings nur dann, wenn eben dieses Nehmen einer Auszeit von eben dieser Person selbst als unangemessen, übertrieben und unvernünftig beurteilt wird. So wie das Fahren eines extrem komplizierten Autos mit 500 PS ein Autonomieerlebnis sein kann, allerdings nur dann, wenn eben dieses Auto von eben dieser Person selbst als unangemessen, übertrieben und unvernünftig beurteilt wird. Durch beide Handlungen tritt man zu seinen eigenen Angemessenheitsvorstellungen in ein selbstreflexives Verhältnis. Wenn jemand mit dem Sich-die-Zeit-Nehmen seine eigenen Erwartungen für Angemessenheit und Üblichkeit bricht, dann kann auch dieser Bruch zu einem Autonomieerlebnis werden, wie man es von Luxuserfahrungen mit übertrieben aufwendigem Besitz kennt.

Damit wird deutlich, dass das Erlebnis einer Auszeit als Luxus an zwei notwendige Voraussetzungen gebunden ist. Dies ist keine empirische Aussage in dem Sinne, dass das für Claus und Claudia gilt, sondern eine phänomenologische: Das ist für das Phänomen charakteristisch; anders ist es nicht denkbar. Man muss erstens selbst in der Situation sein, dass man sich überhaupt eine Auszeit wählen kann, und zweitens muss man diese Wahl selbst als unangemessen, als einen Bruch mit der vernünftigen zweckmäßigen Entscheidung erleben. Beide Punkte sind aber vollkommen kontingent; deshalb kann eine Auszeit für den einen Luxus, für den anderen kein Luxus sein; deshalb wäre es quatsch zu sagen, Zeit gelte heute generell und ausnahmslos als Luxus.

Erstens: Keineswegs jeder Mensch befindet sich in der Situation, die ihm ermöglicht, eine Auszeit zu nehmen. Der Begriff der Auszeit kommt aus dem Sport; nur dann, wenn man sich in einem von Regeln bestimmten Rahmen befindet, kann man sich eine Auszeit nehmen. Wenn etwa ein Gefängnisinsasse über Tage in seinem Zimmer bleibt und nichts macht, dann dürfte es schwer oder unmöglich sein, dass er dies als eine Verweigerung erlebt – denn er hat sich überhaupt nicht dazu entschlossen, sondern er wurde gezwungen; er bricht dort mit keiner Regel oder Erwartung. Denkbar wäre, dass ein Gefängnisinsasse einen Freigang nach draußen als Auszeit erlebt – insbesondere wenn diese Auszeit durch einen Ausbruch verwirklicht wird.

Zweitens: Es bedarf einer Beurteilung durch die Person. Jemand, der aufgrund seiner tristen Situation vor Langeweile umkommt, wird wahrscheinlich den Umstand, dass er die nächsten Wochen keinen Termin hat und machen kann, was er will, nicht als Luxus erfahren, weil Luxus eine Erfahrung ist, die aus einem willentlichen Bruch mit üblichem Aufwand entsteht.

Kurzum: Um eine Auszeit als Luxus erleben zu können, muss überhaupt die Situation gegeben sein, sinnvoll von einer Auszeit sprechen zu können, also eine Lebenssituation, die von Regelbefolgen, einer zeitlichen Verplanung und Terminen bestimmt ist. Diese Wahl der Auszeit muss ferner als eine Verweigerung von Angemessenheit und Üblichkeit beurteilt werden. Wer etwa einen vollen Terminkalender hat, sich dann aber eine Auszeit nimmt, weil er sich um seine kranke Ehefrau oder seinen Partner kümmern möchte, und diese Wahl nicht als eine irrationale und ungemessene Wahl beurteilt, wird diese Auszeit nicht als Luxus erleben, sondern als eine angemessene, richtige Reaktion auf die Erkrankung.

Auszeiten können als angenehm, als Prestige oder Privileg erlebt werden, doch wenn dies der Fall ist, wäre es nicht sinnvoll, von Luxus zu sprechen. Denn jede Verwendung des Luxusbegriffs, bei dem nicht ein Bruch mit Angemessenheit beschrieben wird, scheint mir nicht überzeugend. Wenn jemand eine Auszeit nimmt, obwohl er weiß, dass dies in seiner Situation nicht angemessen, zweckmäßig und vernünftig ist, er dies aber trotzig und frech dennoch macht, und wenn er durch diesen Akt spürt, dass er noch der autonome Herr über seinen Terminkalender und nicht nur eine funktionierende Maschine in einem Betrieb ist – dann scheint es sinnvoll zu sein, dies als Luxus anzusprechen.

Einer Auszeit als Angemessenheitsverweigerung geht eine Beurteilung der Angemessenheit beziehungsweise eben Unangemessenheit vorher – dies ist eine Gemeinsamkeit mit der Luxuserfahrung, welche eben durch einen willentlichen Bruch mit Üblichkeiten, Vernünftigkeiten und Angemessenheiten entsteht. Doch so ähnlich diese beiden Phänomene in dieser Hinsicht sind, so unterschiedlich sind die vorgängigen Beurteilungen bezüglich ihrer Komplexität.

Für das Nachdenken über die Zweckmäßigkeit einer Auszeit bedarf es weder großer Bildung noch besonderen Wissens. Um eine Auszeit als unvernünftig und unangemessen zu erleben, muss man wohl kaum ein Kenner von Auszeiten sein. Dies liegt daran, dass frei verfügbare Zeit in einer anderen Art als ein materielles

Objekt besessen wird. Man kann sagen, dass man freie Zeit besitzt, weil man damit meint, dass man über seine Zeit wie bei einem besessenen Objekt eine Verfügungsgewalt hat. Doch der Unterschied ist: Gegenüber dem Besitz an frei verfügbarer Zeit kann man nicht wie gegenüber einem materiellen Objekt eine Kennerschaft entwickeln. Doch das ist bei Dingen, die als Luxus erlebt werden, notwendig. Um Dinge in ihrem Aufwand als unzweckmäßig beurteilen zu können, um die übertriebene Komplikation von etwas verstehen zu können, bedarf es oft einer Kennerschaft in der Sache. Welche Armbanduhr aus welchen Gründen kompliziert ist, kann man sich zwar von einem Verkäufer schlicht sagen lassen, doch um diese Komplikation in ihrer Übertriebenheit würdigen zu können, bedarf es der Kennerschaft. Diese Abhängigkeit von Wissen und im Extremen von Kennerschaft teilt die Luxuserfahrung mit dem Verwenden von Prestigeobjekten. Denn um einen Gegenstand als ein Prestigeobjekt zum Protzen und Selbstdarstellen verwenden zu können, muss man ebenfalls über die jeweilige symbolische Bedeutung und den symbolischen Wert dieses Gegenstandes informiert sein. Das kann auf eine sehr simple Weise geschehen, etwa indem man einfach jemanden fragt. Das kann aber auch zu einer zeitaufwendigen Angelegenheit werden, weil man selbst derjenige sein möchte, der über diese Kompetenz der sachgerechten Beurteilung verfügt.

Hier wird nun aus meiner Sicht ein letztes Mal ein Zeitaspekt für die Beschreibung des Luxusphänomens wichtig.

Bisher wurden drei Aspekte thematisiert:
1. der soziologische Aspekt, Zeit sei der wahre Luxus der Gegenwart,
2. die individuelle Behauptung einer Person, Zeit sei Luxus, und
3. die intrinsische Zeitstruktur einer Luxuserfahrung, das heißt die notwendige Vorgängigkeit einer Beurteilung. Hinzu tritt nun noch
4. die Zeit, die das Erlangen der Beurteilungskompetenz von Unangemessenheit benötigt.

Mit diesem 4. Punkt spreche ich das zeitaufwendige Dasein eines Connaisseurs an. Sind die extremen Liebhaber der Schönheit Ästhetizisten, so sind die extremen Liebhaber des Luxus Connaisseurs, die übermäßig viel Zeit in die Entwicklung eines vollkommen unzweckmäßig aufwendigen Wissens über den unzweckmäßig aufwendigen Gegenstand stecken. Das Dasein des Connaisseurs basiert auf dem Umstand, dass er sich die Zeit nimmt, welche zum Erleben von Luxus als Verweigerung von Patentem und Einfachem notwendig ist: Ein Connaisseur ist nicht ein Sklave einer zweckmäßigen Tageseinteilung und zeitlichen Terminplanung. Doch entscheidend ist: Er verwendet die Auszeit nicht um der Auszeit willen oder gar um der Freude, Erholung oder Entspannung willen. Denn dann wäre die Auszeit nicht eine Auszeit, sondern ein zweckmäßiges Mittel zur

Steigerung der Leistungs- und Arbeitsfähigkeit; dann wäre die Auszeit Urlaub, welcher sogar ein Menschenrecht ist. Das ist bei einem Connaisseur anders. Die Auszeit dient dem Zweck, etwas Nichtzweckmäßiges zu tun, nämlich sich die Bildung anzueignen, die notwendig ist, um Nichtzweckmäßiges beurteilen, würdigen und schätzen zu können.

Es geht um diesen Unterschied: Auf der einen Seite als typisches Beispiel der gestresste Manager – um ein Klischee zu bedienen –, der sich eine Auszeit vom durchgetakteten Tagesgeschehen nimmt, um mit seinen Kindern zu spielen. Er macht also etwas sehr Sinnvolles in der Auszeit. Auf der anderen Seite der gestresste Manager, der sich eine Auszeit aus dem Tagesgeschehen nimmt, um Bücher über komplizierte Uhrwerke zu lesen und dann auf einem Trödelmarkt am anderen Ende Europas eine solche exquisite Uhr zu suchen: eine Uhr, die gar nicht mal sehr gut läuft, eine Uhr, obwohl dieser Uhrenkenner schon dutzende perfekt funktionierende besitzt.

Das zeichnet einen Connaisseur als Connaisseur aus: Er steckt die Zeit einer Auszeit in das Erlangen eines für alle praktischen und sinnvollen Zwecke überflüssigen Wissens – das allerdings ein Wissen ist, das nicht überflüssig, sondern im Gegenteil notwendig ist, um die Unangemessenheit und Unzweckmäßigkeit einer Sache selbstständig und qualifiziert beurteilen zu können. Die Entwicklung einer solchen Kennerschaft verlangt selbst viel Zeit, so wie auch in der Regel die Herstellung von aufwendigen Dingen. Das heißt aber: Der zeitaufwendige Umgang mit dem Ding gleicht sich so der zeitaufwendigen Herstellung des Dings an. Die für Luxuserfahrungen notwendige Beurteilung einer Unangemessenheit in dem Benutzen einer zu komplizierten Sache potenziert sich so, weil sie – die Unangemessenheit – nicht mehr nur die Herstellung betrifft, sondern auch auf die Voraussetzungen für die Möglichkeit einer solchen Beurteilung und damit Erfahrung übergreift. Letztlich ein einfaches Phänomen: Was für den einen eine normale Blumenvase ist, kann für den Connaisseur aufgrund seiner Kenntnisse ein selten aufwendiges Stück perfekter und kompliziertester Handwerkskunst sein und ihr Besitz von ihm deshalb als Luxus erlebt werden. Nicht nur die Sache ist in sich kompliziert, sondern die Fähigkeit, diese Komplikation würdigen zu können. Dann scheint es sinnvoll, von einer Auszeit als Luxus zu sprechen: Wenn sich die Irrationalität der Sache nur dem Kenner in der Sache vermittelt, dann wird das Erlangen dieser Kennerschaft zu einem intrinsischen Teil der Luxuserfahrung – der Erfahrung, aufgrund einer autonomen Entscheidung etwas zu besitzen, was sich dem Diktat der Zwecke verweigert, und durch diese Verweigerung die eigene Autonomie gewahr werden lässt.

III Perspektiven der Literatur

Christopher Meid
Tugend, Zeit und Müßiggang: Zum Luxus-Motiv in Christoph Martin Wielands *Dialogen des Diogenes von Sinope* (1770)

Spricht man über Luxus, drängt sich nicht unbedingt der Gedanke an den kynischen Philosophen Diogenes auf: Glaubt man den seit der Antike kursierenden Anekdoten, lebte der völlig Bedürfnislose in einer Tonne am Stadtrand von Korinth.[1] Auch Christoph Martin Wieland, der Diogenes zum Titelhelden seines 1770 erschienen philosophischen Romans Σωкράτης μαινόμενος oder die Dialogen des Diogenes von Sinope machte, zeichnete ihn auf den ersten Blick als Inkarnation eines genügsamen Antimaterialismus.[2] Dennoch ist Luxus ein zentrales Motiv in Wielands satirischem Text.[3] So fungiert der Philosoph nicht nur als Kontrastfigur zu der schwelgenden und verschwenderischen korinthischen Oberschicht, sondern führt eine Reihe von lehrhaften Gesprächen über das Verhältnis von Luxus, Moral und Glück sowie über die Auswirkungen exzessiven Konsums auf Staat und Gesellschaft. Zudem entwirft die utopische *Republik des Diogenes*, die den *Dialogen* angehängt ist, das Bild einer luxusfreien und statischen Gesellschaft von glücklichen Müßiggängern. Schließlich verhandelt der Roman in einem Metadiskurs explizit die Rolle der Kunst und die materiellen Bedürfnisse des Künstlers.[4]

---

[1] Vgl. Joachim Jacob und Reinhard M. Möller: Art. „Diogenes". In: Der Neue Pauly Supplemente II Online, Bd. 8: Historische Gestalten. Hg. Peter von Möllendorf, Annette Simonis und Linda Simonis. http://dx.doi.org/10.1163/2468-3418_dnpo8_p8003800. Stuttgart 2013 (28. Dezember 2020).

[2] Ich beziehe mich auf den Text der Erstausgabe: Christoph Martin Wieland: Σωкράτης μαινόμενος *oder die Dialogen des Diogenes von Sinope. Aus einer alten Handschrift.* In: Wielands Werke. Hg. Klaus Manger und Jan Philipp Reemtsma. Bd. 9.1. Bearb. Hans-Peter Nowitzki. Berlin und New York 2008, S. 1–105. Zitate aus dem Roman weise ich im Folgenden direkt im Text nach. Einen konzisen Überblick über den Roman und die (eher spärliche) Forschung bei Jutta Heinz und Andrea Heinz: „Nachlaß des Diogenes von Sinope". In: *Wieland-Handbuch. Leben – Werk – Wirkung.* Hg. Jutta Heinz. Stuttgart 2008, S. 274–284.

[3] Das wurde von der Forschung bislang eher am Rande berücksichtigt, am ausführlichsten von Bernhard Budde: *Aufklärung als Dialog. Wielands antithetische Prosa.* Tübingen 2000, S. 120–162.

[4] W. Daniel Wilson: Wieland's *Diogenes* and the Emancipation of the Critical Intellectual. In: *Christoph Martin Wieland: Nordamerikanische Forschungsbeiträge zur 250. Wiederkehr seines Geburtstages.* Hg. Hansjörg Schelle. Tübingen 1984, S. 149–179 liest deshalb den Text als Reflexion der Situation des bürgerlichen Intellektuellen.

All diese Aspekte besitzen wiederum eine dezidiert temporale Komponente. Das betrifft zunächst die im Roman vorgeführte Analyse der Bedingungen und Voraussetzungen tugendhaften Handelns, das gerade aus Formen der luxusfreien Muße erwächst. Darüber hinaus verbindet Wieland die soziale Luxusdiagnose mit geschichtsphilosophischen Reflexionen über die Wechselwirkung zwischen konsumistischen Lebensstilen und politischen Umwälzungen. Damit wird sein Philosophenroman zu einem zeitdiagnostischen Text in doppelter Hinsicht: Zum einen dadurch, dass er in antikisierender Rückprojektion zeitgenössische Debatten der politischen Ökonomie modelliert, zum anderen dadurch, dass er prognostisch-spekulativ den Zeithorizont öffnet – Luxuskritik erwächst hier auch aus den prognostizierten Auswirkungen exzessiven Konsums auf die politischen Verhältnisse.

I Diogenes und Jean-Jacques: Apologie des Sonderlings

Zwar ist die Handlung von Wielands *Dialogen des Diogenes von Sinope* im vierten vorchristlichen Jahrhundert angesiedelt, der Roman adressiert aber Themen von überzeitlicher Bedeutung: Sein „ausgeprägter kritischer Grundzug" zeigt sich an der für Wieland „charakteristische[n] Korrelation von Antike und Gegenwart unter dem Vorzeichen eines kritischen und ironisch gebrochenen Aufklärungskonzepts".[5] Die Verbindung beider Epochen betrifft auch die Hauptfigur, den als autodiegetischen Erzähler fungierenden kynischen Philosophen Diogenes. Wielands Roman ist als Rettung des antiken Denkers angelegt;[6] gegen Autoritäten wie Diogenes Laertius und Athenäus erklärt der fiktive Herausgeber in Anlehnung an Arrian und Lukian, der Diogenes des Manuskripts sei „ein launischer, aber feiner und wohlgesitteter Spötter der menschlichen Thorheiten", der sich radikal „von einem schmutzigen und ungeschliffenen Misanthropen" unterscheide (6), als der Diogenes fälschlicherweise gelte.

Da die Überlieferung nur anekdotisch ist, ja die kynische Philosophie insgesamt ihre Autorität aus dem beispielhaft geführten Leben bezieht,[7] ist das leicht

---

[5] Wolfgang Albrecht: Humanitätsdenken zwischen vorantiker Scheinutopie und aktuell aufklärerischer Kritik. Wielands *Diogenes*-Schrift im Kontext der Naturrechts-Diskurse um 1770. In: *Literatur ohne Kompromisse. ein buch für jörg drews*. Hg. Sabine Kyora, Axel Dunker und Dirk Sangmeister. Bielefeld 2004, S. 93–110, hier S. 94.

[6] Vgl. ebd., S. 95.

[7] Vgl. Heinrich Niehues-Pröbsting: Die Kynismus-Rezeption der Moderne: Diogenes in der Aufklärung. In: *Deutsche Zeitschrift für Philosophie* 40.7 (1992), S. 709–734, hier S. 710.

möglich – überhaupt integriert der Roman lediglich drei der tradierten Anekdoten: Neben Diogenes' Selbstbezeichnung als Kosmopolit handelt es sich um die Begegnung mit Alexander dem Großen sowie die Wissenschaftssatire.[8] Anders als Lessing, der in seinen *Rettungen* auf eine Vielzahl von Quellen zurückgreifen konnte,[9] steht Wieland kein umfangreiches Material zur Verfügung, das sich zur Verteidigung seines Gegenstandes anführen ließe; der Gedanke liegt nahe, dass das ironische Wechselspiel der Romanebenen auch diese genuin aufklärerische Gattung mit einschließt – zumindest demonstriert ja die Vorrede, wie interessegeleitet derartige Uminterpretationen sein können. Der aggressiv-fäkalische Kyniker der antiken Überlieferung wird so depotenziert zu einem „ziemlich idealische[n] Diogenes" (9), wie der fiktive Herausgeber selbst zugeben muss: Seine Normverstöße sind nicht aggressiv gegen die Gesellschaft gerichtet,[10] sondern entlarven vielmehr ihre Doppelmoral und Naturferne. Das überlieferte negative Bild des Philosophen erscheint so als Ergebnis von Ressentiments, von Irritationen und nicht zuletzt von Rachsucht. Wenn Diogenes „vielmehr für einen närrischen Sonderling als für einen weisen Mann gehalten worden sey" (9), dann sage das mehr über seine Zeitgenossen als über ihn selbst.

Diese Konstellation verbindet der fiktive Herausgeber selbst mit seiner Gegenwart, denn wenn er den antiken Diogenes verteidigt, sind damit zumindest gewisse Züge von Rousseau mitgedacht:

> Man müßte wenig Kenntniß der Welt haben, wenn man nicht wüßte, daß etliche wenige Züge von Singularität und Abweichungen von den gewöhnlichen Formen des sittlichen Betragens hinlänglich sind, den vortrefflichsten Mann in ein falsches Licht zu stellen. Wir haben an dem berühmten Hans Jacob Rousseau von Genf, einem Mann, der vielleicht im Grunde nicht halb so singular ist als er scheint, ein Beypiel welches diesen Satz ungemein erläutert. Und in den vorliegenden Dialogen werden wir den Diogenes selbst über diese Materie an mehr als an einem Orte so gut raisonniren hören, daß schwerlich jemanden, der sich nicht zum Gesetz gemacht hat, nur seine eigene Meynung gelten zu lassen, ein unaufgelößter Zweifel übrig bleiben wird. (9)

---

8 Vgl. Andrea Heinz: Der Kosmopolitismusgedanke bei Wieland um 1770. In: *Wieland-Studien* 4 (2005), S. 49–74, hier S. 50 f.
9 Vgl. Michael Multhammer: Lessings ‚Rettungen'. Geschichte und Genese eines Denkstils. Berlin und Boston 2013.
10 Vgl. Christiane Frey: Parrhesie als Laune. Zu Wielands *Dialogen des Diogenes von Sinope*. In: *Bella Parrhesia. Begriff und Figur der freien Rede in der Frühen Neuzeit*. Hg. Rüdiger Campe und Malte Wessels. Freiburg 2018, S. 217–241, hier S. 222.

Mit Rousseau befasste sich Wieland intensiv in seinen Erfurter Dozentenjahren, in die auch die Entstehung des *Diogenes*-Romans fällt.[11] Die Verbindung zwischen Rousseau und Diogenes zogen etliche Denker der Aufklärung in denunziatorischer Absicht; zeitgenössisch wurde Rousseau wegen seiner problematischen Persönlichkeitszüge geradezu topisch mit dem kynischen Philosophen gleichgesetzt.[12] Wenn hier der fiktive Herausgeber mit Diogenes zugleich Rousseau verteidigt, dann betrifft das nicht dessen Philosophie, die der Vorbericht nicht erwähnt. Zwar weist der Roman deutliche Affinitäten zu rousseauistischem Gedankengut auf, allerdings gibt es für Wieland keinen Sprung vom Natur- in den Kulturzustand, sondern nur einen allmählichen Übergang; es besteht also kein kategorialer, sondern nur ein gradueller Unterschied zwischen dem Menschen im Natur- und Kulturzustand. Der Mensch sei immer ein geselliges Wesen; bereits im Naturzustand sei ein Trieb zur Geselligkeit wirksam, so dass die Kulturentwicklung notwendig erfolge. Allerdings ergibt sich daraus keine Apologie des Status quo: Ganz im Gegenteil sieht auch Wieland die negativen Auswüchse der Kulturentwicklung, lehnt aber ab, sie durch eine kategorielle Naturferne des modernen Menschen zu erklären. Vielmehr sind auch sie die natürliche, aber bedauerliche und zu korrigierende Konsequenz menschlicher Anlagen und Triebe. Wie Rousseau sieht auch Wieland die Formen menschlichen Zusammenlebens kritisch. Die Ursachen für negative Erscheinungen sind für ihn aber in der Gesellschaft zu korrigieren. Diese Annahmen stehen im Hintergrund der *Dialogen des Diogenes von Sinope,* deren Hauptfigur nicht die menschliche Gesellschaft flieht, sondern sich bemüht, den Menschen wichtige Wahrheiten mitzuteilen.[13]

Die Apologie des Sonderlings bedeutet nicht Apologie Rousseaus, schon gar nicht eine simple Gleichsetzung des Genfer Philosophen mit dem antiken Kyniker. Vielmehr ‚rettet' der Roman einen bestimmten nonkonformistischen Typus vor den übereilten Urteilen einer verständnislosen Gesellschaft und zeigt zugleich, dass Traditionsbildung oftmals dazu beiträgt, Vorurteile zu befestigen.

Damit wird die Vorrede zu einem genuin aufklärerischen Dokument, zu einem Manifest des Selbstdenkens und der entschiedenen Vorurteilskritik. Die Leseanweisung wird so auch über die konkrete Romanrezeption hinaus lesbar: Der

---

11 Vgl. die Übersicht von Herbert Jaumann: Wieland in Erfurt. In: Sven-Aage Jørgensen u. a.: *Christoph Martin Wieland. Epoche – Werk – Wirkung.* München 1994 (Arbeitsbücher zur Literaturgeschichte), S. 68–92. – zu Wielands Rousseau-Rezeption Walter Erhart: „Was nützen schielende Wahrheiten?" Rousseau, Wieland und die Hermeneutik des Fremden. In: *Rousseau in Deutschland. Neue Beiträge zur Erforschung seiner Rezeption.* Hg. Herbert Jaumann. Berlin und New York 1995, S. 47–78.
12 Vgl. Niehues-Pröbsting, Die Kynismus-Rezeption der Moderne 1992, S. 722–724.
13 Vgl. Heinz und Heinz, „Nachlaß des Diogenes von Sinope" 2008, S. 279.

ständige Zweifel an den eigenen Meinungen und Urteilen bewirkt erst wahre Aufklärung.

II Luxus und Zeit(verschwendung)

Wielands Roman entfaltet kein geschlossenes philosophisches System, sondern kontrastiert in einer thematisch verbundenen Reihe von Exempelerzählungen in einem digressiven ‚launigen' Stil in der Nachfolge Laurence Sternes den genügsamen Diogenes mit den Bewohnern Korinths.[14] Dialogisch ist dabei weniger die Anlage des Romans – Wieland selbst änderte aufgrund entsprechender Kritik den Titel später zu *Nachlaß des Diogenes von Sinope* –,[15] als vielmehr das Verhältnis von Text und Leser:[16] Dezidierte Rezeptionsanweisungen laden dazu ein, sich mit den Positionen des autodiegetischen Erzählers zu identifizieren. So ist der Roman, der keine durchgehende Handlung aufweist, vielmehr thematisch organisiert; sein „konstitutive[s] Strukturelement" ist „der Wechsel von Theorie und Praxis bzw. von Moral und Exemplum".[17] Ausgehend von der Figur des Philosophen, der „keine philosophische Theorie" verkündet, „sondern lebt",[18] beleuchtet der Roman zentrale Themen des gesellschaftlichen Zusammenlebens. Dabei geht es immer wieder um das Verhältnis von Luxus und Moral, aber auch explizit um ‚luxuriöse' Kunst.

Diese literarische Luxusanalyse ist eminent politisch; Ort der Handlung ist eine Stadtrepublik, also die Staatsform, für die der Luxus als besonders destruktiv galt, wie etwa Montesquieu im *Geist der Gesetze* betonte: „Les républiques finissent par le luxe; les monarchies, par la pauvreté."[19] Erinnert sei hier nur daran, dass diese Regierungsform Wieland schon allein wegen seiner Biberacher Tätigkeit „als Kanzleiverweser einer der kleinsten Reichsstädte" vor Augen stand,[20] wo

---

14 Vgl. Peter Michelsen: *Laurence Sterne und der deutsche Roman des achtzehnten Jahrhunderts*. Göttingen ²1972 [1962].
15 Vgl. Christoph Martin Wieland: Nachlaß des Diogenes von Sinope. In: Ders.: *Sämmtliche Werke*. Bd. 13. Hg. Georg Joachim Göschen. Leipzig 1795, S. 28–30.
16 Vgl. Albrecht, Humanitätsdenken zwischen vorantiker Scheinutopie und aktuell aufklärerischer Kritik 2004, S. 96 f.
17 Heinz, Der Kosmopolitismusgedanke bei Wieland 2005, S. 50.
18 Ebd.
19 Montesquieu: De l'esprit des lois. In: Ders.: *Œuvres complètes*. Hg. Roger Caillois. Bd. II. Paris 1951, S. 225–995, hier S. 337.
20 Johann Wolfgang Goethe: Zu brüderlichem Andenken Wielands 1813. In: Ders.: *Sämtliche Werke nach Epochen seines Schaffens. Münchner Ausgabe*. Hg. Karl Richter u. a. Bd. 9: Epoche der

er sich (so Goethe in dem Nachruf auf seinen Logenbruder) als „Patriot, und im bessern Sinn Demagog" bewähren musste.[21] Ebenso wenig wie die *Geschichte der Abderiten* (1774–1780) sind Wielands *Dialogen des Diogenes von Sinope* ein Schlüsselroman über Biberacher Verhältnisse; die in diesen Romanen geäußerte politische Kritik geht aber von städtisch-republikanischen Gemeinwesen aus und ist damit grundsätzlich anders gelagert als die fiktionalen Staatsentwürfe des wenige Jahre später entstandenen *Goldnen Spiegels*, der die Zustände in einem monarchisch verfassten Großreich adressiert. Ziel der Kritik – sofern man die Konstellation des antikisierenden Diogenes-Romans überhaupt eins zu eins auf Lebenswelten des achtzehnten Jahrhunderts übertragen möchte – wäre dann weniger eine prassende Adelsgesellschaft[22] als vielmehr ein Stadtpatriziat, das seine patriotischen Pflichten vernachlässigt.

Gleich die erste Beispielgeschichte des Romans kreist um die Frage, ob Luxus, der „Genuß alles Schönen und Angenehmen" (20), glücklich mache:[23] Diogenes erzählt von dem reichen Chärea, einem „von den berühmten Glücklichen zu Corinth" (22), der sich nicht für den zu Unrecht angeklagten Lamon verwendet, weil dessen ebenso schöne wie tugendhafte Frau seinen sexuellen Erpressungsversuchen nicht nachgibt. Diogenes hingegen verteidigt öffentlich den verleumdeten Bürger; sein Erfolg wiederum macht den Philosophen glücklich. Ursache dafür ist die (in Anlehnung an die angelsächsische Moral-Sense-Philosophie verstandene) Sympathie,[24] die der Roman selbst hervorhebt, wenn Diogenes ausruft: „Welch eine Quelle von Genuß liegt nur allein im sympathetischen Gefühle!" (54) Der empfindsame Kyniker ist – anders als der im Luxus schwelgende Reiche – zu echten Glücksgefühlen in der Lage, die umso größer sind, als sie ein moralisches Fundament besitzen und Ausdruck einer „sozial verantwortliche[n] Empfindsamkeit" sind.[25]

Wahlverwandtschaften 1807–1814. Hg. Christoph Siegrist u. a. München 1987, S. 945–965, hier S. 956.
21 Ebd.
22 So Wilson, Wieland's Diogenes and the Emancipation of the Critical Intellectual 1984 – Das anders gelagerte Problem des Luxus in Großstaaten thematisiert Wieland im *Goldnen Spiegel*. Vgl. dazu Christopher Meid: *Der politische Roman im 18. Jahrhundert. Systementwurf und Aufklärungserzählung*. Berlin und Boston 2021, S. 367–373.
23 Vgl. Heinz, Der Kosmopolitismusgedanke bei Wieland 2005, S. 51.
24 Vgl. Jan Engbers: *Der „Moral-Sense" bei Gellert, Lessing und Wieland. Zur Rezeption von Shaftesbury und Hutcheson in Deutschland*. Heidelberg 2001.
25 Michelsen, *Laurence Sterne und der deutsche Roman des achtzehnten Jahrhunderts* ²1972, S. 216.

Dass ein luxuriöser Lebenswandel Schönheit als beliebig konsumierbar begreift und keine Augen für die Qualität einer ‚schönen Seele' besitzt,[26] zeigt sich auch an dem Kunstdiskurs, der dem Roman eingeschrieben ist. Wieder ist es Chärea, der als Gegenspieler des Philosophen herhalten muss. Zwar ist Chärea fähig, sich von Schönheit rühren zu lassen, allerdings lässt er sich nur sinnlich reizen. So nimmt er die um ihren Mann flehende junge Mutter allein als sexuell stimulierendes ästhetisches Objekt wahr, das ebenso konsumierbar ist wie ein Werk der bildenden Kunst:

> Sie weinte, und die beyden artigen kleinen Geschöpfe fiengen auch an, da sie ihre Mutter so heftig reden und weinen sahen, und warfen ihre kleinen Arme um ihren Hals, und fragten sie ängstlich: wird uns dieser Herr unsern Vater nicht wiedergeben? – Ich versichre dich, die Scene war rührend; ich hätte funfzig Minen um einen guten Mahler gegeben, der mir auf der Stelle ein Gemählde daraus gemacht hätte – (21)

Eine derartige ästhetische Erfahrung, wie sie Chärea macht, ist defizitär: Anders als Diogenes ist er nicht in der Lage, die Grazie als Ausdruck einer schönen Seele wahrzunehmen. Zwar verwendet er diese Bezeichnung, allerdings geschieht dies veräußerlicht: „In meinem Leben sah ich die Schönheit in keiner rührendern Gestalt. Ihr Busen schlug unter ihrem Halstuche so stark empor, daß ich ihn zu fühlen glaubte; Alles war Seele und Grazie an der reizenden Hexe." (21 f.) Chäreas ästhetisch-amoralische Lebensführung ist Resultat seines luxuriösen Lebensstils; er wirkt abstumpfend, so dass schlussendlich der *Moral Sense* des reichen Müßiggängers völlig verkümmert ist.

So dient die Hetäre Thryallis seinem Maler als „Modell zu einer Venus Callipygos" (22), also zu einer Darstellung der Liebesgöttin, die ihren schönen Hintern betont. Und auch die Kunstwerke des bedeutenden Malers Apelles reduziert der reiche Kunstkonsument auf ihren Gegenstand – die drei nackten Grazien – und auf ihren materiellen Wert. Kunstbesitz wird zum Statussymbol:[27] „Es ist göttlich, rief der entzückte Chärea; ich muß es haben; ich laß es keinem Könige." (25) Der Preis, den Chärea dafür bezahlt, kommt Diogenes, der durchaus für eine angemessene Entlohnung des Künstlers plädiert, zu hoch vor:

---

26 Vgl. dazu Marie Wokalek: *Die schöne Seele als Denkfigur. Zur Semantik von Gewissen und Geschmack bei Rousseau, Wieland, Schiller, Goethe.* Göttingen 2011.
27 Vgl. Albrecht, Humanitätsdenken zwischen vorantiker Scheinutopie und aktuell aufklärerischer Kritik 2004, S. 104, der Chäreas Verhalten als Beispiel für „eine verflachte Kunstaneignung in Form von Kunstkäufen aus übersteigertem Geltungsbedürfnis und ähnlichen egozentrischen Regungen heraus" deutet.

> Chärea kaufte das Gemählde um vier attische Talente. Vier attische Talente, rief ich, um drey halbnackte Mädchen, und drey oder vier kleine nackte Buben auf einem Stücke Leinwand! – Aber siehe nur, wie schön sie sind, rief Chärea; – wie idealisch! wie ganz Grazie! – Jede mit ihrem eigenen characteristischen Reize, jede durch sich selbst schön, und dennoch durch eine Art von Widerschein von ihrer Nachbarinn verschönert! (25)

Diogenes gibt zu bedenken, was Chärea sonst Gutes mit dem Geld hätte machen können: „*Vier Talente, Chärea! – für eine Augenlust, die in wenig Wochen ihren Reiz für dich verlohren haben wird! Wie viel Glückliche hättest du mit dieser Summe machen können!*" (26)

Denn während der Reiche ohne weiteres bereit ist, große Summen für den Erwerb von Kunstwerken und Vergnügungen aller Art auszugeben, weigert er sich, sein Geld für altruistische Zwecke auszugeben. Ein Pächter, dessen Tochter von Seeräubern entführt wurde, wartet ebenso vergeblich auf Unterstützung wie zuvor Lamon. Diogenes reagiert emotional: „Ich verfluche, in der ersten Hitze, den Ersten, der jemals gemahlt, und alle Mahler, seine Nachfolger, und alle Angehörigen ihrer Zunft, die Farbenreiber selbst nicht ausgenommen." (27) Bald schon verwandelt sich dieser „Zorn gegen die Reichen in Mitleiden" (27). Aus Diogenes' Perspektive ist Luxus obszön, solange anderswo existenzielle Not herrscht.

Spätestens an diesem Punkt zeigt sich, in wie hohem Maße sich der Roman auf zeitgenössische Theorien über Sinn und Nutzen des Luxus bezieht.[28] Eine pauschale Verurteilung ist angesichts zahlreicher und breit rezipierter Apologien des Luxus um 1770 kaum noch möglich.[29] Diogenes selbst legt seinem Kontrahenten die gängigen Argumente der Luxusbefürworter in den Mund – um sie im selben Atemzug zwar nicht zu widerlegen, aber doch zu relativieren:

> Ich bitte dich, Chärea, dich und alle deine Brüder, sagt mir nichts davon, daß ihr durch den Gebrauch, den ihr von euern Reichthümern macht, den Fleiß, die Künste die Handlung

---

[28] Vgl. dazu einführend die folgenden Übersichtsdarstellungen: Istvan Hont: The early Enlightenment debate on commerce and luxury. In: *The Cambridge History of Eighteenth-Century Political Thought*. Hg. Mark Goldie und Robert Wokler. Cambridge u. a. 2006, S. 379–418. – Christopher J. Berry: *The Idea of Luxury: A Conceptual and Historical Investigation*. Cambridge 1994, S. 126–176.

[29] Vgl. Christine Weder und Maximilian Bergengruen: Moderner Luxus. Einleitung. In: *Luxus. Die Ambivalenz des Überflüssigen in der Moderne*. Hg. Dies. Göttingen 2011, S. 7–31, hier S. 9: „Um 1700 zeichnet sich eine zunächst vornehmlich ökonomisch akzentuierte Aufwertung des Überflusses ab. Die Theoretiker der Moderne erkennen, dass die Zirkulation von Reichtümern nur unter der Bedingung der Produktion von Überflüssigem funktioniert, und verweisen vermehrt auf die Vorteile des Luxus als Triebfeder von Nachfrage, technischem Fortschritt, erhöhter Beschäftigung und Export, mithin der Prosperität der Gesellschaft."

unterhalten, und den Umlauf der Zeichen des Reichthums befördert, worinn, wie ihr sagt, das Leben des Staats bestehe.

„Tausende und Zehentausende, sagt ihr, leben dadurch, daß wir bauen, Gärten anlegen, ein großes Haus unterhalten, eine unendliche Menge entbehrlicher Dinge nöthig haben, u. s. w. –" Darüber ist kein Streit zwischen uns. Aber, wenn ihr euch ein Verdienst daraus machen wolltet, so könnten der Seidenwurm und die Purpurschnecke mit gleichem Rechte behaupten, die vortrefflichsten und wohlthätigsten Geschöpfe in der Welt zu seyn; denn würklich leben etliche Millionen Menschen von der Arbeit, die ihnen diese beyden Arten von Gewürme verschaffen. (28)

Das Hauptargument gegen diese ökonomischen Theorien, die auf die Mehrung des Geldumlaufs durch den Luxus abzielen,[30] ist erstens die dadurch erfolgende Überschätzung der Luxuskonsumenten und zweitens die Tatsache, dass in dieser Betrachtungsweise die zahllosen Menschen, die nichts mit der Luxusindustrie zu tun haben, als wertlos erscheinen. Luxus ist aus Sicht des Diogenes schädlich; er zieht eine explizite Verbindung zwischen dem Überfluss einiger Weniger und der Armut der Masse.

Kontrastfigur zu diesen amoralischen Eliten ist der Philosoph, der gerade keine asketische Weltflucht, sondern maßvollen Genuss propagiert. Der permanenten beschleunigten Reizüberflutung, die das moralische Gefühl der im Luxus lebenden Menschen mindert, setzt er Momente der Ruhe und der Kontemplation entgegen. So unterscheidet sich der (nicht völlig) bedürfnislose Philosoph von den reichen Bürgern, mit denen er ja interagiert, gerade auch dadurch, dass er Zeit für Reflexion besitzt, während die im Luxus schwelgende Oberschicht sich in einem Beschleunigungszusammenhang befindet, der sowohl für Selbsterkenntnis als auch Empathie schlichtweg keine Zeit lässt.

Die entsprechenden Passagen demonstrieren zudem, dass sich der Tugendhafte durch seine Tugend selbst belohnt. Er empfindet tiefen Genuss durch die gesteigerte Wahrnehmung seiner eigenen Moralität und dem bereits oben zitierten „sympathetischen Gefühle" (54). Diese intensiven Momente des Genusses beschreibt der Roman ausführlich. Nachdem er sich erfolgreich für Lamon eingesetzt hat, schildert Diogenes seine Stimmung, die mit der in topischen Formulierungen gezeichneten idyllischen Naturszenerie konvergiert:

---

30 Vgl. als ein beliebiges Beispiel aus der politischen Ökonomie des achtzehnten Jahrhunderts Johann Heinrich Gottlob von Justi: Ob die Pracht und Verschwendung einem Staate so nachtheilig sey, daß sie nothwendig verboten werden müsse. In: Ders.: *Gesammlete politische und Finanzschriften*. Bd. 1. Kopenhagen und Leipzig 1761, S. 73–92. Dort erklärt Justi, es sei nötig, dass der Reichtum „unter den Mitbürgern des Staats circulire" (ebd., S. 78). Vgl. ebd., S. 82: „Wenn die Pracht und Verschwendung eine Thorheit ist, so ist es doch gewiß, daß diese Thorheit eine große Menge andrer Menschen vortreflich zu statten kommt, die davon leben und sich ernähren."

> Wie schön der Abend ist! Wie heiter, wie lachend die ganze Natur! Ich bin mit mir selbst zufrieden, ich habe dem Rufe der Menschlichkeit gefolgt. Ich habe die Freude wieder in die schönen Augen der tugendhaften Frau, und in die kleinen Herzen ihrer Kinder gebracht. Wie süß werden ihre Umarmungen seyn! – Ich geniesse sie, ohne sie zu sehen. – Und wer ist nun an diesem Abend glücklich – Chärea, Clinias, Midas, Sardanapalus, Crösus – oder ich? (24)

Der autodiegetische Erzähler reiht hier anaphorisch Ausrufe aneinander. Die Schönheit der abendlichen Natur entspricht seinem Befinden. Weil er sich menschlich verhalten hat, empfindet Diogenes gleichsam als Belohnung tiefe Zufriedenheit. Sein Glück entsteht auch durch die Reflexion über das eigene Verhalten – eine Verbindung, die etwa Francis Hutcheson bereits 1725 in seiner *Inquiry into the Origin of Our Ideas of Beauty and Virtue* formuliert hatte:

> Aber wenn wir einen tugendhaften Charakter besitzen und demzufolge tugendhafte Handlungen begehen, dann sind wir uns nicht immer irgendeines Vergnügens bewußt und erstreben auch nicht allein persönliche Vergnügen [...]. Nur vermittels eines Aktes der Reflexion über unsern Charakter und unser Verhalten können wir die Freuden der Tugend genießen.[31]

Obwohl räumlich von den von ihm Beglückten getrennt, partizipiert er innerlich an ihrem Familienidyll. Die rhetorisch strukturierte Passage verbindet Natur und Kleinfamilie, die beide gleichermaßen in Ausrufen gepriesen werden. Die abschließende rhetorische Frage listet in Form einer Klimax berühmt-berüchtigte Schwelger auf, die aber – so die vom Leser zu ergänzende Antwort – weit weniger glücklich seien als der altruistische Philosoph. Diese direkte Leseranrede leitet über zu dem (hier vollständig zitieren) Folgekapitel:

> Gönnet mir, daß ich mich der Empfindung überlasse, die mich glücklich macht, – und überleset inzwischen die drey vorhergehenden Numern noch einmal – wenn ihr wollt, – und so langsam oder flüchtig ihr wollt. – (24)

Diese Wendung ans Publikum verdeutlicht einmal mehr, dass es sich bei den im Titel des Romans angekündigten *Dialogen des Diogenes* auch um Gespräche zwischen Leser*innen und dem Erzähler handelt. Hier wird – entgegen der zu Beginn entfalteten Fiktion – die Illusion eines synchron zur Produktion laufenden Rezeptionsprozesses aufgebaut: Während der von seinem moralischen Selbstge-

---

[31] Francis Hutcheson: *Eine Untersuchung über den Ursprung unserer Ideen von Schönheit und Tugend. Über moralisch Gutes und Schlechtes.* Übersetzt und mit einer Einleitung herausgegeben von Wolfgang Leidhold. Hamburg 1986, S. 30.

fühl überwältigte Autor gerade nicht mehr schreiben kann, müssen sich die Leser*innen anderweitig beschäftigen.

Dass der Erzähler sie explizit darauf verweist, sie sollten die vorangegangenen Kapitel ein weiteres Mal lesen, macht selbstverständlich „auch für den bisher unaufmerksamen Leser deutlich, daß aus der Geschichte eine Moral zu ziehen ist".[32] Allerdings erschöpft sich die Pointe nicht allein darin; vielmehr fordert der Erzähler hier ein gemeinschaftsstiftendes Leseverhalten ein. Die hier in Anschlag gebrachte Lektürepraxis integriert empfindsame Leser*innen, die nicht nur die Moral der Geschichte lernen, sondern in einem planvoll verlangsamten Leseprozess die Rührung der Hauptfigur nachempfinden und miterleben.

In inszenierter Mündlichkeit wird hier also ein entschleunigtes Leseverhalten propagiert: Der *Diogenes*-Roman soll eben nicht so hastig und beliebig konsumiert werden, wie das die dort dargestellten Reichen mit Kunst tun. Ganz im Gegenteil: Die dort ‚gemalten' rührenden Exempelgeschichten stimulieren das Mit-Leiden mit den ‚schönen Seelen', für die zwar Diogenes, nicht aber Chärea ein Sensorium besitzt. Eine solche Rezeptionspraxis setzt aber – neben einem einigermaßen ausgebildeten *Moral Sense* – vor allem Zeit voraus, eine Form von Muße, wie sie auch die Erzählerfigur Diogenes vorlebt. Sie ist die Bedingung für kontemplative Selbsterfahrung und altruistisch-tugendhaftes Handeln und bildet damit einen scharfen Gegensatz zu der luxuriösen Beschleunigung und Reizüberflutung, die letztlich jedes moralische Gefühl abtötet. Die *Dialogen des Diogenes von Sinope* demonstrieren damit zugleich den Nutzen von Literatur, die – wie etwa Francis Hutcheson formulierte – als Hilfsmittel zur Einübung in moralisches Verhalten dienen kann.[33]

III Luxus und Geschichtsphilosophie

Luxus erscheint im Kontext von Wielands Roman als verderblich, weil er Muße unmöglich macht und damit zugleich die Ausbildung und Übung des moralischen Gefühls verhindert, für die ja solche Zeiten der Kontemplation zwingend erforderlich sind. Wielands Roman unterstellt dem Luxus ein hohes destruktives Potenzial: Nicht nur, dass exzessiver Konsum die Betroffenen moralisch korrumpiert, ihren *Moral Sense* verkümmern lässt und mit ihrer Gesundheit ihre Sexualität beeinträchtigt,[34] er untergräbt auch zugleich die ganze Gesellschaft. So

---

32 Heinz, Der Kosmopolitismusgedanke bei Wieland 2005, S. 51.
33 Vgl. Hutcheson, *Eine Untersuchung über den Ursprung unserer Ideen von Schönheit und Tugend* 1986, S. 129.
34 Das schildert die Episode um Bacchides, der Diogenes vergeblich nachahmt (Kap. 29–30).

entwirft der Roman ein geschichtsphilosophisches Szenario, in dem der Luxus als Motor und Beschleuniger historischer Prozesse eine ebenso wichtige und ebenso destruktive Rolle spielt. Ging es zuvor um die Auswirkungen auf das Individuum in der Gesellschaft, steht nun die Langzeitwirkung im Zentrum. Denn für Wieland wirkt Luxus als ein beschleunigender Faktor in der historischen Entwicklung: Ökonomische Verhältnisse und politische Stabilität hängen untrennbar zusammen.

Das äußert auch der Erzähler Diogenes explizit. Im Gespräch mit dem reichen Philomedon geht es um die Frage, wer der Gesellschaft am meisten nütze. Diogenes schlägt sich auf die Seite der arbeitenden Bevölkerung und betont provokant, dass der „elendeste Wasserträger in Corinth [...] ein schätzbarer Mann" als sein Gesprächspartner sei (57): „Der Wasserträger, so ein armer schlechter Kerl er ist, nützt doch der Gesellschaft; – aber wozu nützest du?" (58) Denn Philomedon ziehe aus der „bürgerlichen Gesellschaft" viele Vorteile, für die er nicht arbeite, während jeder Tagelöhner „für den dürftigen Unterhalt, den ihm die Gesellschaft reicht", arbeite (60). In ironisch-antagonistischem Verweis auf Mandevilles *Bienenfabel* (1714) vergleicht Diogenes seinen Gesprächspartner mit einem Insekt: Sein „ganzes Verdienst um den Staat [sei] das Verdienst einer Hummel, welche den besten Theil des Honigs, den die arbeitenden Bienen mühsam zusammentragen, verzehrt, ohne etwas anders dafür zu thun, als dem Staate junge Einwohner zu verschaffen" (ebd.). Und selbst die Fortpflanzung – in Diogenes' Sicht Philomedons einzig produktiver Beitrag für das Gemeinwesen – resultiere allein aus dem „Reiz des Vergnügens" und nicht etwa aus dem „Gefühl [s]einer Pflichten gegen die Gesellschaft" (ebd.).

Hatte Mandeville in der griffigen Formel ‚private vices, public benefits' gerade den Nutzen von individuellen Lastern für die Gesellschaft betont, machen die *Dialogen des Diogenes von Sinope* die Gegenrechnung auf. Luxus sei nicht nur schädlich, sondern auf lange Sicht gefährlich, weil die allgemein wahrnehmbare Ungleichheit das Gemeinwesen erschüttere und schlimmstenfalls zu einer gewaltsamen Umwälzung der bestehenden Verhältnisse führen könne:[35]

> Laß uns noch einen Fall setzen, Philomedon, der so möglich ist, daß wir in der That keine Stunde völlig sicher sind, ihn nicht begegnen zu sehen. – Zehentausend Menschen haben unstreitig neunzehntausend und achthundert Arme mehr als hundert Menschen. Nun ist nichts gewisser, als daß gegen jedes Hundert deines Gleichen in ganz Achaja, wenigstens zehentausend sind, welche bey einer Staatsveränderung mehr zu gewinnen als zu verliehren hätten. Gesetzt also, diese Zehentausende ließen sich einmal einfallen, die Anzahl ihrer

---

[35] Vgl. Niehues-Pröbsting, Die Kynismus-Rezeption der Moderne 1992, S. 716: Wieland habe im *Diogenes*-Roman „die Entstehung einer revolutionären Situation prophezeit".

Arme zu calculieren, und das Facit ihrer Rechnung wäre, daß sie sich ihrer Übermacht bedienten, euch andre Reichen aus euern Gütern hinaus zu werfen, und eine neue Theilung vorzunehmen? Sobald der Staat ein Ende hat, fängt der Stand der Natur wieder an, alles fällt in die ursprüngliche Gleichheit zurück, und – kurz, du würdest keinen größern Antheil bekommen, als der ehrliche Handwerksmann, der deine Füße bekleidet. Dieser einzige kleine Umstand würde dich in die Nothwendigkeit setzen, entweder zu arbeiten, oder – von so wenigem zu leben als Diogenes; – und vermuthlich würde dir das eine so fremde vorkommen als das andere. (60 f.)

Diogenes argumentiert hier kontraktualistisch. Ähnlich wie Rousseau und von ihm beeinflusste Vertreter des jüngeren Naturrechts geht er davon aus, dass Herrschafts- und Gesellschaftsverträge aufgekündigt werden können, dass also der Status quo keineswegs notwendigerweise stabil ist.[36] Was in der Romanfiktion als Gedankenexperiment dem selbstzufriedenen Reichen vorgehalten wird, hatte Wieland bereits 1758 in seiner *Einleitung in die Kenntniß der itzigen Staaten in Europa*, einer weitgehend aus statistischen (also staatskundlichen) Einführungen wie Georg Christian Gebauers *Grund-Riß zu einer Umständlichen Historie der vornehmsten Europäischen Reiche und Staaten* (1733) kompilierten Erziehungsschrift artikuliert. In diesem didaktischen Gelegenheitswerk des jungen Autors zeigen sich bereits die Problemstellungen, die auch sein Schreiben der 1760er und 1770er Jahre umkreisen sollte. So sieht er einerseits die historische Entwicklung der europäischen Staatenwelt als Degenerationsprozess, der insbesondere durch den Luxus verursacht werde, beteuert aber zugleich, dass insgesamt ein Blick auf die historischen Abläufe die begründete Hoffnung auf eine kontinuierliche Aufwärtsbewegung wecke. Dabei geht der Autor von einem unmittelbar bevorstehenden Kippmoment aus, auch wenn bislang „auf eine jede Verbesserung des allgemeinen Zustands allemal eine Verschlimmerung erfolgt" sei.[37] Dennoch sei spürbar, „daß der gegenwärtige Zustand eine gegründete Hoffnung zu einer beträchtlichen Verbesserung des künftigen macht, ob diese gleich nicht anders als durch gewaltsame Erschütterungen erkauft werden kann."[38] Für Wieland besteht also ein kausaler Zusammenhang zwischen Luxus, moralischer Korruption und purgierender „Catastrophe":

---

36 Vgl. Heinz und Heinz, „Nachlaß des Diogenes von Sinope" 2008, S. 279: „Diogenes beschreibt die Ungleichheit im Staat ähnlich wie Rousseau, er lehnt deshalb aber nicht das Staatswesen ab."
37 Christoph Martin Wieland: Einleitung in die Kenntniß der itzigen Staaten in Europa. Anno 1758. In: *Wielands Werke. Bd. 4: Prosaische Jugendwerke*. Hg. Fritz Homeyer und Hugo Bieber. Berlin 1916, S. 421–473, hier S. 452.
38 Ebd.

Die natürliche Folge des Luxus, wenn er auf den höchsten Grad gestiegen ist, ist der gänzliche Zerfall und Untergang eines Staats; nicht nur weil derselbe nach und nach alle Quellen des Reichthums und der Macht eines Staats erschöpft, sondern vornehmlich, weil er alle Bande der bürgerlichen und politischen Gesellschaft auflöst, die Ehrfurcht für die Gesetze aufhebt und das Gefühl der gegenwärtigen Pflichten erstickt. Dieses ist der Grund, aus welchem einige mit der größten Wahrscheinlichkeit eine bevorstehende allgemeine Catastrophe in allen Staaten von Europa geweissaget haben. Was aus einer solchen Zerrüttung herauskommen werde, läßt sich zwar nicht gewiß bestimmen, doch ist vermuthlich, daß wenn die Verschlimmerung auf den höchsten Grad gestiegen, eine Verbesserung darauf erfolgen müsse.[39]

Liest man die Passagen aus den *Dialogen des Diogenes von Sinope* vor diesem Hintergrund, so lassen sich die oben zitieren Äußerungen des Erzählers sowohl als Mahnung als auch als (maskierte) Prognose lesen: Dann wäre der Luxus ein notwendiges Übel in einem historischen Prozess, der von Selbstreinigungskräften geprägt ist. Allerdings scheut der Roman hier ganz bewusst klare Festlegungen: Zwar entwirft er Fiktionen luxusfreier Gesellschaften, diese sind allerdings entweder abschreckend oder nicht realisierbar.[40]

IV Dystopie und Utopie des Müßiggangs

Wielands Roman ist von Erzählungen gerahmt, die von Müßiggang geprägte Lebensformen beschreiben.[41] Sie sind auf unterschiedlichen Erzählebenen angesiedelt: Im Vorbericht des fiktiven Herausgebers satirisiert dieser das unproduktive Leben in einem katholischen Mönchskloster, in der *Republik des Diogenes* entwirft der kynische Philosoph seinen Idealstaat, um zugleich zu betonen, dass es sich bei dieser Utopie nicht nur um Fiktion handle, sondern zugleich auch um eine „Schimäre" (103), also einen niemals und nirgendwo realisierbaren Zustand.[42] Dass damit das dystopische Szenario eine größere Realitätsnähe besitzt,

---

39 Ebd., S. 451.
40 Vgl. Heinz, Der Kosmopolitismusgedanke bei Wieland 2005. Die Studie betont zu Recht, die „Ablehnung der Künste für die idealische Inselrepublik" sei „nicht auf andere real-existierende Republiken" übertragbar (S. 55).
41 Vgl. ebd., S. 56: „Die beiden Geschichten von diesen isolierten Gemeinschaften, die den Anfang und Schluß des Romans bilden, bieten vielfältige Korrespondenzen und bilden den aufeinander abgestimmten Rahmen des Romans."
42 Vgl. die Überlegungen von Hans-Joachim Mähl: Die Republik des Diogenes. Utopische Fiktion und Fiktionsironie am Beispiel Wielands. In: *Utopieforschung. Interdisziplinäre Forschungen zur neuzeitlichen Utopie.* Hg. Wilhelm Voßkamp. Bd. 3. Stuttgart 1982, S. 50–85, bes. S. 69: „Die Fiktionsironie Wielands bedeutet, daß mit der Brechung des Wahrheitsanspruchs der utopischen Fiktion

demonstriert wiederum den skeptischen Vorbehalt, der Wielands Philosophenroman grundiert.

Sowohl in Bezug auf die unaufgeklärten Mönche als auch auf die naturnahen hedonistischen Bewohner der idealen Insel fällt der Begriff des Müßiggangs. Bei der satirischen Beschreibung der Abtei und ihrer Bewohner nimmt Wielands Erzähler gängige Topoi protestantischer Konfessionspolemik und aufklärerischer „Klosterkritik" auf:[43]

> Ich hatte vor einigen Jahren Gelegenheit, in einer gewissen Abtey B * * * * * Ordens in S * * * Bekanntschaft zu machen, welche, Dank sey dem Genius des zwölften und dreyzehenten Jahrhunderts, der sie dotiert, und dem öconomischen Geiste, der sie bisher verwaltet hat, reich genug ist, siebenzig bis achtzig wohlgenährte Erdensöhne, in einem durch verjährte Vorurtheile ehrwürdig gemachten Müßiggang und in tiefer Sorglosigkeit über alles, was außerhalb ihren Gerichten und Gebieten in der physischen und moralischen Welt vorgeht, zu unterhalten. (3)

In der Abtei, einem „Ort saturierten, stumpfen Müßigganges",[44] leben (mit Ausnahme des fähigen Bibliothekars, der aber bald seines Amtes enthoben und durch den Koch ersetzt wird) aufklärungsresistente ‚Dunkelmänner'. Ihre in jeglicher Hinsicht unfruchtbare Existenz ist das Zerrbild einer Lebensform, in der die menschliche Perfektibilität stillgestellt ist.

Auch die Republik des Diogenes ist ein Ort, der von historischen Prozessen nicht berührt wird, ja als Produkt der Phantasie außerhalb der geschichtlichen Welt angesiedelt ist. Die Inselutopie, eine Mischung aus narrativem und expositorischem Text, schildert eine Versuchsanordnung. Da von vornherein ihr fiktionaler Status prominent markiert ist, kann der Erzähler Diogenes gleichsam unter Laborbedingungen eine luxusfreie Staatsform darstellen.

> „Aber, sollte es denn nicht möglich seyn, (sagt ihr) Witz und Geschmack, Bequemlichkeiten, Pracht, Überfluß und alle Vortheile des Luxus mit Ordnung und Sitten, mit allgemeiner Tugend und allgemeiner Glückseligkeit zu vereinigen? –"
>
> Nichts leichter – in einem Staate, der, wie die Republik des Diogenes, eine bloße Schimäre seyn soll. (103)

---

in die Utopie selbst nunmehr auch die Reflexion über die Bedingungen ihrer Möglichkeit (und ebenso über die Bedingungen der Möglichkeit utopischen Erzählens!) aufgenommen wird." Die „Funktion" bestehe „in der Einübung des Lesers in ein Möglichkeitsdenken, das als mentales Aufbrechen verfestigter Bewußtseinsstrukturen gedeutet werden könnte und ein neues, variables, skeptisch bewegliches Verhältnis zur gesellschaftlich-politischen Wirklichkeit freisetzt" (ebd., S. 70).
43 Albrecht, Humanitätsdenken zwischen vorantiker Scheinutopie und aktuell aufklärerischer Kritik 2004, S. 95.
44 Ebd.

Die Bewohner*innen dieser schimärischen Welt führen ein weitgehend gleichförmiges, aber harmonisches Leben, das von sanftem Genuss geprägt ist. Dabei ist Diogenes' ideale Insel weder karge Einöde, deren Bewohner mühsam ihre Existenz fristen müssten, noch üppiges Schlaraffenland.[45] Der Urheber dieses Entwurfs, der Philosoph Diogenes, hält erklärtermaßen „viel auf Müßiggang und Ergötzlichkeiten"; entsprechend betont er: „Arbeit ist ein Mittel zum Zweck unsers Daseyns; aber sie ist nicht der Zweck selbst." (98) Folglich gestaltet er die Natur seines Gemeinschaftsentwurfs so, dass sie leicht die Bedürfnisse ihrer Bewohner stillt, um ihnen ein Leben voll angenehmen Müßiggangs zu ermöglichen. Der Begriff ist hier entgegen dem dominanten Sprachgebrauch der Zeit positiv konnotiert.[46]

Ein solch positiv zu sehender Müßiggang ist allerdings nur außerhalb der geschichtlichen Welt denkbar; Wielands Roman kontrastiert also zwei konträre Wertungen des Begriffs. Das ist zweifellos eine spannungsvolle Konstellation, einen Widerspruch stellt sie allerdings nicht dar, da die Urteile von verschiedenen Erzählinstanzen ausgehen. Kontrastiert werden also eine ‚Idealform' des Müßiggangs im geschichtslosen Raum und seine negative, weil unproduktive Ausprägung in der Moderne.

Glücklicher Müßiggang ist also nur in der Fiktion des Naturzustandes möglich. In der Gesellschaft hingegen artet er aus in Exzess und Laster.[47] Dies zeigt die Überlegung, was passieren würde, wenn die Bewohner*innen der Republik des Diogenes mit der Außenwelt in Gestalt eines urbanen Atheners in Berührung kommen sollten: Seine „Geschenke" würden sich als „die Büchse der Pandora" entpuppen: „[W]ir gaben ihm unsre Freyheit, unsre Ruhe, unsre sorglose Fröhlichkeit, unsern glücklichen Müßiggang, und er gab uns dafür Bedürfnisse, Leidenschaften, Thorheiten, Laster, Krankheiten, Sorgen, Kummer, hohle Augen und

---

45 Vgl. Christine Weder: Literarischer Luxus im Umbruch. Die Modernisierung des Schlaraffenlandes um 1700. In: *Luxus. Die Ambivalenz des Überflüssigen in der Moderne* 2011, S. 7–31.
46 Vgl. Johann Christoph Adelung: *Grammatisch-kritisches Wörterbuch der Hochdeutschen Mundart mit beständiger Vergleichung der übrigen Mundarten, besonders aber der oberdeutschen.* Zweyte, vermehrte und verbesserte Ausgabe. Bd. 3. Leipzig 1798, Sp. 330: Müßiggang sei „die unthätige Unterlassung der pflichtmäßigen Arbeit, und in engerm Verstande, die Fertigkeit dieser Unterlassung." Vgl. auch den Beitrag von Anja Lemke in diesem Band.
47 Vgl. Heinz: Der Kosmopolitismusgedanke bei Wieland 2005, S. 56 f.: „Die im Naturzustand gebilligte Ausgrenzung der Künste und des Wissens erweist sich für die Gesellschaft des 18. Jahrhunderts als ein Rückfall; so gesehen kann der Vorbericht auch als übertragenes Negativexempel der von Diogenes theoretisch entworfenen Inselrepublik gelesen werden. Die einfache produktive und positive Anwendung der Maximen der Inselrepublik bleibt dem zeitgenössischen und modernen Leser verwehrt."

eingefallne Wangen." (101) Dieser zwangsläufig eintretende Prozess lässt sich allein in der Fiktion aufhalten:

> Durch eine Folge dieser Zärtlichkeit für meine Geschöpfe, und damit ich ihnen, so viel an mir ist, alle Gelegenheit, ihre *Perfectibilität* zu entwickeln, abschneide, – kann ich demnach nicht umhin, zu ihrem Besten, noch einen Schlag mit meiner Zauberruthe zu thun, und die ganze Insel auf immer und ewig – unsichtbar zu machen. Alle Mühe, die sich eure Seefahrer jemals um ihre Entdeckung geben möchten, würde verlohren seyn; sie werden sie in Ewigkeit nicht finden! (105)

Wielands Roman ist auch eine luxuskritische Versuchsanordnung über die Folgen exzessiven Konsums für Individuum und Gesellschaft. In seiner Perspektive kommt dabei temporalen Aspekten besondere Bedeutung zu: So demonstriert er anhand der Figur des Diogenes, dass luxusabstinente Muße die Bedingung altruistischen Handelns darstellt, während das Leben der luxurierenden Oberschichten nicht nur deren Gesundheit und Moral, sondern in historischer Perspektive das ganze Gemeinwesen krank machen und letztlich vernichten wird. Dem in produktiver Muße lebenden Philosophen stellen die Rahmenpassagen des Romans zwei kontrastierende Lebensformen gegenüber, die sich aber beide in unterschiedlicher Weise als untauglich, ja buchstäblich unmöglich erweisen. Ein Ausweg aus diesem Dilemma mag in der Art entschleunigter Lektüre liegen, die der empfindsame Roman propagiert.

Matt Erlin
Luxus und Beschleunigung um 1800 (Lichtenberg, Goethe, E.T.A. Hoffmann)

I Luxus, Beschleunigung, Narration

1779 verfasst der deutsche Physiokrat Johann August Schlettwein eine Beschreibung von „Üppigkeit", die die temporale Komplexität des Begriffs im achzehnten Jahrhundert beleuchtet. In einem zentralen Abschnitt von *Grundfeste der Staaten oder die politische Ökonomie,* seiner Abhandlung über gute Regierungsführung, erklärt Schlettwein:

> Der Zweck, Geist, und Sinn der Ueppigkeit ist nur Reiz der Sinne, und der Einbildungskraft durch Gestalten, Farben, und Schein, durch Eindrücke von Augenblicken, und Abwechselung von ReihenFolgen solcher Eindrücke. Das Bleibende, das Dauerhafte, der Werth des Vergangenen und Gegenwärtigen in der Zukunft, die Schätzung der Eindrücke, und Ursachen aus den Folgen, und den Progressionen derselbigen ist nicht des Ueppigen Ziel, nicht Wunsch, nicht Tendenz der Ueppigkeit.[1]

Schlettweins Bemerkungen sind signifikant, weil sie Üppigkeit (in der Überschrift des hier zitierten Paragraphen als Synonym von Luxus ausgewiesen) mit einer Zeiterfahrung verbinden, die den gängigen Konzeptionen des einundzwanzigsten Jahrhunderts zuwiderläuft. Vor allem in seiner positiven Variante wird Luxus heute vorrangig mit Verlangsamung assoziiert. Von der Aufwertung der „Kunst des Verweilens" durch den Philosophen Byung-Chul Han bis zur beinahe omnipräsenten These von Zeit als „Luxus schlechthin" wird der Begriff oft für Formen kultivierten Müßiggangs verwendet, die in unserer hyperaktiven, hyperverbundenen Welt scheinbar zur Seltenheit geworden sind.[2]

Eine negative Variante dieser Verbindung ist in den Schriften von Kommentatoren des achtzehnten Jahrhunderts bereits prominent vertreten, am deutlichsten vielleicht in der häufigen Paarung von „Luxus und Müßiggang". So heißt es zum Beispiel in Rousseaus *Abhandlung über die Wissenschaften und die Künste,*

---

1 Johann August Schlettwein: *Grundfeste der Staaten oder die politische Ökonomie.* Frankfurt / M. 1971 [1779], S. 406 f.
2 Byung-Chul Han: *Duft der Zeit: Ein philosophischer Essay zur Kunst des Verweilens.* Bielefeld 2009. Vgl. auch die Einleitung dieses Bandes.

dass Luxus und Müßiggang Folgen des Reichtums seien.³ Schlettwein dagegen assoziiert in seiner Gegenüberstellung der „Eindrücke von Augenblicken" mit dem „Bleibende[n]" oder „Dauerhafte[n]" Luxus mit *Geschwindigkeit* – das heißt, mit einer Intensivierung flüchtiger Sinneserfahrungen in Form der „Abwechselung von ReihenFolgen solcher Eindrücke", die als eine Art Beschleunigung verstanden werden kann. Dieser Beschleunigung wird wiederum die für das rationale Denken charakteristische stetige, zeitlich-lineare Entwicklung entgegengestellt, die „Ursachen aus den Folgen, und den Progressionen derselbigen" zu identifizieren sucht.

Eine ähnliche Gegenüberstellung bietet Goethe in einem wenig bekannten kurzen Essay aus dem Jahr 1797 mit dem Titel „Kunst und Handwerk". Nach einer kurzen Erörterung der Ursprünge und Eigenschaften des wahren Kunstwerks erklärt er, dass Luxus nicht einfach im Besitz von teuren Gegenständen bestehe, sondern im Besitz von „Dinge[n] von der Art [...] deren Gestalt [man] erst verändern muß, um sich ein augenblickliches Vergnügen und vor andern einiges Ansehen zu verschaffen." Wahrer Reichtum dagegen „bestünde also in dem Besitz solcher Güter, welche man zeitlebens behalten, welche man zeitlebens genießen, und an deren Genuß man sich bei immer vermehrten Kenntnissen immer mehr erfreuen könnte."⁴ Auch in Goethes Essay finden wir die Gegenüberstellung zweier Zeitregime. Das des Luxus umfasst wiederholte Veränderungen, die für „ein augenblickliches Vergnügen" gedacht sind, das er später im Text mit dem „hochgetriebenen Mechanismus" der Massenproduktion verbindet.⁵ Im Gegensatz zu Schlettwein, der dieses augenblickliche Vergnügen einer als Nicht-Luxus konzipierten Erfahrung entgegensetzt, weisen Goethes Kommentare einen Bezug zur Unterscheidung zwischen negativem und positivem Luxus auf, wie sie im achtzehnten Jahrhundert gängig geworden war. Die temporalen Qualitäten, die

---

3 Vgl. Jean-Jacques Rousseau: *Discours sur les sciences et les arts / Abhandlung über die Wissenschaften und Künste* (1750). Französisch / Deutsch. Übers. Doris Butz-Striebel in Zusammenarbeit mit Marie–Line Petrequin. Hg. Béatrice Durand. Stuttgart 2012, v. a. S. 51.
4 Johann Wolfgang Goethe: [Kunst und Handwerk] (1797). In: Ders.: *Sämtliche Werke nach Epochen seines Schaffens* (Münchner Ausgabe). Hg. Karl Richter. Bd. 4.2. Hg. Klaus H. Kiefer u.a. München 1986, S. 119f. Interessanterweise gibt es auch eine Variante des Textes, die 1896 im 17. Band des *Goethe-Jahrbuchs* (S. 13–16, hier S. 14) veröffentlicht wurde, in der statt „erst verändern muß" „oft verändern muß" steht. Diese Lesart, die auch in einer zweibändigen Insel-Ausgabe von Goethes *Kunstschriften* vorkommt, hebt die Assoziation zwischen Luxus und Beschleunigung noch stärker hervor. Soweit ich feststellen kann, wurde diese Variante in keine der bekannten Werkausgaben aufgenommen, aber es würde sich vielleicht lohnen, einen Blick in die Handschrift zu werfen. Vgl. *Goethes Kunstschriften*. Hg. Max Hecker. Bd. 2. Leipzig 1912, S. 79–81, hier S. 80.
5 Ebd, S. 120.

Goethe mit „wahrem Reichtum" verbindet, suggerieren aber auch, wie bei Schlettwein, eine stetige, lineare Aneignung von Kenntnissen, die den Genuss an demselben Objekt auf immer höherem Niveau ermöglichen.

Die folgende Analyse geht einer Reihe textueller Spuren nach, die dieser spezielle Strang des Luxusdiskurses um 1800 – nämlich die Verbindung von Luxus und Beschleunigung – hinterlassen hat. Dabei sind besonders die narrativen Implikationen dieser Verbindung von Interesse, oder mit anderen Worten: die Frage, welche möglicherweise innovativen literarischen Techniken mit der Repräsentation von Luxus als Beschleunigung in Verbindung stehen? Als Inspiration dient hierbei die jüngste Forschung zur Geschwindigkeit als Erzählphänomen in zeitgenössischen Romanen, die, wie Kathryn Hume in einem Essay zu diesem Thema schreibt, die Lesenden oft dem atemlosen Gefühl aussetzen, die Ereignisse würden zu schnell vorbeirauschen und dadurch einem wirklichen Verständnis entgleiten.[6] Die Hypothese dieses Aufsatzes ist, dass in der Literatur um 1800 ein verwandtes Phänomen erkennbar ist, wenn auch in einer eher embryonalen Form, und dass Repräsentationen dieses Phänomens eine Verbindung zu einer aufkommenden Warenkultur in dieser Zeit suggerieren. Gleichzeitig soll durch die erzähltheoretische Argumentation eine Präzisierung der zeitlichen Koordinaten der im achtzehnten Jahrhundert beginnenden Neubewertung von Luxus ermöglicht werden, die ein neues Licht auf die Begriffsgeschichte des Luxus wirft. Schließlich wird eine Verbindung zwischen dem Konzept des Luxus, wie es aus der Perspektive der Beschleunigung erscheint, und aktuellen theoretischen Diskussionen über moderne Beschleunigung hergestellt, in denen, um Hartmut Rosa zu zitieren, Beschleunigung als „ein eigenständiges Grundprinzip der Moderne" behandelt wird.[7]

II Lichtenberg im Kaufrausch

Das erste Beispiel ist einem nicht-fiktionalen Text aus der Korrespondenz von Georg Christoph Lichtenberg entnommen, genau gesagt einem Brief, den er 1775 während eines Aufenthalts in England an Ernst Gottfried Baldinger geschrieben hat. Die relevanten Beobachtungen finden sich in der Mitte des relativ langen Textes, in einem Abschnitt, der einen der vierzehn Ausflüge beschreibt, die Lichtenberg bisher in die Londoner Innenstadt unternommen hat. Der Fokus liegt

---

6 Vgl. Kathryn Hume: Narrative Speed in Contemporary Fiction. In: *Narrative* 13.2 (2005), S. 105.
7 Hartmut Rosa: *Beschleunigung. Die Veränderung des Zeitstrukturen in der Moderne.* Frankfurt / M. 2005, S. 54.

besonders auf einem abendlichen Spaziergang auf der Fleet Street und der Cheapside gegen 20 Uhr.

Da visuelle Eindrücke vom Londoner Straßenleben im Vordergrund stehen, erscheint der Ausschnitt vielleicht als ungewöhnliche Wahl für eine Analyse der temporalen Strukturen. Baldinger gegenüber beschreibt Lichtenberg seine Eindrücke als „ein flüchtiges Gemälde", und wie von einem literarischen Porträt oder einer Momentaufnahme zu erwarten, konzentriert sich die Erzählung auf die Beschreibung von Objekten und Erfahrungen an einem statischen Ort.[8] Dabei vermittelt Lichtenberg seine sich rasant verändernden Eindrücke in einer Weise, die das Tempo der Erzählung beschleunigt und den Eindruck einer Dynamik erzeugt. Die Bewegung entsteht zum Teil infolge der allgemeinen Hektik des Großstadtlebens, d. h. sie hat keine direkte Verbindung zum aufkommenden kapitalistischen Wirtschaftssystem. Zugleich verbindet Lichtenberg jedoch die hier vermittelte Temporalität mit der ostentativen Zurschaustellung von Luxusgütern, die für die moderne Metropole charakteristisch ist. Gleich am Anfang des Briefes wird auf eine zeitliche Desorientierung hingewiesen, die mit der Fülle der ausgestellten Waren assoziiert wird. Im vierten Satz beschreibt der Autor die Straße als „wie zu einem Jubelfest illuminiert"[9]. Seine Charakterisierung misst also das Wahrgenommene an der konkreten, in einen bestimmten Kontext eingebetteten, periodischen Zeit der Jubiläumsfeier. Die ausgestellten Waren suggerieren dagegen ein ewig währendes Fest; impliziert wird eine serielle Verdichtung von Ereignissen und Eindrücken, die gewöhnlich in größeren Abständen stattfinden. Ein Jubelfest feiert man zu bestimmten Zeitpunkten; in London kann man aber jeden Abend etwas Ähnliches erleben.

Die temporale Verdichtung repräsentiert jedoch nur einen Aspekt der mit den ausgestellten Waren verbundenen narrativen Beschleunigung. In ihrem bereits erwähnten Essay beschreibt Kathryn Hume drei Schlüsseltechniken fiktionaler Texte, die eingesetzt werden, um ein Gefühl narrativer Geschwindigkeit *(narrative speed)* zu erzeugen. Zwei davon treten fast immer gemeinsam auf: die Multiplikation von Elementen – sei es von Charakteren, Ereignissen oder anderen Handlungselementen –, und die Subtraktion, die sich vor allem im Streichen logischer Verknüpfungen manifestiert. Auch in Lichtenbergs Text sind beide Techniken vorhanden. Um den Ansturm visueller (sowie olfaktorischer und auditiver) Reize darzustellen, greift Lichtenberg auf Parataxe und Asyndeton zurück. Dabei häuft er sowohl Sätze als auch einzelne Wörter dergestalt an, dass der

---

8 Georg Christoph Lichtenberg: *Briefwechsel*. Hg. Ulrich Joost und Albrecht Schöne. Bd. 1 (1765– 1779), München 1983, S. 488.
9 Ebd.

Eindruck rasanter Szenenwechsel entsteht – selbst bei seinen länger werdenden Sätzen. Die ungeordnete und ohne Kontext präsentierte Liste von Geschäften, die die flüchtige Aufmerksamkeit des Vorbeigehenden auf sich ziehen, erzeugt beim Lesen ein Gefühl von Exzess und Beschleunigung: „Silberläden, Kupferstichläden, Bücherläden, Uhren, Glas, Zinn, Gemählde, Frauenzimmer-Putz und Unputz, Gold, Edelgesteine, Stahl-Arbeit, Caffeezimmer und Lottery Offices ohne Ende."[10] Dieser Eindruck setzt sich in Lichtenbergs Beschreibung des Zuckerbäckers fort. Diese evoziert die Wahrnehmung des Kunden, dessen Blick von „Festons von spanischen Trauben" über „Ananas" zu „Aepfel[n] und Orangen" und den „offt nicht bewachte[n] weißarmigte[n] Nymphen" fliegt, die zwischen den Waren umher huschen.[11] Wenn wir uns an Schlettweins Definition von Luxus erinnern, lässt sich Lichtenbergs Beschreibung leicht als Exemplifizierung der „Eindrücke von Augenblicken, und Abwechselung von ReihenFolgen solcher Eindrücke"[12] lesen.

Damit keine Missverständnisse entstehen: Bei der hier betrachteten Form der Beschleunigung handelt es sich nicht um die von Reinhart Koselleck ausführlich behandelte positive Variante, die im achtzehnten Jahrhundert oft mit Konzeptionen des Fortschritts in Verbindung gebracht wird. Koselleck identifiziert Beschleunigung als einzigartige moderne Zeiterfahrung mit Ursprüngen in technologischen Innovationen, die bereits in der Frühen Neuzeit beginnen. Für ihn „qualifiziert [Beschleunigung] den ‚Fortschritt der Geschichte', welcher Ausdruck erst nach 1800 sagbar wurde."[13] Demgegenüber lässt sich das in Lichtenbergs Texten dargestellte Phänomen als negatives Pendant lesen, das die pathologische Form der Beschleunigung vorwegnimmt, die der Soziologe Hartmut Rosa als „rasenden Stillstand" beschreibt – d. h. als einen Modus der Zeiterfahrung, der frenetisch ist, dem es aber an einer substanziellen Progression oder Bewegung fehlt.[14] Ähnlich argumentiert Byung-Chul Han: „Das Gefühl, das Leben beschleunige sich, ist in Wirklichkeit eine Empfindung der Zeit, die richtungslos schwirrt".[15] Entscheidend in diesem Zusammenhang ist, dass dieser „rasende Stillstand" in Lichtenbergs Brief als Konsequenz eines scheinbar überwältigenden Überangebots an Luxusgütern erscheint und dass die Erzählung dieser Er-

---

10 Ebd.
11 Ebd.
12 Schlettwein, *Grundfeste der Staaten* 1971 [1779], S. 406.
13 Reinhart Koselleck: Gibt es eine Beschleunigung der Geschichte? In: Ders.: *Zeitschichten: Studien zur Historik*. Frankfurt / M. 2000, S. 164.
14 Rosa, *Beschleunigung* 2005, S. 41.
15 Han, *Duft der Zeit* 2009, S. 7.

fahrung besondere rhetorische Mittel begünstigt, insbesondere eine asyndetische Aufzählung von Objekten.

III Müßiggang ohne Muße: Luciane in den *Wahlverwandtschaften*

Ein zweites Beispiel für die Verbindung von Luxus und Beschleunigung findet man in Goethes *Wahlverwandtschaften*, einem Roman, der sich wie kein anderer mit der gesamten Palette von Luxusgütern und kommodifizierten Unterhaltungsangeboten seiner Zeit auseinandersetzt. Auch das Motiv der Beschleunigung spielt eine prominente Rolle, und nicht nur im Zusammenhang mit Luxus. Das expliziteste Beispiel ist Eduards in der Forschung oft diskutierte Klage, „daß man jetzt nichts mehr für sein ganzes Leben lernen kann [...] [W]ir müssen alle fünf Jahre umlernen, wenn wir nicht ganz aus der Mode kommen wollen".[16] Eine direktere Verbindung zwischen Luxus und Beschleunigung findet sich in den Diskussionen um den Bau von Eduards neuem Lustpavillon, dessen (über)eilige Fertigstellung durch ein Darlehen ermöglicht wird, das durch erwartete Einkünfte aus dem Verkauf eines praktischer ausgerichteten Nebengebäudes gedeckt wird. Die für unseren Kontext wichtigsten Abschnitte des Romans sind jedoch diejenigen, die Charlottes Tochter Luciane beschreiben. Letztere erscheint in ihrem Bemühen um die Inszenierung einer endlosen Reihe kurzlebiger Vergnügungen als unersättliche Konsumentin materieller und finanzieller Ressourcen. Barbara Thums hat sie als „die Figur des Luxus und der Moden" beschrieben.[17] Aus dieser Rolle resultiert auch ihre Assoziation mit rasanter Bewegung.

Ähnlich wie bei Lichtenberg ist Lucianes Auftritt im Roman explizit von einer abweichenden Temporalität geprägt. Zunächst trifft sie früher ein als erwartet, und der Erzähler kommentiert: „Man wollte noch schreiben, abreden, näher bestimmen, als der Sturm auf einmal über das Schloß und Ottilien einbrach".[18] Auch ihre Verlobung, der Anlass für Lucianes Besuch bei ihrer Mutter, ist von einer Art Frühreife geprägt: Sie „war kaum aus der Pension [...] kaum in dem Hause ihrer

---

[16] Johann Wolfgang Goethe: Die Wahlverwandtschaften (1809). In: Ders.: *Sämtliche Werke nach Epochen seines Schaffens* (Münchner Ausgabe). Hg. Karl Richter. Bd. 9. Hg. Christoph Siegrist u. a. München 1987, S. 283–529, hier S. 314.
[17] Barbara Thums: *Aufmerksamkeit: Wahrnehmung und Selbstbegründung von Brockes bis Nietzsche.* München 2008, S. 376.
[18] Goethe, Die Wahlverwandtschaften 1987 [1809], S. 418.

Tante", als sie die Aufmerksamkeit eines wohlhabenden Verehrers auf sich zog.[19] Auf den folgenden Seiten, wo sie die Hauptrolle übernimmt, finden sich immer wieder Hinweise auf ihre Rastlosigkeit, ihre überstürzten Entscheidungen und ihre Ungeduld mit dem gesetzteren Tempo anderer. Ihre psychologischen Eigenschaften sind mit sowohl wörtlichen als auch metaphorischen Indikationen körperlicher Geschwindigkeit kombiniert. So „jagt" sich Luciane zuweilen „mit einem Windspiel im Saale [herum]".[20] Später fasst der Erzähler ihr Verhalten wie folgt zusammen: „so peitschte Luciane den Lebensrausch im geselligen Strudel immer vor sich her".[21] Erlebt Lichtenberg auf seiner Reise in das Zentrum des großstädtischen Luxuskonsums einen Rausch der Desorientierung, so scheint Luciane als eine entsprechende Allegorie zu fungieren, indem sie bei ihren Besuchen sowohl die Objekte dieses Konsums als auch die aus ihnen resultierende Desorientierung mitbringt.

Da sich Lucianes Aktivitäten in dem Roman über zwei Kapitel erstrecken und die Beteiligung einer Reihe anderer Charaktere einschließen, sind die erzählerischen Effekte diffuser als bei Lichtenbergs kurzer Beschreibung. Ihre Bewertung wird auch dadurch erschwert, dass der gesamte Roman die Darstellung von Luxusgütern und Unterhaltungsangeboten in den Vordergrund stellt. Dennoch ist in diesen Kapiteln, wie bei Lichtenberg, ein Zusammenhang zwischen Geschwindigkeit *(speed)*, Konsumkultur (einschließlich kommodifizierter Unterhaltung) und einer Häufung bestimmter rhetorischer Mittel erkennbar. Am auffälligsten ist das Mittel der Aufzählung. Beispiele dafür sind Gäste, die mit „Koffern und Kisten" sowie „Vachen", „Mäntelsäcke[n]", „andere[n] lederne[n] Gehäuse[n]", „vielen Kästchen" und „Futterale[n]" angereist kommen, sowie die „Pfand-, Straf-, und Vexierspiel[e]", für die Luciane alle Besucher des Hauses rekrutiert, ganz zu schweigen von ihren extravaganten Kostümen mit ihren „Flören, Kreppen, Fransen, Schmelzen, Quasten und Kronen".[22] Wenn wir zu den von Hume beschriebenen Techniken zurückzukehren, finden wir also auch hier eine Multiplikation von Objekten und Ereignissen, die mit der Subtraktion sinnstiftender Kontexte respektive einer inhaltlichen Ausarbeitung verbunden ist. Eben diese Verbindung erweckt den Eindruck einer atemlosen Aktivität – insbesondere in Momenten, in denen Luciane ihre Rolle als „Figur des Luxus und der Moden" am deutlichsten verkörpert.

---

19 Ebd.
20 Ebd, S. 423.
21 Ebd. S. 427.
22 Ebd, S. 418, 420, 422.

Hume beschreibt noch eine dritte Technik, die ein Gefühl narrativer Geschwindigkeit erzeugt. Sie spricht von „rendering actions fantastic"[23] – einem Phantastisch-Machen von Handlungen. Unter ‚phantastisch' versteht Hume Handlungen, die die durch den Text etablierte „consensus reality" plötzlich in Frage stellen. Solche logischen Inkongruenzen erzeugen bei der Lektüre Ratlosigkeit oder zumindest das Gefühl, eine Erklärung verpasst oder eine symbolische Bedeutung nicht verstanden zu haben – es entsteht gewissermaßen auf der Ebene der Rezeption das Gefühl, zu schnell gelesen zu haben.[24] Diese Technik wirkt in Kombination mit den beiden zuvor genannten, indem sie es den Lesenden erschwert, durch Subtraktion entstandene Lücken zu füllen oder der Vielzahl von Elementen eine logische Ordnung zu geben. In den von Hume analysierten zeitgenössischen Romanen erinnert die Wirkung oft an einen drogeninduzierten Rausch. Es entsteht das Gefühl, mit unverständlichen Eindrücken bombardiert zu werden.

Es wäre weit hergeholt zu behaupten, dass in den beiden bisher besprochenen Texten ein analoges Phänomen erkennbar sei. Es bleibt aber festzuhalten, dass die Anhäufung von Gegenständen in beiden Fällen ein zumindest verwandtes Gefühl der Überforderung erzeugt: so ist es bei der Lektüre zum Beispiel so gut wie unmöglich, sich vorzustellen, wie genau sich all die Flore, Kreppen, Fransen und so weiter zu einem einzigen Kostüm zusammenfügen. Die Beschreibung scheint der beschleunigten Realität nicht hinterherzukommen; die Worte vermögen es nicht (mehr), die Dinge in einem geordneten Bild zu repräsentieren; die Lesenden vermögen es nicht mehr, sich ein solches Bild aus der Schilderung zusammenzusetzen. So entsteht der Eindruck einer Überforderung der Sprache angesichts der rasanten Wirklichkeit, der einem Delirium nicht unähnlich ist.

IV Waren und Wahnsinn im *Sandmann*

Eine klarere Darstellung der gegenseitigen Durchdringung von Warenkultur, Geschwindigkeit und dem Phantastischen findet sich in einem letzten Beispiel aus E.T.A. Hoffmanns Erzählung *Der Sandmann* von 1817. In der Tat ist Hoffmanns Auseinandersetzung mit dem Luxus ein Schlüsselaspekt seiner oft kommentierten Modernität, der bislang jedoch kaum beachtet wurde. Hoffmanns Erzählungen, die häufig in Berlin spielen, widmen dem Handel im Allgemeinen und Luxusgü-

---

23 Hume, Narrative Speed 2005, S. 107.
24 Ebd., S. 112 f.

tern im Besonderen eine ungewöhnliche Aufmerksamkeit. So spielen Luxusobjekte und ihr Austausch in einer Reihe von Hoffmanns Werken, insbesondere in den späteren, eine wichtige Rolle – von der „türkischen Sonntagspfeife" und dem „Warschauer Schlafrock", die der Vetter beim Überblicken des Marktes in *Des Vetters Eckfenster* (1822) trägt, bis zu den „mit geschmackvollem Luxus ausstaffierten Prachtgebäuden", die dem „öde[n] Haus" in seiner gleichnamigen Erzählung von 1817 gegenübergestellt werden.[25] Oft sind es genau diese Objekte, die die Handlung vorantreiben, wie zum Beispiel in *Das öde Haus,* wo die Gegenüberstellung von Luxus und Verfall das erzählerische Interesse initiiert, und der Blick auf einen funkelnden Diamanten und den durch ihn gezierten Finger jene Kette von Ereignissen auslöst, die letztlich das Geheimnis des Hauses offenbart.

Vor diesem Hintergrund wird es einfacher, die zentrale Rolle von Waren in *Der Sandmann* (1816) zu erkennen. Denn Puppen, Spiegel und Brillen, und insbesondere das „sehr sauber gearbeitete[n] Taschenperspektiv", das Nathanael von Coppola erwirbt, sind genau die Art von Luxusgütern, die im siebzehnten und achtzehnten Jahrhundert weitflächig zu zirkulieren beginnen.[26] Die folgende Betrachtung konzentriert sich auf die Szene, in der der Verkauf des Taschenperspektivs stattfindet.

Nach einem ereignisreichen Besuch in der Heimat und der Rückkehr in die Universitätsstadt G. stellt Nathanael fest, dass seine bisherige Wohnung bis auf die Grundmauern niedergebrannt ist. In seiner Abwesenheit haben Freunde seinen Besitz in ein anderes Haus gerettet, von dem aus er direkt in ein Zimmer seines Professors blicken und die oft stundenlang regungslos dasitzende Tochter dieses Professors, Olimpia, beobachten kann. Eines Tages erscheint der unheilvolle Wetterglashändler Coppola an Nathanaels Tür, betritt die Wohnung und behauptet, er habe „sköne Oke" zu verkaufen. Nathanael reagiert mit Entsetzen auf die Möglichkeit, dass Coppola tatsächlich Augen verkaufe, doch es stellt sich heraus, dass es sich um Brillen und Lorgnetten handelt, die der Händler aus seinen Taschen zieht und auf dem Tisch verteilt, „so, daß es auf dem ganzen Tisch seltsam zu flimmern und zu funkeln begann" – auch hier also eine Anhäufung von Luxusgegenständen, die die Figur befremden („seltsam").[27] Als Vorge-

---

25 E.T.A. Hoffmann: Des Vetters Eckfenster (1822). In: Ders.: *Sämtliche Werke.* Hg. Hartmut Steinecke und Wulf Segebrecht. Bd. 6. Hg. Gerhard Allrogen u. a. Frankfurt / M. 1985, S. 468–479, hier S. 470. – Das öde Haus (1817). In: *Sämtliche Werke,* Bd. 3. Hg. Hartmut Steinecke, Frankfurt / M. 1985, S. 163–198, hier S. 166.
26 E.T.A. Hoffmann: Der Sandmann (1816). In: *Sämtliche Werke,* Bd. 3 (1985), S. 11–49, hier S. 36; vgl. auch Colin Campbell: *The Romantic Ethic and the Spirit of Modern Consumerism.* London 1989 [1987], S. 25.
27 Hoffmann, Der Sandmann 1985 [1816], S. 35.

schmack auf Romane des späten neunzehnten Jahrhunderts wie Zolas *Das Paradies der Damen* bietet die Passage ein Beispiel dafür, wie Konsumgüter durch Strategien der Zurschaustellung eine Art Magie entfalten – oder auch dafür, wie eine *Sammlung* von Gütern einen Wert oder eine Bedeutung erhält, die größer als die Summe ihrer Teile ist. Wenn der Erzähler im nächsten Satz auf die „tausend Augen" verweist, die vom Tisch aufschauen, ist man versucht, den Begriff des Warenfetischismus in seiner populären und anthropomorphisierenden, wenn nicht sogar spezifisch marxistischen Bedeutung zu bedienen.[28]

Darüber hinaus ist dieses Delirium mit einem einzigartigen Modus des Zeiterlebens verbunden. Zwar sind die temporalen Koordinaten hier etwas komplexer als in den beiden anderen Beispielen, dennoch lassen sich eine Reihe von Beschleunigungsindikatoren identifizieren. Am bemerkenswertesten ist die Verdichtung von Handlungen mit erheblichem Zeitaufwand in einem einzigen Satz, wie in: „und immer mehr Brillen legte Coppola hin, und immer wilder und wilder sprangen flammende Blicke durcheinander und schossen ihre blutrote Strahlen in Nathanael's Brust".[29] Dieser Satz ist auch deshalb signifikant, weil er durch die Verwendung der verstärkenden Ausdrücke „immer mehr" und „immer wilder und wilder" nicht nur Geschwindigkeit, sondern auch Beschleunigung im engeren Sinne evoziert. Der Eindruck von Ereignissen und dem rapiden Kontrollverlust über sie wird verstärkt, wenn Nathanael Coppola schreiend auffordert, die Bombardierung mit weiteren Waren zu stoppen: „Halt ein, halt ein, fürchterlicher Mensch!".[30] Diesem Ausbruch folgt eine weitere unmittelbare temporale Verschiebung, als Coppola – scheinbar innerhalb von Sekunden – die präsentierten Produkte komplett durch andere ersetzt. Wenn man dem Erzähler glauben darf, dann hat Coppola in der Zeit, die er benötigt, um die acht kurzen Wörter „Ah! – nix für Sie – aber hier sköne Glas" auszusprechen, „alle Brillen zusammengerafft, eingesteckt und aus der Seitentasche des Rocks eine Menge großer und kleiner Perspektive hervorgeholt".[31]

V Zwei Zeitregime?

Um das bisher Gesagte zusammenzufassen: Die drei Passagen stehen beispielhaft für eine Verbindung von Luxusgütern und Beschleunigung um 1800 und suggerieren, dass diese Verbindung bestimmte rhetorische Mittel begünstigt. Die Ex-

---

28 Ebd.
29 Ebd.
30 Ebd.
31 Ebd.

pansion des Marktes für Luxusgüter im achtzehnten Jahrhundert hat nicht zur Erfindung dieser Mittel geführt – die Aufzählung zum Beispiel findet sich von der Antike bis zur Gegenwart in einer ganzen Reihe funktionaler Kontexte. Analog hierzu zeigt auch Humes Analyse, dass sich die anderen Techniken, die narrative Geschwindigkeit erzeugen, in den von ihr behandelten zeitgenössischen Romanen in einer Vielzahl von thematischen Zusammenhängen finden.[32] Dennoch offenbaren die Passagen eine Affinität zwischen den Darstellungen einer aufkommenden Konsumkultur und diesen Techniken. Damit eröffnen die Beispiele eine neue Perspektive auf die stilistischen und erzähltheoretischen Konsequenzen der Luxusdebatten – eine Perspektive nämlich, die in eine andere Richtung weist als die barocke Tradition eines extravagant ornamentalen „stylus luxurians" oder die damit verbundene Vorstellung von „luxurierende[m] Erzählen"[33].

Diese alternative Erzählperspektive bietet nicht zuletzt einen Ausgangspunkt für eine umfassendere Neubetrachtung der ästhetisch-anthropologischen Aufwertung von Luxus um 1800. Wie in der Forschung oft betont und auch in diesem Aufsatz bereits angedeutet, waren die meisten Luxusbefürworter im Europa des achtzehnten Jahrhunderts ungezügeltem Konsum gegenüber höchst misstrauisch eingestellt. Was sie befürworteten, war vielmehr der maßvolle Genuss einer begrenzten Menge von vermeintlich überflüssigen Gütern und Erfahrungen. Kommentatoren begannen, von „gutem" und „schlechtem" Luxus zu sprechen, der „Verfeinerung" die bloße „Eitelkeit" entgegenzusetzen und „Exzess" von positiveren Formen des „Überflusses" zu unterscheiden.[34] Die Beispiele von Lichtenberg, Goethe und Hoffmann zeigen, dass die Neudefinition von Luxus auch unter Berücksichtigung temporaler Merkmale stattgefunden hat. Mit Blick auf Schlettwein offenbart sich in den Texten der drei Autoren die beschleunigte Temporalität von „schlechtem" Luxus. Dem setzt Goethe in seinem Essay über Kunst und Handwerk die Temporalität von „gutem" Luxus in Form von wahrer Kunst entgegen. Eine solche Kunst umfasst für Goethe auch kunsthandwerkliche Objekte wie zum Beispiel „ein[en] gewisse[n] Gürtel", den Homer beschrieben hat. Diese Objekte weisen eine zeitlose Qualität auf, weil ihr Besitzer sie „zeitlebens genie-

---

[32] Die verschiedenen Romane befassen sich unter anderem mit „governmental and legal sources of oppression", „unconscious white fantasies", „the world of business and its inhuman efficiency ethic" und „heartland American small town society". Hume, Narrative Speed 2005, S. 119.
[33] Christine Weder und Maximilian Bergengruen: Moderner Luxus. Einleitung. In: *Luxus: Die Ambivalenz des Überflüssigen in der Moderne*. Hg. Dies. Göttingen 2011, S. 7–31, hier S. 23f.
[34] Vgl. Maxine Berg und Elizabeth Eger: The Rise and Fall of the Luxury Debates. In: *Luxury in the Eighteenth Century. Debates, Desires and Delectable Goods*. Hg. Maxine Berg und Elizabeth Eger. London 2002, S. 7–27, hier S. 9.

ßen"[35] kann. Zugleich sind sie mit der Vorstellung eines stetigen, linearen Fortschritts verbunden, da der Leser immer wieder zu ihnen zurückkehren und sich „bei immer vermehrten Kenntnissen immer mehr [daran] erfreuen [kann]".[36]

Bei Goethe finden sich weitere Beispiele für das, was man als „langsamen Luxus" bezeichnen könnte. Auch in den *Wahlverwandtschaften* werden positiv konnotierte Kostbarkeiten beschrieben, die in der Herstellung oder im Genuss mit längeren Zeitspannen und einer fortschreitenden Entwicklung verbunden sind.[37] Statt diese Deutungslinie zu vertiefen, möchte ich jedoch zum Schluss meiner Ausführungen einen weiteren Schritt zurückgehen und einige Überlegungen zur Begriffsgeschichte der Beschleunigung anstellen. Denn wenn Einsichten über den Zusammenhang zwischen Luxus und Beschleunigung um 1800 unser Verständnis des Luxusbegriffs verbessern können, so gilt dies auch umgekehrt für den Begriff der Beschleunigung.

Kanonische Diagnosen von Modernität haben – von Marx bis Simmel und Weber – stets das Phänomen der Beschleunigung hervorgehoben. Reinhart Koselleck bildet hier keine Ausnahme. In seinen Charakterisierungen der um 1750 beginnenden „Sattelzeit" argumentiert er, die Erfahrung der Beschleunigung sei die moderne Zeiterfahrung schlechthin. Dabei identifiziert Koselleck zwei Schlüsselvarianten der Beschleunigung um 1800, aber nur eine, die eine genuin „neue Zeiterfahrung"[38] darstellt. Diese Variante hat ihren „harten Erfahrungskern" in den „Entdeckungen und Erfindungen der aufkommenden Naturwissenschaft" und liefert die empirische Erfahrungsgrundlage für Theorien menschlichen Fortschritts, die von Kommentatoren von Condorcet bis Werner Siemens vertreten werden.[39] Das andere, negativ konnotierte Modell der Beschleunigung, das er mit dem Begriff der „Zeitverkürzung" bezeichnet, lässt sich bis zu den apokalyptischen Schriften der Antike zurückverfolgen, wo die Erfahrung einer Verdichtung historischer Zeit als Vorbote der Endzeit gilt. Obwohl keine der literarischen Passagen, die ich besprochen habe, explizit als historisch-philosophische Intervention entworfen ist, eröffnet die in den Texten von Lichtenberg, Hoffmann und Goethe zum Ausdruck kommende Konstellation von Luxus, erzählerischer Beschleunigung und psychischer Desorientierung dennoch eine

---

35 Goethe, [Kunst und Handwerk] 1986 [1797], S. 120.
36 Ebd.
37 Ein auffälliges Beispiel ist die Weste, die Ottilie und Charlotte als Abschiedsgeschenk für den Architekten stricken. Wie fast alles im Roman werden diese Objekte aber auch leicht ironisch behandelt, so dass man nicht behaupten kann, dass der durch sie dargestellte Luxus als eindeutig positiv zu verstehen ist.
38 Koselleck, Gibt es eine Beschleunigung der Geschichte 2000, S. 164.
39 Ebd., S. 171.

neue Perspektive auf dieses komplexe Thema. Sie suggeriert einen Strang der Begriffsgeschichte der Beschleunigung, den Koselleck nicht berücksichtigt. Diese Texte werfen die Möglichkeit eines Beschleunigungsmodells auf, das unabhängig von wissenschaftlichen oder technologischen Entwicklungen ist, zugleich in seiner Verbindung mit einer aufstrebenden Luxusökonomie aber einzigartig modern erscheint. Angesichts ihrer negativen Konnotationen ist die Versuchung groß, diese Konstellation als eine säkularisierte und abgeschwächte Version von Kosellecks apokalyptischer Zeitverkürzung zu interpretieren, die auf die neue Konsumkultur projiziert wird. Doch wie die positivere Variante hat auch sie einen „harten Erfahrungskern" in der expandierenden Welt der Waren und der kommodifizierten Unterhaltungsangebote. Darüber hinaus nimmt dieses Modell in seiner formalen Zeitstruktur, wenn nicht sogar in seinen kausalen Determinanten, die pathologische Beschleunigung vorweg, die Hartmut Rosa als zentrales Merkmal der späten Moderne identifiziert hat. In Rosas Analyse ist die soziale Beschleunigung der Spätmoderne nicht mit dem linearen Fortschritt verbunden, sondern mit der Erfahrung frenetischer Aktivität, die von jeder Art substanzieller Vorwärtsbewegung losgelöst ist. Sie reflektiert einen Modus des Zeiterlebens, den Paul Virilios Metapher des „rasenden Stillstands" auf den Punkt bringt – ein Erfahrungsmodus, der wiederum eine Reihe von Entschleunigungsprojekten hervorruft, die „im Namen einer besseren Gesellschaft und Lebensform"[40] unternommen werden. Aber Virilios Metapher eignet sich ebenso gut, um die Erfahrung zu bezeichnen, die in jeder der drei von mir vorgestellten Passagen beschrieben wird. Das Beispiel von Homers Gürtel bei Goethe zeigt, dass der Wert der Entschleunigung um 1800 ebenfalls präsent ist. Liest man Koselleck und Rosa zusammen, gewinnt man den Eindruck eines langen Umkehrungsnarrativs. Laut diesem Narrativ verwandelt sich die wissenschaftlich oder technologisch bedingte Beschleunigung, die den menschlichen Fortschritt begleitet, durch „massive Beschleunigungsschübe" am Ende des neunzehnten und zwanzigsten Jahrhunderts in ein autoritäres Zeitregime, das mit unserem Wunsch nach Selbstbestimmung kollidiert.[41] Der Zusammenhang zwischen Luxus und Beschleunigung um 1800 legt dagegen eine grundlegende Dialektik der Beschleunigung nahe, die normative Bewertungen moderner Temporalität von Anfang an geprägt hat.

aus dem Englischen von Wiebke Schuldt

---

40 Rosa, *Beschleunigung* 2005, S. 464 f.
41 Ebd., S 461.

Maximilian Bergengruen
Energieumwandlung: Ökonomisch-literarische Bewertungen des Müßiggangs in Gottfried Kellers *Die Leute von Seldwyla*

I Einleitung: Ökonomie und Energieumwandlung

Was ich im Folgenden vorführen möchte, ist eine ökonomiehistorisch fundierte Lektüre von Gottfried Kellers *Die Leute von Seldwyla* in der zweiten und vermehrten Auflage von 1874. Ich werde die einzelnen Novellen nicht (nur) als in sich abgeschlossene Texte lesen, sondern (auch) als Teile der genannten Novellensammlung mit ihren beiden integralen Elementen: den dezidiert ökonomisch und finanztheoretisch argumentierenden Einleitungen zur ersten und zur zweiten Auflage. Mein Augenmerk möchte ich auf die ökonomische Bewertung des Müßiggangs als einer zeitlichen Form von Luxus richten. Es soll plausibilisiert werden, dass es zwei Sichtweisen auf diese Seldwyler Lieblingstätigkeit gibt: eine im engeren Sinne ökonomische, innerhalb deren Müßiggang als problematisch eingeschätzt wird, weil „aller Laster Anfang" und deswegen zu Betrug und/oder Bankrott führend (II./III.), und eine ebenfalls ökonomische, aber weiter gefasste, in der das kreative wirtschaftliche – an die Techniken der Literatur grenzende – Potenzial oder, dem Leitfaden der Etymologie folgend,[1] die verborgenen Möglichkeiten im Müßiggang hervorgehoben werden (IV.). Diese Möglichkeiten können jedoch nur realisiert werden, wenn es, so möchte ich argumentieren, zu einer *richtigen* Energieumwandlung im Sinne einer freihändigen Interpretation der zeitgenössischen Thermodynamik kommt, in der die leidenschaftliche Wärme der Seldwyler nicht mehr nur in müßiggängerischen Leerlauf in und um Seldwyla umgewandelt wird, sondern in gerichtete Bewegung und Arbeit; und das nicht nur von Waren und Geld, sondern vor allem von den den Wirtschaftsprozess leitenden Menschen.

---

[1] Friedrich Kluge: Art. „Muße". In: *Etymologisches Wörterbuch der deutschen Sprache*. Bearb. v. Elmar Seebold. Berlin und Boston ^{25}2011 [1883], S. 576. – Wolfgang Pfeifer: Art. „Muße". In: *Etymologisches Wörterbuch des Deutschen*. Hg. Wolfgang Pfeifer. München 1995, S. 902.

II Müßiggang als Laster und Tugend

Beginnen wir mit einer Figur, die es wirtschaftlich geschafft hat: Der Schneider Wenzel wird am Ende von *Kleider machen Leute* „Marchand-Tailleur und Tuchherr" in Seldwyla. Von „Jahr zu Jahr" wird er „geschäftserfahrener und gewandter" und weiß „so gute Spekulationen zu machen, daß sich sein Vermögen", das seine Frau mit in die Ehe gebracht hat, „verdoppelt[]" (331 f.).[2] Bei seinem letzten Meister aus Seldwyla kann er diese ökonomischen Fähigkeiten nicht bzw. nicht genau so gelernt haben, da dieser, wie er es selbst euphemistisch ausdrückt, am Ende ihrer Beziehung „eine[] kleine[] Geschäftsschwankung" (314) hatte, was dazu führte, dass Wenzel gehen musste.

Der Leser weiß, dass sich hinter der angeblichen Geschäftsschwankung mehr verbirgt, da ihm bereits auf der ersten Seite der Novelle mitgeteilt wurde, dass sich der Protagonist wegen eines „Falliment[s]" (286) auf Wanderschaft begeben hat; ein Ereignis, das Wenzel zudem hatte kommen sehen, wusste er doch, dass es mit dem Meister „zu Ende" (314) ging. All das passt ins Seldwyler Geschäftsmodell, das besagt, dass man, wie es in der ersten Vorrede von 1856 heißt, in dieser Stadt am Ende seiner Jugend zu einem „aus dem Paradies des Kredits Verstoßene[n]" (12) wird, weil man, so die zweite Vorrede von 1874, einen „plebejisch-gemütlichen Konkurs[]" (284) hinter sich hat.

Gemeint ist wohl eine Spirale von Verschuldungen, die ihren Ursprung darin hat, dass die Kapitalkosten, also die zu bezahlenden Zinsen für die aufgenommenen Schulden, nicht erwirtschaftet werden und ihrerseits über Schulden finanziert werden müssen, bei denen dann wieder das Gleiche passiert usw. usf. All das mit dem Erfolg, dass die Seldwyler durch ein Netz von Wechseln und Schuldscheinen[3] miteinander verbunden sind, das es ihnen verunmöglicht, ihr Kapital in produktive wirtschaftliche Tätigkeit zu überführen. So steht es zumindest in der ersten Vorrede. In der zweiten wird der Zufluss auswärtigen Kapitals („mit stattlichen auswärtigen Gläubigern"; 284 f.) für die Finanzierung von

---

[2] Alle Zitate aus *Die Leute von Seldwyla* nach Gottfried Keller: Die Leute von Seldwyla (1874). In: Ders.: *Sämtliche Werke*. Hg. Thomas Böning u. a. Bd. 4. Frankfurt / M. 1989. Die drei Kammmacher werden jedoch wie im Original mit den ihren Produktionsgegenstand und ihre Anzahl widerspiegelnden drei M geschrieben. Hierzu Alexander Honold: Die Leute von Seldwyla (1856, 1873/74). In: *Gottfried Keller Handbuch: Leben – Werk – Wirkung*. Hg. Ursula Amrein. Stuttgart ²2018 [2016], S. 47–85, hier S. 61.

[3] Vgl. zu den frühneuzeitlichen, bis ins neunzehnte Jahrhundert wirksamen Kreditformen in Mitteleuropa die Sammelbände Jürgen Schlumbohm (Hg.): *Soziale Praxis des Kredits. 16.–20. Jahrhundert*. Hannover 2007. – Gabriele B. Clemens: *Schuldenlast und Schuldenwert. Kreditnetzwerke in der europäischen Geschichte 1300–1900*. Trier 2008.

Aktien und Obligationen an der mittlerweile gegründeten Zürcher Börse betont. Doch auch dadurch lässt sich der ökonomische Stillstand durch Überschuldung in Seldwyla nicht verhindern.

Nun erzählen die Seldwyler Geschichten gerade nicht den Normalfall, sondern „gewissermaßen ausnahmsweise" (14).[4] Dementsprechend gilt das Gesagte nicht für Wenzel, der mit seinen neutral (bzw. durch das Adjektiv „gut" sogar positiv) konnotierten wirtschaftlichen „Spekulationen" (s. o.)[5] glänzend dasteht. Seine Distanz zum Seldwyler Geschäftsmodell des geradezu notwendigen Konkurses macht er ja schließlich dadurch deutlich, dass er ein zweites Mal „nach Goldach übersiedelte und daselbst ein angesehener Mann ward" (332).

Der angesprochene ökonomische Lernprozess Wenzels – Stichwort von „Jahr zu Jahr geschäftserfahrener und gewandter" (s. o.) – beginnt jedoch nicht erst, wie man vermuten könnte, ab dem Zeitpunkt, da sein Schwiegervater Nettchens „ganzes Gut heraus[gibt]" (331) und der Schneider dadurch ein veritables Kapital zur Verfügung gestellt bekommt, um damit wirtschaften zu können. Vielmehr beginnen seine Erfahrungen mitten in den Verstrickungen, in die er sich begibt, als er in Goldach den polnischen Grafen, der in ihm gesehen wird, nicht verneint. Wenzel, der nicht „ganz so" ist, „wie [er] schein[t]" (322), „lernt[]"[6] auf dem Höhepunkt der Affäre „in Stunden, in Augenblicken, was Andere nicht in Jahren" gelernt haben, „da es in ihm gesteckt hatte, wie das Farbenwesen im Regentropfen" (305).

Was er aus sich heraus lernt – und anscheinend später, wenn er seriös wirtschaftet, durchaus einsetzen kann –, ist das Sich-Zurecht-Finden in der „Poesie der Fabrikanten, Bankiere und Spediteure" (304), welches darin besteht, dass er mit dem „Bild", das „sie [die anderen Goldacher] sich von ihm gemacht" haben, spielt bzw. arbeitet:

---

4 Hierzu Jörg Kreienbrock: Das Kreditparadies Seldwyla. Zur Beziehung von Ökonomie und Literatur in Gottfried Kellers „Die Leute von Seldwyla". In: *Gottfried Keller: Die Leute von Seldwyla*. Hg. Hans-Joachim Hahn und Uwe Seja. Oxford und Bern 2007, S. 117–134, hier S. 117.
5 Zu dieser älteren, im neunzehnten Jahrhundert aber noch gängigen neutralen Bedeutungsebene des Begriffs vgl. Maximilian Bergengruen: Ökonomisches Wagnis/Literarisches Risiko. Zu den Paradoxien des Kapitalerwerbs im Poetischen Realismus. In: *Literatur als Wagnis, Literature as a Risk. DFG-Symposion 2011*. Hg. Monika Schmitz-Emans et. al. Berlin und Boston 2013, S. 208–238, hier S. 208–213.
6 Zu Kellers Poetik von Schein und Lüge vgl. Gregor Reichelt: Unwahrhaftigkeit und Täuschbarkeit in Gottfried Kellers Seldwyla-Novellen. In: *Lügen und ihre Widersacher. Literarische Ästhetik der Lüge seit dem 18. Jahrhundert*. Hg. Hartmut Eggert und Janusz Golec. Würzburg 2004, S. 145–161, hier S. 147f. u. ö.

> Dies Bild arbeitete er weiter aus nach seinem eigenen Geschmacke, zur vergnüglichen Unterhaltung der Einen, welche gern etwas Neues sehen wollten, und zur Bewunderung der Anderen, [...] welche nach erbaulicher Anregung dürsteten. So ward er rasch zum Helden eines artigen Romanes (306).

„Poesie der Fabrikanten": Der Begriff der Spekulation wird also, ebenfalls im Sinne der zeitgenössischen Semantik, um eine phantasieorientierte Dimension erweitert, die bekanntlich ihren Weg von der vormodernen Mystik zur idealistischen Philosophie und Literatur der Frühromantik gefunden hat[7] (parallel zur doppelten Semantik des Begriffs „Roman[]", die hier ebenfalls aufgerufen wird; es handelt sich ja auch um eine Liebesgeschichte). Und beide, die geschäfts- und die phantasieorientierten Spekulationen, hängen miteinander zusammen bzw. haben eine gemeinsame Basis, nämlich in der Antizipation von und Reaktion auf Vorstellungen der anderen von sich. Mit Castoriadis ließe sich von der Aufdeckung eines „Imaginäre[n] zweiten Grades"[8] sprechen, also eines Imaginären, das seine Entstehungsbedingungen gerade in dem Glauben hat, alles Imaginäre aus einem rationalen Prozess wie dem der wirtschaftlichen Tätigkeit verbannt zu haben.

Behalten wir in diesem Zusammenhang im Auge, dass Wenzels Lernprozess zwar in Goldach große Fortschritte macht, er aber dort nur ausarbeitet, was *„in ihm gesteckt hatte"* [meine Hervorhebung, M.B.] (s. o.). Der beschriebene kognitive Prozess beginnt also schon früher. Bekanntlich kommt Wenzel aus Seldwyla, wo er als Schneider gearbeitet hat und höchstwahrscheinlich, wenn sein Meister nicht zahlungsunfähig geworden wäre, auch geblieben wäre. Allerdings ist er kein gebürtiger Seldwyler. Er wird „Wasserpolacke[]" und „Bruder Schlesier" (314) genannt, kommt also aus Schlesien (nicht aus Polen selbst, da er lediglich „einst einige Wochen im Polnischen gearbeitet" hat und daher „einige polnische Worte" weiß, aber nicht die Sprache spricht; 300). Dort hat er seine Kindheit und Jugend – seine Mutter „in Diensten einer benachbarten Gutsherrin" jenseits der „Residenz", sein früh verstorbener Vater als „Schulmeister" arbeitend – verbracht, inklusive einer Lehre bei einem „Dorfschneider" (323 f.) und seines Militärdienstes, bevor er sich zur Migration entschied: „Da bin ich denn, als meine Zeit gekommen war, einsam in die Welt gereist und endlich hier in mein Unglück geraten" (325).

In Schlesien hat er jedoch auch schon erste Erfahrungen mit dem Thema Schein und Spiel mit der Phantasie seiner Umwelt gemacht. Die früh alleinerziehende Mutter hat bei der genannten Gutsherrin „eine feinere Art bekommen,

---

[7] Vgl. Bergengruen, Ökonomisches Wagnis/Literarisches Risiko 2013, S. 208–213.
[8] Cornelius Castoriadis: *Gesellschaft als imaginäre Institution. Entwurf einer politischen Philosophie.* Übers. Horst Brühmann. Frankfurt / M. 1990, S. 268.

als die anderen Weiber unseres Dorfes" und verbindet damit die Vorstellung von „glückliche[n] Erlebnisse[n]", von welchen sie „zu träumen pflegte". Dies schlägt sich auch bei Wenzel nieder, „denn sie kleidet sich und mich", so der Schneider im Rückblick auf seine Jugend, „immer etwas zierlicher und gesuchter, als es bei uns Sitte war" (323).

Dass aus dem Schein ein Sein[9] werden kann, bleibt jedoch in Schlesien eine reine Hoffnung – und zwar für beide. Vielmehr wird die Mutter durch „Armut" und den Kampf ums Überleben dazu gezwungen, den – damit geradezu definitionsgemäßen[10] – Luxus „auf[zu]opfern", „etwas bessere Haltung und Kleidung" für sich und ihren Sohn anzuschaffen (323 f.). Und wenn sich für Wenzel die unerwartete Möglichkeit bietet, mithilfe der Gutsherrin die zumindest anfangs noch hochgehaltene „*feinere* Art" der Kleidung (s. o.; meine Hervorhebung, M.B.) in ein Leben, in dem er „etwas *Feines* lernen" kann, zu überführen, interveniert die Mutter [meine Hervorhebung, M.B.] (324).

In Seldwyla setzt Wenzel augenscheinlich immer noch auf den Schein. Wenn der Erzähler den Schneider das erste Mal auf dem Weg von Seldwyla nach Goldach trifft, dann in einem „dunkelgrauen Radmantel [...], der seinem Träger ein edles und romantisches Aussehen verlieh" (286). Sich etwas „zierlicher" zu kleiden, diese Tendenz hat Wenzel also, zumal als Schneider (die Berufswahl war wohl alles andere als Zufall),[11] in Seldwyla wieder aufgenommen. Anders als in Goldach allerdings ohne die geringste Hoffnung auf Realisierung: Die Seldwyler haben nämlich, wie sich anhand von Wenzels Entlarvung herausstellt, den Scheincharakter seines Äußeren von Anfang an und nachhaltig durchschaut: Hier ist er derjenige, „der wie ein Raphael aussieht und unsern Dienstmägden, auch der Pfarrerstochter so wohl gefiel" (314).

Dies mag damit zusammenhängen, dass die Seldwyler ihrerseits den Schein zur Wirtschaftsform erklärt haben, daher selbst beherrschen und bei anderen erkennen. In dem von Keller beschriebenen Städtchen herrscht nämlich ein ökonomischer „*Schein*verkehr" anstatt wirklicher „Produktion" [meine Hervorhebung, M.B.] (147), dergestalt, dass die untereinander und gen außen bis zum Bankrott verschuldeten Seldwyler weder selbst arbeiten bzw. sich fortbewegen

---

9 Vgl. zu Kellers Vermittlung von Sein und Schein im Humor (anhand von *Kleider machen Leute*) Wolfgang Preisendanz: *Humor als dichterische Einbildungskraft. Studien zur Erzählkunst des poetischen Realismus*. Frankfurt / M. ³1985 [1963], S. 191 f.
10 Hierzu Christine Weder und Maximilian Bergengruen: Einleitung. In: *Luxus. Die Ambivalenz des Überflüssigen in der Moderne*. Hg. Dies. Göttingen 2011, S. 7–34.
11 Hierzu Alexander Honold: *Die Tugenden und die Laster. Gottfried Kellers Die Leute von Seldwyla*. Berlin 2018, S. 189 f.

noch ihre Waren in einem Warenverkehr[12] arbeiten lassen, aber beides vorgeben – und zwar im „Müßiggang", von dem, wie der Erzähler sagt, bereits das Sprichwort weiß, dass er „aller Laster Anfang ist" (14; wiederholt in den *Missbrauchten Liebesbriefen*; 417).[13]

Wenn wir also konstatieren, dass der Müßiggang und der damit verbundene Schein von wirtschaftlicher Arbeit das Seldwyler Modell darstellt, an dem auch Wenzel, der aus seiner schlesischen Vorgeschichte die dazugehörigen psychischen Voraussetzungen mitbringt, partizipiert, dann lassen sich von dort aus zwei logische Reihen aufmachen. Die ‚reguläre' Seldwyler Reihe besagt, dass dieser Arbeit simulierende Müßiggang die Voraussetzung für ein Laster darstellt, nämlich – darauf wird gleich näher einzugehen sein – Betrug und, als dessen Folge bzw. in Verbindung mit ihm, Bankrott. Aber es gibt eben auch den Ausnahmefall Wenzel (und in abgeschwächter Form Fritz aus *Frau Regel Amrain und ihr Jüngster*, der ebenfalls eine „gute Geschäftsführung" lernt, die zu „Wohlhabenheit" führt; 191), bei dem das Scheinhafte des Müßiggangs nicht nur ein Laster, sondern eine ökonomische Tugend[14] darstellt, mit dem Effekt, dass sich nicht trotz, sondern wegen des diesbezüglichen Handelns wirtschaftlicher Erfolg einstellt.

Dieses Oszillieren des Müßiggangs zwischen regulärem Laster und ausnahmsweise zu konstatierender Tugend drückt sich bis in die moralische Einschätzung Wenzels durch den Erzähler aus. Wenzel kleidet sich, heißt es zu Beginn, auf die ihm eigene Art, *„ohne daß er etwas [...] Betrügerisches dabei im Schilde führte"* [meine Hervorhebung, M.B.] (286). Später aber konstatiert der Erzähler durchaus, dass der Schneider wie der „Jüngling am Scheideweg" (305) steht und „den abschüssigen *Weg des Bösen*" [meine Hervorhebung, M.B.] (290) wählt. Noch später wird auch diese Beurteilung, freilich vom Moralischen ins

---

12 „Verkehr" wird im *Krünitz* (Bd. 210 von 1852) als „eine Bezeichnung des Handels und Wandels an einem Orte; das rege Leben in den Geschäften aller Art, der Waaren- und Produkten-Aus- und Umtausch" angegeben; J.G. Krünitz: *Oekonomische Encyklopädie oder allgemeines System der Staats- Stadt- Haus- und Landwirthschaft in alphabetischer Ordnung.* www.kruenitz1.uni-trier.de (8. November 2020).

13 Vgl. auch die Überlegungen des Erzählers des *Grünen Heinrichs* (erste Fassung; ED 1854/55), der wirkliche Arbeit und den Anschein davon so gegenüberstellt: „Hier heißt *Arbeit*, *lohnt sich* und wird zur *Tugend*, was dort *Nutzlosigkeit*, *Müßiggang* und *Laster* ist" (Gottfried Keller: Der grüne Heinrich. Erste Fassung. In: Ders.: *Sämtliche Werke.* Hg. Thomas Böning u.a. Bd. 2. Frankfurt / M. 1985, S. 705; meine Hervorhebung, M.B.).

14 Zu den bürgerlichen Tugenden von Figuren wie Wenzel und Regel Amrain vgl. Jörg Schönert: Die „bürgerlichen Tugenden" auf dem Prüfstand der Literatur. Zu Gottfried Kellers „Der grüne Heinrich", „Die Leute von Seldwyla" und „Martin Salander". In: *Bildung und Konfession. Politik, Religion und literarische Identitätsbildung 1850–1918.* Hg. Martin Huber und Gerhard Lauer. Tübingen 1996, S. 39–52, hier S. 45 f.

Juristische überführt, zurückgenommen: Obwohl sich Wenzel selbst als „Betrüger" (316) fühlt, kann er juristisch so verteidigt werden, dass „kein anderes Vergehen vorlag, als daß er eine törichte Gastfreundschaft genossen hatte" (331). Was bereits an der Figur Wenzel moralisch/juristisch nicht festlegbar ist, gilt für das Seldwyler Modell vom Müßiggang als Schein des Warenverkehrs als Ganzes: Es ist in der Regel Laster und führt zu ökonomischem Missmanagement, Betrug und Bankrott – und hat doch in seltenen Fällen das Zeug zur Tugend und zu ökonomischem Erfolg.

III Das Seldwyler Geschäftsmodell: Bankrott

Schauen wir uns das scheinhafte, zum Betrug tendierende Geschäftsmodell des Müßiggangs in Seldwyla an, insbesondere die Tendenz zum Bankrott. Am Ende von *Frau Regel Amrain* wird durch den schon recht geläuterten Fritz Amrain – auch er also ein Lernender in Sachen Ökonomie unter der Ägide einer Frau – ein paradigmatischer Seldwyler Bankrotteur entlarvt. Fritz hat sich auf Bitten seiner ihn erziehenden Mutter entschlossen, „seine Pflicht als Bürger zu tun" und „zu den Wahlen" zu gehen (183). Der „Gemeindepräsident", der „die Wahlen zu leiten" hatte, „war ein Gastwirt, welcher vor Jahren schon falliert hatte und seither die Wirtschaft auf Rechnung seiner Frau fortbetrieb" (187). Fritz schaut sich das ganze Treiben ein wenig an; und dann passiert es: „[E]s fuhr plötzlich ein unternehmender Geist in ihn" (188); bemerkenswerterweise eine ganz ähnliche (zwischen Pfingstwunder und Teufelsobsession changierende) Formulierung wie bei Wenzel, wenn er ‚die Poesie der Fabrikanten' versteht („nun war der Geist in ihn gefahren"; 305). Dieser unternehmende Geist hat anscheinend auch etwas von einem unternehmerischen Geist, denn Fritz ergreift das Wort und protestiert gegen den Präsidenten, „da derselbe falliert und bürgerlich tot sei" (188).

Die Argumentation von Fritz ist an die Zürcher Verfassung von 1831 angelehnt. In Paragraph 24 heißt es dort, dass die „Falliten" von dem „Stimmrechte und der Wahlbarkeit ausgeschlossen" sind – und dieser Entzug des aktiven und passiven Wahlrechts gilt *a fortiori* für den „Gemeindspräsidenten", der nicht zuletzt für diese Wahlen zuständig ist.[15] Bemerkenswert ist weiterhin die – so nicht in der Verfassung zu findende – Bewertung des Falliten als „bürgerlich tot". Es zeugt von einer gewissen Härte, in der Mitte des neunzehnten Jahrhunderts auf die (auf das

---

[15] Ludwig Snell: *Handbuch des Schweizerischen Strafrechts*. Bd. 2, Abt. 1. Zürich 1844, S. 8, 19. Zu diesem Ausschluss vgl. Mischa Suter: *Rechtstrieb. Schulden und Vollstreckung im liberalen Kapitalismus 1800–1900*. Konstanz 2016, S. 98 f. Vgl. hierzu den Hg. Böning (728 f.).

römische Recht zurückgehende) Vorstellung von Bankrott als Infamie im Rahmen der *missio in bona* – dem gerichtlich verordneten Einsetzen in das Vermögen des Schuldners zur Befriedigung des Gläubigers[16] – zurückzugreifen. Bis zum Ende des achtzehnten Jahrhunderts war dies sicherlich die entscheidende Kategorie.[17] Mit der stärkeren Verrechtlichung des Kreditwesens tritt im Mitteleuropa des neunzehnten Jahrhunderts jedoch neben den Gläubigerschutz verstärkt auch der Schuldnerschutz und damit die Möglichkeit, unverschuldet zahlungsunfähig gewordene Handelspersonen nicht mehr zu sanktionieren, weder sozial noch strafrechtlich. Die Tendenz zum Schuldnerschutz basiert auf der – ebenfalls im römischen Recht vorgesehen – Verfahrensweise einer freiwilligen Abtretung des Vermögens durch den Gläubiger, die ein kontrolliertes Verfahren bei der Verteilung des restlichen Vermögens (*cessio bonorum*) garantiert; und dies gerade ohne den Schuldner damit eines bürgerlichen Todes sterben zu lassen.[18] Neuere Forschungen zum Zürcher Kreditwesen in der ersten Hälfte und in der Mitte des neunzehnten Jahrhunderts belegen, dass es massive Anstrengungen in Publizistik und Politik gab, die Beraubung der Aktivbürgerrechte, die mit dem frühneuzeitlichen Begriff des bürgerlichen Tods verknüpft waren, wenn nicht abzuschaffen, dann zumindest entschieden einzuschränken.[19]

---

16 Hierzu Max Kaser: *Das römische Zivilprozessrecht*. München ²1996 [1966], S. 388f., S. 394f. – Michael Spann: *Der Haftungszugriff auf den Schuldner zwischen Personal- und Vermögensvollstreckung. Eine Untersuchung der geschichtlichen Rechtsquellen ausgehend vom Römischen Recht bis ins 21. Jahrhundert unter besonderer Berücksichtigung bayerischer Quellen.* Münster 2004, S. 17–20.
17 Vgl. Paul Sebastian Hager: *Der Bankrott durch Organe juristischer Personen. Zugleich ein umfassender Beitrag zur historischen Entwicklung des Insolvenzstrafrechts.* Holzkirchen 2007, S. 56 f. – Robert Beachy: Bankruptcy and Social Death. The *Influence* of Credit-Based Commerce on Cultural and Political Values. In: *Zeitsprünge. Forschungen zur Frühen Neuzeit* 4.4 (2000), S. 329–343, hier S. 339–342.
18 Vgl. für das römische Konkursrecht: Christoph Paulus: Entwicklungslinien des Insolvenzrechts. In: *Zeitschrift für Insolvenzrecht (KTS)* (2000), S. 239–257, hier S. 240f. – Spann, *Der Haftungszugriff* 2004, S. 43 f. – Hager, *Der Bankrott durch Organe juristischer Personen* 2007, S. 14 f. – Zu den ersten Anfängen des Gläubigerschutzes in der englischen Finanzgeschichte des achtzehnten Jahrhunderts: Margrit Schulte Beerbühl: Zwischen Selbstmord und Neuanfang. Das Schicksal von Bankrotteuren im London des 18. Jahrhunderts. In: *Pleitiers und Bankrotteure. Geschichte des ökonomischen Scheiterns vom 18. bis 20. Jahrhundert.* Hg. Ingo Köhler und Roman Rossfeld. Frankfurt / M. und New York 2012, S. 107–128, hier S. 113–128. – In Deutschland: Spann, *Der Haftungszugriff* 2004, S. 272f.
19 Vgl. Suter, *Rechtstrieb. Schulden und Vollstreckung im liberalen Kapitalismus 1800–1900* 2016, S. 94–106 (ökonomiehistorisch mit Blick auf Zürich im frühen und mittleren neunzehnten Jahrhundert), S. 141–143 (zu Keller). Vgl. zu den ökonomisch erfolgreichen Jahren des Liberalismus in Zürich allgemein Gordon Alexander Craig: *The Triumph of Liberalism. Zurich in the Golden Age, 1830–1869.* New York 1989, S. 95–122.

Der Begriff des bürgerlichen Todes bzw. der Infamie ruft allerdings – und das rehabilitiert den Einsatz dieses harten Begriffs bei Fritz und Kellers Erzähler wieder – einen anderen, für das Seldwyler Geschäftsmodell wichtigen zweiten Begriff auf. Wenn nämlich Bankrott im neunzehnten Jahrhundert nicht mehr *tout court* sozial und strafrechtlich sanktioniert wird, dann gilt dies gerade nicht für den betrügerischen Bankrott, der vom unverschuldeten mittlerweile scharf geschieden wird.[20] Kellers Erzähler beschreibt zwar keinen betrügerischen Bankrott, bei dem das Firmenkapital widerrechtlich beiseitegeschafft und damit dem Zugriff der Gläubiger entzogen wird,[21] nimmt jedoch die im Ohr der Zeitgenossen mitklingende Verbindung von Bankrott und Betrug auf, wenn er die Seldwyler Bankrottformen mit dem Odium des Betrügerischen versieht. In diesem ersten Falle, also beim Gemeindepräsidenten, geschieht dies durch eine nachträgliche Verschleierung des Bankrotts, was im Übrigen in Seldwyla gängige Praxis ist. Dort gibt es nämlich bei näherem Hinsehen „ein halbes Dutzend alte Stillständer, die vor dreißig Jahren falliert und sich seither *stillschweigend rehabilitiert* haben, die Wahlen besorgen" und ähnlichen Tätigkeiten nachgehen [meine Hervorhebung, M.B.] (13).

Bankrott und Betrug werden auch in meinem zweiten Beispiel miteinander verschwistert, nämlich beim Meister aus den *Drei gerechten Kammmachern*. Von diesem berichtet der Erzähler, dass er ein „Heidengeld" mit den drei arbeitsamen und anspruchslosen deutschen Kammmachern verdient, da er an ihnen „eine wahre Goldgrube" besitzt (206). Gleichzeitig mehren sich „sichere[] Zeichen", dass er es „nicht lange mehr treiben und das Kammfabrikchen endlich wieder käuflich würde" (217). Am Ende dieser Erzählung wollen bekanntlich der schwäbische Kammmacher und Züs Bünzlin seinen Betrieb – mittlerweile haben sich die Hinweise noch einmal verdichtet, dass „er [...] nicht lang mehr machen würde" – kaufen. Und der Meister willigt gerne in dieses Angebot ein:

---

20 Vgl. Hager, *Der Bankrott durch Organe juristischer Personen* 2007, S. 62 f., 64–74. – Mark Häberlein: Kredit, Vertrauen und geschäftliches Scheitern. Bankengeschichte aus der Perspektive der Vormoderne. In: *Wiener Zeitschrift für Geschichte der Neuzeit* 9.1 (2009), S. 90–98, hier S. 97. – Johannes F. Lehmann: Geld oder Leben. Bankrott und Rettung im 18. Jahrhundert und in Kotzebues „Der Opfertod". In: *Kredit und Bankrott in der deutschen Literatur*. Hg. Maximilian Bergengruen, Jill Bühler und Antonia Eder. Stuttgart 2021, S. 105–123. – Maximilian Bergengruen: Himmel und Hölle ökonomisch. Kredit und Bankrott in Adelbert von Chamissos „Peter Schlemihl". In: *Der Himmel als ethischer Raum*. Hg. Stephanie Waldow. Göttingen 2016, S. 167–192. – Für die genannte Unterscheidung im Zürich des frühen und mittleren neunzehnten Jahrhunderts in Zusammenhang der Entziehung der Aktivbürgerrechte vgl. Suter, *Rechtstrieb. Schulden und Vollstreckung im liberalen Kapitalismus 1800–1900* 2016, S. 98 f.
21 So das zentrale Definiens des betrügerischen Bankrotts im neunzehnten Jahrhundert, vgl. Hager, *Der Bankrott durch Organe juristischer Personen* 2007, S. 93.

> [D]iesem leuchtete es sogleich ein, hinter dem Rücken seiner Gläubiger, ehe es zum Bruch kam, noch schnell den Handel abzuschließen und unverhofft des baren Kaufpreises habhaft zu werden (238).

Auch hier liegt also eine betrügerische Absicht vor. Es handelt sich zwar um keinen betrügerischen Bankrott, wie es die Formulierung von der „Goldgrube" und dem „Heidengeld" nahelegt; sichtbar wird aber doch eine Tendenz zum Betrug durch Insolvenzverschleppung: Der „Bruch" zeichnet sich, wie der Erzähler konstatiert, schon ab, bei dem der Meister sein gesamtes Betriebsvermögen den Gläubigern zur Verfügung stellen müsste, aber so kann er unverhofft „des baren Kaufpreises habhaft [...] werden" (s.o.).

Warum aber ist der Meister trotz seiner Goldgrube zahlungsunfähig? Müßiggang spielt eine Rolle, aber auch falsches Wirtschaften. Er, der seine drei Gesellen für billiges Geld möglichst viele Kämme herstellen lässt,

> hatte[] nämlich des Guten zu viel getan und so viel Ware zu Weg gebracht, daß ein Teil davon liegen blieb, indes der Meister den vermehrten Erwerb dazu verwendet hatte, das Geschäft, als es auf dem Gipfelpunkt stand, um so rascher rückwärts zu bringen, und ein solch lustiges Leben führte, daß er bald doppelt so viele Schulden hatte, als er einnahm (216).

Beginnen wir mit dem Müßiggang: Anfangs war die ökonomische Strategie (wenn man davon überhaupt sprechen kann, da die Meister in Seldwyla „nie" arbeiten; 196), seine Gesellen nach Strich und Faden auszunutzen, sehr erfolgreich; es kommt zu einem „Gipfelpunkt" des Geschäfts mit einem mutmaßlich hohen Gewinn – und dann zu einem „lustige[n] Leben" des Meisters, also einem steigenden Desinteresse am Geschäft und der Hinwendung zum Müßiggang, in dem das „Heidengeld" schnell ausgegeben wird.

Der Meister hat aber – und zwar von Anfang an – noch einen weiteren Fehler begangen, der seiner späteren Hinwendung zum lustigen, müßiggängerischen Leben auf ökonomischer Ebene vorarbeitet. Er hat nämlich mit seiner Produktionsstrategie einseitig auf die in diesem Zusammenhang überholte klassische Nationalökonomie gesetzt, als er „große Vorräte von billigen Waren in Umlauf" brachte (206). Mit Jean-Baptiste Say scheint er zu denken, dass „jedes Product *vom Augenblick seiner Erzeugung an* für den ganzen Betrag seines Werthes anderen Producten einen Absatzweg eröffnet",[22] so dass er sich um seinen eigenen Absatz keine Sorgen zu machen müssen glaubt. Diese Theorie stellt sich jedoch –

---

22 Jean-Baptiste Say: *Darstellung der Nationalökonomie oder der Staatswirthschaft* [...]. Übers. Darl Eduard Morstadt. Bd. 1, S. 244 (= 1, 15: „Von den Absatzwegen") Heidelberg 1818. – Vgl. hierzu Thomas Sowell: *Say's Law. An Historical Analysis.* Princeton 1989, S. 15, 19. – Bergengruen, Ökonomisches Wagnis/Literarisches Risiko 2013.

aus Sicht der um 1850 tonangebenden Historischen Schule der deutschen Ökonomie (und des Erzählers bei Keller)[23] – als falsch heraus. Nach Wilhelm Roscher muss der Produzent auch und besonders auf die „Bedürfnisse des Volkes"[24] Rücksicht nehmen, also auf die Nachfrage; und das heißt in diesem Falle: auf die Tatsache, dass die Menschen in und um Seldwyla nur einer bestimmten Menge an Kämmen bedürfen. Diese fehlende Antizipation der Marktsättigung führt zusammen mit dem lustigen, müßiggängerischen Leben zum Niedergang.

Was aber ist genau das Müßiggängerische, also das Arbeit Vortäuschende, am betrügerischen bzw. mit dem Betrügerischen verschwisterten Bankrott? Kommen wir zu einem dritten Beispiel, Fritz Amrains Vater, einem waschechten Seldwyler. Dieser hatte „in einer wichtigen Hauptsitzung der Seldwyler Spekulanten" – hier wird der Begriff in einer dritten zeitgenössischen Variante, nämlich negativ im Sinne unsachgemäßen Wirtschaftens, verwendet[25] – einen „Steinbruch" übernommen.

Dieser Steinbruch wird vom Erzähler als eine Art seldwylerische Ursünde beschrieben:

> Das ganze Nest war beinahe aus dem guten Sandstein gebaut, aus welchem der Berg bestand; aber das Schuldenwesen, das auf den Häusern ruhte, hatte von jeher recht eigentlich schon mit den Steinen begonnen, aus denen sie gebaut waren; denn nichts schien den Seldwylern so wohl geeignet als Stoff und Gegenstand eines muntern Verkehrs, als ein solcher Steinbruch, und derselbe glich einer in Felsen gehauenen römischen Schaubühne, über welche die Besitzer emsig hinwegliefen, einer den anderen jagend (145).

Die Ware, die in diesem Steinbruch gehandelt wird oder besser: gehandelt werden sollte, steht symbolisch für die damit verbundene Wirtschaftsweise: Die Steine

---

23 Auch Richard D. Hacken: Gottfried Kellers Realism. The Socio-Economic Ground between Switzerland and Seldwyla. In: *In Search of the Poetic Real. Essays in Honor of Clifford Albrecht Bernd on the Occasion of his Sixtieth Birthday*. Hg. Winder McConnell, Roland Hoermann und John F. Fetzer. Stuttgart 1989, S. 150–168, und Uwe Seja: Seldwyla – a Microeconomic Inquiry. In: *Gottfried Keller: Die Leute von Seldwyla*. Hg. Hans-Joachim Hahn und Uwe Seja. Bern u.a. 2007, S. 93–117, hier S. 101; sehen bei Keller, wenn auch ohne Rekurs auf die Historische Schule, eine Distanz gegenüber der klassischen Nationalökonomie.
24 Wilhelm Roscher: *System der Volkswirtschaft*. Bd. 1: *Die Grundlagen der Nationalökonomie*. Stuttgart ²1857 [1854], S. 42. – Hierzu Birger P. Priddat: *Produktive Kraft, sittliche Ordnung und geistige Macht. Denkstile der deutschen Nationalökonomie im 18. und 19. Jahrhundert*. Marburg 1998, S. 283–319.
25 Vgl. hierzu Dirk Hempel: Spieler, Spekulanten, Bankrotteure. Bürgerlichkeit und Ökonomie in der Literatur des Realismus. In: *„Denn wovon lebt der Mensch". Literatur und Wirtschaft*. Hg. Christine Künzel und Dirk Hempel. Frankfurt / M. u.a. 2009, S. 97–116. – Bergengruen, Ökonomisches Wagnis/Literarisches Risiko 2013.

sind so schwer wie die Konkurs-Masse, die sie darstellen (die „Steinlager[]" sind „verpfändet[]"; 145). Von einer arbeitsmäßigen Bewegung, sei es Amrains als Geschäftsmann, sei es der Ware, kann nicht die Rede sein. Wenn also von einem „muntern Verkehr[]" gesprochen wird, dann nicht im Sinne von Waren-Verkehr, sondern von einem „Schein-Verkehr" (s. o.), der in diesem Falle darin besteht, dass ein Bankrotteur dem nächsten bzw. zukünftigen die Schlüssel überreicht. Wir haben es also nicht mit einer „Poesie der Fabrikanten", sondern mit einer „Schaubühne" der Bankrotteure zu tun – und der Unterschied ist genau der oben genannte zwischen Tugend und Laster des Müßiggangs.

Den mit dem Steinbruch verbundenen Schein-Bewegungen in ihrer Gesamtheit entspricht im Einzelnen Herrn Amrains Form des Müßiggangs. Die Rede ist von dem als Arbeit und Waren-Bewegung getarnten Spaziergang. Fritz' Vater, ursprünglich Knopfmacher, sagt die „sitzende Lebensart" seines ehemaligen Berufs nicht mehr zu. Mit dem Erwerb des Steinbruchs hat er, wie er glaubt, die „angemessene *bewegliche* Lebensweise" gefunden, indem er

> mit einer roten Brieftasche voll Papiere und einem eleganten Spazierstock, auf welchem mit silbernen Stiften ein Zollmaß angebracht war, etwa in den Steinbruch hinaus *lustwandelte*, wenn das Wetter lieblich war, und dort mit dem besagten Stocke an den verpfändeten Steinlagern herumstocherte [meine Hervorhebung, M.B.] (145).[26]

Die Betonung liegt natürlich auf dem lieblichen Wetter.[27] Eigentlich handelt es sich, und damit nähern wir uns dem Müßig-Gang, um einen Spaziergang („lustwandelte"), der von Herrn Amrain in den Schein der Werktätigkeit verwandelt wird; Schein deswegen, weil, wie gesagt, auf dem verpfändeten Steinbruch nichts mehr waren- und geldmäßig zu bewegen ist. Die als Arbeit verkleideten Spaziergänge sind dementsprechend, wie der Erzähler hinterherschiebt, auch gar nicht die „eigentlichen Geschäfte[]". Diese bestehen vielmehr in dem „Umsatz der verschiedenen Papiere in der Brieftasche, was in den kühlen Gaststuben auf das Beste vor sich ging" (146). Auch hier findet sich so etwas wie scheinbare Bewegung, wie es in der ersten Vorrede heißt. Denn das eigentliche Geschäft des Herrn Amrain besteht in der „Betreibung eines trefflichen" – und da kommt das Wort wieder – „Schulden*verkehrs*" [meine Hervorhebung, M.B.] (11). Und diese Scheinbewegung von Kapital wird von dem Arbeit simulierenden „*Herumspazieren* zum *Auftrieb* eines Geschäftes" [meine Hervorhebung, M.B.] (284) begleitet.

---

26 Der junge, noch nicht geläuterte Fritz Amrain wird später diese Geste wiederholen: „er [...] fuhr mit dem Zollstock an den Steinen herum" (183).
27 So auch später bei Fritz, der „bei diesem Wetter" nicht „in der langweiligen Kirche [...] sitzen" möchte (184).

Kellers Erzähler scheinen also, im Sinne der protestantischen oder genauer: reformierten Kapitalethik[28] und letztlich auch noch der klassischen Nationalökonomie,[29] von einer festen Prämisse auszugehen, nämlich dass nicht nur Waren und Geld in Arbeit bzw. Verkehr gebracht werden müssen, sondern auch besonders der Mensch selbst. Pathetisch spricht der Erzähler des *Grünen Heinrichs* in diesem Zusammenhang von der „Heiligkeit [...] der Arbeit". Wenn diese letzte Bedingung nicht gegeben ist, wenn also der Mensch nur etwas verrichtet, was der „wirklichen Arbeit [...] *gleicht*", aber ihre „innere Wahrheit" verfehlt, dann handelt es sich um „Betrug und Schwindel". Diese Kritik trifft nicht nur die „Spekulanten" des Revalenta Arabica-Projekts aus dem *Grünen Heinrich*,[30] nicht nur die Seldwyler, sondern auch Zürcher Kapitalisten wie den Miethai Ruckstuhl (aus dem *Fähnlein der sieben Aufrechten*; ED 1861), dem vom Erzähler vorgeworfenen wird, „seit geraumer Zeit *keinen Streich mehr*" getan zu haben und also „jährliche[] Einnahmen *ohne eine Stunde wirkliche[] Arbeit*" zu beziehen. Auch er „*spielt[]*" bei seinen „Gänge[n]" und „Machereien" wirkliche wirtschaftliche Tätigkeit nur vor.[31]

Doch zurück zu den Seldwylern und deren spielerischer Vortäuschung von gerichteter Bewegung: Ihr ökonomischer Verkehr müsste in wirklicher körperlicher Arbeit (statt eines Spaziergangs) bestehen und, darauf aufbauend, im Waren- und Geldverkehr seinen Ausdruck finden. Man weiß jedoch, dass in Seldwyla nicht nur die Menschen nicht arbeiten, sondern, als Konsequenz, auch das Kapital stillsteht, also „kein Geld *zirkuliert*" [meine Hervorhebung, M.B.] (13), weil auch keine Waren in Verkehr gebracht werden. Anstelle dieser wirklichen öko-

---

28 In seinem Aufsatz *Die protestantische Ethik und der „Geist" des Kapitalismus* (ED 1904/1905) arbeitet Weber bekanntlich heraus, dass für protestantische Kapitalethik das „sittlich wirklich Verwerfliche [...] das *Ausruhen* auf dem Besitz, der *Genuß* des Reichtums mit seiner Konsequenz von Müßigkeit und Fleischeslust" darstellt, während allein „*Handeln* nach dem unzweideutig geoffenbarten Willen Gottes zur Mehrung seines Ruhms" dient – und beinahe ganz nebenbei auch des eigenen Reichtums (Max Weber: Die protestantische Ethik und der Geist des Kapitalismus. In: Ders.: *Gesammelte Aufsätze zur Religionssoziologie*. Tübingen [7]1978, S. 1–206, hier S. 166f.).
29 Adam Smith spricht in *The Wealth of Nations* davon, dass „[a]lles Kapital [...] nur zum Unterhalt produktiver Arbeit" dient – und meint mit dieser Arbeit explizit die des Kapitals *und* des Menschen: „Wer sein Kapital" nämlich auf produktive Weise „anlegt", also als „Kapitalinvestition" mit Aussicht auf „Gewinn[]", „arbeitet selbst produktiv" (Adam Smith: *Der Wohlstand der Nationen. Eine Untersuchung seiner Natur und seiner Ursachen*. Übers. und Hg. Horst Claus Recktenwald. München [12]2009 [1974], S. 295–297).
30 Alle Zitate Keller, *Der grüne Heinrich* 1985, S. 704f.; meine Hervorhebung, M.B.
31 Gottfried Keller: Das Fähnlein der sieben Aufrechten. In: Ders.: *Sämtliche Werke*. Hg. Thomas Böning u. a. Bd. 5. Frankfurt / M. 1989, S. 263f.; meine Hervorhebung, M.B.

nomischen Bewegungen gibt es nur scheinbare, nämlich die der „Schuldscheine[] und Bagatellwechsel[]" (284),[32] die immer wieder den Besitzer wechseln, ohne dass sich jemand von seiner Schuld befreien und/oder das mit den Scheinen bezeichnete Kapital als Investment einsetzen könnte. Später – also in der zweiten (um einen zweiten Teil vermehrten) Auflage von 1873/74, in welche die Gründung der Zürcher Börse von 1855 eingeflossen ist – hat zwar die bei Herrn Amrain erwähnte „Brieftasche" mit genanntem Inhalt ausgedient, aber an die Stelle dieser Brieftaschen sind „kleine Notizbücher, in welchen die Aufträge in Aktien, Obligationen [...] kurz notiert werden" (284), getreten. Die Scheinbewegungen bleiben dabei erhalten oder vergrößern sich sogar, auch körperlich: Die Seldwyler „*flattern wie die Sperlinge um die Sache herum* [...]. Immer sind sie in *Bewegung* und kommen mit aller Welt in Berührung" (284; meine Hervorhebung, M.B.).

Halten wir bis hierhin fest, dass der Müßiggang in Seldwyla sehr oft mit dem *Anschein* von Arbeit assoziiert wird. Dieser Anschein wird als Betrug im eigentlichen Sinne des Wortes gefasst und daher mit Bankrott, dem, wie gezeigt, im neunzehnten Jahrhundert noch das Odium des Betrugs anhaftet, assoziiert. Zugleich aber zeigen die Beispiele Wenzel und Fritz Amrain, dass im Müßiggang – im Sinne des Möglichen der Muße und der Gänge des Müßiggangs – die nötige Energie für Arbeitstätigkeit und Warenverkehr vorhanden ist, verbunden mit einer gewissen Form von Kreativität, die aus dem Scheinhaften resultiert. Dieses Potenzial soll im folgenden und letzten Kapitel ausgelotet werden.

IV Das kreative Potenzial des Müßiggangs

Werfen wir hierfür einen genaueren Blick auf die Formen des Luxus und des Müßiggangs in Seldwyla und beginnen mit den materiellen Formen: Regel Amrain, die anders als ihr Mann und ihr Sohn nicht aus Seldwyla kommt, sondern „von auswärts in das Städtchen geheiratet" hat (147) und nicht zuletzt wegen der dort erworbenen Sitten die „achtbarste[] Frau der Stadt" (163) ist, erzieht nach der Bankrotteurs-Flucht ihres Mannes ihren jüngsten Sohn im Geiste der auswärts erlernten Ökonomie – und gewöhnt ihm in diesem Zusammenhang seine Seldwyler Sitten ab, zum Beispiel, wenn er „mit Geld sich vergeht", aber auch den übertriebenen Luxus in Form von „Näscherei" (154). Wäre Fritzchen beides erlaubt, wäre er in guter Gesellschaft, da die Näscherei in Seldwyla weit verbreitet ist. In den *Drei Kammmachern* wird beschrieben, wie Frauen in Werkstätten ihre

---

[32] Hierzu auch Kreienbrock, *Das Kreditparadies Seldwyla* 2007, S. 119.

Waren (in Form von Obst) feilbieten, damit die „Arbeiter ihre Gelüste befriedigten" (201).

Aber auch und besonders in Bezug auf die zeitlichen Formen des Luxus, d. h. auf den Müßiggang, tun sich insbesondere die Seldwyler hervor: Von Spaziergängen und dem „Herumspazieren zum Auftrieb eines Geschäftes" (s. o.) – also der klassischen Form des müßiggängerischen Leerlaufs – wurde bereits gesprochen. Dass „Müßiggänger" auch „Schenkeläufer" sind (168), wurde ebenfalls erwähnt, nämlich anhand der Schein-Ökonomie von Fritz Amrains Vater, der seine Geschäfte nicht im Kontorraum, sondern in der Beiz abschließt. Zum Müßiggang gehört auch, und zwar in den genannten Beizen, die unaufhörliche Bewegung des Mundwerks, sind doch die Seldwyler, wenn sie in die Schenke gelaufen sind, „Kannegießer" und „Schwätzer" (169), was sich insbesondere im Bereich der endlosen Rede über „Politik" (285) Bahn bricht. Gleiches gilt für das Spielen von „Karten" (284); ein geradezu notwendiges Epitheton für Spekulanten (im Sinne unsachgemäßen Wirtschaftens) im mittleren und späten neunzehnten Jahrhundert.[33]

In *Kleider machen Leute* wird das Spiel oder genauer: das Spielerische des Müßiggangs jedoch aufgewertet, da auch die Goldacher, die ja keine zum Bankrott neigenden Spekulanten sind, einen starken Hang dazu aufweisen. Anlässlich des gemeinschaftlichen Besuchs beim Amtsrat heißt es beispielsweise: „[U]m nicht in schnöden *Müßiggang* zu verfallen, [wurde] ein allgemeines Hazard*spiel* vorgeschlagen". Das Spiel als nicht schnöde oder höhere Form des Müßiggangs wird dann noch einmal geadelt, wenn der Erzähler ausführt, dass „in diesem Lande keine Männer zusammen sein konnten, ohne zu *spielen*, wahrscheinlich aus angeborenem *Tätigkeitstriebe*" (296 f.; meine Hervorhebung, M.B.). Mit einem sehr freihändigen Rekurs auf Schillers Begriffe des Spieltriebs und des Tätigkeitstriebs[34] wird also deutlich gemacht, dass im Spiel oder im Spielerischen des

---

33 Zum Spekulanten als Spieler in der Literatur des neunzehnten Jahrhunderts vgl. Hempel: *Spieler, Spekulanten, Bankrotteure* 2007. – Bergengruen, Ökonomisches Wagnis/Literarisches Risiko 2013.
34 Bekanntlich definiert Schiller den „Spieltrieb" in einer seinerseits freien, weil anthropologisierten Anlehnung an Kants *Kritik der Urteilskraft* (A 28 u. ö.) als eine „Wechselwirkung" zwischen dem „Triebe, den ich den *sinnlichen* nennen will", und dem, „den man den *Formtrieb* nennen kann", weil er seinen Ausgang in der „vernünftigen Natur" des Menschen nimmt (Friedrich Schiller: Über die ästhetische Erziehung des Menschen, Br. 12, 14. In: Ders. *Sämtliche Werke. Auf der Grundlage der Textedition von Herbert G. Göpfert.* Hg. Peter-André Alt u. a. Bd. 5. München 2004, S. 604, 611 f.). In Bezug auf den „Tätigkeitstrieb" schreibt Schiller, dass die „Lust an der Rührung" aus der „freie[n] Wirksamkeit" der „Vernunft" resultiert, die er „als absolute Selbsttätigkeit" fasst und die deswegen „den Namen der Tätigkeit verdient, weil „sich das Gemüt nur in seinem sittlichen Handeln vollkommen unabhängig und frei fühlt" (Friedrich Schiller: Über die

Müßiggangs die Tätigkeit – und damit ist nicht zuletzt ökonomische Tätigkeit oder zumindest der Antrieb dazu gemeint – bereits enthalten ist.

Damit hat Kellers Erzähler eine Ebene der Argumentation erreicht, die es ihm erlaubt, die noch im *Grünen Heinrich* bzw. im ersten Teil der *Leute von Seldwyla* größtenteils durchgehaltene Dichotomie von wahrer Arbeit und wirklichem wirtschaftlichem Verkehr einerseits sowie betrügerischem Vortäuschen dieser Arbeit bzw. dieses Verkehrs andererseits[35] zu unterlaufen. Dieses Unterlaufen über den Spielbegriff besagt nicht, dass die genannte Unterscheidung nicht mehr gelten würde, aber in den Ausnahmen, die „gerade nur zu Seldwyla vor sich gehen konnten", wird sie als aufweichbar beschrieben. Am Müßiggang wird also ein spielerisches, fingierendes Erproben von ökonomischer Tätigkeit sichtbar, das zumindest „ausnahmsweise" (14) in tatsächliche ökonomische Arbeit überführt werden kann. Das Beispiel Wenzel macht sogar deutlich, dass das über das Spiel erworbene kreative Potenzial der ökonomischen Arbeit einen nicht unerheblichen Wirtschaftsvorteil gegenüber einem nicht-spielerischen Ansatz von Arbeit bzw. genauer: einer Arbeit, die das Spielerische nicht einberechnet, mit sich bringt.

Dieses bei allen Seldwylern vorhandene, in den wenigsten Fällen jedoch aktivierte kreative Potenzial des Müßiggangs wird im Vergleich mit den drei Kammmachern deutlich, welche sozusagen die Ausnahme auf der anderen Seite darstellen, also nicht die ökonomischen Möglichkeiten des Müßiggangs wie Wenzel und Fritz Amrain realisieren, sondern eine Leere im Leerlauf exemplifizieren, die die Seldwyler wiederum nicht haben. Schauen wir uns diese Differenz im Detail an. „Die Leute von Seldwyla haben bewiesen", so beginnt die Erzählung,

> daß eine ganze Stadt von Ungerechten oder Leichtsinnigen zur Not fortbestehen kann im Wechsel der Zeiten und des Verkehrs; die drei Kammmacher aber, daß nicht drei Gerechte lang unter einem Dache leben können, ohne sich in die Haare zu geraten (195).

---

tragische Kunst. In: Ders. *Sämtliche Werke. Auf der Grundlage der Textedition von Herbert G. Göpfert.* Hg. Peter-André Alt u. a. Bd. 5. München 2004, S. 376 f.). Vgl. zum prekären Verhältnis von Glücksspiel und Schillers Spielbegriff Peter Schnyder: *Alea. Zählen und Erzählen im Zeichen des Glücksspiels 1620–1850.* Göttingen 2009, S. 15, 95. – Ders.: Schillers „Pastoraltechnologie". Individualisierung und Totalisierung im Konzept der ästhetischen Erziehung. In: *Jahrbuch der Schillergesellschaft 50* (2006), S. 234–262.

35 Wobei auch hier erste Risse in der Dichotomie zu gewärtigen sind. Man denke daran, dass der Erzähler des *Grünen Heinrich* zugibt, dass sich, wie das Beispiel der Revalenta arabica zeigt, Arbeit und Schein-Arbeit „vermischen und kreuzen" können, so dass „für die gesunde Vernunft das Urteil schwer wird" (Keller, *Der grüne Heinrich* 1985, S. 705). Und schon im ersten Teil hatte der Erzähler der *Seldwyler Geschichten* in Bezug auf die Protagonisten von *Romeo und Julia auf dem Dorfe* von einer „*holden* Täuschung" (Ebd., S. 128; meine Hervorhebung, MB) gesprochen.

Gerechte sind die Kammmacher deswegen (der Erzähler spielt hier mit der etymologischen Nähe von Schuld und Schulden),[36] weil sie nicht wie die Seldwyler zu viele, sondern „keine Schulden" machen und auch keine „ausstehen" (195) haben. In gewissem Sinne gehen die Kammmacher sogar noch weiter, weil sie nicht nur keine Schulden aufnehmen, sondern auf eine radikale Weise sparen und sich in diesem Kontext jedes Konsums, der über den bloßen Erhalt des Lebens hinausgeht, also: jedes Luxus, enthalten.[37]

Diese Konsum- und Ausgabeverweigerung geht mit einer Müßiggangverweigerung einher: „Noch", heißt es vom ersten Kammmacher,

> hatte kein Schuster einen Pfennig von ihm gelöst, denn noch waren nicht einmal die Stiefelsohlen durchgelaufen, die bei seiner Ankunft das Äußere seines Felleisens geziert; denn das Jahr hat nur zwei und funfzig Sonntage, und von diesen wurde nur die Hälfte zu einem kleinen Spaziergange verwandt. Niemand konnte sich rühmen, je ein kleines oder großes Stück Geld in seiner Hand gesehen zu haben; denn wenn er seinen Lohn empfing, verschwand dieser auf der Stelle auf die geheimnisvollste Weise, und selbst wenn er vor das Tor ging, steckte er nicht einen Deut zu sich, so daß es ihm gar nicht möglich war etwas auszugeben (201).

Der sächsische Kammmacher bewegt sich also zu wenig zur Muße und vor allem bewegt er kein Geld dabei: Niemand hat „eine Münze von ihm zu besehen" bekommen (202). Letzteres im Vergleich zu den Seldwylern, bei denen zwar ebenfalls kein Geld zirkuliert („eine allzu hartnäckige Geldklemme"; 12), aber aus dem genau entgegengesetzten Grund, nämlich wegen der Überschuldung als Folge eines luxuriösen Konsums im „lustigen Leben" (s. o.); wie in *Frau Regel Amrain*, wo am Anfang der Erzählung paradigmatisch beschrieben wird, wie ein „Kapitalist aus einer Finanzstadt" aufgrund eines Seldwyla-typischen Gebahrens auf einmal „sein Geld zurück" zieht (146).

Seldwyler und Kammmacher kommen also zum gleichen wirtschaftlichen Ergebnis, aber aus unterschiedlichen Gründen, auf die es mir im Folgenden ankommen soll. Kehren wir noch einmal zum sächsischen Kammmacher zurück: Mit der beschriebenen ökonomischen Strategie geht nämlich eine psychische und

---

[36] Vgl. Maximilian Bergengruen, Jill Bühler und Antonia Eder: Einleitung. In: *Kredit und Bankrott in der deutschen Literatur*. Hg. Dies. Stuttgart 2021, S. 1–17.
[37] Die drei Kammmacher handeln also gerade nicht nach der protestantischen Kapitalethik, wie Ulrich Kittstein: *Gottfried Keller. Ein bürgerlicher Außenseiter*. Darmstadt 2019, S. 205 f., schreibt, zumindest nicht nach der Keller'schen Adaptation (s. o.), da sie zwar selbst körperlich arbeiten, aber diese Arbeit nicht durch den Verkehr von Geld und Waren begleiten lassen.

moralische Einstellung einher.[38] Der Erzähler attestiert dem Sachsen einen „öden Sinn[]" (200). Dieser öde, also leere Sinn hat etwas damit zu tun, dass er und seine zwei Mitgesellen das „Land ihres Wohlergehens" nicht *„lieben"* können, sondern lediglich als „die erste zufällige Hoffnungsfaser" ergriffen haben (200; meine Hervorhebung, M.B.). Aus dieser emotionalen Leere, „nüchtern und phantasielos" wird an anderer Stelle gesagt (198), erwächst die Unmäßigkeit der beschriebenen Bewegungslosigkeit (s. o.) oder, als dessen Gegenteil, der bis zum letalen Ende beschleunigte „Wettlauf" (er wird mit „denselben [...] Beinen" vollzogen, „welche bislang nur in bedachtem ehrbarem Schritt gewandelt"; 218; 232). Auch im Falle des Wettrennens handelt es sich um Leerlauf, und dies nicht nur, weil er einmal aus Seldwyla heraus und wieder hereinführt, sondern weil er genauso wenig zu regulärer Bewegung bzw. Arbeit von Mensch und Kapital führt wie der Seldwyler Müßiggang. Vielmehr komplettieren die drei Kammmacher die vom Erzähler als minderwertig eingeschätzte ökonomische Strategie ihres Meisters (der, wie gesagt, nur auf die Produktionskosten, nicht aber auf den Absatz schaut) durch eine als ebenfalls minderwertig eingeschätzte Konsum-Strategie bzw. eine Konsum-Verweigerung und deren desaströse Folgen.

Den Seldwylern wirft der Erzähler hingegen weniger emotionale denn kognitive Leere vor. Dem „öden Sinn[]" der Kammmacher und ihrer Lieblosigkeit entspricht bei den Seldwylern die „gänzliche[] Gedankenlosigkeit" (146); später ist auch allgemeiner von den „gedankenlosen Spitzfindigkeiten der Seldwyler" (148) die Rede, die mit einer politischen „Gesinnungslosigkeit" einhergeht (146). Auch das also eine Leere, allerdings nur kognitiv. Auf der Gefühlsebene wird den Seldwylern durchaus, anders als den Kammmachern, eine Fülle zugebilligt, nämlich in der Leidenschaft. Sie seien, heißt es in der Vorrede, bei ihrer „Abwechselung der Meinungen und Grundsätze" sehr *„leidenschaftliche* Parteileute, Verfassungsrevisoren und Antragsteller" [meine Hervorhebung, M.B.] (13). Bemerkenswerterweise unterscheidet das die Seldwyler im Übrigen auch von den Kapitalisten aus der nahen Finanzstadt Zürich. Denn bevor das Seldwyler Wesen in das allgemeine Börsenwesen eingeschmolzen wurde – also zur Zeit der Geschichten –, geben sich die Seldwyler „Schwänke[n] und Lustbarkeiten" hin und „lachen" viel (284). Der genannte Kapitalist aus Zürich hingegen ist ein Mann, „welcher keinen Spaß verstand" (146).

Vergleicht man nun die drei Kammmacher, die Seldwyler in Normalform und Wenzel bzw. Fritz Amrain, dann wird deutlich, dass Letztere durch ihren Verstand

---

38 Vgl. zum Zusammenhang von ökonomischen und moralischen Werten Beachy, *Bankruptcy and Social Death* 2000. – Margot C. Finn: *The Character of Credit. Personal Debt in English Culture, 1740–1914.* Cambridge 2003, prägnant auf S. 327.

und ihre oben ausgeführte Lernfähigkeit etwas ausagieren, was bei den Seldwylern grundsätzlich vorhanden ist, aber nicht realisiert werden kann, bei den Kammmachern hingegen kategorisch fehlt. Die Rede ist vom „warm" fließenden „Blut"[39] bzw., wie es an anderer Stelle heißt, vom „warme[n] Herz",[40] also der emotionalen Wärme, die im „warmen sonnigen Tal[]" (14) ihre äußere Entsprechung findet.[41] Diese emotionale Wärme ist die Grundlage für das kreative Potenzial des Müßiggangs, das bei Figuren wie Wenzel und Fritz Amrain als Integration des Scheins *in* das wirtschaftliche Arbeiten (anstatt dieses scheinhaft vorzutäuschen wie normalerweise in Seldwyla) realisiert werden kann.

Man könnte von einer Energieumwandlung von innerer Wärme, manifestiert in Liebe und Leidenschaft, in ökonomische Handlung sprechen, die bei fehlendem Verstand in den Seldwyler Leerlauf und in die spielerische Vortäuschung ökonomischer Arbeit, des Menschen wie der Waren und Gelder, führt, mit ihm jedoch zu einer realen auf Gewinn gerichteten ökonomischen Tätigkeit. Es liegt hier so etwas wie eine ökonomisch-literarische Entsprechung der zeitgenössisch vieldiskutierten Thermodynamik vor, die – in ihrer einfachsten Form, d. h. ohne die Einschränkungen des ersten durch den zweiten Hauptsatz zu berücksichtigen – besagt, dass sich „Wärme zur Hervorbringung von mechanischer Arbeit anwenden lässt".[42] Dies drückt sich bei Wenzel und Fritz Amrain darin aus, dass leidenschaftliche Herzenswärme nicht nur, wie normalerweise in Seldwyla, in die destruktive Energie von leerlaufender Kraft und Bankrott überführt wird, sondern

---

39 So eine Beschreibung von Frau Regel Amrain, die am Anfang der Novelle für kurze Zeit daran denkt, all dem, was das Leben an „Lust und Erfrischung bieten könne", nachzugeben (was sie dann aber nicht tut; 150).
40 Gottfried Keller: Fahrewohl. In: Ders.: *Sämtliche Werke*. Hg. Thomas Böning. Bd. 1. Frankfurt / M. 1995, S. 429 f., hier S. 429.
41 Am Ende des *Sinngedichts* (ED 1881) wird Kellers Erzähler die hier beschriebene Dynamik von der Wärme der Leidenschaften *zur* verstandesbasierten Tätigkeit noch einmal variieren, nämlich im Sinne einer Gleichursprünglichkeit: Anhand der sich anbahnenden Verbindung von Lucie (Lux) und Reinhart wird dafür plädiert, dass „Leidenschaft", die alleine „töricht[]" ist, und verständige Tätigkeit (in diesem Falle im Rahmen physikalischer Experimentiertätigkeit), die alleine „inhaltslos" ist, im wahrsten Sinne des Wortes vermählt werden müssen (Gottfried Keller: Das Sinngedicht. In: Ders.: *Sämtliche Werke*. Hg. Thomas Böning u. a. Bd. 6. Frankfurt / M. 1991, S. 374 f.); möglicherweise als Anlehnung an Kants Satz: „Gedanken ohne Inhalt sind leer, Anschauungen ohne Begriffe sind blind" (KrV, A 52).
42 Rudolf Clausius: Über die Anwendung der mechanischen Wärmetheorie auf die Dampfmaschine. In: *Annalen der Physik und Chemie*, Reihe 4, 97 (1856), S. 441–476, 513–555, hier S. 441, 444. – Vgl. zu Clausius' Beitrag zur Entwicklung des zweiten thermodynamischen Hauptsatzes, Ingo Müller: *A History of Thermodynamics. The Doctrine of Energy and Entropy*. Berlin u. a. 2007, S. 59–71. – Elizabeth R. Neswald: *Thermodynamik als kultureller Kampfplatz. Zur Faszinationsgeschichte der Entropie*, 1850–1915. Freiburg i. Br. 2006, S. 158–164.

in die konstruktive des auf Erfolg ausgerichteten Arbeitens und Wirtschaftens.[43] All das, wie gesagt, unter der Voraussetzung, dass die Fülle des Herzens von Verstand und Lernfähigkeit begleitet wird und/oder die dazugehörige richtige weibliche Einflussnahme bzw. Erziehung (durch Wenzels spätere Frau und die Mutter von Fritz Amrain) hinzutritt, sodass es möglich ist, die jeweiligen Dynamiken in das richtige Maß und in die genannte Gerichtetheit zu bringen.

Es fällt bei der angestrebten Energieumwandlung von emotionaler Wärme in ökonomische Bewegung bzw. Arbeit auf, dass Migrationsenergie eine gewisse unterstützende Funktion haben kann, aber nicht muss. Der Seldwyler neigt in Normalform deswegen zu ökonomischem Leerlauf, weil er „aus dem [...] Tale" nicht „herauskam, wo er nicht gedieh" (14). Die drei Kammmacher haben zwar eine weite Reise hinter sich, da es ihnen jedoch an der emotionalen Primärenergie fehlt, können sie diese energetische Tendenz nicht nutzen, sodass die ursprüngliche Migrations-Dynamik nur, wie gezeigt, im Zuwenig oder im Zuviel ihren Ausdruck findet. Anders sieht das für Fritz Amrain aus, der davon profitiert, dass seine Mutter „von auswärts in das Städtchen geheiratet" hat (s. o.) und ihn in diesem Sinne erzieht. Gleiches gilt für Wenzel, dessen Reise nach Goldach ja bereits in Schlesien begonnen hat. Die angestrebte Umwandlung von emotionaler Wärme in ökonomische Bewegung bzw. Arbeit wird also anscheinend, zumindest unter den richtigen Umständen, durch eine grundsätzliche Tendenz zur Dynamik unterstützt.

Es sollte dementsprechend deutlich geworden sein, dass der Erzähler im Müßig-Gang und seiner Tendenz zum Scheinhaften – getreu der etymologischen Ableitung von Muße als Möglichkeit, bei gleichzeitiger Betonung der Bewegung und Tätigkeit im Gang – eine kreative Energie sieht oder zumindest vermutet. Diese Energie kann, wenn sie im Seldwyler Leerlauf verbleibt, verpuffen, also zum (fast betrügerischen) Konkurs führen (Spekulation im negativen Sinne). Wird sie aber durch Migrationsenergie getragen und von Verstand begleitet (dem eigenen

---

[43] Keller hat sich mit der Thermodynamik seiner Zeit sehr genau beschäftigt, wie ein Brief an Hermann Hettner aus dem Jahr 1853 belegt. In diesem Brief räsoniert er darüber, „was die Physiker mit der Wärme thun", und verwendet dafür auch zeitgenössische Fachbegriffe der Thermodynamik wie den der „gebundene[n] Wärme". Schon in diesem Brief entwickelt Keller, ausgehend von seiner Kritik an Karl Rosenkranz' *Ästhetik des Häßlichen*, ein „Gleichnis mit der Lehre von der Wärme" (Brief an Hermann Hettner, 3. August 1853. In: Jakob Baechthold: *Gottfried Kellers Leben. Seine Briefe und Tagebücher*. Bd. 2. Berlin 1894, S. 224. – Vgl. hierzu Tim Sparenberg: Georg Simmels soziale Physik und die moderne Literatur. In: *Zeitschrift für Germanistik N.F.* 20 (2010), S. 522–542, hier S. 539 f.), modifiziert die Thermodynamik also zu einem Tropus für die Beschreibung anderer – literarischer wie nicht literarischer – Phänomene. – Vgl. allgemein zur kulturellen und literarischen Aneignung thermodynamischer Gedankenfiguren im neunzehnten Jahrhundert Neswald, *Thermodynamik* 2006, S. 14–19.

oder dem einer weiblichen Lehrerin), kann daraus wirkliche ökonomische Bewegung werden, also persönliche Arbeit, begleitet von Waren- und Geldverkehr, mithin Spekulation im Sinne von phantasiebasierter *und* (deswegen) gewinnbringender wirtschaftlicher Tätigkeit.

Bleiben wir zum Schluss noch einen kurzen Augenblick bei den Erwähnungen der „Poesie" (in der „Poesie der Fabrikanten"), des „Roman[s]" (in dem sich Wenzel befindet) und den ebenfalls angesprochenen „Spekulationen" der Phantasie (neben den guten und schlechten der Ökonomie; s. o.). Denn anscheinend arbeitet der Erzähler in seinen Mußestunden, sozusagen im Windschatten der ökonomischen Theorie, die er literarisch exemplifiziert, auch an so etwas wie einer Energieumwandlung von Müßiggang in literarische Bewegung.[44] Würde man nämlich die positiv bestimmte müßiggängerische Energie dem ökonomischen Feld entziehen und von ihm isolieren, dann würde aus ihr nicht mehr nur die Poesie der Fabrikanten und die Schaubühne der Bankrotteure werden. Vielmehr würden die Einlagen und Blätter der vielfach genannten roten und andersfarbigen „Brieftasche[n]" und „Notizbücher" zu einer reinen oder genauer: schriftlichen Bewegung des Geistes umgewandelt,[45] aus der die Geschichten, die von den hier untersuchten Beispielen handeln, mit ihrem literarischen Schein entstanden sind.

---

44 Dass bei Keller die Analogie von ökonomischer und literarischer Arbeit immer mitgedacht wird, lässt sich an der bereits mehrfach zitierten Revalenta arabica-Passage aus dem *Grünen Heinrich* ablesen. Als Beispiel für ein „ehrliches, klares und wahres Arbeitsleben" wird nämlich kein Kaufmann oder Gewerbebetreibender, sondern niemand geringeres als Friedrich Schiller genannt. Die Nähe seiner literarischen Arbeit zur ökonomischen wird dabei ausdrücklich hervorgehoben: Es lag, fügt der Erzähler hinzu, nicht in der Natur des Dichters, „ein *reicher* [...] *Weltmann* zu sein". Aber eine „*kleine Abweichung* in seinem leiblichen und geistigen Charakter [...], und er wäre es auch geworden" (Keller, *Der grüne Heinrich* 1985, S. 707; meine Hervorhebung, M.B.). Vgl. zur Analogie und Konkurrenz von ökonomischem und literarischem Realismus in Seldwyla Seja, *Seldwyla – a Microeconomic Inquiry* 2007, S. 107 f.
45 Vgl. zur Brieftasche als Allegorie des Schreibens, in ihrem Falle am Beispiel von Goethes *Wanderjahren*, Cornelia Zumbusch: Aus Wilhelms Brieftasche. Dichtung und Kredit in Goethes Roman Wilhelm Meisters Wanderjahre. In: *Kredit und Bankrott in der deutschen Literatur*. Hg. Maximilian Bergengruen, Jill Bühler und Antonia Eder. Stuttgart 2021, S. 181–199.

Peter Utz
Auszeiten in der Zeitung: Zur Zeitökonomie im literarischen Feuilleton

I Im Takt der Zeitung

An der Zeitung misst die Moderne ihren Puls. Das erkennt sie, wenn dieser aussetzt. Als im Januar des Kriegsjahres 1918 wegen eines Zeitungsstreiks in Wien keine Zeitungen erscheinen, schreibt der österreichische Feuilletonist Anton Kuh:

> Wien ohne Zeitung.
> Das heißt: Wien ohne Wien. Denn die Zeitung ist Wien, Wien eine Zeitung. Die Stadt lebt erst dann, wenn sie sich gedruckt liest. [...] Ohne Zeitung aber ist Wien zeitlos. Die Uhr, die achte, zwölfe, dreie und sechse schlug, steht still, denn bekanntlich werden die Wiener Uhren nach dem Erscheinen des Morgen-, Mittags-, Abend- und Spätabendblattes gerichtet. Wenn die Mittagszeitung herauskommt, zieht der Türmer von St. Stephan am Glockenstrang.[1]

Die Zeitungen sind in dieser Epoche das einzige Medium der unmittelbaren Information, bevor sie diesbezüglich vom Radio abgelöst werden. Darum erscheinen sie vor allem in den urbanen Räumen in mehreren Ausgaben täglich und werden so zum Taktgeber der Moderne. Wenn er ausfällt, kehrt gespenstische Ruhe ein. Anton Kuh bilanziert den zeitungslosen Tag:

> Wir ruhen aus. Fronturlauber von der Zeitgeschichte. [...] Der Stillstand der großen Rotationsmaschine, bis in den kleinsten Winkel vernehmbar, hat bei uns die Zeit zum Stillstand gebracht.[2]

Kuh thematisiert diese Stilllegung der Zeit wiederum in einer Zeitung, die trotzdem erscheinen kann: in der Morgenausgabe des *Prager Tagblatts* vom Sonntag, den 20. Januar 1918, in der Rubrik unter dem Strich, dem sogenannten „Feuilleton". Dieser Publikationsort ist kein Zufall: In dieser Rubrik ist in gewissem Sinne die Zeit immer schon suspendiert; die Tageshektik macht dort ihre kulturelle Pause. Unter dem Strich, in der institutionalisierten Takt-Lücke der Tagesaktualitäten, findet der Leser eine Aus-Zeit, einen Ruhepunkt im Alltagsprogramm. Hier

---

[1] Anton Kuh: Wien ohne Zeitung; Prager Tagblatt (20.1.1918). In: Ders.: *Werke*. Hg. Walter Schübler. Bd. 1. Göttingen 2016, S. 505–507, hier S. 505.
[2] Ebd., S. 506f.

darf er täglich jene kleine Dosis subjektiver Prosa zu sich nehmen, die ihrerseits im Deutschen den Namen „Feuilleton" erhält. Doch auch dieses verdankt sich den Rotationsmaschinen. Ja, es ist besonders zeitsensitiv. Denn als Kontrastprogramm zur Alltagshektik kann das Feuilleton diese mit reflektieren, ebenso wie seine eigene Zeitbezogenheit. Seine Auszeit ist auch eine der Zeit-Reflexion.

Diese Dimension des Feuilletons ist in der Feuilleton-Forschung, wie sie in den letzten Jahrzehnten in Gang gekommen ist, noch wenig in den Blick gekommen.[3] Eher hat man sich auf seine Funktion als Medium zur Konstruktion des urbanen Raums konzentriert. Besonders Berlin mit seiner immensen Pressevielfalt erhält in den zwanziger Jahren eine Feuilletontopographie.[4] Der Potsdamer Platz, der Kurfürstendamm, der Alexanderplatz oder das Gleisdreieck werden durch ihre immer neue, subjektive Beleuchtung im Feuilleton zu Brennpunkten des urbanen Selbstbewusstseins, das sich täglich im Spiegel unter dem Strich in seiner Modernität neu erkennen will.

Der „Augenblick", den man dabei mit dem Feuilleton assoziiert, verdient jedoch auch in seiner zeitlichen Dimension noch ausführlicher reflektiert zu werden. Zwar ist das Feuilleton durch seinen medialen Ort zur Kürze verpflichtet; diese ist, zusammen mit seiner Subjektivität, der entscheidende Parameter, der es als Gattung, als „kleine Form" bestimmt. Doch innerhalb der ihm zugemessenen Zeilen kann sich der Feuilletonist gehen lassen.[5] Das Feuilleton ist der Ort einer Verschwendung von Lese- und Lebenszeit, an dem die Informationsökonomie der Zeitung außer Kraft gesetzt ist, wo es nicht darauf ankommt, in möglichst wenig Zeichen möglichst schnell möglichst viel zu erfahren. Unter dem Strich kann man aus- und abschweifen, mutwillig Zeit verlieren.

Insofern ist das Feuilleton eine Luxus-Rubrik, ein medialer Spiegel des Orts der Kultur in der Gesellschaft. Wie beim Luxus generell ist seine Funktion eine der Nicht-Funktionalisierung. So kann das Feuilleton auch zum Zeit-Raum literari-

---

3 Vgl. *Die lange Geschichte der Kleinen Form. Beiträge zur Feuilletonforschung*. Hg. Kai Kauffmann und Erhard Schütz. Berlin 2000. – *Feuilleton. Schreiben an der Schnittstelle zwischen Journalismus und Literatur*. Hg. Hildegard Kernmayer und Simone Jung. Bielefeld 2017. – In Vorbereitung: *Handbuch Feuilleton*. Hg. Marc Reichwein, Hildegard Kernmayer, Michael Pilz, Erhard Schütz. Stuttgart 2021.
4 Vgl. Michael Bienert: *Die eingebildete Metropole. Berlin im Feuilleton der Weimarer Republik*. Stuttgart 1992. – *Glänzender Asphalt. Berlin im Feuilleton der Weimarer Republik*. Hg. Christan Jäger und Erhard Schütz. Berlin 1994. Vgl. bes. das Nachwort der Hg., S. 335–348. – Frances Mossop: *Mapping Weimar Berlin: Representations of Space in the Feuilletons of Joseph Roth, Gabriele Tergit and Kurt Tucholsky*. Diss. University of Exeter 2012. https://core.ac.uk/download/pdf/12827355.pdf.
5 Peter Utz: ‚Sichgehenlassen' unter dem Strich. Beobachtungen am Freigehege des Feuilletons. In: *Lange Geschichte der Kleinen Form* 2000, S. 142–162.

scher Experimente werden. Es wird in der Zeitungskonjunktur der Zwanziger Jahre zum Laboratorium der literarischen Moderne. In ihm kann, zur Kürze komprimiert, die Zeitdimension allen Erzählens selbst inszeniert werden. Und hier kann sich das Feuilleton in seinem medialen Zusammenhang selbst reflektieren, als Ort des Innehaltens, des „Fronturlaubs von der Zeitgeschichte", aber auch als eine Kunst, die gerade in ihrer Kurzlebigkeit zu sich selbst kommt. Darum vergleicht sich das Feuilleton häufig mit Eintagsfliegen, Tautropfen, Luftballons oder Schneeflocken. In dieser Ästhetik des Ephemeren kann es sich als Teil der Moderne verstehen, wie sie Baudelaire schon 1863 in *Le peintre de la vie moderne* definiert:

> La modernité, c'est le transitoire, le fugitif, le contingent, la moitié de l'art, dont l'autre moitié est l'éternel et l'immuable.[6]

Dem Übergänglichen, Flüchtigen, Zufälligen sieht sich das Feuilleton in seinem medialen Kontext ausgesetzt wie keine andere Gattung der literarischen Moderne. Seine Präsenz ist das Gegenteil des raunenden Imperfekts und des langen epischen Atems. Und doch setzen die Feuilletonisten, herausgefordert durch die Hektik der Moderne, nicht selten auf das „Andante" des Spaziergängers. Oder sie suchen auf ihre Weise das Ritardando, die künstliche Verlangsamung des Rhythmus der Rotationsmaschinen, und greifen – wie näher auszuführen sein wird – zur „Zeitlupe", einer intermedialen Anleihe, die wiederum der Zeit entstammt.

Denn jene „andere Hälfte" der Kunst, von der Baudelaire spricht, wäre auf Ewigkeit und überzeitliche Geltung ausgerichtet, die jedoch im Medium der Zeitung nicht zu haben ist. Auch diesen Anspruch diskutiert man wiederum im Feuilleton. Joseph Roth zum Beispiel insistiert 1925 unter dem Titel *Einbruch des Journalisten in die Nachwelt* in der *Frankfurter Zeitung* auf der „Zeitnähe" des Feuilletons.[7] Sein Anlass sind Feuilletonsammlungen von Egon Erwin Kisch und Alfred Polgar, deren literarischen Wert er nicht an der Alltagsaktualität, aber auch nicht an einer künstlichen „Langsamkeit" messen will. Damit antwortet er auf die Abgrenzungspolemik der sogenannt ‚hohen' Literatur gegen das Feuilleton, wenn dieses in Form von Buch-Anthologien das Medium wechselt und damit seinen Anspruch auf überzeitliche ästhetische Geltung anmeldet.[8] Dabei versuchen jedoch gerade die Zeit-Bewussten unter den Feuilleton-Autoren auch in der Buch-

---

6 Charles Baudelaire: *Œuvres complètes*. Hg. Claude Pichois. Bd. 2. Paris 1976, S. 695.
7 Joseph Roth: Einbruch des Journalisten in die Nachwelt. Frankfurter Zeitung (19. Dezember 1925). In: Ders.: *Werke*. Hg. Fritz Hackert und Klaus Westermann. Bd. 2, Köln 1989, S. 519–521.
8 Vgl. Peter Utz: *Tanz auf den Rändern. Robert Walsers „Jetztzeitstil"*. Berlin ²2018, S. 358–361.

form die Zeitsensitivität ihres Mediums zu erhalten, und sie melden diese auch im Titel ihrer Feuilletonsammlungen an: Peter Altenberg betitelt eine erfolgreiche Feuilletonsammlung 1901 mit *Was der Tag mir zuträgt* und eine andere 1911 mit *Neues Altes*. Alfred Polgar publiziert während seiner ganzen langen Schaffenszeit als Feuilletonist immer wieder Sammelbände mit Titeln, die anzeigen, dass sie ihre Entstehung der Zeit verdanken: *Kleine Zeit* (1919), *Gestern und heute* (1922), *In der Zwischenzeit* (1935), *Sekundenzeiger* (1937) und *Im Lauf der Zeit* (1954). Auch in der Buchform lassen die hier gesammelten Feuilletons ihr Entstehungsmedium nicht einfach hinter sich, sondern heben die ihnen eigene Zeitverhaftung reflexiv in ein literarisches Licht.

II Auszeiten im sonntäglichen Park

Solche reflexiven Auszeiten nimmt sich das Feuilleton aber auch schon in der Zeitung selbst. Sie ist ein funktionaler und thematischer Spiegel jener urbanen Raumzeiten, die sie mit konstituiert und homogenisiert. Die urbane Zeit muss im ganzen städtischen Raum die gleiche sein. Schon 1903 erkennt Georg Simmel die Bedeutung dieses „übersubjektiven Zeitschemas", zu dem auch die Zeitungen gehören:

> Wenn alle Uhren in Berlin plötzlich in verschiedener Richtung falschgehen würden, auch nur um den Spielraum einer Stunde, so wäre sein ganzes wirtschaftliches und sonstiges Verkehrsleben auf lange hinaus zerrüttet. [...] So ist die Technik des großstädtischen Lebens überhaupt nicht denkbar, ohne daß alle Tätigkeiten und Wechselbeziehungen aufs pünktlichste in ein festes, übersubjektives Zeitschema eingeordnet würden.[9]

Darum regelt am Potsdamer Platz nicht nur seit 1924 die erste Verkehrsampel von Europa den hektischer werdenden Verkehr. An ihr zeigt auch eine „Normaluhr" nach allen Richtungen die urbane Einheitszeit an.

In dieser homogenisierten Zeit- und Raumordnung der Stadt darf es jedoch institutionalisierte Inseln geben, in denen diese suspendiert ist. Vorzugsweise sind das die städtischen Parks. Sie sucht das Feuilleton deshalb ganz besonders gerne auf. In der Berliner Feuilletontopographie ist es der Tiergarten, unweit des Potsdamer Platzes, in den sich die Feuilletonisten flüchten. Im Park darf man spazieren, anders als in den Geschäftsstraßen, in denen man vor den Schaufenstern flaniert – insofern ist der Spaziergänger nicht mit dem Flaneur zu ver-

---

[9] Georg Simmel: Die Großstädte und das Geistesleben. In: Ders.: *Gesamtausgabe*. Hg. Otthein Ramstedt. Bd. 1, Frankfurt / M. 1995, S. 116–131, hier S. 120.

wechseln.¹⁰ Der Tiergarten ist auch eine Alternative zum Kurfürstendamm. Dies besonders am Sonntag, an dem der kreisende Wochenzeiger kurz innehält, bevor er wieder auf den Werktag springt. So wird der „Sonntag im Park" ein bevorzugtes Feuilleton-Thema. Es wird wiederum häufig in jenen Sonntagsbeilagen abgehandelt, in denen das Feuilleton ganze Seiten einnehmen darf – eine institutionalisierte Auszeit auch das. Im Park, gewissermaßen der Sonntagsbeilage der Stadt, kann sich der Feuilletonist seiner eigenen Funktion spazierend innewerden. Er darf sich auf einer Bank niederlassen und den Augenblick verewigen, für einen Leser, der sich mit der Zeitung vielleicht seinerseits auf eine Parkbank gesetzt hat.

Solche sonntäglichen Parkexkursionen sind ein emblematisches Format feuilletonistischer Auszeiten. Man könnte mit ihnen eigene Anthologien füllen. Hier müssen einige Kostproben genügen, an denen sich doch eine Entwicklung abzeichnen kann. Robert Walser, mit seinen „lyrischen Erstlingen" im Sonntagsblatt des *Bund* 1898 gewissermaßen als Sonntagskind im Feuilleton literarisch zur Welt gekommen, spaziert auch durch urbane Parks. Schon in seinem ersten *Park*-Text, 1907 in der Berliner *Neuen Rundschau* erschienen, schaltet er dort Raum und Zeit zur Auszeit zusammen: „Übrigens ist in einem Park eigentlich immer Sonntag [...]."¹¹ 1911 publiziert er in der gleichen Zeitschrift mit dem Feuilleton *Tiergarten* ein Musterstück feuilletonistischer Raum- und Zeitwahrnehmung. „Nach allen Seiten" dreht er darin seinen „Sonntagskopf, um die Sonntagswelt hübsch zu genießen".¹² Dabei verwandelt sich der Park in ein impressionistisches „Tiergartenbild", als dessen Teil sich der Betrachter selbst wahrzunehmen vermag. So wird die sonntägliche Parkbank zum Ort einer Auszeit, in der das Feuilleton reflexiv zu sich selbst kommen kann.

Auch in den Wiener Parks wird spaziert, und entsprechende Feuilletons gehören dort etwa bei Peter Altenberg zum Grundrepertoire. Alfred Polgar variiert das Thema *Park* am 14. Sept. 1916 in der *Österreichischen Morgenzeitung und Handelsblatt* jedoch so, dass es als Auszeit von der Kriegszeit durchsichtig wird.¹³

---

10 Vgl. Peter Utz: Augenblicke im Vorübergehen: der Stadtspaziergang im literarischen Feuilleton am Anfang des 20. Jahrhunderts. In: *Urbane Kulturen und Räume intermedial*. Hg. Claudia Öhlschläger. Bielefeld 2020, S. 15–34.
11 Robert Walser: Der Park; Die Neue Rundschau, Jg. XVIII, Bd. 2, H. 10, Oktober 1907, S. 1279 f. In: Ders.: *Sämtliche Werke in Einzelausgaben*. Hg. Jochen Greven. Bd. 2, Zürich und Frankfurt / M. 1985, S. 38–41, hier S. 38.
12 Robert Walser: Tiergarten; Die Neue Rundschau, Jg. XXII, Bd. 1, H. 6, Juni 1911, S. 886–888. In: *Sämtliche Werke* 1985, Bd. 3, S. 85–88, hier S. 87. Vgl. dazu Utz, *Tanz auf den Rändern* 2018, S. 313–320.
13 Alfred Polgar: Park. In: *Österreichische Morgenzeitung und Handelsblatt* (14. September 1916), unter Titel ‚Kleine Skizzen' zusammen mit ‚Geräusche'. Ohne diesen Nachweis und ohne Hinweis

Im Kontext und auf der entsprechenden Zeitungsseite wird es unvermittelt zum feuilletonistischen Fronturlaub. Dies umso mehr, als Polgar unter dem Übertitel „Kleine Skizzen" auf die Parkschilderung unter der scheinbar harmlosen Überschrift „Geräusche" noch einen Text folgen lässt, der drastisch zeigt, was der Kriegslärm in der Psyche eines russischen Kriegsgefangenen angerichtet hat.[14] Doch auch in das Parkfeuilleton lässt Polgar die Kriegszeit subversiv einfließen. Dies nicht nur, weil sich auf einer Parkbank zwei Kriegsinvalide finden, denen ein spazierender Major gnädig gestattet, zum Gruß sitzenzubleiben – sie haben beide zusammen nur ein Bein. Dies auch, weil beim Wetterhäuschen im Park ein alter Mann nachschaut, „wie spät es jetzt in Paris und in London sein mag. Das zu wissen, wäre immerhin gut." Später heißt es:

> Der kurzsichtige Herr beim Wetterhäuschen hat seine Uhr auf die Sekunde genau gerichtet. Es ist drei Uhr nachmittags. Jetzt müssen gleich die Heeresberichte erscheinen.[15]

In diesem „jetzt" schließt Polgar mutwillig die feuilletonistische Auszeit mit jener kriegerischen Tagesaktualität kurz, die auf der gleichen Seite unter der Schlagzeile „Neue heftige Kämpfe nördlich der Somme" dominiert. Doch nicht nur der eigene Heeresbericht schlägt sekundengenau in die Parkzeit ein und durchbricht damit die Zeit-Grenze des Strichs, der das Feuilleton einfriedet. Wenn man mitten im Park auch die Zeit der feindlichen Hauptstädte Paris und London ablesen kann, könnte man auch deren Perspektive mitdenken, so wie im benachbarten Text ein russischer Kriegsgefangener in den Blick rückt. Mit dieser versteckten politischen Botschaft spielt das Feuilleton bewusst mit dem Feuer, provoziert eigentlich die Zensur. Kein Zufall, hat Polgar es nach dem Krieg auch in die Sammlungen *Kleine Zeit* (1919) und *Hinterland* (1929) aufgenommen.

Die Weimarer Feuilletonkonjunktur pflegt das Thema des Sonntags im Park weiter. Dies jedoch häufig mit ironischen Untertönen, in denen sich auch das Bewusstsein hören lässt, dass man damit die Funktion des Feuilletons als Pausenfüller des Alltags selbstreflexiv inszeniert. Joseph Roth beginnt am Sonntag, den 3. Juli 1921 im *Berliner Börsen-Courier* ein Feuilleton mit dem Titel *Menschen am Sonntag* mit dem Satz: „Am Sonntag ist die Welt mit Leere angefüllt wie ein

---

auf den zweiten Text in: Ders.: *Kleine Schriften*. Hg. Marcel Reich-Ranicki und Ulrich Weinzierl. Bd. 1, Reinbek 1984, S. 63–66.
14 Diesen Text ‚Geräusche' schreibt Polgar für die separate Veröffentlichung in der Sammlung *Kleine Zeit* (1919) auf einen französischen Kriegsgefangenen um und gibt ihr einen neuen Schluss. In: *Kleine Schriften* 1984, Bd. 1, S. 27–29.
15 Alfred Polgar: Park. In: Österreichische Morgenzeitung 1916.

großer, glasheller Luftballon."[16] Solche feuilletonistischen Sonntagsballons füllt Roth in der Folge noch öfter mit seiner ironisch funkelnden Beobachtungsgabe.[17] Auch seine Feuilletonistenkollegen üben sich in der Gattung; sie gehört zum Repertoire der Zwanzigerjahre.[18] Denn die Feuilletonrubrik und die Sonntagsbeilagen wollen gegen gutes Zeilengeld gefüllt werden. Da liegt es nahe, in die sonntägliche Auszeit vom Werktag auch dessen unerbittliche merkantile Gesetze hineinzuspiegeln. In den Parks geht jenes Geschäftsleben weiter, von dem man in sie flieht. Polgar amüsiert sich 1922 im *Tage-Buch* darüber, wie intensiv der Berliner auch auf der Parkbank mit dem Nichtstun beschäftigt ist.[19] Kurt Tucholsky alias Peter Panter zeigt 1924 in der *Vossischen Zeitung* unter dem Titel *Abends nach sechs*, wie die Tagesgeschäfte die im Tiergarten spazierenden Paare weiterverfolgen.[20] Anton Kuh kontrastiert 1927 in der *Berliner Zeitung am Mittag* unter dem Titel *Der Park am Sommerabend* vier verschiedene Liebespaare auf einer Parkbank in Wien, Prag, München und Berlin. Während sich die Liebenden in den anderen Städten annähern dürfen, werden sie im Berliner Tiergarten – „Tiergarten. Die Amsel hat Walddienst. Der Asphalt duftet nach Rasengrün" – auseinandergescheucht.[21] Die sonntägliche Auszeit wird als „Week-End", wie sie nun modisch heißt, von der Woche eingeholt.

Auch für die zeitsensitiven Feuilletonisten werden die Bedrohungen der Zeit gerade in der Sonntagspause besonders spürbar, und sie nutzen die feuilletonistische Narrenfreiheit unter dem Strich, um diese auch zu formulieren. Während etwa ein Franz Hessel 1930 noch unter dem Titel *Pause in Paris* in der *Kölnischen Zeitung* die Ruhe der ferienverlassenen Stadt in den Tuilerien und im Jardin du Luxembourg feiert,[22] wird ein Jahr später, am Sonntag, den 17. Mai 1931, in der

---

16 Joseph Roth: Menschen am Sonntag; Berliner Börsen-Courier (3. Juli 1921). In: *Werke* 1989, Bd. 1, S. 598–600, hier S. 598.
17 Weitere entsprechende Texte von Roth vgl. *Werke* 1989, Bd. 1, S. 240f., S. 341f., S. 371f., S. 393f., S. 853f.
18 Vgl. die in *Glänzender Asphalt* 1994 (S. 243–278) gesammelten Feuilletons zum Thema „Wochenende".
19 Alfred Polgar: Berlin, Sommer 1922. In: *Tage-Buch* III, 29 (22. Juli 1922), S. 1031–1033. In: *Kleine Schriften* 1984, Bd. 1, S. 339–345.
20 Peter Panter [=Kurt Tucholsky]: Abends nach sechs; Vossische Zeitung (27. September 1924). In: Ders: *Gesamtausgabe. Texte und Briefe*. Hg. Bärbel Boldt, Dirk Grathoff, Michael Hepp. Bd. 6. Reinbek 2000, S. 315–318.
21 Anton Kuh: Der Park am Sommerabend; B. Z. am Mittag (10. August 1927) – und in weiteren Zeitungen. In: *Werke* 2016, Bd. 4, S. 199–200, hier S. 200.
22 Franz Hessel: Pause in Paris. Erstdruck in *Kölnische Zeitung* (4. August 1930). Unter dem Pseudonym „Hesekiel" umgeschrieben und erweitert, auch mit Blick auf die Exil-Situation in: *Pariser Tageszeitung* (13./14. August 1939). In: Ders.: *Sämtliche Werke in fünf Bänden*. Hg. Hartmut

gleichen Zeitung ein *Ausflug am Sonntag* von Joseph Roth schon apokalyptisch überschattet. Der Sonntag ist keine Pause, im Gegenteil:

> Es war, als gäbe es keinen Verlaß mehr in der Welt auf einen ehrlichen freien Sonntag. Es war ein gefährlicher Tag voller Drohungen. Regen, Stürme und Katastrophen warteten in ihm auf eine Entladung. Eine furchterfüllte Freiheit brachte er den Menschen. Unter ihrem grausamen Befehl rannten sie zu ihren freudigen Zielen.[23]

Die dumpfe Drohung, die Roth über dem Tag hängen sieht, ist durchaus konkret: Am gleichen Tag wird die NSDAP mit den Wahlen in Oldenburg erstmals zur stärksten Fraktion in einem deutschen Länderparlament. Auch wenn diese Nachricht gerade nicht in der Rubrik unter dem Strich erscheint, zeigt das Beispiel, wie die sonntägliche Auszeit, häufig kombiniert mit der Ersatznatur der Freizeitparks, für die Feuilletonisten jenen Freiraum schafft, in dem sich ihre Zeitsensitivität entwickeln kann. Auf der stillen Parkbank im Tiergarten wird man hellhörig für den Zeitlärm.

III Die Zeitsensitivität des Feuilletons

Diese Zeitsensitivität entwickelt das deutschsprachige Feuilleton besonders in Wien, an jener historischen Umbruchsstelle, als die Uhren der alten Monarchie auf null gestellt werden. Mit dem Ende der angeblich „Großen Zeit" des Ersten Weltkrieges schlägt in dieser Hinsicht eine spezielle Stunde für die „Kleine Form" unter dem Strich. Anton Kuh etwa polemisiert schon 1916 gegen die Einführung der Sommerzeit, mit der die kriegsführenden Staaten Energie sparen wollen. In zwei Feuilletons im *Prager Tagblatt* stellt er 1916 und 1917 jeweils im April fest, welch gewaltsamer Eingriff diese Umstellung in sein Zeitbewusstsein darstelle.[24] Und im April 1919 hält er in der neugegründeten Zeitung *Der Neue Tag* die andauernden Folgen fest, die diese Umstellung, auch wenn sie nun nicht mehr erfolgt, angerichtet habe: „Ich habe die Sonne an die Uhr verraten – sie überläßt

---

Vollmer und Bernd Witte. Bd. 3, Oldenburg 1999, S. 322–324 und Kommentar S. 404 f; ferner Bd. V, S. 111–114.
23 Joseph Roth: Ausflug am Sonntag; Kölnische Zeitung, 17.5.1931. In: *Werke* 1989, Bd. 3, 312–315, hier S. 313.
24 Anton Kuh: Die Sommerzeit und wir. Klageruf eines Neurasthenischen; Prager Tagblatt (30. April 1916). In: *Werke* 2016, Bd. I, S. 214–217. Die zweite Sommerzeit; Prager Tagblatt (15. April 1917). In: *Werke* 2016, Bd. I, S. 368.

mich dem Stundenzeiger."²⁵ Knapp ein Jahr später zieht im gleichen Blatt auch Joseph Roth über die *Sommerzeit* her, welche die Zeit ganz der Behördenwillkür ausliefere.²⁶

Die kurzlebige, 1919 durch Benno Karpeles gegründete Zeitung *Der Neue Tag* rechtfertigt ihren zeitsensitiven Programmtitel auch in weiteren Feuilleton-Beiträgen. Hier schreiben unter der Leitung von Alfred Polgar ein Arthur Höllriegel, ein Anton Kuh, ein Robert Musil oder ein Egon Erwin Kisch. Besonders Joseph Roth erhält hier eine Tribüne, die er sowohl unter dem eigenen Namen wie auch als „Josephus" nutzt, um sein Verhältnis zur Zeit feuilletonistisch zu reflektieren. Im Oktober 1919 geht es ihm grundsätzlich um *Die Tyrannei der Stunde*, um das Zeitdiktat der Moderne.²⁷ Im November 1919 nimmt er als „Josephus" in der Rubrik „Wiener Symptome" die doppelte Uhr am Stephansdom in den Blick. Schon im März hatte Arthur Höllriegel in der gleichen Rubrik beklagt, dass diese für die Wiener so entscheidende Uhr stehengeblieben sei, als Symptom für die irreparable Wiener Zeit.²⁸ Roths Artikel zum gleichen Thema ist um einen entscheidenden Aspekt reicher: Er bezieht sich unter dem Titel *Divergenzen* auf die doppelte Uhr, die seit 1862 am Wiener Stephansdom die Zeit anzeigt: im Nordturm ist es ein normales zwölfteiliges Zifferblatt, am Südturm ein Springzahlenwerk, das wie eine moderne digitale Uhr anmutet. Roths Pointe ist nicht nur, dass sie oft steht oder fast immer zurück geht, „als sehnte sie sich nach vergangenen, guten alten Zeiten." Er hebt auch die Divergenzen zwischen den beiden Zifferblättern hervor; Ziffern und Zeiger widersprechen sich: „Künden die Zeiger rechts halb zehn, so sagen die Ziffern links dreiviertel neun." Das sei folgerichtig:

> Als ein Wiener Symbol fühlt sie die Verpflichtung, ein Wiener Symptom zu werden. Sie kündet nicht die Zeichen der Stunde, sondern gleich der ganzen Zeit. Sie spielt Verordnung und Erfolglosigkeit, Erlaß und Widerruf, Nachricht und Dementi.²⁹

Am Stephansdom liest der Feuilletonist nicht nur die Ambivalenz einer janusköpfigen Zeit ab, die zwischen der Orientierung zurück und dem Sprung in die digital angezeigte Moderne schwankt. Er entdeckt eine fundamentale Ungleichzeitigkeit des Gleichzeitigen, für die das Feuilleton sich als besonders sensibel

---

25 Anton Kuh: Keine Sommerzeit; Der Neue Tag (27. April 1919). In: *Werke* 2016, Bd. II, S. 131 f., hier S. 132.
26 Joseph Roth: Sommerzeit; Der Neue Tag (25. März 1920). In: *Werke* 1989, Bd. 1, S. 268 f.
27 Joseph Roth: Die Tyrannei der Stunde; Der neue Tag (5. Oktober 1919). In: *Werke* 1989, Bd. 1, S. 152–154.
28 Arthur Höllriegel: Die Uhr. In: *Der neue Tag* (30. März 1919).
29 Joseph Roth: Wiener Symptome. Divergenzen; Der Neue Tag (8. November 1919). In: *Werke* 1989, Bd. 1, S. 52.

erweisen wird – darauf ist noch zurückzukommen. Hartnäckig verfolgt Roth die weitere Entwicklung dieses „Wiener Symptoms": Am 8. Februar 1920 steuert er für die Sonntagsausgabe der Zeitung nicht nur eine entsprechende Glosse mit dem Titel *Sonntag* bei, sondern stellt unter den „Wiener Symptomen" fest, die Stephansuhr mit den Ziffern, die so lustig zu springen pflegten, sei verhüllt: „Ein Zeitungspapier, offenbar ein Leitartikel, zeigt an, wieviel es geschlagen hat." Zwar könne man ihn nicht lesen, denn er klebe zu hoch, aber:

> Was brauchen wir noch die Zeit, wenn wir Zeitung haben. Es muß auch nicht täglich ein neues Blatt sein. Es genügt immer derselbe Leitartikel, aus dem man ersieht, wieviel es geschlagen hat. Das Antlitz der Zeit ist verschleiert. Maskiert. Die Faschingsmaske unserer Zeit ist ein Zeitungsblatt mit erfreulichen Nachrichten, die man nicht einmal mehr zu lesen braucht, um sie zu kennen.[30]

Die Zeitung maskiert die Zeit, sie zeigt sie aber auch an. Für Roth ist es gerade der Feuilletonist, der der Zeit hinter die Maske blickt, in ihr Gesicht. Hier hat die bekannt gewordene, selbstbewusste Deklaration Roths gegenüber dem Feuilletonchef der Frankfurter Zeitung vom 22. April 1926 eine konkrete Wurzel. Roth schreibt an Benno Reifenberg:

> [...] der Verlag glaubt, der Roth ist ein nebensächlicher Plauderer, den sich eine große Zeitung gerade noch leisten kann. Es ist sachlich falsch. Ich mache keine ‚witzigen Glossen'. Ich zeichne das Gesicht der Zeit.[31]

IV Tucholskys feuilletonistische Zeitmaschinen

Das Feuilleton beschränkt sich jedoch nicht auf seine Funktion als Reflexionsmedium der Zeitungszeit. Es sucht sich auch aus seiner Zeitverhaftung zu lösen, andere mögliche Zeiten aufzusuchen, um Distanz zur eigenen Zeit zu gewinnen. Während andere Feuilletonisten dazu den Weg in die Vergangenheit wählen, sich nostalgisch ihrer Kindheit zuwenden, setzt Kurt Tucholsky eher auf Vorgriffe in die Zukunft. Dabei geht es ihm jedoch nicht darum, seinen Feuilletons einen Platz

---

30 Joseph Roth: Wiener Symptome. Der Schleier; Der neue Tag (8. Februar 1920). In: *Werke* 1989, Bd. 1, S. 239 f.
31 Joseph Roth: *Briefe 1911–1939*. Hg. Hermann Kesten. Köln und Berlin 1970, S. 88. Vgl. dazu Peter Utz: Das ‚Gesicht der Zeit' und seine feuilletonistischen Facetten. Zur Physiognomik der ‚kleinen Form' nach 1900. In: *Physiognomisches Schreiben. Stilistik, Rhetorik und Poetik einer gestaltdeutenden Kulturtechnik*. Hg. Hans-Georg von Arburg, Benedikt Tremp, Elias Zimmermann. Freiburg 2016, S. 47–66.

in der Ewigkeit zu sichern; 1925 veröffentlicht er zur damals aktuellen Feuilleton-Debatte in der *Vossischen Zeitung* ein *Plaidoyer gegen die Unsterblichkeit*.[32] Seine feuilletonistischen Zeitmaschinen sollen vielmehr als Verfremdungen der Gegenwart diese aus satirischer Distanz neu beleuchten.

Schon 1914 publiziert er unter dem Pseudonym Ignaz Wrobel den schmalen Band *Der Zeitsparer*.[33] Der Titeltext projiziert sich auf das Jahr 1926, in dem der Professor Waltzemüller den „Zeitsparer" vorführt, einen Apparat, in den man sich hineinlegt, um Zeit zu sparen, die man anderswo verwenden kann. Nun beginnt das große Zeitsparen. Es entsteht eine Zeitbörse; die Zeit wird gehandelt, kapitalisiert.

> Niemand hatte mehr Zeit zu verlieren. [...] Wer ging noch spazieren? Wer hatte noch Augen zu sehen, was auf der Welt vor sich ging? – Sie lasen nicht, sie liebten nicht, sie freuten sich nicht mehr – sie sparten.[34]

Natürlich zielt diese Satire auf die Zeitökonomie von Tucholskys Gegenwart. Indirekt ist sie aber auch eine Rechtfertigung der feuilletonistischen Verausgabung von Zeit, die zum Luxuserlebnis wird: Unter dem Strich verschwendet der Leser mutwillig seine Zeit, gibt sich einer Lektüre hin, die das Abschweifen zum Prinzip hat. Zu ihr leitet Tucholsky in seinem locker gestrickten, digressiven Feuilletonstil an.

So imaginiert er 1919 im *Berliner Tageblatt* als Peter Panter *Die Zeitbremse*, einen Apparat zur Verlangsamung der Zeit, den ihm ein weiterer Erfinder vorführt. Der Ich-Erzähler leiht sich diesen Apparat aus, doch dann entscheidet er sich, „die Zeit auskosten zu müssen, hastig, gierig, schlürfend – weil man Angst hat, daß sie zerrinnt und verfliegt".[35] Und er gibt den Apparat unbenutzt zurück. Doch Tucholskys eigene Liebe zu literarischen Zeitmaschinen bleibt; im selben Jahr 1919 erweist er in der *Weltbühne* H. G. Wells und seiner *The Time Machine* (1895) seine Referenz.[36] 1926 ruft er in der gleichen Zeitschrift im *Gruß nach vorn* einem hypothetischen Leser im Jahr 1985 zu: „meine Zeit steht mir bis zum Halse, kaum guck ich mit dem Kopf ein bißchen über den Zeitpegel...". Jeder sei in seiner Zeit,

---

32 Peter Panter [=Kurt Tucholsky]: Plaidoyer gegen die Unsterblichkeit; Vossische Zeitung (17. Juni 1925). In: *Gesamtausgabe*, Bd. 7 2002, S. 280–283.
33 Ignaz Wrobel [=Kurt Tucholsky]: *Der Zeitsparer*. Berlin 1914.
34 Kurt Tucholsky: Der Zeitsparer. In: *Gesamtausgabe*, Bd. 1 1997, S. 283–286, hier S. 284.
35 Peter Panter [=Kurt Tucholsky]: Die Zeitbremse; Berliner Tageblatt (13. Juli 1919). In: *Gesamtausgabe*, Bd. 3 1999, S. 225–229, hier S. 228f.
36 Peter Panter [=Kurt Tucholsky]: Das Geheimnis der Lebenden; Die Weltbühne (25. September 1919). In: *Gesamtausgabe*, Bd. 3 1999, S. 150f.

in seinem „Zeitdorf" befangen.[37] Diesen Begriff baut er in der *Vossischen Zeitung* zu einem eigenen Feuilleton *Das Zeitdorf* aus.[38] Dort polemisiert er gegen die „Kleinstädter" der Zeit, die er „Kleinzeitler" nennt – ein Begriff, den er später noch weiter verwendet.[39] Im *Zeitdorf* beklagt er:

> Wir sind eingefangen in der Zeit wie in einem kleinen Nest – umlauert, beklatscht, alle Welt kennt sich und rückt einem unangenehm nahe auf den Leib – da gibt's keine Flucht. Es ist manchmal, um aus der Zeit zu fahren.

Und wohin führen wir dann? In die Zeitfremde.[40]

Tucholsky sieht ein, dass dies nur auf den Vehikeln der literarischen Phantasie möglich ist – „Der Mann auf der Zeitmaschine bei Wells fährt auf und davon – der hat's gut." Als Journalist und Feuilletonist kann er nur, Tag für Tag, das eigene „Zeitdorf", und sei dieses auch eine Metropole, satirisch ausleuchten.

V Unter der Zeitlupe

Das Feuilleton kann aber auch in anderer Weise zur Zeitmaschine werden. Häufig stellt es seine Auszeiten her, indem es den Alltag verlangsamt, nicht nur beim sonntäglichen Spaziergang im Park. Es nimmt die Beschleunigung der Moderne gerade nicht mit einem „Sekundenstil" auf, wie ihn etwa der Naturalismus erprobt hatte. Auch gegenüber den „rasenden Reportern", die in den zwanziger Jahren in den Raum unter dem Strich vordringen, behauptet es sein Recht auf seine Eigenzeit. In die kleine Raumzeit, die ihm gesetzt ist, erlaubt es sich, literarische Alternativen zur Alltagszeit hineinzuerfinden. Robert Walser entwirft als unscheinbare *Notizen* 1915 in den *Weißen Blättern* „eine Welt, wo alles ganz langsam zuging." Dort tun die Menschen das, was sie tun, „nachdenklich und langsam", überlassen die Zeit ihrem Fluss, ohne Werktage und Sonntage zu unterscheiden, ohne Angst vor dem Tod. Diesen Text stellt Walser 1917 in der

---

[37] Kaspar Hauser [=Kurt Tucholsky]: Gruss nach vorn; Die Weltbühne (6. April 1926). In: *Gesamtausgabe*, Bd. 8 2004, S. 200 f.
[38] Peter Panter [=Kurt Tucholsky]: Das Zeitdorf; Vossische Zeitung (15. August 1926). In: *Gesamtausgabe*, Bd. 8 2004, S. 358–361.
[39] Peter Panter [=Kurt Tucholsky]: Die Zeit; Die Weltbühne (18. Februar 1930). In: *Gesamtausgabe*, Bd. 13 2003, S. 66–71. Auf den Begriff ist Tucholsky offenbar besonders stolz (vgl. Kommentar in *Gesamtausgabe*, Bd. 13 2003, S. 591 und Mossop, *Mapping* 2012, S. 184 f.).
[40] Peter Panter [=Kurt Tucholsky]: Das Zeitdorf; Vossische Zeitung (15. August 1926). In: *Gesamtausgabe*, Bd. 8 2004, S. 359.

Sammlung *Poetenleben* neben einen weiteren utopisch-pazifistischen Text mit dem Titel *Phantasieren* als seine Antwort auf das Kriegsgeschehen.[41]

Auch wo Langsamkeit nicht so programmatisch der hektisch-gewaltsamen Zeit ins Gesicht geschrieben ist, macht sie das Feuilleton nicht selten zum Abzeichen seines alternativen Umgangs mit der Zeit. Wie der Flaneur schlendert es betont langsam, als Nichtstuer, durch die hektische Moderne. Diesem hat Walter Benjamin bekanntlich nachgesagt, er führe eine Schildkröte durch die Pariser Passagen spazieren, um sich von dieser sein Tempo vorgeben zu lassen.[42] Das kann man 1918 realiter in Berlin beobachten: Anton Kuh berichtet im *Prager Tagblatt* in der Rubrik *Vom Tage. Berliner Miniaturen* von einem Landsturmmann, der Unter den Linden seine aus Mazedonien mitgebrachte Schildkröte spazieren führt.[43] Der Ich-Erzähler spricht sie direkt an, hat Mitleid mit ihr. Denn eigentlich sei sie ein Ichthyosaurier, der in „unnatürlicher Verkleinerung" schmachte.

Das Feuilleton ist jedoch nicht nur affin zu solch extravaganten Formen der Verkleinerung und des Ritardando. Es erkennt, dass es seine Sprache neu auf die hektische Zeit hin justieren muss. In einem Feuilleton mit dem Titel *Geschwindigkeit ist eine Hexerei* stellt Robert Musil 1927 in der *Vossischen Zeitung* fest: „Die Sprache fußwandelt nicht mehr dahin wie zur Zeit der Altvorderen." Doch fehlen ihr für die „neuen Geschwindigkeiten" die Ausdrücke.[44] Darum geht dem Feuilleton auch eine Zeiterfindung besonders nahe: die *slow motion* des Films, die „Zeitlupe".[45] 1917 wird die Kamera einer Dresdner Firma auf diesen Namen eingetragen.[46] Allmählich beginnt sich die Metapher im Deutschen durchzusetzen. Die neue Möglichkeit zur filmischen Zeitdehnung fasziniert auch die Feuilletonisten, die sich praktisch alle mit dem Kino auseinandersetzen und sich an ihm inspirieren – das kann hier nicht weiter ausgeführt werden. Nur einige Kostproben sollen andeuten, wie die „Kleine Form" in der Zeitlupe jene Gegenwart, zu der sie

---

41 Robert Walser: Notizen; Die weißen Blätter, Jg. II, H. 12 (1915). In: *Sämtliche Werke* 1985, Bd. 16, S. 391. Unter dem Obertitel ‚Der Arbeiter' in ‚Poetenleben' (1917). In: *Sämtliche Werke* 1985, Bd. 6, S. 110–112.
42 Walter Benjamin: Das Paris des Second Empire bei Baudelaire II: Der Flaneur. In: *Gesammelte Schriften*. Hg. Rolf Tiedemann und Hermann Schweppenhäuser. Bd. 1.2. Frankfurt / M. 1974, S. 556 f.
43 Anton Kuh: Die mazedonische Schildkröte; Prager Tagblatt (22. September 1918). In: *Werke* 2016, Bd. II, S. 9.
44 Robert Musil: Geschwindigkeit ist eine Hexerei; Vossische Zeitung (28. Mai 1927). In: Ders.: *Gesammelte Werke in 9 Bdn.* Hg. Adolf Frisé. Bd. 7. Reinbek 1978, S. 683–685, hier S. 683.
45 Vgl. Andreas Becker: *Perspektiven einer anderen Natur. Zur Geschichte und Theorie der filmischen Zeitraffung und Zeitdehnung*. Bielefeld 2004. – Till Brockmann: *Die Zeitlupe – Anatomie eines filmischen Stilmittels*. Marburg 2013.
46 Vgl. Becker: *Perspektiven einer anderen Natur* 2004, S. 24 f.

sich bekennt, analytisch zerlegt und ästhetisch verwandelt. Wie der doppelt kodierte „Augenblick", dem das Feuilleton huldigt, setzt auch die „Zeitlupe" die subjektive Wahrnehmung in ihrer zeitlichen Dimension sprachlich ins Bild.

Symptomatisch dafür eine Umfrage, mit der die *Vossische Zeitung* 1926 sechs Autoren auffordert, „durch die Zeitlupe" zu sehen. Sie publiziert in der Weihnachtsausgabe Beiträge von Georg Hermann, Mechtilde Lichnowsky, Peter Panter, Alfred Döblin, Carl Zuckmayer und Herbert Eulenberg.[47] Tucholsky alias Peter Panter stellt programmatisch die Zeitraffung eines großen Romans dem Leben gegenüber, das wir im Kontrast dazu wie in Zeitlupe erlebten.[48] Eulenberg ist als ein „Zeitschreiber" fasziniert von der Erfindung, doch möchte er letztlich nur den eigenen Augen trauen. Mechtilde Lichnowsky betrachtet die Fähigkeit, das Schaffen in einzelne Schritte zu zerlegen, als Voraussetzung aller Kunst. Zuckmayer lehnt sich an den Ursprung der filmischen Zeitlupe in den fotografischen Bewegungsstudien an, wenn er beschreibt, wie ein Zebu im Zirkus zum Sprung abhebt. Hermann ersinnt eine Zeit-Lupe, die als Teil einer Brille die Wirklichkeit zu verlangsamen vermag, auch wenn er sie dann doch nicht aufsetzen möchte. Auch Döblin nimmt die deutsche Metapher beim Wort; er erfindet eine Art Opernglas, in dem sich die Zeit verlangsamt, und er zeigt in seiner Erzählung, welche die von der Redaktion vorgegebene Kürze sprengt, was dies dann im Leben anrichtet.[49] So wird diese Weihnachtsbeilage zum Kaleidoskop, in dem das Feuilleton an der „Zeitlupe" seine Kreativität breit demonstrieren kann.

Noch bevor sich der Begriff der „Zeitlupe" als solcher etabliert, liefert Robert Musil dafür ein feuilletonistisches Musterstück, das gleich auch die visuelle Dimension des Begriffs verbildlicht: 1914 erscheint in der Zeitschrift *Die Argonauten* die Prosaminiatur *Das Fliegenpapier*.[50] Sie nimmt den Todeskampf von Fliegen auf einem Fliegenpapier nicht nur unter die optische Lupe, sondern dehnt ihn bis zur Unerträglichkeit. Der Tod in Form des klebrigen Papiers holt die Fliege „so langsam, daß man dem kaum zu folgen vermag", zu sich heran. Dabei wird die Zeit, wie in der Filmkamera, in eine ruckende Folge von Momentaufnahmen zerlegt; der einzelne „Augenblick" behauptet sich über „alle mächtigen Dauergefühle des Daseins", bis er am Schluss, als finales Lebenszeichen der sterbenden Fliege, dem Betrachter als winziges Pulsieren eines letzten Organs entgegen-

---

47 Sechs Dichter sehen durch die Zeitlupe. In: *Vossische Zeitung* (25. Dezember 1926).
48 Peter Panter [=Kurt Tucholsky]: Sechs Dichter sehen durch die Zeitlupe. In: *Gesamtausgabe*, Bd. 8 2004, S. 541 f.
49 Alfred Döblin: Die Zeitlupe. In: *Erzählungen aus fünf Jahrzehnten*. Hg. Edgar Fässler. Olten / Freiburg i. Br. 1979, S. 318–323.
50 Dort trägt sie noch den Titel: Römischer Sommer (Aus einem Tagebuch). In: Musil, *Werke* 1978, Bd. 7, S. 476 f.

kommt, das sich unter dem sprachlichen „Vergrößerungsglas" des Textes „wie ein winziges Menschenauge" „unaufhörlich öffnet und schließt."

So verwandelt der Text den langen Augenblick, den es sprachlich verlangsamt und analytisch zerlegt, in ein allegorisches Bild. In diesem spiegelt sich die Zeit in ihrer grausamen, anonymen Gewalt so, dass sich in ihr auch der Betrachter selbst erkennt – nicht zufällig ist es eines der meist interpretierten Prosastücke Musils.[51] Aber auch das Feuilleton selbst kann in ihm seine Zeitlupenfunktion erkennen – von allen Musil-Texten ist denn auch *Das Fliegenpapier* am häufigsten auf Zeitungspapier nachgedruckt worden. Zum ersten Mal unmittelbar am Kriegsende 1918 in der Zeitschrift *Der Friede*.[52] Weitere Nachdrucke folgen 1919 im *Prager Tagblatt*, 1922 in der *Vossischen Zeitung*, 1923 im *Tage-Buch*, 1925 in *Die Bühne* und 1935 in der *Neuen Zürcher Zeitung*.[53] 1935 eröffnet Musil mit ihm die Sammlung *Nachlaß zu Lebzeiten*. Im Buchkontext kann der emblematische Text demonstrieren, wie die feuilletonistische Zeitlupenaufnahme sich in ein Bild mit eigener, überzeitlicher Geltung verwandeln kann; die erste Abteilung der Sammlung heißt denn auch „Bilder". Im Vorwort zur Sammlung weist Musil darauf hin, dass Feuilletons wie *Das Fliegenpapier* zwar die „Zeit ihrer Entstehung sichtbar an sich" tragen, sich aber auch als „Vorausblick" auf die Gegenwart zeigen und darin gerade ihre „Zeitbeständigkeit" erweisen.[54] Die Zeitsensitivität der Feuilletons begründet ihre Zeitresistenz.

Dies akzentuiert Musil nicht nur mit dem Titel der Sammlung, dem *Nachlaß zu Lebzeiten*. Er stellt sie auch bei der Bearbeitung einzelner Texte für die Sammlung heraus.[55] So wird das Prosastück *Triëdere*, das 1926 erstmals im *Berliner Tageblatt* erschienen war und das als poetischer Metatext zu Musils Wahrnehmungstheorie gelesen werden kann,[56] im Buch durch einen Vorspann ergänzt, der explizit auf die „Zeitlupe" Bezug nimmt:

---

[51] Zur vielfachen Deutung des Textes vgl. die Referenzen in: Harald Gschwandtner, Norbert Christian Wolf: Einleitung. In: *Musil-Forum* Bd. 35, 2017/2018, S. 1.
[52] In ihr versammelt Bruno Karpeles bereits die intellektuelle Elite der Nachkriegszeit, das Feuilleton schon hier – wie dann in Nachfolgezeitung *Der Neue Tag* – unter der Leitung von Alfred Polgar.
[53] Diese Angaben nach der digitalen *Klagenfurter Ausgabe*. Hg. Walter Fanta. Klagenfurt 2009.
[54] Musil, *Werke* 1978, Bd. 7, S. 474.
[55] Vgl. Walter Fanta: Das textgenetische Dossier des „Nachlaß zu Lebzeiten". In: *Musil-Forum* Bd. 35, 2017/2018, S. 132–154.
[56] Vgl. Dominik Müller: Feuilletons und kleine Prosa. In: *Robert Musil-Handbuch*. Hg. Birgit Nübel und Norbert Christian Wolf. Berlin 2016, S. 396–414, hier S. 402. – Ulrich Stadler: *Der technisierte Blick. Optische Instrumente und der Status von Literatur. Ein kulturhistorisches Museum*. Würzburg 2003, S. 193–207.

> Zeitlupenaufnahmen tauchen unter die bewegte Oberfläche, und es ist ihr Zauber, daß sich der Zuschauer zwischen den Dingen des Lebens gleichsam mit offenen Augen unter Wasser umherschwimmen sieht. Das hat der Film volkstümlich gemacht, aber es ist schon lange vor ihm auf eine Weise zu erleben gewesen, [...] indem man nämlich durch ein Fernrohr etwas betrachtet, das man sonst nicht durch ein Fernrohr ansieht.[57]

Mit diesem neuen Eingang gibt Musil dem Text eine eigene Zeitdimension. Die Augenblicke durchs Fernrohr, die er sammelt, verfremden nicht nur den Blick, sondern auch die Zeiterfahrung. Was nebeneinander liegt, ist nicht unbedingt gleichzeitig. Das gilt auch für die zwischen den Buchdeckeln des *Nachlaß zu Lebzeiten* versammelten Texte. Sie wirken wie jene Uhren, die er in der *Pension Nimmermehr*, einem weiteren Feuilleton, beieinander an der Wand hängen sieht. Gegenüber dem Erstdruck in der *Frankfurter Zeitung* von 1928 verdeutlicht Musil im Buch, dass deren „Gleichzeitigkeit" nur schwer zu fassen sei und die Zeit zwischen ihnen „durchrinne":

> [...] es hatte nur etwas Besonderes mit Gleichzeitigkeit zu tun, das sich schwer beschreiben läßt. Wenn zwanzig Uhren an einer Wand hängen, und man blickt sie plötzlich an, so hat jedes Pendel eine andere Lage; sie alle sind gleichzeitig und nicht, und die wirkliche Zeit rinnt irgendwo zwischen ihnen durch. Das kann unheimlich wirken.[58]

Schon in den Zeitungen „rinnt" die Zeit, die Musils Feuilletons anzeigen, gezielt zwischen den Zeitungszeiten hindurch. Die Buchform schafft neue „Ungleichzeitigkeiten des Gleichzeitigen", wie sie Ernst Bloch genau im gleichen Jahr in seinem Buch *Erbschaft dieser Zeit* (1935) auf den Begriff bringt[59] – das Konzept ist allerdings viel älter.[60] Für Musil ist es zentral, bis hin zum *Mann ohne Eigenschaften*.[61] Gerade im Schreiben für die Zeitungen lernt Musil gezielt aus dem Takt der Zeit zu fallen, den er in ihnen ticken hört.

Weil das Feuilleton systematisch aus der Zeit, welche die Zeitung anzeigt, hinaustritt, sind nicht nur ein Musil, sondern auch andere Feuilletonistenkollegen hellhörig für solche Ungleichzeitigkeiten des Gleichzeitigen, für die Vielzeitigkeit der Jetztzeit. Joseph Roth fasst dies 1931 in der *Frankfurter Zeitung* in die Kindheitserinnerung *Beim Uhrmacher*. Aus der Finsternis des Ladens ticken dem

---

57 Musil, Werke 1978, Bd. 7, S. 518–522, hier S. 518 – die Erstfassung ebd., S. 578–581.
58 Musil, Werke 1978, Bd. 7, S. 495 – die Erstfassung ebd., S. 612.
59 Ernst Bloch: Erbschaft dieser Zeit. In: *Gesamtausgabe in 16 Bänden*. Frankfurt / M. 1977, Bd. 4, bes. S. 104 f.
60 Vgl. Falko Schmieder: Gleichzeitigkeit des Ungleichzeitigen. Zur Kritik und Aktualität einer Denkfigur. In: *Zeitschrift für kritische Sozialtheorie und Philosophie* 4.1–2 (2017), S. 325–363.
61 Für die Feuilletons Musils vgl. Müller, Feuilletons und kleine Prosa 2016, S. 408.

Kind die unterschiedlichsten Zeiten zu: „Es war, als hätte er nicht eine einzige, sondern viele Zeiten zu leben, den zahlreichen Uhren zufolge, von denen er umgeben war – [...]." Dabei scheinen die Uhren auch die Stunden „aus verwehten Jahrhunderten" zu zählen:

> Und wenn der Uhrmacher seine zylinderförmige schwarze Lupe vor das Auge klemmte, um die Uhr zu untersuchen, die mein Begleiter gebracht hatte, war es mir, als sähe er durch ein schwarzumrandetes Loch in eine ferne Vergangenheit, in die Gräber vielleicht, die sich auf dem Friedhof befanden.[62]

Das Augenglas des Uhrmachers wird zu einer Zeit-Lupe im eigenen Sinn, welche die Gegenwart durchstößt, sie für die Vergangenheit öffnet. Dies entspricht Roths literarischer Blickwendung in die Vergangenheit, wie sie etwa der *Radetzkymarsch* in der gleichen Zeit zur Großform erhebt. Auch für Roth, wie für Musil oder Tucholsky, wird das Feuilleton zur Uhrmacherwerkstatt, in der die literarischen Zeitingenieure sich über die Zeit beugen und beliebig mit den Zeigern hantieren lernen. So gelingt es ihnen, die Zeit in Bildern stillzulegen, die dann als „Denkbilder" – nach dem Begriff Benjamins – im Kopf des Betrachters weiterticken.

VI Die Wahrheit des feuilletonistischen Augenblicks

Das kann abschließend auch Alfred Polgar nochmals bezeugen. Am 15. März 1927 erscheint sein Feuilleton *Die stehengebliebene Uhr* im *Berliner Tageblatt*.[63] Eine fast identische Version mit dem gleichen Titel bringt er ein Jahr später in der Sammlung *Ich bin Zeuge*.[64] Und 1954 wird er für die Sammlung *Im Lauf der Zeit* nochmals auf den Text zurückgreifen, nun unter dem Titel *Zwei Uhr sechsunddreißig*.[65]

Im *Berliner Tageblatt* von 1927 ist der Text noch genau auf die historische Zeit bezogen, indem er mit den Sätzen beginnt:

---

62 Roth: Beim Uhrmacher; Frankfurter Zeitung (21. Juni 1931). In: *Werke* 1989, Bd. 3, S. 351 f., hier S. 352.
63 Polgar: Die stehengebliebene Uhr. In: *Berliner Tageblatt* (15. März 1927).
64 Polgar: Die stehengebliebene Uhr. In: *Ich bin Zeuge*. Berlin 1928, S. 17–19.
65 Polgar: Zwei Uhr sechsunddreißig. In: *Im Lauf der Zeit*. Berlin 1954, S. 93–95. Und in: *Kleine Schriften* 1984, Bd. 2, S. 267–269.

> Im Jahr 1917 ist die Uhr stehen geblieben. An einem Frühlingstag genau um 2 Uhr 36 Minuten. Ich erinnere mich noch ganz gut, wie es mir als gewohnheitsmäßigem An-ihr-Vorbeigeher eines Abends auffiel, daß um sieben Uhr erst zwei Uhr sechsunddreißig war. Doch machte das Phänomen in einer Zeit, in der diese sowieso aus den Fugen, keinen besonderen Eindruck. Also seither stehen die Zeiger, immer ist es sechs Minuten nach halb drei, gewohnheitsmäßige Vorbeigeher blicken gar nicht mehr hin auf die Uhr, die in diesen Tagen das Fest ihres zehnjährigen Stillstands feiern kann.[66]

Der speziell aufmerksame „gewohnheitsmäßige Vorbeigeher", der feuilletonistische Passant, wird zum Zeugen dessen, was stehen geblieben ist. Für ihn zeigt die Uhr das Kriegsjahr 1917 an. Zehn Jahre danach rückt Polgar diese Zeitwende nochmals in die Gegenwart. Er zerrreißt damit den gefährlichen Verklärungsschleier, der sich in diesen Jahren schon über die Kriegserinnerungen zu legen beginnt. Für den Feuilletonisten ist die Zeit ohnehin „aus den Fugen" – das *Hamlet*-Zitat führt auch ein Karl Kraus häufig im Mund.[67]

Unter dem Blick von Polgar verwandelt sich die Uhr im Folgenden in ein Bild mit „Symbolwerten": An dieser Uhr, die ausgerechnet über dem Schaufenster eines Uhrmachers angebracht ist, „läuft die Zeit ab", ohne dass die Uhr von ihr „Notiz nimmt oder gibt". Anders als das im Uhrmacherladen vielfach tickende, schwirrende und zirpende „Uhren-Kleinvolk" wird diese stehengebliebene Uhr zum „Unwahrzeichen" der Straße, der sie keine Gegenwart mehr gibt:

> Gleich einem Symbol kranker Zeit hängt sie da. Chronos hat den Appetit verloren und frißt nicht. Ihr Zifferblatt gleicht einem gespenstischen Spiegel, aus dem immer das gleiche herausblickt, was immer auch in ihn hineinblicken mag. Unbehagen schafft sie, wie jeder Leichnam, der sich obstinat im Leben behauptet.[68]

Unter einem melancholischen Blick, dem Blick eines Hamlet, verwandelt sich die Uhr in eine Allegorie des Todes.

Doch dieser Spiegel lässt sich auch anders lesen, wenn man richtig in ihn hineinzublicken versteht. Diese Erkenntnis gibt dem Text am Schluss eine entscheidende Wendung. Denn zweimal am Tag zeigt ja die Uhr die richtige Zeit an:

---

[66] Polgar, Die stehengebliebene Uhr 1927 [Interpunktion gemäß Zeitungsvorlage].
[67] Vgl. Shakespeare, *Hamlet* I/5. Auch im Feuilleton *Verfall*, 1929 in der Sammlung *Hinterland* erschienen, sieht Polgar, wie im Nachkriegswien die Uhren stehengeblieben sind, und folgert: „Die Zeit ist aus den Fugen, die Uhrmacher können nichts dafür" (*Kleine Schriften* 1984, Bd. 1, S. 391–395, hier S. 394). – Bei Karl Kraus findet sich das Zitat vielfach, zum Beispiel in der Rede ‚In dieser Großen Zeit'. In: *Die Fackel* 404 (1914), S. 4.
[68] In der Fassung der Sammlung *Ich bin Zeuge* heißt es noch entschiedener, die „Spiegel"-Metaphorik der Einleitung der Sammlung aufgreifend: „ihr Zifferblatt *ist* ein gespenstischer Spiegel" [meine Hervorhebung, P. U.].

„Sechs Minuten nach halb drei gehorcht sie dem Willen ihres Schöpfers, wird wahr, deckt sich restlos mit der Idee, als deren Ausdruck sie in die Welt der Erscheinungen trat [...]." Das erlaubt die Verallgemeinerung:

> Alle Uhren zeigen richtig, man muß nur im richtigen Augenblick auf sie sehen. Alle Menschen sind gut, man muß nur die Chance haben, sie bei ihrer Güte zu ertappen. Für alles Schiefe kommt die Drehungsphase der kreisenden Welt, wo es das Gerade wird. Und bist du noch so mißtrauisch gegen die Liebe, in gewissen Augenblicken, alle heiligen Zeiten einmal, darfst, mußt du doch an sie glauben.

Im *Tageblatt* und in der Sammlung *Ich bin Zeuge* folgt darauf noch ein Abschnitt, in dem das feuilletonistische Ich den Uhrmacher fragt, weshalb er die Uhr nicht wieder in Gang bringt, worauf dieser nur sagt: „Schad um die Mühe."

Das streicht Polgar, als er 1954 den Text in der Sammlung *Im Lauf der Zeit* nochmals publiziert. Nun, nachdem der zweite Weltkrieg die Uhren nochmals neu gerichtet hat, trägt der Text den Titel *Zwei Uhr sechsunddreißig*. Das Referenzdatum 1917 wird gestrichen. Stattdessen setzt er nun ohne genaue Zeitreferenz ein: „Vor zwanzig Jahren ist die Uhr stehengeblieben." Das verweist, rechnet man von 1954 zurück, in eine andere Unheilszeit, in die dreißiger Jahre, in die Anfänge des ‚Tausendjährigen Reichs' und des Exils. Doch konkreter wird Polgar hier nicht. Auch nicht melancholischer – die Hamlet-Anspielung verschwindet. Direkter steuert der Text auf die Schlusswendung zu: „Und bist du noch so mißtrauisch gegen die Liebe, in gewissen Augenblicken darfst, mußt du an sie glauben." In ihr formuliert das feuilletonistische Ich sein Credo des feuilletonistischen Augen-Blicks: Im Ungleichzeitigen, Stehengebliebenen erkennt es den Gang der Zeit. So kann es das „Unwahrzeichen" der Straße in ein Zeichen für die Wahrheit des feuilletonistischen Augenblicks selbst verwandeln. Dieser tritt nicht mehr „alle heiligen Zeiten einmal" ein –dieser Teilsatz wird gestrichen, ebenso wie das „doch" der Selbstüberzeugung am Schluss. Der magische Moment hängt nun ganz am Auge des Betrachters, des feuilletonistischen „Vorbeigehers" und seines Lesers, dem sich der Schlußsatz mit der „du"-Anrede direkt zuwendet. An ihm liegt es, das potentiell Wahre und Richtige an der Wirklichkeit abzulesen, die „Güte" der Menschen, die „Liebe". Auf diesen Moment richtet der Text seine Zeiger aus. Der neue Titel *Zwei Uhr sechsunddreißig* markiert nun genau den einen Moment, an dem die Uhr die richtige Zeit zeigt. Und im Buch mit dem Titel *Im Lauf der Zeit* bezeichnet der neue Titel jetzt jenen Augenblick, in dem dieses Feuilleton – wann immer man es liest – die Wahrheit über die Zeit und seine Zuwendung zu ihr festhält.

Antonia Eder
Luxus des Lassens: Müdigkeit als Auszeit in Philosophie und Literatur (vom französischen Materialismus über Rousseau und Musil bis zur Gegenwart)

„I'm so tired, I haven't slept a wink"[1] eröffnet uns John Lennon und reiht sich ein in die Tradition einer Kunst der Müden, denen ein balsamischer Schlaf sich immer wieder entzieht: „Tir'd Nature's sweet restorer, balmy sleep!"[2] – jedoch bildet diese Müdigkeit, hier der beiden Schlaflosen Lennon und Young, gerade an ihrer Rückseite die schöpferische Bedingung der Möglichkeit einer eigenen Art Poesie.[3] Durchdichtete Nächte können wohl (neben träumerisch inspirierten Erfindungen) zu einer der produktivsten Erscheinungen aisthetischer Müdigkeit[4] gezählt werden, deren Entstehung sich analog zur Abwesenheit des Schlafes auch und gerade der Abwesenheit des Tagesgeschäfts, des Arbeitsalltags und des Tageslichts verdankt. Vom temporeich wachen Tun bei durchrationalisiert stetem Zeitmangel der Tagesaktivität nimmt sich die nächtlich verlangsamte Kontemplation eine geradezu luxurierend passive Auszeit.

---

[1] The Beatles: I'm So Tired. Komposition: John Lennon; Autoren: John Lennon, Paul McCartney, veröffentlicht am 22. Nov. 1968 auf dem Album *The Beatles* (aufgrund des Covers bekannt als ‚Das Weiße Album') der Apple Records.
[2] So der Beginn (*Night I*) des später (romantische) traditionen- und motivstiftenden Langgedichts über klagende Nachtgedanken von Edward Young: *The Complaint: or Night-Thoughts on Life, Death, and Immortality* (1742). Digitalisat der Bayrischen Staatsbibliothek: https://reader.digitale-sammlungen.de/de/fs1/object/display/bsb10751034_00013.html. Paris 1779, S. 3 (28. März 2021); die Strophe fährt fort: „He, like the world, his ready visit pays/ Where Fortune smiles; the wretched he forsakes;/ [...] From short (as usual) and disturb'd repose,/ I wake: How happy they, who wake no more!". Young und Lennon eint nicht nur die besungene Schlaflosigkeit, sondern auch ihr Grund: Beide vermissen ihre Ehefrauen. Allerdings war Youngs Gattin tatsächlich verstorben, während Lennon nur (ohne Gattin) in einem Retreat in Indien weilte.
[3] Vgl. Helmut Pfotenhauer, Sabine Schneider: *Nicht völlig Wachen und nicht ganz ein Traum. Die Halbschlafbilder in der Literatur.* Würzburg 2006.
[4] Vgl. Fabian Goppelsröder: *Aisthetik der Müdigkeit.* Zürich 2018; anekdotisch wird überliefert, dass im dämmernden Halbschlaf bspw. Edison mittels seines trainierten *Hypnagogic Nap* zu erhellenden Einsichten kam, ebenso sollen so Mendelejew das Periodensystem, Einstein die Konstanz der Lichtgeschwindigkeit und Watson die Spiralform der DNS dank der herabgesetzten Aufmerksamkeit eines diffusen Dösens entdeckt haben (vgl. ebd., S. 61 f.).

Dass ausgerechnet ein Defizit, die Abwesenheit von etwas zum Korrelationspunkt von Müdigkeit und Luxus wird, mag zunächst erstaunen, assoziiert man mit diesem doch allererst vibrierenden Überschuss, Exzess und ausschweifende bis liederliche Verschwendung (lat. *Luxuria:* Üppigkeit, Wollust, Mutwille),[5] mit jener dagegen matte Erschöpfung, Introspektion und phlegmatische Abspannung. Doch schaltet man die Sphäre der Zeit als Vergleichsmoment vor und zwischen beide Phänomene, ergibt sich eine andere Fokussierung, die das Verhältnis von Müdigkeit und Luxus als ein wahrhaft geschwisterliches erscheinen lässt: Haltungen des *Laisser-faire* und des Schwelgens im Luxus assoziiert man mit einem Übermaß und Zuviel an Zeit. Ebenso kennzeichnen Durchlässigkeit und Gelassenheit das Verhältnis der Müdigkeit zur Zeit. Mit einem Luxus an Zeit assoziiert sich in ihrer Fülle die Zeit als endlos wirkende Ressource so wie sich in der Zeit der Müdigkeit auch eine zeitliche Überfülle bis hin zu einem geradezu zeitlosen Zustand des gelösten Schwebens konstellieren kann. Über die intrinsischen Ähnlichkeiten in der Zeitökonomie des luxurierenden Überschusses und des müden Lassens ergeben sich zudem auffällige Allianzen, die beide Konzepte in ihrer Relation zur Verzeitlichung auch zu Komplizen werden lassen, gegen bestimmte, konzeptionell teleologisch ausgerichtete, leistungsorientierte ‚Widersacher', die einer linearen Zeitordnung gehorchen: Zu nennen wären hier Arbeit, Nutzen, Effizienz und ihnen verwandte Phänomene. Gleichwohl unterscheiden sich Luxus und Müdigkeit bei aller strukturellen Ähnlichkeit durch Nuancen in ihrer Eigenzeitlichkeit, markiert den Luxus doch eher die Fülle an Zeit *für* etwas, wohingegen in Kontexten der Müdigkeit vor allem eine Freiheit *von* Zeit erfahrbar zu werden scheint. Mit Müdigkeit verbinden sich, so zeigen die nachfolgenden Analysen, Phänomene der Unzeitlichkeit, der Zeitpausen und Zeitlosigkeit, des Ausfallens von Zeit – Müdigkeit erscheint gewissermaßen achron, frei von Zeit.

I Schwebende Schwere: Die luxurierende Kunst der Müdigkeit

„Das Schlafen als Ausweg kam nicht in Frage"[6] – denn nur der Zeit-Raum *zwischen* Wachen und Schlafen konstelliert topische Bedingungen für Müdigkeiten,

---

[5] Zu moralphilosophischen, religiösen, diätetischen, sozialen, ökonomischen und ästhetischen Aspekten der Geschichte des Luxusbegriffs vgl. Joseph Vogl: Art. „Luxus". In: *Ästhetische Grundbegriffe*, Bd. 3. Hg. Karlheinz Barck. Stuttgart 2001, S. 694–708.
[6] Peter Handke: *Versuch über die Müdigkeit*. Frankfurt / M. 1989, S. 11.

die im Folgenden herausgearbeitet und skizziert werden sollen. Der Müdigkeit eignet eine gewisse Macht: Sie kann einen ebenso friedvollen wie lebensbedrohlichen Generalbass der Anthropologie intonieren. Denn ob Dysfunktion (‚lebensmüde') oder Wunschzustand („Wir-Müdigkeit"[7]), Müdigkeit besitzt eine kritische Potenz als Grenzphänomen der jeweiligen produktiven Ordnung. Ihr verwandt sind Müßiggang,[8] Langeweile,[9] Ennui,[10] Passivität,[11] Fatigue,[12] Épuisement,[13] Melancholie[14] – Zustände, die der Müdigkeit mal mehr, mal weniger teilhaftig sind, doch versucht man ‚das Müde' zu fokussieren, diffundiert es in eine Art schwebender Potenzialität oder Latenz. Müdigkeit ist zunächst einmal Formentzug, denn sie ist genau nicht mehr Wachsein und erst recht noch nicht Schlaf: In der Müdigkeit kann „ein unbeschreibliches Glücksgefühl über die Weite der Welt" entstehen, kann das Ich sich von einer „weichen, dunklen Welle" unterspülen lassen – nicht selten allerdings auf der riskanten Grenze zum lebensmüden Selbstverlust. Denn „zwischen Schlaf und Wachen"[15] lockt oder lauert,

---

7 Ebd., S. 29.
8 Vgl. bspw. den facettenreichen Band: *Arbeit und Müßiggang in der Romantik*. Hg. Claudia Lillge, Thorsten Unger und Björn Weyand. München 2017; sowie Leonhard Fuest: *Poetik des Nicht(s)tuns. Verweigerungsstrategien in der Literatur seit 1800*. München 2008; auch bereits Paul Lafargue: *Das Recht auf Faulheit. Zurückweisung des Rechts auf Arbeit von 1848* (1880). Übers. Ute Kruse-Ebeling. Stuttgart 2018.
9 Vgl. dazu Philipp Wüschner: *Die Entdeckung der Langeweile. Über eine subversive Laune der Philosophie*. Berlin 2011; sowie Martina Kessel: *Langeweile. Zum Umgang mit Zeit und Gefühl in Deutschland vom 18. bis zum frühen 20. Jahrhundert*. Göttingen 2000.
10 Vgl. Toni Tholen: Der *ennui* der Moderne. In: *Große Gefühle – in der Literatur*. Hg. Ders., Wiebke von Bernstorff und Burkhard Moennighoff. Hildesheim 2017, S. 115–132; sowie Jürgen Grosse: Ennui und Entschluss. Zur Genealogie neuzeitlicher Langeweiledeutung. In: *Sinn und Form* 58 (2006), S. 18–31.
11 Vgl. Martin Seel: *Aktive Passivität. Über den Spielraum des Denkens, Handelns und anderer Künste*. Frankfurt / M. 2014; sowie Kathrin Busch: *Passivität*. Hamburg 2012; auch Kathrin Glosch: *Cela m'était égal. Zu Inszenierung und Funktion von Gleichgültigkeit in der französischen Literatur des 20. Jahrhunderts*. Stuttgart 2001.
12 Vgl. dazu die Nummer der Zeitschrift *figurationen*: Müdigkeit/Fatigue. *figurationen. gender – literatur – kultur* 14.1 (2013).
13 Vgl. dazu die Nummer der Zeitschrift *figurationen*: Erschöpfung/Épuisement. *figurationen. gender – literatur – kultur* 16.1 (2015).
14 Die Forschung zur Melancholie ist Legion, daher hier nur zwei Hinweise auf jüngere grundlegende Studien von Laszlo Földenyi: *Lob der Melancholie. Rätselhafte Botschaften*. Berlin 2019 sowie Karlheinz Bohrer: *Der Abschied. Theorie der Trauer: Baudelaire, Goethe, Nietzsche, Benjamin*. Berlin 2014.
15 Hugo von Hofmannsthal: Die Wege und die Begegnungen (1907). In: Ders.: *Sämtliche Werke*, Bd. XXXIII. Hg. Konrad Heumann und Ellen Ritter. Frankfurt / M. 2009, S. 152–158, hier S. 156.

dehnt sich oder kauert die ebenso freie, erhebende wie erschöpfen könnende, entkräftende Müdigkeit.

Statt den glatten Durchgang von Bewusstsein zu Bewusstlos-Sein zu bilden, siedeln Müdigkeiten auch in Texten und/oder als Textform und -verfahren auf einer Schwelle, die sich damit in (Schreib-)Szene setzt. So stellt sich die textuelle Müdigkeit medial durchaus auf Dauer und scheint hierin ästhetisch wie poetologisch keine unerhebliche Größe mit weitreichender Wirkästhetik zu sein: Denn Müdigkeit sowohl als Zug von Figuren wie auch als Textduktus, als Motiv wie als organisierende Tektonik entfaltet ihre Vermögen dabei gerade nicht allein im Negativen der „Verknappung" und „Verdunklung",[16] sondern vielmehr als narrativ (noch) ungerichtete, sich stets nur nähernde, asymptotische Proto-Ordnung: „In der bestimmbaren die unbestimmbare Welt vernehmen – das ist eine wesentliche Pointe aller ästhetischen Wahrnehmung [...]. [S]ie vergewissert sich immer auch dessen, wovon wir im Modus des klaren und deutlichen Wissens keine Kenntnis haben können."[17] Im Kräfteverhältnis der Müdigkeiten gilt daher keine intentionale Verwertungspotenz, kein ‚Um zu', sondern ein gelassener Unnutz des ‚Nicht-zu' – Formen, die maßgeblich im Feld der Aisthetik virulent sind.[18] Müdigkeit ist der (auch, aber nicht ausschließlich ästhetische) Ort eines ununterschiedenen, schwebenden wie durchlässigen, ziellosen Zwischenraums des Lassens: ein Ort potenter Impotenz.

An diesem Punkt korrelieren, so meine These, Müdigkeit und Luxus, da sich ihr jeweiliges Theoriesetting über Ambivalenz konstituiert: Wie die Müdigkeit jegliche Widerstandskräfte herabsetzt und damit (so ihre Kritiker) das Einfallstor für Nutzlosigkeit und Amoral öffnet, gilt der Luxus seinen Skeptikern traditionell[19] als schädlich für die Sitten. Er schwäche die (staatliche, ökonomische) Ordnung, unterminiere den Zusammenhalt des gesellschaftlichen Kollektivs und fördere dafür umgekehrt Entgrenzung, Verschwendung, Wollust, kränkliche Verweichlichung und Solipsismus – das ist die eine, kritische Sicht auf Luxus, die sich ganz analog in der Skepsis gegenüber der Müdigkeit als mangelnde Form- und Tatkraft wiederfindet. Die Ambivalenzen zeigen sich allerdings ebenfalls für beide Konzepte in einer möglichen Gegendeutung. Diese etabliert historisch im

---

16 Michel Foucault: *Dits et Ecrits III, Schriften 1976–1979*. Frankfurt / M. 2003, S. 299 f.
17 Seel, *Aktive Passivität* 2014, S. 104.
18 Zu der Müdigkeit verwandten Figuren des Ungerichteten, Ziellosen, Nichtsnutzigen, Schweifenden oder Überschießenden vgl. den Band: *Das Unnütze Wissen (in) der Literatur*. Hg. Jill Bühler und Antonia Eder, Freiburg i.Br. 2015.
19 Vgl. Vogl, *Luxus* 2001, S. 695 f.

achtzehnten Jahrhundert[20] eine neue Perspektive auf die synthetisierende Funktion luxurierender Phänomene: So wie seit Mandeville der Luxus, dies „modische Zwitterwort"[21] des achtzehnten Jahrhunderts, als antreibender, ökonomischen Systemen integraler, Bestandteil gelesen werden kann, gilt die Müdigkeit seit dem mittleren achtzehnten Jahrhundert immer öfter als Bedingung der Möglichkeit ingeniöser Kräfte, der Kunst und der Noblesse. Beide, Müdigkeit wie Luxus, werden diskursiv mit Kunst und Wissenschaften assoziiert, nicht immer affirmativ (so mit Blick auf den Luxus bspw. Rousseau[22]), stets aber gewissermaßen generisch oder anthropologisch (so mit Blick auf die Müdigkeit bspw. Lichtenberg[23] oder, nun affirmativ, Rousseau[24]), da mit ihnen eine kultivierte Auszeit von der schnöden Prosa der Zweckverhältnisse einhergeht. Der Luxus, so lässt sich im *Teutschen Merkur* 1779 nachlesen, befördere die Vervollkommnung der „Seelenkräfte" über Kunst und Geschmack, wodurch sich letztlich insgesamt die „Summe des sittlich Guten" in der Gesellschaft erhöhe.[25] Ganz ähnlich werden Zustände des Müde-Seins als inspirierend, ja unabdingbar für Produktions- wie Wirkungsästhetik gehandelt.

Die Frage wäre nun, ob beide Frames der Müdigkeit und des Luxus, d. h. sowohl die ausgrenzende Diffamierung als auch die integrierende Utilitarisierung, womöglich mit den Mitteln des Luxus selbst auf eine ästhetische Potenz der Müdigkeit hin zu transzendieren sind? Ob also, anders gefragt, das Luxurierende, das Überfließende[26] eine Denkfigur bereitstellt, die jenseits der „Sittlichkeit" und moralischen Kritik, aber auch jenseits von Kategorien des (ökonomischen) Nutzens und des ‚Um zu' als etwas allererst Ästhetisches fungiert, gerade weil sich in

---

20 Zur spezifisch modernen „Apologie" des Luxus vgl. Christine Weder und Maximilian Bergengruen: Moderner Luxus. Einleitung. In: *Luxus. Die Ambivalenz des Überflüssigen in der Moderne.* Hg. Dies. Göttingen 2011, S. 7–31, hier S. 8.
21 Anonym: Über die Sittlichkeit des Luxus und der Singspiele. In: *Der Teutsche Merkur* 4 (1779), S. 112–137, hier S. 128.
22 „C'est un grand mal que l'abus du temps. D'autres maux pires encore suivent les Lettres & les Arts. Tel est le luxe, né comme eux de l'oisiveté & de la vanité des hommes. Le luxe va rarement sans les sciences & les arts, & jamais ils ne vont sans lui." Jean-Jacques Rousseau: *Discours sur les sciences et les arts* (1750). Genève 1782, S. 37; Digitalisat der Bibliothèque nationale de France: https://gallica.bnf.fr/ark:/12148/bpt6k10543566. (28. Januar 2021).
23 Vgl. Georg Christoph Lichtenberg: Sudelbuch F. In: Ders.: *Schriften und Briefe.* Hg. Wolfgang Promies. Bd. 1. München 1967, S. 565.
24 Jean-Jaques Rousseau: *Les Rêveries du Promeneur solitaire, Träumereien eines einsam Schweifenden.* Hg. und übers. Stefan Zweifel. Berlin 2012, S. 10 u. ö. Im Folgenden mit der Sigle R und nachfolgender Seitenzahl direkt im Text zitiert.
25 Anonym, *Über die Sittlichkeit des Luxus* 1779, S. 125 f.
26 Zur semantischen Dominanz des Fließens und Flüssigen vgl. Alexander Honold: Luxuria. Eine Tugend unter den Lastern. In: Weder, Bergengruen, *Luxus* 2011, S. 35–57.

ihr Formen der Müdigkeit verschwenderisch als Ephemeres konstellieren und zur Darstellung gelangen können?

Diesen Fragen folgend soll es nun um kulturtheoretische Positionen und literarische Konstellationen gehen, die beginnen, das ökonomisch grundierte Schema dieses ‚Um zu' prinzipiell zu unterlaufen, zu hinterfragen oder es leer drehen zu lassen. Ich werde Lektürevignetten vorstellen, in denen sich manches einer temporalen Linearität widersetzt, das Erzählen selbst träge ist oder wird und eine oftmals beglückende, gelegentlich aber auch bedrückende[27] Müdigkeit dem tätigen Fortschreiten im Fortschritt trotzt.

Den einführenden Überlegungen zu Begriff und Ästhetik der Müdigkeit und ihren Strukturanalogien zu temporalen Ökonomien des Luxus folgen zunächst Ausführungen zu Energiemodellen in der Anthropologie des achtzehnten Jahrhunderts. In einem nächsten Schritt werde ich mich dann näher auf literarische Stationen in der Kunst der Müdigkeit einlassen: Die erste schließt mit Rousseaus *Les Rêveries du Promeneur solitaire* (1776/77) an das diskurshistorische Umfeld der anthropologischen Energiemodelle in der zweiten Hälfte des achtzehnten Jahrhunderts an. Dass die ästhetischen Fragen zum Verhältnis von Müdigkeit und Luxus als eines der konstitutiven Ambivalenz, der selbstbestimmten Auszeit und des freiheitlichen Zeit- und Selbstentwurfs die Moderne nicht loslassen, zeigt eine Passage des geradezu paradigmatischen Romans der modernen Müdigkeit, Musils *Der Mann ohne Eigenschaften* (ab 1930), im Horizont des frühen zwanzigsten Jahrhunderts. Ein Ausblick auf die kulturtheoretischen Entwicklungen im (post-)modernen Nachdenken über Müdigkeiten als ein Luxus des Lassens schließen meine Überlegungen ab.

II Ruhelos: Anthropologie und Auszeiten im achtzehnten Jahrhundert

Die berühmteste Formel eines Gegenentwurfs des Lassens, eines ‚Nicht zu' lautet wohl: „I would prefer not to!"[28] Bartlebys Entzugsformel[29] widersetzt sich der

---

27 Ein literarisches Beispiel für die hochgradig ambivalenten Potenzen von Müdigkeit ist Büchners Drama *Leonce und Lena*; vgl. Antonia Eder: Die Macht der Müdigkeit. Büchners *Leonce und Lena*. In: *Engagement und Enttäuschung. Zur ästhetischen Radikalität Georg Büchners*. Hg. Hans Richard Brittnacher und Irmela von der Lühe. Bielefeld 2014, S. 131–151.
28 Herman Melville: Bartleby the Scrivener. In: *Putnam's Magazine* 2 (1853), S. 546–550 und S. 609–616.

Selbstverständlichkeit des aktiven, handelnden, herstellenden Menschen. Jene Norm perpetuierter Tätigkeit hinterfragt unnachgiebig die höflich ablehnende Wattigkeit in für die anvisierte Produktivität kaum zu ertragender Penetranz und Irrationalität der Schreiber Bartleby – und damit durchaus ein spezifisches Grundverständnis des Mensch-Seins. Der tätige Mensch nämlich,[30] so später Hannah Arendt, beweist sich im eigenständigen Tun seine Selbstbestimmtheit, indem er die ihn umgebende Welt in selbstgeschaffene Bedingungen transformiert: „In der *vita activa* zeigt sich die Grundbedingung des Menschen, nicht bedingt zu sein."[31] Doch das bis heute unzweifelhaft bevorzugte Energiemodell eines Lebens der Aktivität gründet in Bedingungen, die ihre Vorgeschichte und eine Gegenseite haben und die sich beide, so werde ich im Folgenden zeigen, im achtzehnten Jahrhundert ausdifferenzieren und sich modern formieren.

In der Anthropologie der Aufklärung entwirft vor allem der französische Materialismus den Menschen über eine energetische Spannung zwischen Bewegung und Trägheit, zwischen Leidenschaften und Ruhe.[32] So betont Baron d'Holbach in seinem *System der Natur* (1770) die ganz grundsätzlichen „Wirkungen der Trägheit, des Beharrungsvermögens, der Anziehung und der Abstoßung"[33] von jeder Materie – eine Materie, die eben auch der Mensch ist: „So kann die unbelebte Materie in Leben übergehen, welches selbst nur eine Vereinigung von Bewegungen ist." Das Leben selbst wird so gut materialistisch als reine Kräftedynamik definiert, so „daß in der Natur alles in fortwährender Bewegung ist, daß kein Teil sich in wahrer Ruhe befindet".[34]

Ähnlich, wenn auch psychologisch gewendet, ordnet bereits Holbachs Freund und Kollege Helvétius in *De l'ésprit* (1758) diese entgegengesetzten Kräfte zu einem anthropologischen Energiemodell, wenn er „Trägheit" als Widerpart zu den „Leidenschaften" und der „Abscheu vor Langeweile" beschreibt, die als die entgegengesetzten, jedoch zu harmonisierenden Pole menschlicher Natur ausgemacht werden:

---

29 Vgl. Gilles Deleuze: *Bartleby oder die Formel.* Berlin 1994; sowie Giorgio Agamben: *Bartleby oder die Kontingenz, gefolgt von Die absolute Immanenz.* Berlin 1998.
30 Vgl. hierzu auch den Beitrag von Anja Lemke in diesem Band.
31 Busch, *Passivität* 2012, S. 7.
32 Vgl. Johannes F. Lehmann: Energie, Gesetz und Leben um 1800. In: *Sexualität – Recht – Leben. Zur Entstehung eines Dispositivs um 1800.* Hg. Maximilian Bergengruen, Johannes F. Lehmann und Hubert Thüring. München 2005, S. 41–66.
33 Paul Thiry d'Holbach: *System der Natur oder von den Gesetzen der physischen und moralischen Welt* (1770). Frankfurt / M. 1978, S. 70.
34 Ebd., S. 32f.

[Die Erfahrung] lehrt uns, daß die Trägheit zur Natur des Menschen gehört, daß die Aufmerksamkeit ihn ermüdet und ihm schwerfällt, daß er unaufhörlich nach Ruhe strebt wie der Körper nach seinem Schwerpunkt, daß er unablässig zu einem solchen Ruhepunkt hingezogen wird und an ihm verharren würde, wenn ihn nicht in jedem Augenblick zweierlei Kräfte zurückstießen, die den Kräften der Trägheit und Beharrung die Waage halten und die ihm einmal von den starken Leidenschaften, zum anderen durch den Abscheu vor der Langeweile verliehen werden.[35]

Hier kreuzen sich über Leidenschaft und Bewegung die moralische und die physiokratische Welt. Es gibt, so Helvétius weiter, die „aktiven und die passiven Kräfte, die auf unsere Seele wirken":[36] Der Menschen ist ein körperliches Kräfteparallelogramm, das zwischen den Polen Aktivität und Passivität aufgespannt ist. Dabei verbraucht die aktive Kraft („Aufmerksamkeit") viel Energie, hält dafür aber den Menschen in (befriedigender, nicht-langweilender) Bewegung, wohingegen die Passivität („Trägheit") zwar wenig Energie benötigt, letztlich aber die Bewegung löscht – wir „ermüde[n]". So ergeben sich meist pejorative Wertungen der Eigenschaft der Materie ‚Mensch' zu ermüden, denn Tätig-Sein *per se* ist kein Selbstzweck, sondern steht für ein aufklärerisches Glücksversprechen ein, in dem allerdings eine gewisse Zirkularität anklingt: „Um glücklich zu sein, muß man begehren, handeln, arbeiten; das ist die Ordnung einer Natur, deren Leben auf dem Tätigsein beruht."[37]

In der Tradition dieser materialistischen Denkfigur der tätigen Bewegung als Modell für ein glückliches Leben stehen auch Ideen des deutschsprachigen Sturm und Drang[38] der 1770er Jahre: „[U]nsere Seele ist nicht zum Stillsitzen, sondern zum Gehen, Arbeiten, Handeln geschaffen."[39] So formuliert Lenz, der in seinem Urteil über die Müdigkeit noch über die von ihm rezipierten französischen, den menschlichen Bedürfnissen, Trieben und Leidenschaften ja nicht abholden[40]

---

35 Claude-Adrien Helvétius: *Vom Geist* (1758). Berlin / Weimar 1973, S. 284.
36 Helvétius, *Geist* 1973, S. 284.
37 Holbach, *System der Natur* 1978, S. 263 f.
38 Zu diesem Forschungszusammenhang vgl. Johannes F. Lehmann: Leidenschaft und Sexualität. Materialistische Anthropologie im Sturm und Drang. J.R.M. Lenz' *Die Soldaten* und *Zerbin*. In: *Sturm und Drang. Epochen – Autoren – Werke*. Hg. Matthias Buschmeier und Kai Kauffmann. Darmstadt 2013, S. 180–202.
39 Jakob Michael Reinhold Lenz im Oktober 1772 in einem Brief an Salzmann. In: Ders.: *Werke und Briefe*, Bd. 3. Hg. Sigrid Damm. Frankfurt / M. 1987, S. 288.
40 So bspw. Helvétius, der gerade so die Grundkräfte über eine erotische und moralische Wechseldynamik mobilisiert sieht: „Wenn die Liebeslust für die Männer wirklich das lebhafteste aller Vergnügen ist, welch fruchtbarer Keim des Mutes ist dann in dieser Lust verborgen, und welch glühende Begeisterung für die Tugend könnte uns daher die Begierde nach Frauen einflößen?" (Helvétius, *Geist* 1973, S. 322).

Materialisten hinausgeht, indem er das Ruhebedürfnis des Menschen in kritisch biblischer Tradition als „Erbschaden"[41] diffamiert und in einer Mischung aus Verve und Überhebung konstatiert:

> Und sollen wir denn ruhen, meine Herren? – Verflucht sei die Ruhe und auf ewig ein Inventarium der tauben Materie, aber wir, die wir Geist in den Adern fühlen, ruhen nur dann, wenn wir zu höherem Schwunge neue Kräfte sammeln, wenn wir freiwillig zu sinken scheinen, um weit über den Gesichtskreis der gewöhnlichen Sterblichen emporzusteigen.[42]

Hier wird auf dem Feld des Denkens deutlich eine Leistungsethik gepredigt, die jede Auszeit nur über ihren weiterführenden Zweck, hin zur wiederaufzunehmenden Arbeit des Geistes, veredelt. Das Ruhen ist in dieser Konzeption gerade kein Jenseits des Um-zu-Paradigmas, sondern *nolens volens* integraler Teil eines „Moralsystems"[43], das auch denkerisch die stete Bewegung favorisiert. Denn die verfluchte Ruhe wird in den Bereich der „tauben Materie" verdammt, die sich als unbelebt von unserem „Ich, das aus Materie und Geist zusammengesetzt ist",[44] grundlegend unterscheidet. So dient das wohlgemerkt „freiwillig" gewählte Sinken, das gerade keine passiv erlittene Ermüdung ist, hier als Distinktionsinstrument, das die Menschen des „Geistes" von den lediglich „gewöhnlichen" Müden scheidet. Über den freien Willen wird das Ausruhen insofern geadelt, weil hier in eben dem Maße Energie regeneriert wird, wie sie der geistige Höhenflug anschließend wieder benötigt – freier Wille und Müdigkeit bilden so das utilitäre Energieintegral des Geistes, der sein Begehren auf die Arbeit richtet. So bleibt die Leidenschaft als Energiequelle und Antreiber für Leben, Kunst und Wissenschaft unverzichtbar: „Übrigens sind die Leidenschaften nicht nur in einer Kunst wie der Beredsamkeit, sondern auf jedem Gebiet als der produktive Keim des Geistes anzusehen, sie halten unsere Ideen in ständiger Gärung, befruchten in uns die Ideen".[45] Die Leidenschaften gelten als fundamentaler Motor für den generellen Fortschritt und die stets weiter anzustrebende Vervollkommnung menschlicher „Fähigkeiten", ebenso aber sind sie für jede Form von Kunst und „Phantasei"[46] konstitutiv.

---

41 Jakob Michael Reinhold Lenz: *Philosophische Vorlesungen für empfindsame Seelen*. Faksimiledruck der Ausgabe Frankfurt / M. und Leipzig 1780. Hg. Christoph Weiß. St. Ingbert 1994, S. 19.
42 Jakob Michael Reinhold Lenz: Stimmen des Laien auf dem letzten theologischen Reichstag 1773. In: Ders. *Werke und Briefe*. Bd. 2. Hg. Sigrid Damm. Frankfurt / M. 1987, S. 594.
43 Ebd.
44 Jakob Michael Reinhold Lenz: Versuch über das erste Principium der Moral (1771/1772). In: Ders.: *Werke und Briefe*. Bd. 2. Hg. Sigrid Damm. Frankfurt / M. 1987, S. 499–514, hier S. 507.
45 Helvétius, *Geist* 1973, S. 288.
46 Lenz, Principium der Moral, S. 509.

Im Widerspruch nun zu diesem Modell, in dem erst Tätigkeit und Dynamik Kunst ermöglichen, lässt sich jedoch im achtzehnten Jahrhundert gleichzeitig eine durchaus gegenteilige Gedankenfigur zur Genealogie von Kunst beobachten, die ästhetische Produktion gerade an Zustände der schläfrigen Ruhe, des träumerischen Dämmerns und der Gelassenheit bindet. Denn „Ideen" und Kunst, „Phantasei" und Ästhetik sind die Orte, die sich bereits im achtzehnten Jahrhundert durchaus für Phänomene des Müden, Schweifenden, Tagträumens, Inkommensurablen, ja Nichtsnutzigen interessieren – allein deshalb, weil der Mensch die Kunst stets über seine mit und gegen die Vernunft agierenden Sinne rezipiert, was nicht zuletzt über den von Baumgarten modernisierten Begriff der Aisthetik reflektiert wird. Während auch deutsche Anthropologen der Aufklärung wie bspw. Pockels (zeitweise Mitherausgeber von Moritz' *Erfahrungsseelenkunde*) vor diesen „Zwischenzuständen" warnen, die „ohne Aufsicht des Verstandes" mit „bald lächerlichen und unanständigen, bald fürchterlichen Bilder[n] unsere Seele kreuzen",[47] gibt es prominente Gegenstimmen, die solchen vernunft- und zweckbefreiten Zuständen des Loslassens und Durchlässigwerdens in schwebender Passivität genuin kreative Potenzen zuschreiben, so dass sich allererst in den Künsten „eine Kultur der Tat und eine Kultur des Werkes brechen und reflektieren kann".[48]

Neben den bekannten Vorwürfen des Unsittlichen und Sündhaften, der Entgrenzung und des Unkontrollierbaren begegnet im achtzehnten Jahrhundert also auch ein Plädoyer für Auszeiten im müde luxurierenden Denken. Begeistern können sich *für* diese träumerischen Zwischenzustände Literaten, Naturhistoriker und Philosophen: So argumentieren bspw. Lichtenberg, später Jean Paul oder Gotthilf Heinrich Schubert für die Anerkennung eben solch müder Zwischentöne als Eigenart, ja Merkmal „menschlichen Lebens", da man, so Lichtenberg, doch gar „nicht sagen kann, wo das Wachen eines Menschen anfängt".[49] Für Schubert wiederum steht fest, „dass eine gänzliche Passivität, gleichsam eine Abwesenheit der wachen Kräfte in uns nöthig sey, damit jene tief im Innern schlummernde

---

47 Karl Friedrich Pockels: Ueber den Einfluss der Finsternis in unsere Vorstellungen und Empfindungen, nebst einiger Gedanken über die Träume. In: *Magazin zur Erfahrungsseelenkunde*, Jahrgang 5 (1787), S. 88–102, hier S. 92.
48 Joseph Vogl: *Über das Zaudern*. Berlin / Zürich 2007, S. 24.
49 Georg Christoph Lichtenberg: *Schriften und Briefe*. Bd. 1. Hg. Wolfgang Promies. München 1967, S. 565: „Ich empfehle Träume nochmals […] wir leben und empfinden so gut im Traum als im Wachen und sind jenes so gut als dieses, es gehört mit unter die Vorzüge des Menschen, daß er träumt *und es weiß*. […] Der Traum ist ein Leben, das, mit unserem übrigen zusammengesetzt, das wird, was wir menschliches Leben nennen."

Natur sichtbar werde."[50] Es forme sich, beschreibt Jean Paul, in eben diesen Zuständen der „Schläfrigkeit"[51] sogar eine ganz eigene „unwillkürliche Dichtkunst".[52] In solchen Ausführungen zu Müdigkeitszuständen begegnen zuverlässig Metaphern des Schwebens, Verschmelzens, Fliegens, der Auflösung, Verausgabung, des Überfließens usw. In dem Maße also, indem Kontrollmechanismen ab- und Ich-auflösende Entgrenzung zunehmen, öffnet sich ein ungebrochener, geradezu „unmittelbarer" Zugriff auf das Ästhetische.[53] Von Hofmannsthal stammt das durch Harry Graf Kessler überlieferte Geständnis, dass er mittels seiner „halbwachen, halbträumenden Phantasie" über die Leichtigkeit dieser Halbschlaf-Kunst[54] die eigentliche Dichtkunst wohl noch übertreffe. Er befragt allerdings auch die Übertragbarkeit jener Müdigkeitsbilder in das Medium der Schrift, da in der Medialisierung des Ephemeren immer auch etwas verloren gehen müsse:

> Eine der beglückendsten Erfahrungen sei für ihn immer, wenn sich ihm im Halbschlaf Bild an Bild, Wort an Wort reihten mit einer zauberhaften Deutlichkeit und Leichtigkeit, von der ein Anderer als ein Dichter keinen Begriff haben könne, wie in einer erhöhten Existenz, viel schöner, als es je einer Dichtung gelingen könne.[55]

Rekapitulierend lässt sich für das achtzehnte Jahrhundert festhalten, dass sich Analogien im zeitgenössischen Diskurs über Luxus und Müdigkeit beobachten lassen – und zwar Analogien in Bezug auf positive wie negative Wertungen. Beide werden als Kategorien des Relationalen und der Ambivalenz gehandelt: Insofern sie nicht als problematische Phänomene *per se* diffamiert werden, wird ihnen jeweils in Abhängigkeit zu nützlichen Kategorien eine Art Katalysatorfunktion attestiert. Der Luxus befördert Wirtschaftswachstum und damit gesellschaftliches Wohlergehen, wovon Wissenschaft und Künste als zivilisatorische Errungen-

---

50 Gotthilf Heinrich von Schubert: *Ansichten von der Nachtseite der Naturwissenschaft* (1808), Dresden / Leipzig ⁴1840, S. 227.
51 Jean Paul: Blicke in die Traumwelt (1814). In: Ders.: *Sämtliche Werke*. Hg. Norbert Miller. 1. Abt., Bd. 4. München 1962, S. 971–982, hier S. 978.
52 Jean Paul: Über das Träumen (1799). In: Ders.: *Sämtliche Werke*. Hg. Norbert Miller. 2. Abt., Bd. 2. München 1976, S. 1017–1048, hier S. 1030.
53 Vgl. in diesem Sinne auch Äußerungen von Dilthey und Nietzsche; dazu Walter Schmidt-Hannisa: Halbschlafbilder. Zur Ästhetik des Kontrollverlusts. In: *Kontrollgewinn – Kontrollverlust. Die Geschichte des Schlafs in der Moderne*. Hg. Hannah Ahlheim. Frankfurt / M. 2014, S. 51–72, hier S. 64 f.
54 Vgl. Pfotenhauer, Schneider, Halbschlafbilder 2006.
55 So Kesslers die Überlegungen Hofmannsthals rekapitulierender Tagebucheintrag vom 5. Mai 1908 in: Harry Graf Kessler: *Das Tagebuch, vierter Band (1906–1914)*. Hg. Jörg Schuster. Stuttgart 2004, S. 458.

schaften profitieren. Analog erlaubt es die Müdigkeit dem ermatteten Geist, sich über eine temporale Zwischenstufe des Ausruhens zu regenerieren und anschließend erfrischt eine beglückende Tätigkeit wieder aufzunehmen. Dieses dialektische Modell der Utilität speist die vermeintliche Dysfunktionalität von Luxus und Müdigkeit gewissermaßen durch die systemische Hintertür wieder ins verrechenbare Kosten-Nutzen-Paradigma ein.

Doch gleichzeitig erfahren Zwischenzustände des Halbbewussten, des schläfrig Unkontrollierten und müden Loslassens eine Aufwertung, vor allem in naturphilosophischen, aisthetischen und poetologischen Theorien, die über eine Entlastung vom Ich den Weg zu Kreativität und Kunst allererst finden. Luxus und Müdigkeit sind dabei über ihre Relationalität sowie über ein Zeitverhältnis korreliert – und zwar, so meine These, über die hier in Rede stehende Auszeit als Luxus des Lassens. Müdigkeit selbst ist kein objektbezogener Luxus, sondern ein temporaler Luxus. Es geht in der Müdigkeit um verzeitlichte Zustände des Außer-Sich-Seins, in denen der Mensch gerade deshalb gelassener und intensiver als üblich ein Bei-sich-Sein erfahren kann. Aber dieser Zustand ist als anthropologische Größe gerade nicht auf Dauer zu stellen, sondern konstituiert sich allererst über eine spezifische Flüchtigkeit. Zu fragen ist nun mit Blick auf die Ästhetik, genauer auf die Literatur, wie sich dieser müde Zustand der Auszeit erstens einstellt und zweitens darstellt – inwiefern also spezifisch im Literarischen Müdigkeit und Luxus das utilitäre Effizienzparadigma transzendieren und in Darstellung und Dargestelltem zu Formen finden, die in einer (mit Blick auf die oben diskutierten materialistischen Naturgesetze geradezu anmaßenden) Mischung aus Verausgabung und Entzug in der Lage sind, bleibende Formen des Ephemeren zu generieren, die Zeit auf Zeit verlassen.

III Schwerelos: Rousseaus Rêveries du Promeneur solitaire

Ein erster, wenn man so will, konsequenter Aussteiger aus dem Denken der Zweckrationalitäten, in das im achtzehnten Jahrhundert Kunst und Körper eingespannt scheinen, ist Jean-Jacques Rousseau mit seinen *Rêveries du Promeneur solitaire*, den *Träumereien eines einsamen Schweifenden* (1776/77, publiziert post mortem 1782): Denn „Rousseau", das weiß nicht zuletzt der Bewegungsprediger Lenz, „ist für den Zustand der Ruhe, oder der kleinstmöglichen Bewegung."[56] Rousseau selbst bekennt: „[M]ein ganzes Leben war kaum etwas anderes als eine

---

56 Lenz, *Principium der Moral*, S. 507.

lange währende Träumerei, durch meine täglichen Spaziergänge in Kapitel unterteilt" (R 10).

Und so setzt dem kartesianischen Methodengang des *l'homme machine*⁵⁷ Rousseau in seinen *Rêveries* das Zufällige des Tagträumens entgegen: Die Öffnung der Sinne beim Spazierengehen lassen seine Aufmerksamkeit durchlässig und seine Gedanken ungerichtet werden. Seine „Träumerei" wird ihm zur *Conditio sine qua non* für Schreiben wie Leben, „woraus ich schloss, dass mir dieser Zustand ~~süß~~ angenehm ist, und zwar eher als Aufhebung aller Lebenspein denn als eigentliche Lustbarkeit" (R 30).⁵⁸ Rousseau akzentuiert hier wohlgemerkt die Abwesenheit als das entscheidende Moment der träumerischen Müdigkeit und vermeidet, das betont die korrigierende Streichung des Wortes „süß", auch in seiner Formulierung den Anklang eines Zugewinns an Lust – keine additive, lustvolle Häufung, sondern ein entlastendes Defizit konturiert die Leichtigkeit seines schöpferischen Zustands. Es ist dieser gewisse andere Zustand, in dem es ihm allererst gelingt, das Flüchtige als Flüchtiges ästhetisch handzuhaben. In der „Schweiferei" (R 228), wie er seine Träumerei auch nennt, kann er die „Gängelung durch den Verstand"⁵⁹ aussetzen und die Grenzen des Ichs, die Grenze der Hoheit des eigenen Selbst ausloten und jenseits oder auf dieser Grenze, sich selbst und letztlich auch der Welt neu und als ein Anderer begegnen.

Methodisch entscheidet sich Rousseau auch in der Darstellung gegen eine strukturiert geformte Argumentation oder teleologische Erzählung und für die möglichst unmittelbar aufzeichnende Praxis des dokumentierenden „Protokolls" (R 63): Und „so stimmte ich mich darauf ein, mich an der Beschreibung ähnlich zu

---

57 Vgl. die auf das Verhältnis von Energie und Ermüdung als grundlegende Elemente der Moderne im neunzehnten Jahrhundert hinweisende Studie von Anson Rabinbach: *Motor Mensch. Kraft, Ermüdung und die Ursprünge der Moderne* (1990), Wien 2001. Zu fragen wäre allerdings, ob man unter Berücksichtigung der hier vorgestellten Lektüre des Energiemodells der französischen Materialisten die von Rabinbach erst im späteren neunzehnten Jahrhundert als Wende der energetischen Moderne angesetzte Verschiebung der Metapher vom *l'homme machine* (dominant im achtzehnten Jahrhundert) hin zur Metapher des „Motor Mensch" (mit Blick auf die Thermodynamik, Helmholtz etc.; vgl. Anson Rabinbach: Von mimetischen Maschinen zu digitalen Organismen. Die Transformation des menschlichen Motors. In: *Müdigkeit/Fatigue. figurationen. gender – literatur – kultur* 14.1 (2013), S. 93–113) nicht bereits in der zweiten Hälfte des achtzehnten Jahrhunderts im materialistischen Denken des französischen Aufklärung ansetzen müsste: Da der Materialismus eben jenes Energiemodell aus Körper und Geist als sich selbst antreibenden Motor begreift, der seine eigene Energie über ein konstitutiv perpetuiertes und stets unerfüllt auf Ausgleich gerichtetes Glücksdefizit produziert, gewönne dieser materialistische Motor gar die Form eines (physikalisch unmöglichen, philosophisch aber anvisierten) *perpetuum mobile*.
58 Dieses Notat mit Streichung und Ersetzung findet sich „auf der Rückseite der Kreuz-Sechs" (R 30).
59 Goppelsröder, *Aisthetik der Müdigkeit* 2018, S. 77.

erfreuen, wie am Schwelgen selbst, wenn es mir nur gelänge, sie hinreichend heraufzubeschwören" (R 66). Rousseau ist sich der Schwierigkeit dieses medialen Sprungs vom stimmungsvollen „Schwelgen" in die Vermitteltheit der Schrift durchaus bewusst und reflektiert dies in seinen Protokollen wiederholt. Über die Technik einer Art Proto-*Écriture automatique* will Rousseau „ohne Zutat des Willens" (R 291) den Bildern folgen, die sich dem „Hirn" einprägen dürfen, gerade aufgrund dieses Zustandes der Passivität, der müden Empfänglichkeit und träumerischen Durchlässigkeit:

> Seit ich also den Entwurf gefasst, [...] je und je den Zustand meiner Seele aufzuzeichnen, sehe ich keinen geeigneteren und einfacheren Weg, um dieses Unterfangen umzusetzen, als ein getreulich Logbuch meiner einsamen Schweifzüge mitsamt der Träumereien zu führen, die sich einstellen, sobald ich meinem Kopf freien Lauf lasse und meine Gedanken ohne Gegenstreben noch Hemmnis ihrem Gefälle folgen können. Diese Stunden der Einsamkeit und Meditation sind die einzigen am Tag, in denen ich ganz Ich und ganz Mein bin, ohne jedwede Ablenkung, ohne jedweden Widerstand, und wo ich mit Fug sagen kann, ganz das zu sein, was Wunsch der Natur war. (R 62)

Wie auf einem Schiff, das Logbuch zur Hand, das, wie wir wissen, zunächst Spielkarten sind, auf denen er seine Impressionen festhält, lässt sich Rousseau durch und von seiner „wachträumenden Schweifsucht" (R 369) treiben. Das Spielerische, Leichte und Freie prägt nicht nur zunächst medial (Spielkarten) seine Darstellung, sondern gerade das Zufällige der „friedsamen Meditationen" (R 66) generiert sein philosophisch-verspieltes Denk-Glück. Er überlässt sich in der regellosen Selbstwahrnehmung der Eigendynamik seines Ichs, die ganz vom Gestimmtsein und von Stimmungen getragen wird. Die geschilderte Empfindung, in den „süßen Träumereien" (R 63) ganz bei sich bzw. ganz eins mit seiner Natur zu sein, reformuliert in der Konkretisierung, „ganz das zu sein, was Wunsch der Natur war", gewissermaßen das rousseauistische Ideal von der Rückkehr zum Naturzustand, erinnert aber ebenso an die Körper-Geist-Dependenz des französischen Materialismus – die Natur als Glück-Determinante und Konstante hat hier wie dort ihren Ort im Diskurs des achtzehnten Jahrhunderts zur Relation von Ästhetik, Welt- und Selbstverhältnis.

In der zweiten *Promenade* schildert Rousseau eine nochmals gesteigerte Selbstwahrnehmung des gelösten Ganz-bei-sich-Seins, dies allerdings ausgerechnet in der Folge eines Unfallsturzes: Rousseau, der noch „ganz ergriffen" von seinen „Gedanken" und „tiefglücklich" über sein „Tagwerk" den „Heimweg" einschlägt, wird hier jäh „aus dem Bann [s]einer Träumereien gerissen", weil ihn ein „mächtiger dänischer Doggenhund" überrennt, er hangabwärts stürzt und kurzzeitig sogar das Bewusstsein verliert. Für seinen „Gedanken", sich durch einen „großen Sprung" zu retten, so dass der „Hund unter mir hindurch könnte, solange ich noch in der Luft hing" ist dabei weder „Zeit zum Abwägen noch zur Ausführung" (R 66).

Interessant ist hier das Wunschbild, derart lange „in der Luft" hängen, d. h. Schwerkraft und Zeit aussetzen zu können, bis der Zusammenprall mit der Realität (hier der Hund) vermieden worden wäre. Systematisch ist dies „in der Luft"-Hängen ganz analog zum produktionsästhetischen Unternehmen der *Rêverie* selbst zu lesen, die Rousseau ja ebenfalls schweben und driften lassen sollen, um so gerade das Verhaftet-Sein im Alltäglichen zu lösen bzw. umgekehrt eine luftige Leichtigkeit zu gewinnen. Aus dem schwerelosen Zustand seines Denkdrifts heraus sucht der ‚Luftikus' Rousseau auch in dieser Situation sein Heil hoffnungsvoll im allerdings haltlosen Äther, wobei er zunächst jedoch seine körperreale Bodenhaftung recht drastisch in der Kollision mit dem „Dänenhund" (R 66) verliert: Denn „schneller als ein Blitz" (ebd.) folgen „Schlag", Aufprall des massigen Hundes, „Fall" und der „Sturz" ins fühllose „[N]ichts" (R 67), aus dem er nach „3 viertel Stunden" erst „wieder zu Bewusstsein" (R 251) kommt. Dieser Drastik entspricht gewissermaßen umgekehrt die Intensität der sich dann anschließenden, beglückenden und ästhetisch-transzendentalen Wahrnehmung. Seinen einsetzenden „Zustand" einer müden Schwebe erlebt Rousseau – im starken Kontrast zu dem sich überstürzenden Geschehen des Unfalls – als geradezu Jenseits von Zeit, als „so einzig [...] in seiner Art", dass er diese Erfahrung als Wiedergeburt und Entgrenzungserlebnis beschreibt:

> Ich sah Himmel, Sterne und einen Schimmer Grün. Diese erste Empfindung war ein herrlicher Moment. Ich ging in diesem Fühlen auf. In diesem Augenblick wurde ich ins Leben geboren, und mir schien, als wären sämtliche Dinge, die ich wahrnahm, von meinem leichten Dasein erfüllt. Ganz eins mit dem gegenwärtigen Jetzt hatte ich keinerlei Erinnerung; ich hatte keinerlei klaren Begriff von meinem individuellen Sein [...]; ich wusste weder wer noch wo ich war; ich spürte kein Leid, keine Furcht, keine Unruhe. [...] Ich fühlte in meinem ganzen Wesen verzückte Ruhe, und immer wenn ich sie mir erinnerlich mache, finde ich im gesamten Kreis der bekannten Genüsse nichts, was sich damit vergleichen ließe. (R 67 f.)[60]

Die Brutalität des Zufalls beschert Rousseau den unvergleichlichen Genuss, sein „ganzes Wesen", die „Dinge" und das „Dasein" in „verzückter Ruhe", als absolute

---

60 Vgl. hierzu das von Jean Paul entdeckte ästhetische Potenzial und die sinnliche Intensität im rauschhaft ästhetischen Erleben seiner geschilderten Flugträume: „Wahrhaft selig, leiblich und geistig gehoben" erfährt er die „Traumwünsche" seiner „Phantasie" als „ganz neuen Genuss[]" und „Vergnügen", die gleichfalls wie bei Rousseau im Entgrenzungs- und Auflösungserlebnis kulminieren, wenn er „mit den unendlichen umspülenden Wellen verschmolzen wogte" (Jean Paul, *Blicke* 1962, S. 1035).

Gegenwart, als zeitliche und räumliche Entgrenzung wahrzunehmen. Diese geradezu ätherische Form der Auszeit trennt zwar die Intensität der Erfahrung von den alltäglicheren Spazierträumereien, beide eint aber das beglückende Gefühl gerade im Außer-sich-Sein ganz bei sich zu sein – eine Art passiver, unbewusster Naturzustand.[61] In den *Rêveries* hält Rousseau über das Bild- und Stimmungsprotokoll Dimensionen der eigenen Existenz fest, die dem kontrollierenden Verstand unzugänglich bleiben müssen. Als „Seismograph der eigenen Erschütterungen"[62] verzeichnet er hier eine frühe literarästhetische Annäherung an die eigene selbstbedingte Bedingtheit, an das eigene Vermögen, sich an sich selbst im Unvermögen zu verlieren. Keine „nichtigen Vernünfteleien" (R 90) ebnen Rousseau dabei methodisch seinen Weg zur Niederschrift der *Rêveries*, sondern die in den assoziativ geprägten Schilderungen seiner wachträumenden Poesie erprobt er die Hingabe an die verschiedenen Modulationen der Müdigkeit. In ihnen gewinnt Rousseaus solitäres Denken als Sich-Verlieren[63] in der geregelten Regellosigkeit seine ästhetische Kraft und spezifisch promenierende Form der flüchtigen „Träumerei".

IV Zeitlos: Musils *Der Mann ohne Eigenschaften*

Von der Schilderung dieser „wachträumenden" Hingabe in einem ‚Ego-Dokument' wechsle ich nun historisch wie gattungstypologisch das Register. Nur anhand einer Lektürevignette können hier müde Strukturen in Musils überbordendem Roman der Digression skizziert werden – diese dürfte aber für den paradigmatischen Ort des Überschusses als symptomatisch gelten, scheint Musils Roman doch geradezu prädestiniert dafür, dass hier Müdigkeiten in motivischer Form wie in poetologischer Faktur wirken.

Ulrich und Jean-Jacques eint über die Zeiten hinweg eben jener Genuss des Sich-Verlierens in der flanierenden Sehnsucht nach jenem eben anderen Zu-

---

[61] Rousseau betont, dass er, nachdem er wieder zu sich gekommen war, seinen „Weg" nach Hause „ebenso trefflich wählte und beschritt, wie ich es bei bester Gesundheit gekonnt hätte" (R 69) – er findet in diesem Zustand des, medizinisch gesprochen, Schocks also mit geradezu schlafwandlerischer Sicherheit seinen Weg.

[62] Goppelsröder, *Aisthetik der Müdigkeit* 2018, S. 79.

[63] In dieser Tradition steht die im späten neunzehnten Jahrhundert sich etablierende und im frühen zwanzigsten Jahrhundert omnipräsente Figur des Flaneurs bspw. in Texten von Poe, Baudelaire, Benjamin und anderen; vgl. dazu Harald Neumeyer: *Der Flaneur. Konzeptionen der Moderne*. Würzburg 1999.

stand.⁶⁴ So sinkt Ulrich einmal ins „Bett", wo „die matten Glieder sich wieder behutsam getragen und umhüllt fühlten", denn zuvor hatten ihn „vielleicht gar keine Strolche, sondern Bürger" durch das „Gewitter" ihrer „Fäuste" wahrlich „übel zugerichtet" (MoE 25f.). Im diaphanen Dämmerzustand zwischen Wachen und Schlaf, auf der unklaren Schwelle zwischen Traum und Sinnesdelirium⁶⁵ sinken wiederum die Geschehnisse der Nacht ebenso in ihn ein wie umgekehrt die Erinnerungsbilder in ihm aufsteigen – und damit vor uns Lesenden als temporal heterogenes Textgefüge erscheinen: Ulrich erinnert sich nämlich zunächst an die „Niederlage", die er sich bei der „Schlägerei" (MoE 27), dann an die Bekanntschaft mit der „neuen Geliebten" (MoE 25), die er sich zugezogen hatte – beide erlittenen Malaisen rekapituliert er anhand einzelner Szenen, durchzogen und unterbrochen von Reflexionen. Über das retardierende Moment dieser erzählten Auszeiten lässt sich das siebte Kapitel als ein genuin müde konstituiertes lesen, denn, so der Titel: *In einem Zustand der Schwäche zieht sich Ulrich eine neue Geliebte zu.*

In der Figur Ulrich verbindet sich die Müdigkeit mit Phänomenen der Unzeitlichkeit, der Zeitpausen und Zeitlosigkeit, mit dem Ausfallen von Zeit – zugleich formt sie sich auch als ein „Zustand der Schwäche". Das Aussetzen zunächst der inneren Uhr Ulrichs, denn „einen Augenblick hatte er gezögert", auf den Angriff der Krawallbrüder zu reagieren, markiert seine Reaktionszeit als immer öfter „mehr Zeit" (MoE 26) brauchenden und daher dysfunktionalen Regulator, der doch eigentlich seine körperliche Unversehrtheit garantieren sollte. Diese Aussetzer in Ulrichs Eigenzeit sind flankiert durch das Umstülpen der zunächst als *in medias res* einsetzenden Erzählzeit: Das „Eines Morgens" wird dabei gleich zielsicher unterminiert, wenn Ulrich „das Abenteuer" doppelt analeptisch, „noch einmal" (MoE 25) und „noch einmal" (MoE 28), rekapituliert, Ablauf und „Fehler" (MoE 26) diagnostiziert, dabei eindämmert und wieder „erwachte", um sich dann „auch die Fortsetzung seines nächtlichen Abenteuers" (MoE 28) mit Bonadea zu vergegenwärtigen. Diese vor- und zurückschaltenden, anhaltenden und verharrenden Auszeiten in der Narration erweisen sich derweil als textuelle Repräsentation eines Zeit-Fehlens sowie eines Zeit-Fehlers, denn Ulrich, ganz zeitenthoben, schien doch „etwas zu viel gedacht zu haben" (MoE 26): In den

---

64 Vgl. Robert Musil: *Der Mann ohne Eigenschaften.* Hg. Adolf Frisé. Reinbek 1978, hier S. 1860; im Folgenden mit der Sigle MoE und folgender Seitenzahl direkt im Text zitiert. Meine detaillierte Lektüre dieser Romanpassage findet sich in Antonia Eder: Anthropologische Auszeiten – Müdigkeiten. In: *Teilweise Musil. Kapitelkommentare zum Mann ohne Eigenschaften.* Hg. Roland Innerhofer, Maren Lickhardt, Peter Plener und Burkhardt Wolf. Berlin 2019, S. 45–49.
65 Vgl. Richard von Krafft-Ebing: Die Sinnesdelirien. Ein Versuch ihrer physio-psychologischen Begründung und klinischen Darstellung. Erlangen 1864; in seiner *Psychopathia sexualis* ersetzt Krafft-Ebing später diesen Ausdruck durch Dämmerzustand.

Aussetzern seiner Eigenzeit konstelliert sich nämlich die jeweilige Gegenwart um Ulrich herum, mit und eben doch ohne ihn, je neu, je anders: Zunächst sieht er sich dabei „von immer größer werdenden Fäusten" „niedergehämmert" (MoE 26), dann in eines „dieser Liebesabenteuer [...], derer er längst satt war" (MoE 30), verstrickt. In Ulrichs favorisierte Zustände der Selbstvergessenheit und des zeitlosen „Dunkel", in denen kein „Wille, Absicht und Bewußtsein dabei sein oder gar dareinreden dürfen", bricht so zweifach die Gegenwart, in der „die Ohnmacht" immer schon „der Wirklichkeit Platz gemacht" (MoE 28) haben wird. Denn, ob als „feindseliger Akt" (MoE 26) der prügelnden Angreifer oder mit „hilfsbereitem Idealismus" der verliebten Bonadea, beide Male ist die Wirkung der Gegenwart für den müden Ulrich „erweckend" (MoE 28). Statt also weiter im müden Entlastungszustand driften zu können, erinnern ihn „kleine Eiskristalle des Zweifels und der Angst" mit einem „unnatürlichen Klarwerden" (MoE 28) an ihn selbst, an ihn als „diese ganze, zivilrechtlich gegen die Umwelt abgegrenzte Haupt- und Gesamtperson" (MoE 29). Unbemerkt, von Ulrich wie auch von uns Lesenden, hat sich derweil die „Gegenwart" (MoE 28) in die müden Zwischenzeiten gedrängt und so wird Ulrich als ein „verwunderter Fremdling" von „einem unerwartet schönen Dasein", das doch sein eigenes ist, aufgenommen. Dies geschieht in eben jenem finalen, in sich selbst zurücklaufenden Augenblick des Kapitels, der Ausgang und Eingang zugleich ist, denn: „Zwei Wochen später war Bonadea schon seit vierzehn Tagen seine Geliebte" (MoE 30).

Die im Kapitel zentrale Auflösung einer fortschreitend erzählbaren Zeit zugunsten einer narrativ in sich zurücklaufenden und sich selbst überholenden Erzählzeit kündigt nicht zuletzt die Aufhebung einer längst überholten Ordnung an. Ulrichs „Entzücken an den entschwebenden Spiralen des Bewußtseinsverfalls" (MoE 27), deren Augenblick ein Kontinuum ist, lassen sich (zunächst) nicht auf Dauer stellen. Erst im Offenen der (end- und zeitlosen) Fragmente inszenieren die verwaisten Kinder der k. u. k. Monarchie, Agathe und Ulrich, „einen wahrhaftig grundlos schwebenden Zustand" von „Roheit und Liebe", um für diesen dauernden Augenblick das „Ausweichen ins Private" (MoE 29) absolut zu setzen – ein Zustand übrigens des, zumindest innerhalb des niedergeschriebenen Romans, stets perpetuierten Aufschubs sexueller, d.i. inzestuöser Einlassung. Zwischen-Räume und Zwischen-Zeiten scheinen konstitutiv für das siebte Kapitel, das sich im Modus der Müdigkeit gegen eine linear kausale Erzählordnung wendet. Favorisiert wird die figurale Eigenzeit Ulrichs als eine potenzielle Innensicht, wodurch an der Außenseite der *faits accomplis* in der wirklichen Gegenwart bzw. der gegenwärtigen Wirklichkeit Ulrich als gewissermaßen zwischen-zeitlicher Möglichkeitsmensch markiert wird. Das Kapitel konstituiert so zwischen Anfang und Ende seiner selbst eine Auszeit, in der Ulrich trotz Einsichten immer schon das „Nachsehen" (MoE 30) gehabt haben wird.

V Auszeit auf Zeit

Wie sehr das Ephemere der Auszeit der müden Zwischenzeiten und Zwischenräume Auslöser von Kultur sein kann, darüber spekuliert auch Hans Blumenberg. Er verortet in seinem kleinen Text über die *Nachdenklichkeit* den Ursprung menschlicher Kultur im Zögern und im Aufschub der (nach Arendt ja Humanität allererst konstituierenden) Aktivität. Blumenberg setzt in seinem vorzeitlich verorteten Gedankenexperiment die Aktion bewusst aus und überantwortet die Wiege der menschlichen Kultur hingegen einem durchaus riskanten Moment des Zauderns, der seine Zeitfülle gegen eine Handlungsnot behauptet:

> Die riskante Unentschiedenheit vor der Alternative *Flucht oder Angriff* mag der erste, in keiner Ausgrabung jemals nachweisbare Schritt zur Kultur als einem Verzicht auf die raschen Lösungen, die kürzesten Wege gewesen sein.[66]

Das temporale Aussetzen in der „Freiheit der Abschweifung",[67] im Abdriften und Sich-Verlieren eröffnet nach Blumenberg einen spezifisch luxuriösen[68] Reflexionsraum der temporalen Verausgabung, der Kultur jenseits von Effizienz als Selbstzweck und anökonomische Figur des Überschuss' etabliert.[69] Mit der Betonung des Potenziellen und Latenten tritt im anthropologischen und kulturellen Horizont der Auszeit und ihrer Affinität zu Luxus und Müdigkeit damit durchaus eine politische Dimension hervor, die bereits im achtzehnten Jahrhundert eng geknüpft ist an die Grundfrage des guten Lebens:

> Wenn also die Frage ist, welcher Zustand für unser Ich das aus Materie und Geist zusammengesetzt ist, der glücklichste sei, so versteht es sich zum voraus, daß wir hier einen Zu-

---

[66] Hans Blumenberg: Nachdenklichkeit. In: *Jahrbuch der Deutschen Akademie für Sprache und Dichtung* 1 (1980), S. 57–61, hier S. 57.
[67] Ebd., S. 58.
[68] Die luzide These und argumentative Rekonstruktion einer Luxustheorie bei Blumenberg entwickelt Christine Weder: „Genug ist nicht genug!" Zu Blumenbergs Metaphorologie und Anthropologie des Luxus. In: *Blumenbergs Verfahren*. Hg. Eva Geulen und Hannes Bajohr. Göttingen (im Erscheinen).
[69] Zu Affinitäten zwischen Anthropologie, Kultur und Luxus bei Blumenberg vgl. Markus Firchow: Zwischen Mangel und Überfluss. Luxus als Thema theologischer Anthropologie und Ethik. In: *Fremde – Luxus – Räume: Konzeptionen von Luxus in Vormoderne und Moderne*. Hg. Jutta Eming, Gaby Pailer, Franziska Schößler und Johannes Traulsen. Berlin 2015, S. 19–41; mit literaturwissenschaftlichem Fokus auf Blumenbergs Konzeption von Luxus vgl. Monika Schmitz-Emans: Imaginierter Luxus. Phantasien der Sinnlichkeit und Erfahrungen des Entzugs bei Italo Calvino. In: Weder, Bergengruen, *Luxus* 2011, S. 281–304.

stand der Bewegung meinen. [...] [E]ine absolute Ruhe ist [...] in diesem Leben unserm Ich kein möglicher Zustand.⁷⁰

Das Glücksversprechen des Materialismus bleibt an Arbeit und vor allem Nützlichkeit gebunden. Als nützliche Beschäftigung wird so noch das für das achtzehnte Jahrhundert als Doppelfiguration von Freiheit und Regulativ in einer idealiter kultur- wie naturgemäßen Subjektwerdung (prominent bei Schiller) zentrale Spiel im Horizont der Zweckrationalität verbucht: Für Kants *Anthropologie* kann, „im gesunden Zustande" die „Ruhe *nach* der Arbeit" durchaus „der größte Sinnengenuß" des Menschen sein, hingegen:

> Der Hang zur Ruhe ohne vorhergehende Arbeit in jenem [gesunden] Zustande ist Faulheit. – Doch ist eine etwas lange Weigerung, wiederum an seine Geschäfte zu gehen, und das süße far niente zur Kräftensammlung, darum noch nicht Faulheit; weil man (auch im Spiel) angenehm und doch zugleich nützlich beschäftigt sein kann.⁷¹

Weder das hingebungsvoll selbstvergessene Spiel darf dem „Reich der Zwecke" entfliehen,⁷² noch darf das „süße far niente" reiner Selbstzweck sein – die luxurierenden Spielarten sind nur insofern in ihrer Existenz legitim, als sie sich unter ein ‚Um-zu' subsummieren lassen.

Diese Tradition führt gegenwärtig die „Kontrollgesellschaft"⁷³ einer ungeahnten Optimierung zu, indem selbst die Auszeiten für *Power-Napping* genutzt und Zwischenräume des Durchatmens oder Durchhängens in *Quality-Time* konvertiert werden. Es herrscht allerorts ein großer Glücks-Imperativ des *Well-being*, der kaum verhehlen kann und will, dass seine *Self-Awareness* der informierten Selbstsorge vor allem die Rückseite eines hellwachen Effizienz- und Optimierungsdenkens ist. In dieser Utilitätslogik sind schwebende Zustände luxurieren-

---

70 Lenz, *Principium der Moral* 1987, S. 507.
71 Immanuel Kant: Von dem höchsten physischen Gut. In: Ders.: *Werke*. Bd. XII. Hg. Wilhelm Weischedel. Frankfurt / M. 1977, S. 613–615, hier S. 613f.
72 Theodor W. Adorno: Veblens Angriff auf die Kultur (1941). In: *Kulturkritik und Gesellschaft I. Prismen. Ohne Leitbild*, Hg. Rolf Tiedemann. Frankfurt / M. 1996, S. 72–96, hier S. 72. Zu diesem Zusammenhang vgl. Lambert Wiesing: Luxus als Kritik der zweckrationalen Lebensform. In: *Ästhetischer Widerstand gegen Zerstörung und Selbstzerstörung. Kunst und Gesellschaft*. Hg. Aida Bosch und Hermann Pfütze. Wiesbaden 2018, S. 455–471.
73 Die im ausgehenden achtzehnten Jahrhundert entstandene und bis heute fortwirkende Disziplinargesellschaft erscheint über verfeinerte Internalisierungsprozesse noch verschärft und wird in biopolitischen Diskursen zur Gouvernementalität begrifflich gefasst als „Kontrollgesellschaft" (Gilles Deleuze: Postskriptum über die Kontrollgesellschaften. In: Ders.: *Unterhandlungen (1972–1990)*, Frankfurt / M. 1993, S. 254–262.)

der Müdigkeit kaum zu denken, ist man ob der anhaltenden Spannung zwischen Ermüdung von der und Erholung für die Arbeit doch höchstens redlich, nicht aber ästhetisch müde:

> [Denn] die eigentliche Tugend ist jetzt, Etwas in weniger Zeit zu thun, als ein Anderer. Und so giebt es nur selten Stunden der erlaubten Redlichkeit: in diesen aber ist man müde und möchte sich nicht nur ‚gehen lassen', sondern lang und breit und plump sich hinstrecken.[74]

Die utilitaristische Toxik aus Zeitverkürzung und Konkurrenz, Arbeit und Abspannung, um sich nochmals und schneller wieder anzuspannen, hat seit Nietzsches Feststellung eher noch globale Akzeleration erfahren.[75] In der wohldosierten Auszeit nach getaner Arbeit gibt man einer Müdigkeit nur nach, um sie *durch sie* effizient überwinden zu können: Ausgeruht können wir umso besser, schneller, länger wieder tätig sein – Müdigkeit fungiert in diesem Modell als konstitutiver Teil eines Utilität-Designs: Müdigkeit ist kein Wert an sich, sondern eine Relation, sie erscheint als instrumentalisiertes ‚Um zu'.

So argumentiert bspw. Agamben in *Über negative Potentialität*, dass postmoderne Machtformen den Menschen „weniger von seinen Möglichkeiten als von seinen Unmöglichkeiten entfernen".[76] Die Freiheit des *anything goes* tritt auf als Imperativ: Alles ist machbar, alles ist leistbar. Sich unter dem Druck dieses Imperativs müde Widerständigkeit nicht mehr zu leisten (oder leisten zu können), ist die Entfremdung von der eigenen „Freiheit zu Unterlassung"[77] und gerät damit in einen intrikaten Bereich des Nicht-mehr-Menschlichen: Denn jedes menschliche Vermögen, etwas zu tun oder zu sein, wird genuin grundiert von einem vorgeschalteten Vermögen, dies gleichwohl nicht tun oder sein zu können. Gegen den Zwang zur steten Verwirklichung der eigenen Möglichkeiten stellt sich mit ihrer „negativen Potentialität"[78] die Müdigkeit: Darin lässt sie sich – im Sinne einer luxurierenden Zeitökonomie – mengen-poetisch beschreiben als „das Mehr des weniger Ich".[79]

In den hier vorgestellten Texten präsentiert sich Müdigkeit als luxurierende Zeit der Flüchtigkeit, als eine Art Zwischen-Zeit und ‚Neben-Gegenwart': Müdig-

---

74 Friedrich Nietzsche: Die fröhliche Wissenschaft. In: Ders.: *Kritische Studienausgabe*. Bd. 1. Hg Giorgio Colli und Mazzino Montinari. Berlin 1988, S. 556 f.
75 Vgl. Hartmut Rosa: *Beschleunigung. Die Veränderung der Zeitstrukturen in der Moderne*. Frankfurt / M. 2005.
76 Busch, *Passivität* 2012, S. 64.
77 Ebd.
78 Giorgio Agamben: Über negative Potentialität. In: *Nicht(s) sagen. Strategien der Sprachabwendung im 20. Jahrhundert*. Hg. Emmanuel Alloa und Alice Lagaay. Bielefeld 2008, S. 285–298.
79 Handke, *Versuch über die Müdigkeit* 1989, S. 75.

keit erscheint in der Zeit der Literatur und ihrer poetologischen Verfahren als ein ästhetisch zwar zu sistierendes, anthropologisch jedoch stets fragiles Jetzt. Gerade in der konstitutiven Flüchtigkeit der Müdigkeitsmomente entfaltet sich allerdings eine Form des Luxus' als *sinnliche* Korrespondenzen stiftende ästhetische Temporalität. Die bekannte Paradoxie des Unterfangens, den Augenblick auf skripturale Dauer zu stellen, schlägt sich nicht zuletzt in der jeweiligen Form der Darstellung nieder: In den Übersprüngen und Zeitlupenfrequenzen bei Rousseau sowie in den Zeitschleifen des Erzählten wie des Erzählens bei Musil spiegelt sich eine selbstreflexive Fragilität des sprachlich angemaßten Zugriffs. Intensität und Schönheit der aisthetischen Müdigkeit sind unmittelbar gebunden an die prekären Bedingungen von Zeit- und Formentzug. Die Pointe dieser defizitären Bedingtheit liegt jedoch poetologisch in der aus ihr zugleich ästhetisch entstehenden Fülle. Die paradoxe Ökonomie der Müdigkeit als „Mehr des weniger Ich" generiert exakt jenen flüchtigen, literarisch jedoch immer wieder genüsslich auf Dauer zielenden Luxus, der eine Auszeit auf Zeit zu konstituieren vermag.

Kurzbiographien

Luisa Banki, Dr., Allgemeine Literaturwissenschaft / Neuere deutsche Literaturgeschichte an der Bergischen Universität Wuppertal. Forschungsschwerpunkte: Historische Leseforschung, bes. Konzeptionen weiblicher Lektüre; europäisch-jüdische Literatur, bes. der dritten Generation nach der Shoah; transkulturelle Literatur und Mehrsprachigkeit. Publikationen (u. a.): *Post-Katastrophische Poetik. Zu W. G. Sebald und Walter Benjamin*, Paderborn 2016; *Lektüren. Positionen zeitgenössischer Philologie*, hg. zus. mit Michael Scheffel, Trier 2017; *Lektüre und Geschlecht im 18. Jahrhundert. Zur Situativität des Lesens zwischen Einsamkeit und Geselligkeit*, hg. zus. mit Kathrin Wittler, Göttingen 2020.

Maximilian Bergengruen, Prof. Dr., Neuere deutsche Literatur am Karlsruher Institut für Technologie (KIT). Forschungsschwerpunkte: Literatur- und Wissensgeschichte von der Frühen Neuzeit bis in die Moderne; Literaturtheorie. Publikationen (u. a.): *Die Formen des Teufels. Dämonologie und literarische Gattung in der Frühen Neuzeit*, Göttingen 2020; *Verfolgungswahn und Vererbung. Metaphysische Medizin bei Goethe, Tieck und Hoffmann*, Göttingen 2018; *Mystik der Nerven. Hugo von Hofmannsthals literarische Epistemologie des Nicht-mehr-Ich*, Freiburg 2010; *Nachfolge Christi / Nachahmung der Natur. Himmlische und natürliche Magie bei Paracelsus, im Paracelsismus und in der Barockliteratur (Scheffler, Zesen, Grimmelshausen)*, Hamburg 2007; *Schöne Seelen, groteske Körper. Jean Pauls ästhetische Dynamisierung der Anthropologie*, Hamburg 2003.

Hartmut Böhme, 1977–1992 Professor für Literaturwissenschaft an der Universität Hamburg. 1993–2012 Professor für Kulturtheorie und Mentalitätsgeschichte, Humboldt-Universität zu Berlin. Leiter einer Reihe von DFG-Projekten, u. a. Sprecher des SFB „Transformationen der Antike" (2005–2012). Träger des Meyer-Struckmann-Preises 2006 und des Hans-Kilian-Preises 2011. Publikationen (u. a.): *Aussichten der Natur*, Berlin 2016; *Natur und Figur. Goethe im Kontext*, Paderborn 2016; *Das Dentale. Faszination des oralen Systems in Wissenschaft und Kultur*, hg. zus. mit Beate Slominski und Bernd Kordaß, Berlin 2015; *Fetishism and Culture. A different Theory of Modernity*, trans. Anna Galt, Berlin 2014 (übersetzt auch ins Polnische u. Spanische); *Contingentia. Transformationen des Zufalls*, hg. zus. mit U.C.A. Stephan und Werner Röcke, Berlin 2015; *Der anatomische Akt. Zur Bildgeschichte und Psychohistorie der frühneuzeitlichen Anatomie*, Gießen 2012.

Antonia Eder, PD Dr. phil. am Institut für Germanistik, Karlsruher Institut für Technologie (KIT). Forschungsschwerpunkte: Korrespondenzen zwischen Literatur und Wissen bzw. Wissenschaften (Recht, Forensik, Psychologie, Philosophie) im 18.–20. Jahrhundert; Antikerezeption; Drama / Dramentheorie; Geschlechterforschung. Publikationen: *Der Pakt mit dem Mythos. Hofmannsthals zerstörendes Zitieren von Nietzsche, Bachofen, Freud*, Freiburg 2013; *Das Unnütze Wissen (in) der Literatur*, hg. zus. mit Jill Bühler, Freiburg 2015; *Indiz. Eine Wissens- und Erzählordnung in Recht, Semiotik und Literatur (1740–1820)*, erscheint Stuttgart 2022.

Matt Erlin, Prof. Dr., deutsche und vergleichende Literaturwissenschaft an der Washington University in St. Louis. Forschungsschwerpunkte: Digital Humanities; Literatur und Ökonomie; Geschichte des Lesens; Kulturtransfer; Literary Urban Studies. Publikationen (u. a.): *Necessary*

Luxuries: Books, Literature, and the Culture of Consumption in Germany, 1770–1815, Ithaca, NY 2014; *Distant Readings: Topographies of German Culture in the Long Nineteenth Century*, hg. zus. mit Lynne Tatlock, Rochester, NY 2014; *German Culture in Nineteenth-Century America: Reception, Adaptation, Transformation*, hg. zus. mit Lynne Tatlock, Rochester, NY 2005; *Berlin's Forgotten Future: City, History, and Enlightenment in Eighteenth-Century Germany*, Chapel Hill, NC 2004.

Robert Krause, PD Dr., Neuere deutsche und vergleichende Literaturwissenschaft an der Albert-Ludwigs-Universität Freiburg. Forschungsschwerpunkte: Literatur-, Kultur- und Ideengeschichte der europäischen Moderne, bes. 19. und 20. Jahrhundert; Komparatistik, bes. deutsch-französische Beziehungen; soziopolitische Fragen aus kulturwissenschaftlicher Perspektive, bes. Exil, Ausnahmezustand und Bedingungsloses Grundeinkommen; Intermedialität, bes. das Verhältnis der Literatur zur Architektur. Publikationen (u. a.): *Lebensgeschichten aus der Fremde: Autobiografien deutschsprachiger emigrierter SchriftstellerInnen als Beispiele literarischer Akkulturation nach 1933,* München 2010; *Text-Architekturen: Die Baukunst der Literatur,* hg. zus. mit Evi Zemanek, Berlin u. New York 2014; *Muße und Müßiggang im Zeitalter der Arbeit: Zu einer Problemkonstellation der deutschen und französischen Literatur, Kultur und Gesellschaft im ‚langen' 19. Jahrhundert,* Stuttgart 2021.

Anja Lemke, Prof. Dr., Neuere deutsche Literaturwissenschaft an der Universität zu Köln, Direktorin des Erich Auerbach Institute for Advanced Studies. Forschungsschwerpunkte: Ästhetik des Möglichen und Künftigen; Literatur und Wissen (Ökonomie, Arbeitsanthropologie, Pädagogik); Literaturtheorie; Rhetorik und Ästhetik; Erinnerungs- und Gedächtnistheorien. Publikationen (u. a.): *Konstellation ohne Sterne. Zur geschichtlichen Zäsur bei Martin Heidegger und Paul Celan*, München 2002; *Gedächtnisräume des Selbst – Walter Benjamins ‚Berliner Kindheit um neunzehnhundert'*, Würzburg, 2. Aufl. 2008; *Kunst und Arbeit. Zum Verhältnis von Ästhetik und Arbeitsanthropologie vom 18. Jahrhundert bis zur Gegenwart*, hg. zus. mit Alexander Weinstock, München 2014; *art works. Ästhetik des Postfordismus*, Gemeinschaftspublikation des Netzwerks „Kunst und Arbeit", Berlin 2015; *Theorien des Möglichen*, hg. zus. mit Niklaus Largier, Berlin 2021.

Christopher Meid, PD Dr., Neuere deutsche Literaturwissenschaft an der Albert-Ludwigs-Universität Freiburg. Forschungsschwerpunkte: Antikerezeption; Reiseliteratur; Politische Literatur von der Frühen Neuzeit bis zur Moderne. Publikationen (u. a.): *Griechenland-Imaginationen. Reiseberichte im 20. Jahrhundert von Gerhart Hauptmann bis Wolfgang Koeppen,* Berlin u. Boston 2012; *Der politische Roman im 18. Jahrhundert. Systementwurf und Aufklärungserzählung,* Berlin u. Boston 2021.

Yashar Mohagheghi, Dr., Germanistische und Allgemeine Literaturwissenschaft an der RWTH Aachen. Forschungsschwerpunkte: Kulturgeschichte des Festes; Literatur und Verzeitlichung im 18. Jahrhundert; Ding- und Materialkulturen im 19. Jahrhundert, bes. im Ästhetizismus. Publikationen (u. a.): *Fest und Zeitenwende. Französische Revolution und die Festkultur des 18. Jahrhunderts bei Hölderlin*, Stuttgart 2019; Das Bundesfest als Gründungsakt der neuen Zeit. Zum Wandel der Festkultur im 18. Jahrhundert. In: *DVjs* 94,1 (März 2020), S. 1–15.

Gabriela Muri, Prof. Dr., Titularprofessorin an der Universität Zürich am Institut für Sozialanthropologie und Empirische Kulturwissenschaft und Projektleiterin am Institut für Kindheit, Jugend und Familien am Departement Soziale Arbeit ZHAW. Forschungsschwerpunkte: Raum- und zeittheoretische Fragestellungen; Stadt-, Sozialplanung und soziale Ungleichheit; Theorie des Situativen; urbane Eventkulturen; Kinder- und Jugendkulturen; visuelle Kultur und Medialität; Alltagstheorien. Publikationen (u. a.): *Pause! Zeitordnung und Auszeiten aus alltagskultureller Sicht*, Frankfurt / M. u. New York 2004; *Die Stadt in der Stadt. Raum-, Zeit- und Bildrepräsentationen urbaner Öffentlichkeiten*, Wiesbaden 2016; *Eventisierung der Stadt*, hg. zus. mit Daniel Späti, Philipp Klaus u. Francis Müller, Berlin 2019; Der Arbeit die Arbeit – der Pause die Zeit: Zur Vergesellschaftung von Zeit zwischen prekären Verhältnissen und Optimierung des Selbst. In: *Work-Work-Balance*. Hg. Ingo Stützle, Berlin 2020, S. 160–175.

Ruth Signer, Dr. des., Postdoc-Mitarbeiterin im SNF-Forschungsprojekt *Luxus und Moderne* und Chargée de cours für Neuere deutsche Literaturwissenschaft an der Universität Genf. Forschungsschwerpunkte: Literatur und Luxus; Aufklärung; Literatur und Ökonomie; Kulturtheorie; Kritische Theorie; Poststrukturalismus; Literatur um 1968; „Neue Subjektivität"; Autofiktion. Publikationen (u. a.): „Wir wollen mit Ihnen in keinen Dialog treten." Publikums-Vorstellungen in Peter Handkes ‚Publikumsbeschimpfung'. In: *Theatrale Revolten*, Basel 2018, S. 147–162; zus. mit Hubert Thüring: Roland Barthes: Von der Semiologie zur Lust am Text. In: *Grundthemen der Literaturwissenschaft: Poetik und Poetizität*, Berlin 2018, S. 329–341; *Neue Subjektivität. Paradoxe Subjekte denken und erzählen in den 1970er Jahren* (im Erscheinen).

Peter Utz, 1987–2019 Professor für Neuere deutsche Literatur an der Universität Lausanne. Forschungsschwerpunkte: Jahrhundertwende; literarisches Feuilleton; Schweizer Autoren des 20. Jahrhunderts; literarisches Übersetzen. Zahlreiche Publikationen zu Robert Walser, Mitherausgeber der „Berner Ausgabe"; Mitherausgeber der Reihe „Schweizer Texte" (bisher 58 Bde.). Neuere Buchpublikationen: *Tanz auf den Rändern. Robert Walsers ‚Jetztzeitstil'*, Frankfurt / M. 1998 / 2018 (übersetzt ins Französische); *Anders gesagt – autrement dit – in other words. Übersetzt gelesen: Hoffmann, Fontane, Kafka, Musil*, München 2007; *Kultivierung der Katastrophe. Untergangsszenarien in den Literaturen der Schweiz*, München 2013 (übersetzt ins Französische); *„Nachreife des fremden Wortes". Hölderlins ‚Hälfte des Lebens' und die Poetik des Übersetzens*, Paderborn 2017.

Christine Weder, Prof. Dr., Neuere deutsche Literaturwissenschaft an der Universität Genf. Forschungsschwerpunkte: Literatur und Wissen(-schaft); Ästhetik und Ökonomie, bes. Literatur- und Kulturgeschichte des Luxus; Fragen als literarisches Verfahren; Literatur im mediengeschichtlichen Kontext. Publikationen (u. a.): *Erschriebene Dinge. Fetisch, Amulett, Talisman um 1800*, Freiburg 2007; *Luxus. Die Ambivalenz des Überflüssigen in der Moderne*, hg. zus. mit Maximilian Bergengruen, Göttingen 2011; *Intime Beziehungen. Ästhetik und Theorien der Sexualität um 1968*, Göttingen 2016; *Bebilderte Texte, betextete Bilder. Fotografie und Text um 1900*, hg. zus. mit Philipp Ramer, Wien 2019 (= Zeitschrift *Fotogeschichte. Beiträge zur Geschichte und Ästhetik der Fotografie* 153); *Die Schlaraffenlandkarte um 1700: Geografie und Ökonomie einer multimedialen Fantasie* (im Erscheinen).

Lambert Wiesing, Prof. Dr., seit 2001 Professor für Bildtheorie und Phänomenologie an der Universität Jena. 2005 bis 2008 Präsident der *Deutschen Gesellschaft für Ästhetik*. Seit 2019 Präsident der Deutschen Gesellschaft für phänomenologische Forschung. Monografien (u. a.): *Die Sichtbarkeit des Bildes. Geschichte und Perspektiven der formalen Ästhetik*, Hamburg 1997 u. Frankfurt / M. 2008 (übersetzt ins Polnische, Französische und Englische); *Phänomene im*

Bild, München 2000; *Artifizielle Präsenz. Studien zur Philosophie des Bildes*, Frankfurt / M. 2005 (übersetzt ins Polnische und Englische); *Das Mich der Wahrnehmung. Eine Autopsie*, Frankfurt / M. 2009 (übersetzt ins Italienische und Englische); *Sehen lassen. Die Praxis des Zeigens*, Berlin 2013; *Luxus*, Berlin 2015 (übersetzt ins Englische); *Ich für mich. Phänomenologie des Selbstbewusstseins*, Berlin 2020.

Peter Wittemann, M. A., Neuere deutsche Literaturwissenschaft an der Universität Genf und Mitarbeiter (Doktorand) im SNF-Forschungsprojekt *Luxus und Moderne*. Forschungsschwerpunkte: Literatur des 18. und 19. Jahrhunderts; Profil der Aufklärungsliteratur; Literatur und Wissen; Literatur und Anthropologie; Rhetorik und Poetik. Publikation: *Aufklärung und Exzess. Epistemologie und Ästhetik des Übermäßigen im 18. Jahrhundert*, hg. zus. mit Bernadette Grubner (= Luxus und Moderne 2; erscheint 2022).

Register

Abeken, Rudolf 122 f.
Abosch, Heinz 148
Adam, Wolfgang 67
Adamosky, Natascha 147
Adelung, Johann Christoph 208
Adorno, Theodor W. 12, 19, 81, 113–118, 131–135, 140, 143, 286
Aertsen, Pieter 156 f.
Agamben, Giorgio 273, 287
Ahlheim, Hannah 277
Albrecht, Wolfgang 194, 197, 199, 207
Alloa, Emmanuel 287
Alt, Peter-André 239 f.
Altenberg, Peter 250 f.
Amar, Laure 45
Amrein, Ursula 226
Arburg, Hans-Georg v. 42, 256
Arendt, Hannah 27, 140, 273, 285
Argyll, Duke of 167
Aristoteles 27, 153
Arrian 194
Assmann, Aleida 121, 127
Assmann, Jan 102
Athenäus 194
Auerbach, Erich 161
Avenarius, Richard 175

Bachtin, Michail 103
Bacon, Francis 29
Baechthold, Jacob 244
Baer, Gerhard 85
Bahrdt, Carl Friedrich 67 f.
Bahrdt, Hans Paul 84
Baier, Horst 8, 139
Baier, Lothar 82
Bajohr, Hannes 16, 285
Balzac, Honoré de 53, 142 f.
Banki, Luisa 16, 62, 92, 113
Barck, Karlheinz 4, 43, 61, 145, 268
Barthes, Roland 20
Bataille, Georges 148
Baudelaire, Charles 19, 54 f., 133, 249, 259, 269, 282

Baxter, Richard 16 f.
Beachy, Robert 232, 242
Beck, Angelika 97
Becker, Andreas 259
Behler, Ernst 36, 38
Behnke, Kerstin 40
Beister, Hella 142
Beneken, Friedrich Burchard 57
Benjamin, Walter 19, 29, 41, 47 f., 50 f., 54 f., 115, 133, 171, 259, 263, 269, 282
Benzenberg, Johann Friedrich 50
Berg, Maxine 60, 94, 221
Bergengruen, Maximilian 4, 16, 19 f., 43, 53 f., 60, 122, 126, 148, 200, 221, 227–229, 233–235, 239, 241, 245, 271, 273, 285
Bergfleth, Gerd 148
Berlepsch, Emilie v. 70 f.
Bernot, Jacques 44, 47
Bernstorff, Wiebke v. 269
Berry, Christopher J. 4, 145, 200
Bertuch, Friedrich Justin 57, 116 f.
Besnard, Henri 53
Beyer, Johann Rudolph Gottlieb 17
Bieber, Hugo 205
Bienert, Michael 248
Bies, Michael 116 f.
Biringuccio, Vanoccio 115
Bischoff, Michael 119
Blaauw, Sible de 43
Blaschke, Bernd 53
Bloch, Ernst 262
Blumenbach, Johann Friedrich 146, 164
Blumenberg, Hans 16, 174–176, 285
Böhme, Hartmut 15, 141, 147, 152, 171
Bohnenkamp, Anne 127, 130
Bohrer, Karl Heinz 116, 129, 269
Boldt, Bärbel 253
Böning, Thomas 226, 230 f., 237, 243
Börne, Ludwig 53
Bosch, Aida 149, 286
Böschenstein-Schäfer, Renate 36

Bourbon-Penthièvre, Louise Marie Adélaïde de 45
Bourdieu, Pierre 11–13, 18, 131–138, 141–143, 180f
Brakmann, Heinzgerd 43
Brandstetter, Gabriele 95, 126
Braun, Rudolf 80
Bredekamp, Horst 166
Bregman, Rutger 9
Brittnacher, Hans Richard 272
Brockes, Barthold Hinrich 14, 124, 167, 216
Brockmann, Till 259
Brühmann, Horst 228
Brunner, Otto 27, 97
Bube, Ursula 8, 139
Buchmann, Sabeth 26
Büchner, Georg 25, 50, 272
Buck-Morss, Susan 55
Budde, Bernhard 193
Bühler, Benjamin 151
Bühler, Jill 233, 241, 245, 270
Burckhardt-Seebass, Christine 73
Burkhardt, Wolf 283
Busch, Kathrin 269, 273, 287
Busch, Werner 39
Buschmeier, Matthias 274
Butz-Striebel, Doris 7, 212

Caillois, Roger 103f., 197
Calvino, Italo 285
Campbell, Colin 219
Campe, Joachim Heinrich 62f., 67f., 92
Campe, Rüdiger 195
Camporesi, Piero 148
Cancik, Hubert 43
Castelli, Anna 150
Castoriadis, Cornelius 228
Chamisso, Adelbert von 233
Champigneulle, Bernard 44f.
Chartier, Roger 102
Clausius, Rudolf 243
Clemens, Gabriele B. 226
Colli, Giorgio 287
Condorcet, Nicolas de 222
Conze, Werner 27, 29, 63, 97
Corbin, Alain 116
Coypel, Antoine 44

Craig, Gordon Alexander 232
Crusius, Gottfried Leberecht 93

D'Alembert, Jean-Baptiste le Rond 93
Damm, Sigrid 274f.
Darwin, Charles 145–148, 152, 162, 164–176
Daston, Lorraine Jennifer 147
Daumier, Honoré 52
Debout-Oleszkienwicz, Simone 47
Deleuze, Gilles 273, 286
Demokrit 161
Desmoulins, Camille 47
D'Holbach, Paul Thiry 273, 274
Diderot, Denis 45, 93, 110f.
Didier, Béatrice 105
Diekmann, Stefanie 95
Dilthey, Wilhelm 277
Dingeldein, Hannah 121
Diogenes Laertius 194
Diogenes von Sinope 193–198, 203–206
Dobler, Gregor 6
Döblin, Alfred 260
Dohrn-van Rossum, Gerhard 75, 78
Douglas Campbell, George 167
Drügh, Heinz 52
Düding, Dieter 101
Dülmen, Richard van 80, 102
Dunker, Axel 194
Durand, Béatrice 7, 212
Dutton, Denis 167

Ebert-Schifferer, Sybille 157f.
Eder, Antonia 19, 233, 241, 245, 270, 272, 283
Eger, Elizabeth 60, 94, 221
Egger, Stephan 142
Eggert, Hartmut 227
Ehrard, Jean 105
Eichner, Hans 36, 38
Eikels, Kai v. 26
Elias, Norbert 42, 46, 73–75, 79
Elisabeth von Berlichingen 14
Eming, Jutta 285
Engbers, Jan 198
Engländer, Siegmund 48
Ensslin, Felix 32

Enzensberger, Hans Magnus   3, 18, 162, 180
Erlin, Matthew   3f., 60, 70, 94, 123–126, 128
Etzold, Jörn   26

Fabre, Jean-Henri   151
Fanta, Walter   261
Fässler, Edgar   260
Fastoso, Fernando   177, 179
Fauser, Markus   67
Felfe, Robert   147
Ferdinand II. von Tirol, Erzherzog   158
Fetscher, Justus   121
Fetzer, John F.   235
Fielding, Henry   7
Finn, Margot C.   242
Firchow, Markus   285
Fisher, George   7, 131
Flannery, Tim   151
Fludernik, Monika   6
Földenyi, Laszlo   269
Foucault, Michel   33, 35, 74, 98, 118 f., 270
Fourier, Charles   47 f., 55
Franklin, Benjamin   7–9, 17, 131, 133
Franzel, Sean   116 f.
Franzmann, Bodo   92
Freud, Sigmund   11
Frey, Christiane   195
Fricke, Gerhard   15 f., 31, 163
Friedemann, Peter   101
Frisé, Adolf   259, 283
Fröhlich, Gerhard   135
Fuest, Leonhard   111, 269
Fuhrer, Therese   43
Fürstenberg, Friedrich   75

Gabriel, Gottfried   27
Gagnebin, Bernard   6, 105 f.
Galbraith, John Kenneth   125
Gall, Lothar   121
Gallas, Helga   62
Gamper, Michael   33, 54
Garnier, Nicole   44
Gavarni, Paul   52
Gebauer, Georg Christian   205
Gehrke, Hans-Joachim   43
Geist, Johann Friedrich   41, 46 f.

Gellius, Johann Gottfried   93
Geml, Gabriele   140
Genazino, Wilhelm   21
Gerisch, Benigna   83
Gerndt, Siegmar   163
Gerritsz, Jan   155
Geulen, Eva   16, 285
Giesa, Felix   62
Giltaij, Jeroen   160
Gisbertz, Anna-Katharina   121
Glasenapp, Gabriele v.   62
Glaser, Thomas   31
Glosch, Kathrin   269
Gludovatz, Karin   27
Goede, Christian August Gottlieb   51
Goethe, Johann Wolfgang v.   9, 14 f., 36, 39, 45, 84, 113, 116, 121–127, 129 f., 152, 163, 166, 197–199, 211–213, 216, 221–223, 245, 269
Goldie, Mark   200
Golec, Janusz   227
Göpfert, Herbert G.   20, 31, 62, 92, 163, 239 f.
Goppelsröder, Fabian   267, 279, 282
Gottsched, Johann Christoph   1, 14
Götz von Berlichingen   14
Grab, Walter   48
Graf, Maggie   76
Grathoff, Dirk   253
Gravelot, Hubert François   93
Gray, Asa   165 f.
Gribaldi, Maurizio   48
Grimm, Jacob   116, 123
Grimm, Wilhelm   114, 116, 123
Grosse, Jürgen   269
Grugel-Pannier, Dorit   145
Gründer, Karlfried   27, 43, 145
Gschwandtner, Harald   261
Gumbrecht, Hans Ulrich   40
Günther, Johann Christian   14
Gyr, Ueli   73, 85

Häberlein, Mark   233
Habermas, Rebecca   66
Hacken, Richard D.   235
Hackert, Fritz   249
Hager, Paul Sebastian   232 f.

Hahn, Hans-Joachim 227, 235
Hamacher, Bernd 127
Hammacher, Susanne 85
Hammerich, Kurt 78
Han, Byung-Chul 211, 215
Handke, Peter 268, 287
Haraway, Donna J. 174
Hartmann, Peter C. 45
Haug, Wolfgang Fritz 52
Hausen, Karin 63 f.
Haverkamp, Anselm 174
Hecker, Max 212
Heidrich, Beate 101 f.
Heimgartner, Martin 43
Heine, Heinrich 43, 47, 53 f.
Heinemann, Klaus 78
Heinz, Andrea 193, 195–198, 203, 205 f., 208
Heinz, Jutta 193, 196, 205
Heinzmann, Johann Georg 64
Helmholtz, Hermann v. 279
Helvétius, Claude-Adrien 273–275
Hempel, Dirk 235, 239
Hengartner, Thomas 82
Hengstenburgh, Hermann 155
Henke, Burkhard 125
Hepp, Michael 253
Heraklit 157
Herrmann-Stojanov, Irmgard 75
Hessel, Franz 253
Hettner, Hermann 244
Heumann, Konrad 269
Heuser, Magdalene 62
Hinderer, Walter 116
Hindie Lemay, Edna 47
Hine, Thomas 91
Hinz, Andreas 98
Hoermann, Roland 235
Hoffmann, Christoph 127
Hoffmann, Ernst Theodor Amadeus 16, 20, 211, 218 f., 221 f.
Hoffmeister, Gerhart 36
Hofmann, Teresa 3
Hofmannsthal, Hugo v. 269, 277
Höhn, Gerhard 54
Hollein, Max 165
Höllriegel, Arthur 255

Homer 221, 223
Homeyer, Fritz 205
Honold, Alexander 226, 229, 271
Hont, Istvan 200
Horkheimer, Max 81, 134
Hornig, Dieter 20
Horst, Christoph auf der 43
Huber, Martin 230
Hühn, Helmut 121
Hume, Kathryn 213 f., 217 f., 221
Hundert, Edward 94, 106 f.
Hutcheson, Francis 198, 202 f.
Hutton, James 170

Illouz, Eva 85
Innerhofer, Roland 283

Jäckel, Michael 148
Jaeger, Friedrich 43
Jäger, Christian 248
Jacob, Joachim 193
Jaumann, Herbert 196
Johnson, Samuel 6
Joost, Ulrich 214
Jørgensen, Sven Aage 196
Jung, Simone 248
Jung, Theo 91
Justi, Johann Heinrich Gottlob v. 201

Kagelmann, Andre 62
Kalf, Willem 159 f.
Kant, Immanuel 36, 39, 145, 149, 164, 172, 184 f., 239, 243, 286
Karpeles, Bruno 255, 261
Kaser, Max 232
Kauffmann, Kai 248, 274
Keller, Gottfried 225–227, 229 f., 232 f., 235, 237, 240 f., 243–245
Kernmayer, Hildegard 248
Kessel, Jan v. 155 f.
Kessel, Martina 63, 269
Kessler, Harry Graf 277
Kesten, Hermann 256
Keynes, John Maynard 10
Kiefer, Klaus H. 212
Killy, Walther 48, 146
King, Vera 83 f.

Kisch, Egon Erwin 249, 255
Kittstein, Ulrich 241
Kleihues, Alexandra 26
Klein, Michael 78
Kleist, Heinrich v. 150
Klopstock, Friedrich Gottlieb 146, 167
Klossowski, Pierre 47
Kluge, Friedrich 76, 225
Kocka, Jürgen 104
Köhler, Ingo 232
Kolesch, Doris 95 f.
König, Dominik v. 62, 92
König, Traugott 148
Kord, Susanne 125
Kors, Charles 5
Kort, Pamela 165
Koschorke, Albrecht 29
Koselleck, Reinhart 27, 97 f., 121, 215, 222 f.
Kosik, Karel 84
Krafft-Ebing, Richard v. 283
Kraus, Georg Melchior 116
Kraus, Karl 264
Krause, Robert 5 45, 53
Kreckel, Reinhard 136
Kreienbrock, Jörg 227, 238
Kreuzer, Helmut 141
Krieger, Ralph 76
Krüger, Hans Joachim 27
Krünitz, Johann Georg 60, 64, 230
Kruse-Ebeling, Ute 269
Kubat, Sonja 86
Kudszus, Winfried 109
Kuh, Anton 247, 253–255, 259
Kuntz-Stahl, Andreas 83
Künzel, Christine 235
Kyora, Sabine 194

La Roche, Sophie v. 15, 65 f.
Lafargue, Paul 9 f., 269
Lagaay, Alice 287
Lambert, Guy 53
Laslett, Peter 30
Lauer, Gerhard 230
Le Mercier, Jacques 42
Lehmann, Johannes F. 122, 233, 273 f.
Leidhold, Wolfgang 202
Lemke, Anja 5, 26, 39, 208, 273

Lennon, John 267
Lenz, Jakob Michael Reinhold 274 f., 278, 286
Leonhard, Karin 152
Leppin, Hartmut 43
Lessing, Gotthold Ephraim 20, 120, 195, 198
Lichtblau, Klaus 148
Lichtenberg, Georg Christoph 211, 213–217, 221 f., 271, 276
Lickhardt, Maren 283
Liedtke, Christian 54
Lillge, Claudia 39, 269
Liotard, Jean-Étienne 17
Locke, John 30
Löhr, Winrich 43
Lotz, Arthur 115, 120
Louis, Victor 44 f., 47
Louis Philippe II. Joseph (Philippe Égalité) 45
Louis XIII, Louis XIV, Louis XV → Ludwig
Lowenhaupt Tsing, Anna 151
Lübbe, Hermann 83
Luckmann, Thomas 75–77
Ludes, Peter 78
Lüdtke, Alf 80
Ludwig XIII. von Frankreich 42
Ludwig XIV. von Frankreich 43 f.
Ludwig XV. von Frankreich 44
Lühe, Irmela v. der 272
Lukian 194
Lüsebrink, Hans-Jürgen 46
Lyell, Charles 170

Maase, Kaspar 81
Mach, Ernst 175
Mähl, Hans-Joachim 206
Malebranche, Nicolas 175
Malthus, Thomas Robert 149
Mandeville, Bernard 4–7, 9, 92, 94, 106–108, 145, 204, 271
Manger, Klaus 193
Mann, Thomas 148
Manon, Elizabeth 9
Marcuse, Herbert 9, 11 f., 16
Margulis, Lynn 174
Marie Adélaïde von Savoyen 17

Marie-Antoinette Josèphe Jeanne de Habsbourg-Lorraine 47
Martin, Norbert 43
Marx, Karl 10, 18, 30, 222
Maslow, Abraham 143
Maupertuis, Pierre Louis Moreau de 175
Maurer, Michael 102 f.
Mauser, Wolfram 109
McCartney, Paul 267
McConnell, Winder 235
McMenamin, Mark 174
Meid, Christopher 19, 198
Mellon, Paul 156
Menke, Bettine 31
Menninghaus, Winfried 167, 171, 173
Merli, Philippe-Antoine 51
Messerli, Jakob 80
Meyer, Anne-Rose 141
Meyer, Conrad Ferdinand 15
Meyer, Friedrich Johann Lorenz 51
Meyer, Sibylle 66
Meyer, Torsten 148
Michelsen, Peter 197 f.
Mill, John Stuart 9 f.
Miller, Norbert 277
Mix, York-Gothart 59, 67
Moennighoff, Burkhard 269
Mohagheghi, Yashar 6, 62, 97
Möllendorf, Peter v. 193
Möller, Reinhard M. 193
Montinari, Mazzino 287
Moretti, Franco 95, 104
Morstadt, Darl Eduard 234
Mörth, Ingo 75
Mortier, Roland 105
Mossop, Frances 248, 258
Mühlmann, Horst 42
Müller, Dominik 261 f.
Müller, Ingo 243, 262
Multhammer, Michael 195
Münch, Paul 42
Muri, Gabriela 8, 74, 76 f., 82, 84, 86
Musil, Robert 255, 259–263, 267, 272, 282 f., 288

Neswald, Elizabeth R. 243 f.
Neuhäuser, Christian 150

Neumeyer, Harald 282
Nicole, Pierre 93, 95 f.
Niehues-Pröbsting, Heinrich 194, 196, 204
Nietzsche, Friedrich 124, 138, 140 f., 216, 269, 277, 287
Nikolaevna Khakhina, Liya 174
Noack, Bernd 113
North, Michael 126
Norton, Bryan 127
Nowitzki, Hans-Peter 193
Nowotny, Helga 87
Nübel, Birgit 261
Nutt-Kofoth, Rüdiger 127

Oesterle, Günter 126
Oesterle, Ingrid 116, 129
Öhlschläger, Claudia 126, 251
Opaschowski, Horst W. 85
Opitz-Belakhal, Claudia 46
Oppenordt, Gilles-Marie 44
Oschmann, Dirk 116 f.
Osten, Manfred 127, 130
Osterwald, Grete 116
Ovid 153, 162

Pailer, Gaby 285
Pallach, Ulrich-Christian 44, 46, 50
Park, Katherine 147
Paul, Jean 276 f., 281
Paulus, Christoph 232
Pellarin, Charles 47
Perrinjaquet, Roger 46
Petrequin, Marie-Line 7, 212
Pfeifer, Wolfgang 225
Pfeiffer, Karl Ludwig 40
Pfotenhauer, Helmut 267, 277
Pfütze, Hermann 286
Philippe I. 43 f.
Philippe II. von Orléans 44
Pichois, Claude 249
Pilz, Michael 248
Pissarro, Camille 143
Plener, Peter 283
Pockels, Karl Friedrich 68 f., 276
Poe, Edgar Allan 282
Polanyi, Karl 148
Polgar, Alfred 249–253, 255, 261, 263–265

Poschmann, Henri 25, 50
Poschmann, Rosemarie 50
Pott, Ute 67
Preisendanz, Wolfgang 229
Priddat, Birger P. 235
Prinz, Sophia 135
Promies, Wolfgang 271, 276
Proust, Marcel 18, 183
Prum, Richard O. 167, 172
Purdy, Daniel 125

Rabinbach, Anson 279
Ragotzky, Karl August 57
Ramstedt, Otthein 250
Rancière, Jacques 32 f.
Raymond, Marcel 6, 105 f., 111
Rebmann, Georg Friedrich 48–50, 59 f.
Recktenwald, Horst Claus 237
Reemtsma, Jan Philipp 193
Rehbein, Boike 135
Reich-Ranicki, Marcel 252
Reichelt, Gregor 227
Reichhardt, Rolf 46
Reichholf, Josef H. 167
Reichwein, Marc 248
Reid, Douglas A. 79
Reinhard, Carl Friedrich v. 127
Reith, Reinhold 148
Reusch, Judith 123
Richelieu, Armand-Jean du Plessis, Duc de 42
Richter, Dieter 126
Richter, Karl 197, 212, 216
Richter, Simon 125
Riedl, Philipp 6
Rieger, Stefan 151
Rietzschel, Evi 60
Rigler, Christine 120
Rippmann, Inge 53
Rippmann, Peter 53
Ritter, Ellen 269
Ritter, Henning 92 f., 108, 110
Ritter, Joachim 27, 43, 52, 110, 145
Robespierre, Maximilien de 48, 50
Rosa, Hartmut 2, 83, 121, 213, 215, 223, 287
Rosa, Salvator 161 f.

Roscher, Wilhelm 235
Rosenblatt, Helena 5
Rosenkranz, Karl 244
Rossfeld, Roman 232
Roth, Joseph 248 f., 252–256, 262 f.
Rousseau, Jean-Jacques 6 f., 11, 62 f., 91–94, 96–99, 101, 103–111, 131, 138, 150, 176, 195 f., 199, 205, 211 f., 267, 271 f., 278–282, 288
Royenstein, v. Jan Jacob 160
Runge, Philipp Otto 39
Russer, Achim 12, 133
Ryan, Michael J. 167

Sade, Marquis de 47
Safranski, Rüdiger 18
Salvatore, Gaston 18
Sangmeister, Dirk 194
Sauder, Gerhard 109
Say, Jean-Baptiste 234
Schäfer, Martin Jörg 26, 30, 36
Schalansky, Judith 151
Schama, Simon 161
Schaper, Rainer Michael 46
Schelle, Hansjörg 193
Scherr, Johannes 115
Schiller, Friedrich 15 f., 20, 26, 31–35, 38 f., 147, 152, 162–164, 167, 199, 239 f., 245, 286
Schindler, Norbert 80
Schirrmeister, Albert 43
Schivelbusch, Wolfgang 51–53
Schlapbach, Karin 43
Schlegel, Friedrich 26, 35–40
Schlettwein, Johann August 124, 211–213, 215, 221
Schlögel, Karl 41
Schlör, Joachim 52
Schluchter, Wolfgang 8, 139
Schlumbohm, Jürgen 226
Schmahl, Kurt 82
Schmale, Wolfgang 46
Schmidt-Biggemann, Wilhelm 161
Schmidt-Funke, Julia A. 57
Schmidt-Hannisa, Walter 277
Schmidt-Loske, Katharina 155
Schmieder, Falko 262

Schmitz-Emans, Monika   227, 285
Schneider, Helmuth   43
Schneider, Sabine   267, 277
Schnyder, Peter   240
Schoen, Ernst   113, 115 f.
Scholem, Gershom   19, 133
Schöllgen, Georg   43
Schön, Erich   62, 64, 67, 92, 94 f.
Schöne, Albrecht   214
Schönert, Jörg   230
Schöps, Martina   74
Schößler, Franziska   148, 285
Schrieck, Otto Marseus v.   152 f., 161
Schubert, Gotthilf Heinrich v.   276 f.
Schübler, Walter   247
Schui, Florian   149
Schulte Beerbühl, Margrit   232
Schultheis, Franz   142
Schulze, Gerhard   85
Schuster, Jörg   277
Schütz, Alfred 75–77
Schütz, Erhard   248
Schweppenhäuser, Hermann   19, 29, 41, 55, 133, 259
Schwibs, Bernd   12, 133
Seebold, Elmar   225
Seel, Martin   269 f.,
Seelig, Gero   152
Segebrecht, Wulf   16, 219
Seidel, Siegrid   39
Seja, Uwe   227, 235, 245
Sekora, John   4
Senancour, Étienne Pivert de   105
Serres, Michel   162
Sieferle, Rolf Peter   148
Siegrist, Christoph   198, 216
Siemens, Werner   222
Signer, Ruth   8, 13
Simmel, Georg   222, 244, 250
Simonis, Annette   193
Simonis, Linda   193
Smith, Adam   237
Snell, Ludwig   231
Soeffner, Hans-Georg   84
Sombart, Werner   51, 139, 148
Sophie von Sachsen   122
Sowell, Thomas   234

Spaemann, Robert   110
Spann, Michael   232
Sparenberg, Tim   244
Spencer, Herbert   175
Speyer, Wolfgang   43
Sprondel, Walter   83
Stadler, Ulrich   261
Starobinski, Jean   99, 107
Steinecke, Hartmut   16, 219
Sterne, Laurence   197 f.
Steuart, James   4
Stojanov, Christo   75
Streeruwitz, Marlene   120
Stuart, Maria   16, 36
Süßmilch, Johann Peter   124
Suter, Mischa   231–233

Tanzer, Gerhard   64
Tenbruck, Friedrich H.   97
Teyler, Johan   154
Thadden, Elisabeth v.   121
Thirouin, Laurent   95
Tholen, Toni   269
Thompson, Edward P.   79 f.
Thums, Barbara   124, 216
Thüring, Hubert   122, 273
Thurn, Hans Peter   83 f.
Tiedemann, Rolf   19, 29, 41, 54 f., 132 f., 259, 286
Toepfer, Georg   164
Traulsen, Johannes   285
Tremp, Benedikt   256
Tucholsky, Kurt 248, 253, 256–258, 260, 263
Tucker, Brian   59

Uexküll, Jakob v.   151
Unger, Thorsten   39, 269
Urban, Bernd   109
Utz, Peter   19, 121, 248 f., 251, 256

Vanis, Margot   76
Veblen, Thorstein   10, 12, 117, 125, 132, 136, 148, 286
Verlet, Bruno   47
Vernet, Horace   47
Viallaneix, Paul   105
Vico, Giambattista   161

Voegt, Hedwig 48
Vogl, Joseph 4, 43, 55, 61, 127, 145, 268, 270, 276
Vögler, Gisela 79
Volkening, Heide 39
Volland, Sophie 45
Vollmer, Hartmut 254
Voltaire 4
Voßkamp, Wilhelm 206
Voss, Julia 166, 171
Vries, Jan de 91

Waldow, Stephanie 233
Walser, Robert 249, 251, 258 f.
Weber, Max 5, 7 f., 16 f., 42, 75, 79, 139, 148, 222, 237
Weder, Christine 3 f., 16, 20, 42 f., 53 f., 60, 118, 122, 126, 148, 200, 208, 221, 229, 271, 285
Weigand, Kurt 176
Weinrich, Harald 106
Weinstock, Alexander 26
Weinzierl, Ulrich 252
Weiß, Christoph 275
Weiß, Johannes 148
Weischedel, Wilhelm 286
Weisman, Alan 151
Welck, Karin v. 79
Wellbery, David 127, 129 f.
Wellershoff, Dieter 18
Werrett, Simon 119
Wessels, Malte 195
Westermann, Klaus 249

Weyand, Björn 39, 269
Wichert, Silke 2, 182
Wieland, Christoph Martin 15, 18, 122, 193–199, 203–209
Wiesing, Lambert 2, 12, 114, 131, 149–151, 286
Wild, Christopher 95
Wild, Reiner 121
Wilson, W. Daniel 193, 198
Winckelmann, Johannes 75
Windfuhr, Manfred 47
Witte, Bernd 254
Wittel, Andreas 80
Wittler, Kathrin 62
Wokalek, Marie 199
Wokler, Robert 200
Wolf, Burkhardt 283
Wolf, Norbert Christian 261
Wüschner, Philipp 269

Young, Edward 267

Zäch, Alfred 15
Zedler, Johann Heinrich 20
Zeller, Hans 15
Zerwas, Hans-Jörg 79
Zeyringer, Klaus 120
Zilles, Sebastian 121
Zimmermann, Elias 256
Zirker, Malvin R. 7
Zoll, Rainer 82
Zumbusch, Cornelia 245
Zweifel, Stefan 271

www.ingramcontent.com/pod-product-compliance
Lightning Source LLC
Chambersburg PA
CBHW050516170426
43201CB00013B/1973